U0535279

石油英镑

Money, Oil, and Empire in the Middle East

Sterling and Postwar Imperialism, 1944-1971

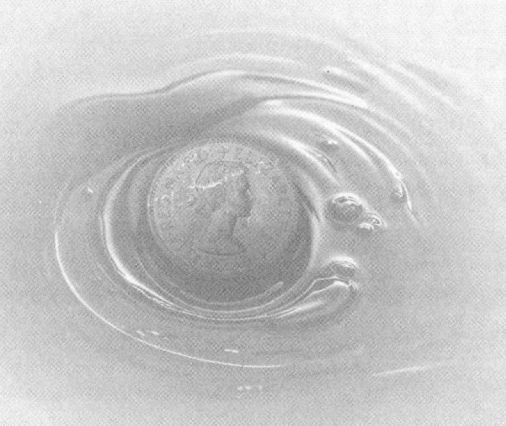

[美] 史蒂文·加尔珀恩 / 著　于杰 / 译
Steven Galpern

中信出版集团 | 北京

图书在版编目（CIP）数据

石油英镑/（美）史蒂文·加尔珀恩著；于杰译.
北京：中信出版社，2024.12. -- ISBN 978-7-5217
-6808-4
Ⅰ. F821.1-49
中国国家版本馆CIP数据核字第20243LG470号

This is a simplified Chinese translation of the following title published by Cambridge University Press:
Money, Oil, and Empire in the Middle East: Sterling and Postwar Imperialism, 1944–1971
by Steven G. Galpern,
ISBN 978-0-521-76790-3 (hardback).
This simplified Chinese translation for the People's Republic of China (excluding Hong Kong, Macau and Taiwan) is published by arrangement with the Press Syndicate of the University of Cambridge, Cambridge, United Kingdom. © Cambridge University Press and CITIC Press Corporation 2024,
This simplified Chinese translation is authorized
for sale in the People's Republic of China (excluding Hong Kong, Macau and Taiwan) only.
Unauthorised export of this simplified Chinese translation is a violation of the Copyright Act.
No part of this publication may be reproduced or distributed by any means, or stored in a database or retrieval system, without the prior written permission of Cambridge
University Press and CITIC Press Corporation.

本书封面贴有 Cambridge University Press 防伪标签，无标签者不得销售。
本书仅限中国大陆地区发行销售

石油英镑

著者：　　[美]史蒂文·加尔珀恩
译者：　　于杰
出版发行：中信出版集团股份有限公司
　　　　　（北京市朝阳区东三环北路27号嘉铭中心　邮编 100020）
承印者：　中煤（北京）印务有限公司

开本：787mm×1092mm 1/16　　印张：25.5　　字数：308千字
版次：2024年12月第1版　　　　印次：2024年12月第1次印刷
京权图字：01-2024-4025　　　　书号：ISBN 978-7-5217-6808-4
　　　　　　　　　　　　　　　定价：79.00元

版权所有·侵权必究
如有印刷、装订问题，本公司负责调换。
服务热线：400-600-8099
投稿邮箱：author@citicpub.com

献给帕特里·西蒙

总序

中国再全球化，须读石油美元三部曲

一

1979年初，邓小平在访美的飞机上提到，同美国建立良好关系的国家普遍取得了经济发展。

1978年，时任国务院副总理谷牧带团访问了包括西德在内的西欧五国；同年，邓小平先后访问了日本和曾被称为"美帝国主义走狗"的新加坡[1]。其时，西德早已经完成战后西方经济复苏中的第一个奇迹，日本GDP则在1968年超越西德，位居西方阵营第二。邓小平访日之时，正值西方国家讨论"日本经济奇迹"、酝酿着后来学者所称"日本第一"的当口。先进工业化带来的强烈视觉冲击，要求决策者思考这种变化的原因。美国是西方的领导者，西德、日本和新加坡的经济成绩，离不开美国的帮助。这是前述邓小平访美时的背景。

不过，1979年前后，恰是西方，特别是美国，经济形势处于低

---

1 https://china.huanqiu.com/article/9CaKrnJl212。2024年5月30日访问。

谷之时。

第一次石油危机之后的滞胀还在持续，第二次石油危机已在路上，时任美国总统卡特公开表示"美国公众没了信心"。美国双赤字攀升，美元遭遇了20世纪以来最严重的信任危机，代表美国参加中美建交美国驻华大使馆开馆仪式并同中国商讨第一个双边贸易协议的传奇财政部长布卢门撒尔曾急赴沙特，劝后者继续将"石油美元"回流美国，购买美国国债、维护美元汇率稳定。1978年，在波恩举行的七国集团峰会上，美国希望西德、日本能共同发挥"西方经济火车头"的作用，但效果不明显，后两者继续靠向美国出口拉动经济增长。

也是在1979年，随着沃尔克接任美联储主席，其强势货币政策逆转了美元颓势，油价在1982年见顶后快速回落，加之西方经济体之间的资本流动管制放松，全球资本流动开启新阶段。这期间，"石油美元"逐渐让位给日本的"贸易黑字美元"，美国步入"大缓和"时期，西方经济随之走出停滞困扰，实现稳步增长。

很难说中国的决策者是准确地意识到且精准地把握了美国经济的拐点，相信更多是迫于当时国内经济形势的压力。日本和沙特自冷战之初即被美国纳入己方阵营，而当时的中国对国际货币基金组织（IMF）和《关税与贸易总协定》（GATT）既无经历也无缘，有限的外汇储备选择的是日渐没落的英镑。改革开放的决策者及研究者对战后货币和贸易秩序尚处于学习阶段。比如：什么是合资企业？[2] 面对拉美债务危机，中国是否准备大规模利用外资？[3] 在美国官员建议中国加入GATT时，国内相关方面最初的反应如何？至少在20世纪80

---

2 李岚清.突围——国门初开的岁月［M］.北京：中央文献出版社，2008：211.
3 Hulmut Schmidt, Man and Powers, 1989年英文版，330-339页。

年代，中国在包括人力资源、知识储备等基础设施方面，对"跟上美国的节奏"准备不足。对中国经济而言，开放首先是一个学习过程，美国经济在1980年前后的触底反弹，给当时的中国带来的直接影响并不大。

1992年"南方谈话"之后，伴随"市场经济体制"概念的提出，中国跻身美国主导的国际经济体系的步伐加快。[4] 此时距离邓小平访美已然过去了13年。其后的9年里，中美经贸关系波折与进展并存，但与中国的期望相距甚远。中国自2001年12月成为世界贸易组织（WTO）成员，才真正全面参与全球化，经济总量和社会福祉均大幅提升，在历史上前所未有：GDP超过德、日；此前处于半失业状态的劳动力，可以通过其在纽约第五大道上销售的产品获得货币收入；可同时享受双休的福利。

二

日本、新加坡的发达，是战后西方经济"局部全球化"的结果；中国加入WTO之后的成绩，则得益于更大范围的全球化。战后迄今，不论什么范围的"经济全球化"，均为美元主导下国际贸易扩张和资本流动的增加。

1944年7月召开的布雷顿森林会议，以协定（布雷顿森林协定是《国际货币基金协定》和《国际复兴开发银行协定》的总称）的形式，确认了美元既有的全球主导货币地位。说"既有地位"，是因为

---

[4] http://shiguangsheng.mofcom.gov.cn/activities/201204/20120408094228.shtml。2024年5月15日访问。

美元的这一角色可以回溯到一战后的20世纪20年代，1935年中国币制改革以及抗战时期美元发挥的作用也是印证。或许是因为布雷顿森林会议参与者对固定汇率制的历史记忆，又或者是人性追求低波动性的趋向使然，国际货币基金组织成立协定秉承了固定汇率制。协定条款不曾提及但却默认的一项极为重要的条件，是美国同意按35美元/盎司*的价格，兑换其他成员当局手中积累的（经常项目）盈余。这是1934年美国总统富兰克林·罗斯福在签署《黄金储备法案》后对外宣布的，是美国单方面的承诺。美国总统尼克松于1971年8月15日宣布美元同黄金脱钩，即为放弃这一承诺。从《国际货币基金协定》条款的角度，美国的做法并不构成违约。1971年之后的历史发展表明，布雷顿森林会议本质上明确了美元本位，只是那些参会的历史人物割舍不掉黄金信仰。

协定的主要缘起，是为避免重演此前各成员为争取贸易优势而竞相贬值本币的做法（"以邻为壑"），重塑稳定的国际货币体系和贸易秩序。美元主导地位的确立，使得同期的国际复兴开发银行（通常被称为"世界银行"）以及后续的GATT（1947年），乃至更晚近的世界贸易组织（1995年）成为可能。试想，如果各参与经济体不是为了赚美元，那么美国主导的诸多贸易协定里的限制条款和规范完全没有遵守的必要，相关的国际组织也没有存在的意义和可能。战后至今的国际经济秩序，即为以美元本位为基础的国际货币体系和国际贸易规则。所谓美元本位，就是美元为国际最重要的商品以及金融交易中的定价和结算货币，其他币种相对美元确定汇率，并最终积累美元为主

---

* 1盎司=28.35克。——编者注

的储备。或有这类情况，国际贸易以美元、欧元之外的小币种结算，但其定价必定是按美元测算，然后换算成其他币种进行交易。其目的多为规避某种限制，最直接的结果是增加了交易成本。

通过前述美国的承诺，美国继续着金汇兑本位的安排。后续的历史发展表明，其开放条件下，货币的国际地位、对外币值，是由市场参与者共同决定的，发行国政府难凭一己之力左右。国际货币基金组织成立协定仅对经常项目的资金流动做了约定；1980年前，西方的跨国资本流动受限，但西方经济体的战后复兴仰赖美国，技术/设备引进自美国，马歇尔计划无法满足这些经济体的资金需求。1950年前后，西方因此出现了"美元荒"，黄金价格甚至低于美国给出的35美元/盎司水平。这一格局在进入20世纪60年代之后彻底逆转，"美元泛滥"使得不少国家或明或暗用美元自美国兑换黄金，其中以法国最为高调，戴高乐用军舰将黄金自美国运回法国的做法，便常被流传为"挑战美元嚣张的特权"的"佳话"。但如前述，官方无力左右本币汇率，事后不久，戴高乐便因法郎贬值（系重要原因之一）而下野。不过这不影响法国为稳定币值寻求美国的帮助。

当美国之外的美元积累远超美国的黄金储备后，布雷顿森林体系崩溃就只是时间问题。这同样是美国无法左右、西方各国合力（无论真诚与否）也无法逆转的。即便美元是西方货币体系里的主导货币，美国是西方世界的领导者，美国也断不会以牺牲本国利益来继续受制于黄金枷锁的束缚。美国社会经济不保，如何保住布雷顿森林体系安排？保住了又有什么意义？这同美国后续其他的财政、货币政策目的吻合——美国本国利益为先，时下亦然。这是尼克松在1971年8月15日终结黄金美元兑换承诺最重要的原因，说唯一也不为过。尼克松当时针对脱钩可能造成外溢冲击的那一句"我管他该死的（意大利）里拉"，是最真实的应激表达；当然，康纳利公开场合转述的他人的名言"美元是我们的货币，但却是你们的问题"则更为赤裸裸。时任西德国防部长，后来相继担任西德经济部长和总理的施密特，在得知尼克松的决定时脱口而出："这表明美国至少是不愿意在货币事务上再充当西方的头领了。"外人同样心知肚明。如此背景之下，去寻找一个替代黄金继续禁锢美元和美国经济的约束，是在质疑西方决策者的智商，更不要提这个替代品是比黄金更难控制的石油。要破除"美元绑定石油"的讹传，没有比美国同沙特间的协议更有说服力的了。我在《石油美元》的附录中，补充了1974年6月8日美国与沙特签署的联合声明（即坊间所传的"协议"）的原文。

因为其时西方并没有考虑放弃布雷顿森林体系，且其他西方经济体宁肯清除黄金约束而仍继续固定汇率制，所以有了沃尔克乘坐军机穿梭协调各国间的汇率安排。出于决策者管理的考虑，以及受其信仰遗产的影响，即便1974年之后浮动汇率制成为事实，仍不妨碍1987年七国集团（G7）在卢浮宫召开的会议上继续固定汇率制的尝试，哪怕以失败告终。

1971年之后，英镑没落中继，其他货币无能力也无意愿并肩美元，没有替代者的美元因此并没有崩溃，虽然东西方媒体的类似预言自此从没有停止过。这让"特里芬两难"的提出者罗伯特·特里芬也倍感诧异。虽然不乏偶尔出现"回归金本位"的声音，但显然趋势不可逆。在《石油央行》中，"石油美元"最重要的持有者沙特，为提高手中的美元资产收益，千方百计"争抢"沙特境内稀缺的通信资源以应对投资市场瞬息变化的经历，说明黄金已经不宜承担货币角色。

1976年的牙买加会议取消黄金官方价格，黄金的货币角色终结。

20世纪70年代"石油美元"的兴起，通过协助解决美国国内经济问题，稳定了美元主导的国际经济秩序，开启了全球化的新格局。这个新格局就是"石油美元回流"美国，缓解后者的赤字和通胀压力，美国从而得以进一步维持贸易逆差，拉动其他经济体的出口。尼克松在其财金官员的建议下将美元同黄金脱钩，同时也在其任上搭建了"石油美元回流"的闭环。他安排其第二任期的新财长威廉·西蒙赴沙特，说服后者用"石油美元"购买美国国债（即"回流"），给出的指令是"不成不归"（no coming back empty-handed）。西蒙作为经办人，成功地开启了一个新的时代。

"石油美元"回流，还包括其作为"欧洲美元"的重要构成，通过欧美金融机构，不受监管约束，"回流"到其他的石油贸易赤字国和资金需求国（包括拉美）。"石油美元"本质上同20世纪80年代之后日本的美元贸易顺差、中国入世之后的美元贸易顺差相同，主要是自美国的贸易顺差，差别在于"石油美元"源于单一的出口产品——石油，而日本和中国的顺差贸易品则丰富得多。"石油美元回流"为后来的日本和中国美元顺差的国际流动提供了样板，三者恰好形成了时间上的接续，并在2008年之前，成为美国国债最重要的境外资金来源。这种格局实则是20世纪70年代以来一脉的全球化模式，也恰是美元主导的国际经济秩序。

20世纪60年代以来，沙特货币里亚尔相继经历了贵金属（金/银）本位、钉住特别提款权（SDR）及一篮子货币，最终于1986年钉住美元并持续至今。这一制度安排非常有代表性，即布雷顿森林体系崩溃后出口经济体继续坚持的固定汇率制。由于石油价格波动会导致沙特的出口收入大起大落，沙特里亚尔的固定汇率制不如人民币汇率机制在安排上更具典型的布雷顿森林体系2.0特点，即相对稳定可控（类钉住）的汇率安排，保证持续不断的出口顺差。这些顺差大国积累的庞大美元储备，是对美元最重要的信任票，也即市场参与者对美元的支持，顺差国进而成为美元国际地位的利益攸关方、美元体系和现有国际经济秩序的维护者，无论这种维护是有意还是无意。当然，这些经济体也受益于这一格局。不考虑美国自身因素，美元资产持有者的做法，使得西德马克、日元以及后来的欧元都很难撼动美元的地位，即"美元霸权"。毋庸置疑，长远而言，美国自身才是美元地位的决定性因素，而不是任何第三方。

三

尼克松当年反制沙特石油禁运威胁时的反应——"没有（美国的）需求，你们的石油就卖不出去"，显然低估了西方社会经济发展（工业化）对能源需求的增长。中国也是在1993年由石油出口国变成了进口国。"石油美元"是全球化的结果，反过来又促进了全球化，这体现了全球化过程中贸易发展和资金流动的相互促进。

能源不同于其他工业品。虽然沙特官员不认为石油行业存在周期，但沙特的石油收入显然随着油价波动而如潮汐一般起落，因为自然资源的产能受限。日本和中国的可贸易工业品则完全不同，产能相对需求可以近乎于无限提高。这是日本和中国参与全球化的经历，是典型的东亚增长模式，差别只在于参与的先后和经济体量。

美元资本会因包括税收等影响收益的因素继续全球化，而产能远超本土需求的经济体则更迫切要求继续全球化。但从终端产品最重要的出口目的国——美国的角度，全球化给社会各阶层的影响则是苦乐不均，典型表现即自20世纪70年代开始不断扩大的"锈带"，这会使全球化成为美国及其他发达经济体的国内政治问题，形成反对全球化的力量。如前所述，美国必须以其国内的社会经济诉求为首要考虑。可以预见，包括关税在内的各种贸易手段会成为常态，甚至可能出现约束资本流动的措施。战后的经济全球化基于"美元本位"展开，尽管美国国内不乏"反对美元作为全球主导货币"的声音，但考虑到美国在西方世界的角色和地位，这种取向不会成为主流，全球化仍将继续。因为对美元的持续需求，国际贸易组织的作用逐渐式微，美国一方的态度将更趋强势，且将重新设计美元主导的全球化布局。这很难定义为"逆全球化（或反全球化）"，只是让目前的全球化更有利于美国——毕竟，如果美国国内社会经济动荡导致美元危机，无数全球化参与者均将成为殉葬者。这一趋势下，希望继续依托全球化消纳本土产能的经济体将面临重重困难。

为反"美元霸权"计，也为防范风险计，过去半个多世纪里不乏改革国际货币体系的建议，比如较早的特别提款权，后来的美元、西德马克（或欧元）和日元三足鼎立设计，以及晚近的布雷顿森林体系3.0（基于大宗商品给货币定价）。自20世纪90年代的亚洲金融危机始，各类货币危机最终多依赖美国（美元）出手，证明第二项建议的可操作性存疑；过去几年，国际储备中的货币多元化，也只是储备国出于收益考虑，增加配置美元体系里的小币种，没有改变美元的地位和角色。至于将主要货币挂钩大宗商品，则并非新想法，其弊端在前文已有提及。且应该注意到，沙特自战后从不曾将其本币以任何方式同石油绑定或挂钩。《石油央行》中沙特的"石油美元"波动带来的困扰是最好的例证。

要颠覆、替代或改进现有的国际经济秩序，需要出现一个至少比肩美元的货币。这实际上是布雷顿森林会议上凯恩斯想努力促成而不得的方向。若成功，起码可以消解美国目前在国际金融和贸易事务上的话语权。新的挑战者要能够做到如美国这般在目前内向型经济的基础上，满足周围国家的贸易需求。如果做不到这一点，现有的国际经济秩序不会有根本性的改变，脱离现有格局的经济体如不能找到替代此前的增长方式，将面临明显的增长失速风险，且对外依赖越强，失速越严重。

从经济的角度，一些发展中经济体从全球化浪潮中获益颇大。随着经济体量的增加，在全球经济中的话语权提升，其本币的国际地位问题也会提上日程。不断积累美元顺差、对外输出美元债权，这是在进一步巩固美元地位和美元主导的国际经济秩序，而不是本币的国际化；国际结算中本币比重偶有提升，根本原因是有美元背书。无论是否贸易逆差，要能实现本币输出才是关键，即本币不需要背书而被其他经济体接受。但本币被广泛接受的难度，远超千方百计成为一个顺差国的难度。贸易逆差、借美元还外债的国家并不在少数，中国自美国以外的逆差国获得的顺差也多为美元，相信这肯定不是"美国同中国达成协议，只用美元结算出口品"的结果。对于外向型的经济体而言，以主导货币角色对外输出本币，既有的增长和分配方式需要进行重大调整，否则，只能是纸上预期。美元之所以被广泛接受，根本原因是美国国内因素，其他诸如国际贸易、储备、金融交易等，均建基于此。而这，又远远超出了经济讨论的范畴。

市面上关于"广场会议""石油美元"等历史事件的一些失之偏颇的解读,对市场参与者、学术界甚至政策制定者产生了非常不利的影响,甚至对全社会来说,代价远超收益。希望包括石油美元三部曲在内的"时运变迁"系列,能够正本清源,给读者提供更理性的思考视角。

于杰

2024 年 6 月

译者序

英镑衰落中继——石油英镑的终结

在一战以前的至少一百年里，英镑是世界上最重要的主导货币（如果不是唯一的话），其影响不像其他货币"先驱者"只存在于文字记录中，而是铭刻于存世亲历者的记忆里。英镑地位带来的便利、收益、荣耀和权力等直接或间接的利好不需要被演绎或渲染，而是成为被他国艳羡的现实存在。20世纪初，日本的财经官员就直言以伦敦为样本建设东京，希望日元有朝一日能比肩英镑。

一战之后，英国和英镑的地位均遭受重创，但在帝国历史光环之下的英镑主导地位，继续影响着英国的货币研究者、从业者和决策者对其本币的态度——竭力维护英镑的体面。二战之前英国官方几番放弃后重拾金本位，便是一种努力。其间，美元接手"全球主导货币"的意愿不强，加上英属殖民地的存续，使得英镑在1944年布雷顿森林会议召开之前，看上去仍然像是第一梯队的世界货币。由于这个原因，代表英国的凯恩斯同代表美国的怀特就国际货币基金组织的构建方案争论不休时，常被称为"英镑同美元之间的'货币战'"。

了解了二战之后英国政府围绕石油问题周旋于中东产油国之间，进而努力维系英镑地位的煎熬，就该庆幸布雷顿森林会议确立的全球主导货币是美元，而不是英镑。本书作者全面记录英国政府此间全力挽救英镑颓势的过程，其参与者恰是此前亲历英镑荣耀的英帝国遗民。

部分英国决策者执着地认为，英镑的地位决定着伦敦的金融地位、英帝国经济乃至全球角色，因此为了捍卫英镑作为全球主导货币的地位，理应不遗余力，尤其是在石油事务上。英国官员笃信，控制尽可能多的石油资源并用英镑结算贸易石油，是维持英镑国际地位的重中之重（与后来人关于"美元找到石油为锚"等言论相承），这成为苏伊士运河危机的前因（当然并非危机的唯一原因）。但战后世界格局的变化，尤其是美国支持的殖民地民族自决趋势带来产油国对本国资产和权益意识的觉醒，使得英国控制石油资源的诸多努力都被消解于无形。

布雷顿森林会议之后，全球大宗商品定价和交易中的美元比重逐渐增加。除了历史延续以及美资跨国石油公司本币交易等因素之外，更重要的是因为布雷顿森林会议确立的美元角色，使石油出口国更多地选择使用美元。这个过程至少证明了一点，即商品交易的币种选择并非由某个货币发行国决定——无论是协议安排还是强制性的，是自愿钉住黄金还是强制绑定石油的。有一种看法普遍存在——布雷顿森林会议本身就是美国霸权的结果。不妨考虑这样两个问题：战后的企业实体、国家或经济体要增长和发展，是否需要美国的技术和工业制成品？如果只有获得这些要件，才能复苏经济并反过来向美国市场出口，那么先用什么从美国进口呢？美元！这就是本书出现的两个概念——"美元石油"和"英镑石油"的重要原因，其他商品的定价和交易币种的选择同理。再者，能否要求在中东产油国运营的美国公司使用其他币种结算石油交易？无论是历史原因、自愿选择还是英国方面的半强制结果，早前的"英镑石油"出口国，后来均不同程度地成为令英国焦头烂额的麻烦：前者积累的英镑（根据"石油货币"的定义，这里可称之为"石油英镑"），正成为彻底动摇英镑的最大隐患，因为这些产油国千方百计地考虑将英镑兑换为美元或黄金。毕竟，无论英国如何承诺，对这些英镑持有者可能面临的损失，英国方面是无能为力的。这一点，也正是保罗·沃尔克先生生前在《时运变迁：世界货币、美国地位与人民币的未来》序言里提及的世界主导货币的压力所在。

自1944年布雷顿森林会议召开，到1971年布雷顿森林体系解体，英镑经历了数次大幅贬值，这还是在《布雷顿森林协定》以及美国的出手协助之下发生的（关于美国于1971年8月15日放弃美元挂钩黄金是否违约的问题，可在该协定签署80周年之际，细读协定内容，并对比英、法等国同期的做法）。这在战后西方经济体中也不多见，但英镑的弱势之路并未终止。自1971年开始，美元对西方主要货币走出一波持续的贬值之路，持续时间近40年之久。不过，英镑是个例外。英镑同石油的关系，无论主动还是被动，最终越来越远，英镑的全球地位逐渐下降。

本书的一个明显特点是，作者大量引用了英国方面的档案和参与者的传记、记录，因此可以直观反映当年英国决策者在英镑问题上的焦灼心态。正如前文所述，他们眼看着自己曾见证的世界主导货币逐渐没落却束手无策并最终接受现实。作者对整个过程的记录极具参考和学习价值，但书后的结论则需要进一步讨论。

于杰
2024年5月

目录

缩略词 03
前言 05

第一章　英美在石油事务和英镑区的冲突 001
　　一、英镑区的形成与布雷顿森林体系的创建，1932—1944 006
　　二、英美石油谈判，1944—1945 013
　　三、国际收支危机和战略转折点，1947—1949 025
　　四、英镑石油替代美元石油，1949—1950 034

第二章　英镑及英国与伊朗民族主义的对抗 055
　　一、英伊石油公司、英国和伊朗，1900—1946 061
　　二、从重新谈判到国有化，1947—1951 065
　　三、1951年的国际收支危机和英国控制伊朗石油的重要性 082
　　四、美国反帝国主义、反共主义与英美冲突，1950—1953 090
　　五、财团协议、英镑和英国政策，1953—1954 106

第三章　苏伊士运河危机：一次失败的英镑救援行动 119
　　一、英镑事实上的可兑换、对英镑信心的下降，以及石油对英国国际收支的持续重要性，1954—1956 125

二、英美防御计划、阿斯旺大坝和苏伊士运河国有化，1954—1956　128
三、对英镑的投机和走向战争　144
四、"火枪手行动"、英美不和与英镑崩溃　155
五、后果　168

第四章　科威特的石油顺差：对英镑的利与弊　173
一、新石油协议、扩产及英国政府对科威特快速增长的英镑收入的担忧　180
二、英镑可兑换、去殖民化、发展及科威特的英镑结余对英镑区日益重要　193
三、阿拉伯民族主义、英国在科威特利益面临的威胁，以及英美在中东的干预　203
四、英国持续的国际收支困境，英国政府重新考虑在波斯湾的军事承诺，美国努力维持英镑以及英国在苏伊士运河以东驻军　230

尾声　1967年英镑贬值及帝国的终结　243

跋　265
附录　273
注释　277
参考文献　345
致谢　359
译后记　363

缩略词

AIOC	Anglo-Iranian Oil Company	英伊石油公司
Aminoil	American Independent Oil Company	美国独立石油公司
APOC	Anglo-Persian Oil Company	英波石油公司
Aramco	Arabian-American Oil Company	阿拉伯-美国石油公司
BE	Bank of England	英格兰银行
BIS	Bank for International Settlements	国际清算银行
BP	British Petroleum	英国石油公司
CAB	Cabinet Office	英国内阁办公厅
Casoc	California-Arabian Standard Oil Company	加利福尼亚-阿拉伯标准石油公司
ECA	Economic Cooperation Authority	美国经济合作署
ENI	Ente Nazionale Idrocarburi	国家碳化氢公司
EPU	European Payments Union	欧洲支付联盟
ERP	European Recovery Program	《欧洲复兴计划》
EXIM	Export-Import Bank of the United States	美国进出口银行
FCO	Foreign and Commonwealth Office	英国外交和联邦事务部
FO	Foreign Office	英国外交部
FRUS	*Foreign Relations of the United States*	《美国对外关系文件集》
HMG	His/Her Majesty's Government	英国政府
IBRD	International Bank of Reconstruction and Development (now the World Bank)	国际复兴开发银行（今世界银行）
IMF	International Monetary Fund	国际货币基金组织

（续表）

IOP	Iranian Oil Participants	伊朗石油参与者有限公司
IPC	Iraq Petroleum Company	伊拉克石油公司
ISA	Independent Sterling Area	独立英镑区
KCC	Kuwait Capital Corporation	科威特资本公司
KFAED	Kuwait Fund for Arab Economic Development	科威特阿拉伯经济发展基金
KFTCIC	Kuwait Foreign Trading, Contracting and Investment Company	科威特外贸承包和投资公司
KIB	Kuwait Investment Board	科威特投资委员会
KIC	Kuwait Investment Company	科威特投资公司
KIO	Kuwait Investment Office	科威特投资办公室
KOC	Kuwait Oil Company	科威特石油公司
MEEC	Middle East Emergency Committee	中东紧急委员会
NA	National Archives of the United Kingdom	英国国家档案馆
NARA	United States National Archives and Records Administration	美国国家档案和记录管理局
NIOC	National Iranian Oil Company	伊朗国家石油公司
OSA	Overseas Sterling Area (same as Rest of the Sterling Area)	海外英镑区（同其他英镑区）
POWE	Ministry of Fuel and Power	英国燃料和电力部
PREM	Prime Minister's Office	英国首相办公室
RSA	Rest of the Sterling Area (same as Overseas Sterling Area)	其他英镑区（同海外英镑区）
SCUA	Suez Canal Users Association	苏伊士运河使用者协会
Socal	Standard Oil of California (now Chevron)	加利福尼亚标准石油公司（现为雪佛龙公司）
Socony	Standard Oil of New York (now Exxon-Mobil)	纽约标准石油公司（现为埃克森美孚公司）
T	Treasury Office	英国财政部
VLCC	very large crude carrier	大型油船

前言

1951年10月4日,英伊石油公司(AIOC)最后一批高级职员撤离伊朗阿巴丹港。在那里,该公司建造、拥有并经营着当时世界上最大的炼油厂。几个月前,伊朗将炼油厂连同该国石油工业的其他部分收归国有。[1] 英伊石油公司的大部分英籍员工前一天乘坐"毛里求斯"号离开了阿巴丹港。在登上赴"毛里求斯"号的摆渡船之前,员工们顶着烈日带着行李和其他物品聚集在金卡纳俱乐部外面,该俱乐部是阿巴丹成为非正式殖民地前哨的有力象征。[2] 事实上,虽然英帝国在中东的统治大多是非正式的,但英国在阿巴丹的文化和经济存在足以表明,在当地,非正式影响可以接近正式控制。当年10月"毛里求斯"号离开时,英国放弃了这种控制,这暴露出帝国在中东统治的脆弱性。可能是为了否认这一事实——或者至少作为心理补偿——在溯流而上前往伊拉克巴士拉的途中,船上的乐队吹奏了一曲节奏激昂的《波基上校进行曲》*,巴士拉仍然是英国的重要势力范围。[3] 在员工离开的第二天,英国政府控股的英伊石油公司在主宰伊朗石油工业半个世纪之后,从这个国家消失了。

英伊石油公司被逐出伊朗,不仅反映出英帝国地位的下降,还意

---

* 在大卫·里恩执导的《桂河大桥》电影中,这首英国军歌一举成名。——译者注

味着英国真实的经济损失。毕竟，阿巴丹炼油厂是英国在伊朗最大的单一海外资产。更重要的是，英国从伊朗进口了大量石油，在那里进行原油开采及副产品生产的成本比其他国家都要低。考虑到英伊石油公司拥有开发和销售伊朗石油的独家权利，英国得以用本币英镑支付石油费用，加上该公司的巨大利润，极其有利于英国应付国际贸易和对外付款。而且对于像英国这样因战争而导致国库枯竭的国家来说，能够用英镑购买石油，对于维持英镑和整体经济的强势地位至关重要。正如人们所预测的那样，英国官员急切地寻找办法让英伊石油公司重返伊朗。

研究英国在伊朗的经历，可以发现二战后英国决策中的一个明显趋势，即英国政府努力控制中东石油的流动以及与之相关的资金。英国希望维护英镑的国际地位，在这一过程中，英国与参与中东石油生产、销售和运输的国家和公司关系持续紧张。战后中东民族主义浪潮的兴起以及美国作为该地区竞争力量的崛起，限制了英国官员通过中东石油政策捍卫英镑的手段，从而显示出英镑的脆弱性，这一点有时甚至格外突出。事实上，政策制定者已经清楚地认识到，英国对外国石油的依赖使它时刻面临金融危机的风险——在20世纪五六十年代英国国际收支持续不稳的情况下更是如此。因此，英国官员认为中东石油贸易不仅对维护英镑的国际地位至关重要，而且对保护其货币免于毁灭也至关重要，这强化了英国在二战后维护它在中东的战略和经济利益的必要性。

1945年之后的英国对外英镑政策

二战结束后，英国仍然自视为世界一流强国，哪怕战争给它造成了巨大的财物和经济损失。毕竟，伦敦仍然是帝国中心，大英帝国版图遍及全球各个角落，英镑（的使用）仍然占国际贸易总额的一半。只要英国能够依靠战后世界霸主美国的资金支持，（英国）各政治派别的政策制定者就认为英国没有理由不一如既往地参与国际事务。尽管英国在战后不久就退出了某些（殖民）地区，尤其是以印度和巴勒斯坦为代表，但它在非洲、东南亚和中东等其他地区的活动却重焕活力。事实上，英国所感知的经济优势以及强烈的自豪感和威望，使其帝国意志（包括政治、军事和经济领域[4]）一直持续到20世纪60年代，经济领域正是本书所要探讨的问题，特别是英国战后的对外英镑政策。

英镑在19世纪的大部分时间里都是世界上最重要的贸易和储备货币，但在第一次世界大战之后，英镑进入了衰落期。一战波及全球，扰乱并永久性地重塑了国际贸易模式，此间，英镑和全球最重要的金融中心伦敦金融城的地位被严重削弱。到20世纪30年代，全球经济萧条迫使英国和英镑退回新重商主义时期的贸易体系，这一体系在第二次世界大战期间演变成被称为"英镑区"的货币集团。对英镑和伦敦金融城地位造成破坏的莫过于二战。长达6年的战争造成了巨大的财政损失，英国政府如果要继续维持英镑的国际货币地位，其国内经济势必要付出巨大代价，而且要继续英镑区安排并实施严格的外汇管制。

尽管如此，在1967年英镑贬值之前，工党和保守党都在努力维系英镑的强势，以保持英镑的国际地位。[5]1946—1951年，克莱门特·艾德礼（Clement Attlee）领导的工党政府认为，强势英镑是英镑区的命脉，在经济上将大英帝国和英联邦联系在一起，而英联邦的存在本身就证明了英国在世界上的持续重要性。虽然工党政府的官员认为英镑的坚挺也促进了伦敦作为世界最重要金融中心之一的地位，但他们认为这种好处是英镑在帝国内发挥重要作用的附带效果。[6]相比之下，1951—1964年分别由温斯顿·丘吉尔（Winston Churchill）、安东尼·艾登（Anthony Eden）和哈罗德·麦克米伦（Harold Macmillan）执政的保守党政府则坚信，英国在世界事务中的影响力取决于伦敦的金融中心地位，他们认为这种地位取决于英镑的可兑换性，因此，在解除对英镑的外汇管制保护之前，他们努力支持英镑（汇率）（如果没有官方的支持，英镑在此期间会持续贬值）。[7]他们还相信，英镑和英国经济的未来在帝国之外，其最终命运取决于英镑的强势和可兑换。[8]1964年在哈罗德·威尔逊（Harold Wilson）领导下执政的工党政府捍卫英镑汇率还有另一个原因：威尔逊认为英镑和美元是战后国际金融体系的两大支柱之一。英镑被认为是美元的第一道防线，而美元是布雷顿森林体系赖以存在的货币基础。这促使威尔逊认为，如果英国让英镑贬值，布雷顿森林体系将不复存在。[9]

在英国政府内部，财政部和英格兰银行在战后国际英镑政策问题上的立场统一且保持不变。[10]二战一结束，他们便倡导英镑可兑换，直到丘吉尔政府在1954—1955年取消了外汇管制。与保守党一样，他们认为伦敦金融城从英镑的广泛使用中受益匪浅。[11]他们主张英国随着伦敦金融城的兴衰而兴衰。直到1967年，这些官员才开始严格审视伦敦金融城的成功是否真的取决于英镑的国际角色，并最终得出结论：并非如此。[12]

（英国）财政部和央行官员还提到英镑国际地位的其他利好。他们在1956年的一份工作报告中解释说，英国商人可以在"世界大部分地区"使用本币，省去了使用外币的"费用和不便"。他们还指出，如果英国想用其他货币买卖商品，那么它就可以保持较小的其他货币的周转余额。不过，他们认为英国政府最终别无选择，只能维持英镑的国际地位。即使英国想把英镑降为纯粹的国内交换工具，它也没有足够的金融资源来回购世界各国储备中的英镑。[13]

为了加强和稳定英镑，战后英国政府不得不重建因战争而耗尽的黄金和外汇储备。在金本位或金汇兑本位的国际货币体系中——这两种体系都将在第一章中讨论——一国的央行储备有助于确定本币价值。[14]一国从世界其他国家吸收的黄金和外汇比流出的要多，储备就会增加，这被称为国际收支或经常账户盈余。[15]持续的盈余将带来本币升值压力，而持续的赤字将产生相反的效果。如果一国出口的商品多于进口，也就是说，如果它与世界其他地区的有形贸易（实物产品）出现顺差，那么该国通常会出现经常账户盈余。一个国家的无形贸易，包括外国投资的利息和股息，以及来自银行、航运和保险等服务的收入，也构成经常账户的一部分。由于伦敦金融城在整个19世纪发展了卓越的金融服务，英国的无形收入成为该国国际收支中日益重要的构成要素。随着工业部门相对于竞争对手的衰落导致有形收入逐渐减少——二战对英国本土造成的破坏加速了这一趋势——英国的无形收入变得越发宝贵。

一国经常账户的无形收入部分还包括跨国公司创造的利润。战后对英国国际收支贡献最大的两家公司莫过于总部设在英国的英伊石油公司[16]和荷兰皇家壳牌公司（Royal Dutch-Shell）[17]。两家公司都给英国带来了巨大的无形收入流，尤其是英伊石油公司，其生产设施几乎全部位于中东，而中东的石油生产成本是世界上最低的。这些公司的利润不仅有助于增加英国的无形收益，而且由于它们被视为"英国居民"（国际收支概念），其经营也保护并支持了英国经常账户的有形收入方面，同时为国家赚取和储备外汇。对于英国这样一个如此依赖进口石油的国家来说，英伊石油公司和壳牌公司给英国带来的好处再怎么强调也不为过。尤其是在战后，1946—1955年，英国国内石油消费量几乎翻了一番，原油进口量增长了6倍多。[18]来自英格兰银行的众多文件和英国外交部、财政部、燃料和电力部、内阁办公厅、首相办公室的记录表明，英国官员持续关注本国国际收支状况，以及英镑强势同英伊石油公司、壳牌公司之间的关系。

英国政府的英镑政策似乎在伤害该国的制造业部门（通过使出口更昂贵、进口更便宜）但惠及国家的服务业部门（通过吸引外国投资），值得探讨的是，官方是否在偏袒金融业。毕竟，金融城并没有创造足够的国民收入，所以并不能从经济上证明这种偏袒是合理的。[19] P. J. 凯恩（P. J. Cain）和A. G. 霍普金斯（A. G. Hopkins）通过描述政府和金融城精英中的政策制定者基于相似的社会经济背景和经验（他们称之为"绅士资本主义"）所共有的世界观，来阐释金融影响英帝国和外交政策的问题。[20]从凯恩和霍普金斯的角度看，政府中的绅士资本家实际上被社会化了，他们追求的帝国或外交政策方向本质上有利于金融利益。因此，与北方的制造业利益集团相比，伦敦金融城之所以能够拥有更大的政治影响力，并不仅仅是因为金融城与政府机构在地理位置上接近，还因为二者在社会文化上接近。[21]

虽然不能否认凯恩和霍普金斯观点的价值，但对英国政策偏好金融业的一个更有说服力的解释是，英国财政部在二战后对政策制定拥有巨大的影响力。据一位历史学家所述，由于英国工业国有化以及战后英国面临的严峻的财政困境，财政部达到了自17世纪晚期以来未见的"责仟和权力顶峰"[22]。由于财政部官员经常向他们在英格兰银行的同事征求建议,而后者又与金融城志同道合的同行联系广泛,因此伦敦金融城代表自身利益影响政策也就顺理成章。[23]但正如最近的研究表明,学者们应尽量避免笼统地概括英国政府和金融城之间的历史关系,这种关系复杂,且随着执政党、国内和国际经济环境的变化而变化。[24]虽然在财政部和(英格兰)银行之间确实存在对金融业的偏袒,但这种偏袒并不能保证金融城的利益集团可以从英国政府那里得到它们想要的一切,它也不是英国政府支持强力稳定英镑的先决条件。归根结底,维持英国在世界事务中的地位的愿望,为工党和保守党政府提供了足够的动力,去追求强化英镑国际角色的政策。[25]

话虽如此,20世纪五六十年代,英国政府对外经济政策的基本理念,还是反映了该世纪早些时候英国经济重心从制造业向金融业的转移。[26]以这种方式,战后的英国政治经济沿袭了其他主要经济大国所经历的发展模式。16世纪的西班牙、17世纪的荷兰和20世纪的美国经济国际化,通过商品和资本的出口,带来了先进的商业和银行业发展。由于这些国家更愿意花钱请新兴经济大国制造它们想要和需要的东西——新兴大国可以做得更好、更便宜,或者二者兼有——前者的经济便开始转向由金融服务主导。这些国家的资本市场和金融服务比制造业竞争对手更为发达,它们往往越来越重视经济中的金融部门,而这正是它们最具有比较优势的领域。[27]

二战之后,英国在金融服务领域的优势被美国取代,这引发了关于英国经济衰落的问题。这个衰落的时间节点和特点一直是学者、政治家和其他领域人士过去一个世纪里激烈讨论的话题。[28]首先,任何关于经济衰落的讨论都必须基于精确的定义。我们指的是哪个经济领域？是指相对衰落，即一个国家的表现相对于其他国家衰落，还是指绝对衰落，即一个国家的表现相对于本国过去的表现衰落？本书专门讨论英镑作为国际主导货币的衰落，并且从相对和绝对两个方面来讨论这一问题。毫无疑问，二战后美元超越英镑，成为世界首选的贸易和储备货币，布雷顿森林体系的决策（美元为其核心）最能说明这一点。同样毫无疑问的是，二战后越来越少的国家愿意将英镑作为贸易或储备货币：英国被迫在英镑区内维持资本管制以防止成员放弃英镑，直到1958年；而在1958年之后，这些国家和地区开始将本国储备从英镑转向黄金和美元。

中东的非正式帝国

称二战后英国在中东地位"衰落"并不准确。英国在该地区一个半世纪的经验，使其在政治、军事和经济方面建立了广泛的影响网络，这主要是通过与当地精英建立和培养关系来实现的。英国最初与中东的接触，源于英政府考虑保护通往印度的陆路和海路，而新兴的东亚贸易——以及抵御海盗的需要——进一步加深了英国在中东地区的介入。[29] 为了支持这些活动，英国与阿拉伯半岛东北部的波斯湾沿岸酋长国建立了条约关系，在阿拉伯半岛南部建立了殖民地，并与伊朗发展了外交关系。19世纪末，英国占领了埃及，通过苏伊士运河确保同亚洲的贸易和战略联系。20世纪上半叶，伊朗和伊拉克发现了石油，石油在一战期间为英国海军提供燃料方面发挥了关键作用，这些促使英国进一步加强了对中东的控制。一战之后，根据新成立的国际联盟的授权，英国接管了奥斯曼帝国的大部分地区（包括巴勒斯坦、伊拉克和约旦），它在该地区的影响力达到了顶峰，直到1948年撤出巴勒斯坦。

到20世纪40年代末，除了亚丁殖民地和波斯湾沿岸的酋长国，英国控制下的中东大多数地区已经实现独立，但英国仍试图保持对整个地区的非正式影响力。[30] 印度对帝国的战略和经济重要性在二战后下降得非常明显，这促使战后工党政府更加重视中东，并将其作为帝国力量的来源。[31] 工党外交大臣欧内斯特·贝文（Ernest Bevin）甚至将中东描述为"仅次于英国本土的……最重要的地区"，在1947年英国退出印度时更是如此。[32] 该地区的战略价值在于英国在当地的众多基地——尤其是苏伊士运河沿岸庞大的军事设施——非常适合英国的两个目标：防御非洲殖民地和对抗苏联。此外，中东还是欧洲和亚洲之间的重要交通中心。[33] 至于英国的经济利益，则涉足众多领域且规模庞大，包括银行、保险、航空、航运、建筑、采矿，当然还有最重要的石油。

没有任何资产的价值能超过英伊石油公司在伊朗的利益，且其价值无法仅用石油进口和英镑收入来衡量。由于英伊石油公司是唯一的特许经营权持有者，该公司已然是英国非正式控制伊朗的门户。它通过提供就业、住房和市政服务，在伊朗南部地区有着压倒性的权威。英伊石油公司对（伊朗）石油生产的控制以及伊朗对英镑的使用，意味着英国对伊朗经济也有一定的影响力。这并不是说英国政府利用英伊石油公司或其他公司作为英帝国及其外交政策的幕后工具，或作为殖民管理的替代者。[34] 一般来说，在资本主义国家，政府和跨国企业有各自的利益，只有当这些利益一致时，二者才会协同行动——有时即便利益一致也不会。尽管如此，客观地说，英国政府将英伊石油公司这样的公司视为有用的工具，并通过这些公司在对英国利益至关重要的各个地区施加影响。

正如伊朗的例子所表现的那样，对于许多用英镑开展贸易和持有英镑储备的国家，英国凭借自己作为中央银行的角色，在中东表现出一定程度的控制性（有关1952年英镑账户体系国家的完整列表，请参见第一章表1-1）。英国通过粗暴的外汇管制以及冻结伦敦的账户来实施其权威。它还通过更微妙的方式展示了影响力，比如发放贷款、引导投资进入伦敦金融城和大英帝国。但英国控制的有效性取决于自身经济实力。因此，随着英镑在战后日见疲态，被控制者也能反过来影响控制者。事实上，英镑持有者将资金转移出伦敦，是出于政治原因惩罚英国，通过在关键时刻加剧国际收支问题来发出他们的声音。此外，1958年英镑可以自由兑换时，英镑持有者利用进入伦敦以外资本市场的机会，将（英镑）储备分散到黄金和他们认为更稳定的货币上，通常是美元。[35] 虽然英国通过外围国家使用英镑这一抓手对后者进行的控制并没有明显下降，但这些对抗的例子展示了非正式帝国关系中权力动态的复杂性。这些关系中的权力平衡依赖于具体背景，因此，它们并不具有共同的特征。[36]

战后英美关系中的石油与经济

由于中东拥有丰富的石油资源，该地区在战后成为英美竞争与合作的重要区域。美国官员意识到美国将在二战后成为主要的石油进口国。美国政府因此试图对中东石油的生产和分配施以更大的控制，而近半个世纪以来，一直是英国在主导当地的石油产业。不难猜测英国对于美国侵犯其势力范围的心态，一位英国官员说道："石油是我们仅剩的最大战后资产。我们应该拒绝与美国人分享我们最后的资产。"[37] 尽管如此，为了共同利益，英国和美国在整个战后时期都努力在该地区进行战略和经济上的合作，尤其是为保卫该地区免受现实中和想象中的共产主义威胁而共同努力。[38]

然而，伴随合作而来的是两者之间的冲突：实现表面上共同目标的最佳方式是什么。战后，美国发现本国国力前所未有之强，而英国则在竭尽全力避免衰落，两国间的分歧随之加剧。由于担心金融和战略脆弱性上升，英国政府推行旨在保护和促进英国利益的经济政策和中东政策。虽然英国官员认为这些政策促进了西方的福祉——因为他们认为自由资本主义的传播有赖于英国在世界事务中继续扮演重要角色——美国官员却认为这些政策的效果适得其反，破坏了美国的利益。[39] 1956年英国对埃及采取灾难性的军事行动之后，英美两国关系稳定了下来。这次入侵虽然使伦敦沦为华盛顿在该地区的小伙伴，但也保全了英国保护西方在波斯湾石油利益的关键权力。但20世纪60年代中期，随着英国战后持续的经济困境，它被迫做出了一些同美国定义的西方经济和战略重点不符的决定，局势再次紧张起来。

至关重要的石油

为什么要关注石油而不是其他大宗商品？鉴于英国在二战期间和

战后重振帝国的使命，主要是要确保控制尽可能多的重要原材料，这些原材料带来了巨额美元收入。考虑其他主要出口产品确实是值得的。[40]但很明显，没有一种商品能像石油那样，给英国的国际收支平衡带来如此多的担忧或希望，因为没有一种商品能在英国的经常账户中占据如此重要的地位。在1955年为国际收支石油事务工作组编写的一份文件中，财政部会同燃料和电力部写道：

> 石油工业（包括油轮运营）的国际影响如此之大，如此之复杂，以至于石油本身几乎构成一种货币。在我们看来，石油（行业）的规模和复杂性，以及最全面的统计数据，均与货币变动有关，而且（行业内）任何其他基础性的处理，都将带来（英国）国际收支账户的大幅修正。这是将石油与其他贸易区别对待的充分理由。[41]

曾在1951—1958年领导海外金融司的英国财政部官员莱斯利·罗恩（Leslie Rowan）对这个问题的看法更准确，他断言："石油是英镑区最大的美元支出项，因此，大幅减少美元外流必须是我们经济政策中的一个主导方向。"[42]

应该指出的是，由于发达工业国家之间的货物、服务和资本贸易往来巨大，计算国际收支是一门不精确的科学。[43]正如文献所显示的证据，在试图准确确定国际石油工业的运作如何影响战后英国的国际收支时，这一过程变得更加不精确。[44]（英国）财政部的一位官员写道："在国际收支的石油计算中，有非常多的特殊因素，要想测算清楚，任务艰巨。"[45]当然，这些问题并没有阻止英国官员进行计算，所有计算都列在附录中。最重要的是，英国官员坚定地认为石油是英国贸易账户的一个主要构成，这种信念极大地影响了英国的政策，因为它可能影响英镑。

英伊石油公司

英伊石油公司（而不是荷兰皇家壳牌公司）是本书关注的焦点，因为英伊石油公司从中东采购石油，而壳牌公司的大部分原油来自印度尼西亚和委内瑞拉。英伊石油公司控制了伊朗100%的石油产量、科威特50%的石油产量，以及伊拉克23.75%的石油产量。[46]另一个原因是该公司与英国政府的特殊关系，从1914年到1979年，英国政府是该公司的控股股东。[47]英国政府在英伊石油公司的股权加上该公司为英资全属，使许多英国官员相信，他们可以依靠公司高管在开展业务时考虑英国的国家利益。他们认为，至少与英伊石油公司董事相比，壳牌公司的英国董事不太可能将英国的国家利益置于公司的商业利益之上，尤其是在英国的国际收支问题和英镑问题方面。[48]

人们可能会认为，英国政府和英伊石油公司均希望以尽可能低的价格获得中东石油，这将促使英国政府与该公司高管之间的关系趋于稳定。通常情况下是这样的。但官方所看重的英国国家利益和公司所看重的商业利益并不总是一致的。事实上，在战后时期，双方曾两次在英镑和石油问题上发生冲突。因此，分析英国政府以英镑为导向的中东石油政策的后果，提供了一个反思公私部门边界模糊本质的机会。在本案例中，这些界限尤其模糊不清。[49]

导致英国政府同英伊石油公司间关系紧张和冲突的原因，同英国政府与其他跨国石油公司或者参与中东石油的其他国家之间关系紧张和冲突的原因相同，即英国政府一心希望保护和提升英镑的地位。在整个战后时期，无论是工党还是保守党政府，都试图控制所有可能有助于或有损于英国国际收支平衡的中东石油贸易途径，包括：（1）英国进口石油的品类，确保中东石油流入英国；（2）中东石油的生产及销售后，英国公司获得利润的份额；（3）中东石油经由苏伊士运河的运输；以及（4）生产中东石油的国家所收英镑的投资地点。至少在1956年之前，英国政府如此冒失地推进这些想法，为经年之后一系列的对外紧张关系埋下了伏笔。

本书的结构

第一章探讨了二战后英国为捍卫它歧视性对待从美国跨国石油公司进口石油的权利，与美国发生的争端。第一节描述了英镑区（这是一个支持英帝国封闭贸易体系的外汇管制结构）的创建和演变，以及布雷顿森林体系的建立。第二节回顾了英美官员在努力谈判战后国际石油的生产和分销协议时发生的冲突。这些冲突首次揭示了英国政府防止英国依赖外国进口石油，进而破坏国际收支平衡的意图；同时也标志着英国政府战后的"英镑石油"计划首次引发了同中东石油其他利益方的紧张关系。第三节讨论了英国在1947年经历的严重经济问题，以及这些问题引发或加剧的战略后果，所有这些都对英国在中东的角色产生了影响。最后一节描述了英国在1949年遭遇的货币危机，这场危机导致英国在当年公布了大规模的石油歧视性政策，这也是这一节的主题，该政策被称为"石油替代计划"（oil-substitution program）。它表明了英国政府此前威胁要利用中东石油来保护英镑的认真态度，同时将英伊石油公司加入一个日益见长的名单中，这个名单上的各方都会因英国政府推动以英镑为中心的石油和外交政策而备受打击。第一章与后面的章节不同，因为它不涉及一个特定的中东国家，主要讨论的是主导该地区的政治动态，并为后文做铺垫。

第二章的主题是伊朗与英伊石油公司在新石油合同问题上的激烈分歧，这最终导致1951年伊朗石油国有化。[50] 英国官员，尤其是财政部和英格兰银行的官员认为，英镑作为国际货币的未来，取决于英国对伊朗石油生产的控制能力以及英国执行国际合同的能力。因此它们对于接受现状的任何改变，或者在谈判解决方案中让步这两个问题表现得尤其固执。[51] 与第一章一样，英美两国在英国经济政策与中东石油政策问题上寻求共识时再起冲突。这一次，美国官员批评英国官员忽视了西方在中东的利益，特别是考虑到苏联在该地区的威胁，并用反殖民主义的言辞表达了对英国政策的不满。本章还出现了一个贯穿全书的新主题，即战后中东地区民族主义的兴起如何阻碍英国政府稳定和巩固英镑。

第三章探讨了英国对1956年苏伊士运河国有化的反应。苏伊士运河是中东石油进入英国的大动脉。该章详细阐述了苏伊士运河国有化对英国造成的经济后果，并在英国政府努力重振英镑的背景下，分析了由此引发的英法进攻埃及事件。[52] 美国高级官员，尤其是艾森豪威尔总统，对英国政府参与入侵（埃及）感到愤怒，并再次用反殖民主义的论调批评英国官员。在艾森豪威尔的领导下，美国政府用经

前言　　19

济手段惩罚英国，这标志着因英国政府不惜一切代价捍卫英镑所造成的紧张局势达到了某种激烈的程度。对英镑来说，其后果是灾难性的。本章以及第二章的目的，并不是要在解释英国政策时将英镑因素置于其他考虑之上，而是要说明英镑因素在决策过程中的重要性。在决策导向方面，英镑事务至关重要。[53]

第四章探讨了英国官员对科威特石油收入盈余的投资方向的担忧。从20世纪50年代初开始，英国政府就试图通过非正式手段，确保科威特统治家族将其收入投资并保留在伦敦。英国官员担心，如果该国迅速将其持有的大部分英镑资产转出（为其他货币），那么英镑的国际地位将受到毁灭性的影响，尤其是当拥有大量英镑结余的殖民地独立并寻求将这些头寸用于发展的时候。正如第二章和第三章所述，英国政府试图对一个中东国家的事务施加影响，这与要求独立自主的新兴民族主义情绪明显冲突。在科威特事务中，是科威特本国希望对石油收入的投资有更多控制权。但与第二章和第三章描述的不同，彼时英国官员面对威胁英镑的危机时表现出大胆和固执，而在处理科威特问题时，却展现出令人印象深刻的灵活性。基于英国的经济弱点和科威特选择的不确定性给英国带来的压力，以及英国在中东地区地位的大幅下降，英科关系中的相互依赖确保了英国官员会以一种防止紧张局势爆发为危机的方式来处理科威特的民族主义浪潮。第四章还穿插讨论了20世纪50年代末至60年代与中东有关的英美关系的演变，侧重于英国作为该地区英美安全安排的一部分，在维持波斯湾安全方面所扮演的角色。

必须指出的重要一点是，第四章和全书都决定不把重点放在某些中东产油国上。伊拉克在1958年之前一直是英镑区的一员，而且是英伊石油公司和荷兰皇家壳牌公司用英镑购买石油的产油国，但除了第四章关于1958年伊拉克革命的内容之外，几乎没有对伊拉克进行讨论。原因在于，英国官员认为在伊拉克发生的任何事情都不会危及英镑。即使是这场充满反英色彩的革命，也没有像伊朗石油国有化和苏伊士运河国有化那样引起英国政府的激烈反应。到20世纪50年代末，英国对中东民族主义运动的应对策略变得更加现实和包容，面对那些关乎石油对英镑的影响的民族主义运动时更是如此。当然，英国担心伊拉克脱离英镑区对英镑的影响——这是第四章提到的问题——但还没有到让英国政府觉得有必要采取极端措施的地步——英国在苏伊士运河的惨痛经历殷鉴不远。至于伊拉克英镑收入的投资，伊拉克政府将石油收入的大部分用于发展，因此从未积累过接近科威特那种规模的结余。英国控制的波斯湾产油地区（如迪拜和阿布扎比）的情况也是如此。它们的石油工业规模要小得多，没有产生足够多的英镑收入，所以英国官员对此并不担心。总之，第四章论述的是科威特，而不包括其他酋长国，尽管这些地区也在英国驻巴林外交机构的管辖之下。[54]

英国于1967年11月宣布英镑贬值，随后于1971年决定从波斯湾撤军，这两个事件是战后英国历史的分水岭。英镑贬值代表着英国政府对强势英镑政策的放弃，标志着英镑区的消亡——尽管可兑换性早在20世纪50年代末就已经敲响了这个货币集团的丧钟。[55]经过了英镑贬值，英国工党政府表明，它终于认识到需要进行根本性调整，以缓解英国根深蒂固的国际收支问题。下一步是取消苏伊士运河以东英国军事承诺的相关费用，从而减少海外支出。英国于1968年1月宣布了从苏伊士运河以东撤回军队的决定。英国撤出在海湾地区的驻军，标志着大英帝国在中东地位的终结。这一决定引起了美国官员和海湾国家的震惊、失望和不满。这些情绪反映了它们对英国留下的战略真空的担忧。由于英镑贬值的决定以及由此产生的多种后果涉及本书提出的一些核心问题，因此这段插曲为本书的总结性讨论奠定了基础。

第一章

英美在石油事务和英镑区的冲突

"在我们的美元储备如此不稳定的情况下,石油可能成就也可能破坏我们的复苏计划。"

——维克托·巴特勒(Victor Butler)
欧洲经济合作官员委员会主席、英国燃料和电力部副大臣[1]

"……我们在帮助他们解决国际收支问题上的立场,不能走到破坏美国在中东的石油运作那一步。"

——罗伯特·埃肯斯(Robert Eakens),
美国国务院石油部门主任[2]

为了保护英国经济免受20世纪30年代全球大萧条和随后的世界大战带来的最坏影响,英国政府严格管制了帝国与世界其他地区之间的贸易。(英国政府的)外汇管制支持着这一新重商主义,外汇管制适用于殖民地(包括正式的和非正式的)和主要使用英镑进行贸易的独立国家,这些国家和地区在二战期间被正式称为"英镑区"。战后,美国杜鲁门政府的官员期望英国解散英镑区,以支持英美基于布雷顿森林体系在国际上实现自由贸易的目标。

但英国艾德礼政府认为,为了节省和赚取重建英国所需的美元,它必须保留英镑区,并利用区域内留存的资产。其中一项资产是荷兰皇家壳牌公司和英伊石油公司在国际石油工业中的有利地位,这两家公司向英镑区出售石油,后者可以用英镑支付,从而保护英镑区总体的黄金和美元储备。此外,这些公司还通过西半球的美元市场以及向美国大型跨国企业出售原油和石油产品(后者再向美国本土市场转售)来赚取美元,进而增加英国的美元储备。[3]

英国官员试图利用这一优势,在战后歧视所谓的"美元石油",

转而支持"英镑石油"[4]。这一政策自然引起美国跨国石油公司和美国官员的不满。英国早在1940年就开始限制进口"美元石油"，但这一问题从未引起争议，直到战后英国政府提出继续这样做的想法时，美国官员才意识到这种政策似乎不再合理。这个问题引起的冲突在战后十年里从未止息，这可以追溯到1944—1945年的英美石油谈判。会谈的目的是达成一项协议，使中东石油的开发合理化，但在歧视问题上的争论几乎破坏了整个谈判。[5]

美国对英国在这些争论中的做法感到失望，但与美国政策制定者对1950年1月英国政府宣布将实施大规模的石油歧视计划时的愤怒相比，这种失望不值一提。20世纪40年代后期，英国的国际收支困境和伊朗大量"英镑石油"的出现，催生了该歧视性计划，当时人们将其称为"石油替代计划"，这是"用英镑石油替代从美国跨国公司进口的美元石油"的简称。在与受该政策不利影响的公司谈判几个月之后，英国政府最终允许后者以一种保护英镑区美元头寸的方式在该区域销售石油。尽管如此，伦敦已向华盛顿发出通知，它将采取一切手段来捍卫英镑。

在制造英美不稳定关系的同时，围绕"英镑石油-美元石油"问题的争议，也揭示了跨国石油公司与美英两国政府间的紧张关系。随着英国开始表明它将歧视美元石油，美国大型石油公司随即向美国国务院游说以维护自身利益。美国国务院官员希望英国政府与美国公司达成协议，使这些公司能够在维系英国国际收支平衡的同时，在英镑区销售石油，但这些公司拒绝卷入双方之间的谈判。因此，石油公司高管经常抱怨说，（美国）国务院没有给英国施加足够的压力以迅速解决此事，使他们公司的市场份额面临风险。

英伊石油公司的董事同样对英国政府最初制定的歧视性政策感到不满。乍一看，这种反应出人意料，因为该计划似乎使英伊石油公司受益。[6]事实上，公司高管担心，他们在美国公司的"朋友"会认为是英伊石油公司在鼓励该政策，从而蚕食美国公司的市场份额，这种误解将破坏该公司在大西洋彼岸的关键业务关系。英伊石油公司的高管还认为，（英国）政府越界了，违反了长期以来达成的共识，即尽管政府在该公司拥有控股权，但它不会干涉该公司的日常商业运作。显然，与歧视性政策对英伊石油公司跨大西洋关系的影响相比，"美元荒"的短期影响更令英国政府担忧。

著名外交历史学家布拉德福德·珀金斯（Bradford Perkins）在谈到英美关于战后对英国的贷款的冲突时写道："美国人喜欢称之为经济帝国主义，而英国人则简单地称之为英镑体系，这（在战后时期）产生了一场尖锐的争论，但没有像预期那样引发更多的矛盾。"[7]围绕"英镑石油-美元石油"的冲突则构成了第二场尖锐的争论。乍一看，有关"英镑石油-美元石油"问题的分歧，似乎是对一个普通而技术性很强的经济问题的小范围争吵。但重要的是要认识到，这些争论揭示了二战后困扰英美关系的一场重大论辩，即英国利用歧视性的英镑区维护其经济利益，而美国则是在与共产主义的对抗中追求建立世界性多国贸易体制的愿景。[8]换句话说，英国政府因美国对其战后经济困境的麻木不仁感到不满，而美国则对英国追求狭隘、短期的经济目标，却牺牲两国在建立国际自由贸易秩序和遏制共产主义方面的长远利益感到越来越失望。

本章试图实现两个目标：第一，将英美关于"英镑石油-美元石油"的争论置于战后英美之间更宏观的经济和政策论辩的背景下，从而使这一争论不再局限于小圈子。这样一来，1944年英美两国对国际石油协议形式的分歧，就同五年后两国关于英国实施"石油替代计划"的争执建立了重要联系。[9] 第二，英国政府在1944年公然保护歧视美元石油的权利，标志着一项长期政策的开始——英国政府将利用它在中东产油国的影响力来维护英镑的国际地位。因此，本章将英美在"英镑石油-美元石油"问题上的争论，置于英国政府持续努力以防止英国对外国石油的依赖破坏其战后国际经济的目标这一更大背景之下。

一、英镑区的形成与布雷顿森林体系的创建，1932—1944

在近一个世纪的大多数时间里都是自由贸易领军者的英国，在20世纪30年代初全球经济危机期间，寻求在大英帝国控制的疆域内创建一个封闭的贸易体系，以便恢复英镑和英国经济的稳定。[10] 这一计划始于1932年上半年（此时英国对制成品进口征收关税），并在夏季于加拿大渥太华召开的帝国经济会议上继续推进。从伦敦的角度来看，这次会议的目标是建立帝国自由贸易——废除帝国体系内的贸易壁垒——允许那些不在新关税豁免范围内的地区，主要是自治领（澳大利亚、新西兰、南非和加拿大），通过降低本国对英国制造品的（进口）关税来换取进入英国市场的特权。[11] 但那些讨价还价的会议，并没有达成一项覆盖面广且计划连贯的多边协议，只是产生了一系列双边协议。这些协议给了自治领所渴望的受保护的市场，但并不要求它们放弃提高关税以保护本国工业的权利。同样，英国确保了对本国农民的保护，并将部分国内市场留给了帝国以外的某些贸易伙伴，如阿根廷和丹麦。虽然自治领在制成品问题上占了英国的便宜，但在渥太华会议上，双方都没有获得完全满意的成果。此外，那些曾希望双边协议能促进帝国内部经济活动和贸易的人，在30年代末将会失望。也许最令英国决策者沮丧的，是帝国经济会议未能建立帝国自由贸易。[12]

尽管如此，这次会议不能说是完全失败、毫无成果的，尤其是在重振英镑方面。渥太华会议后签订的一系列协定以及允许英镑浮动的政策，使得帝国内部的金融网络更加紧密地结合起来。此外，通过帝国特惠制，英国、自治领和殖民地相互给予对方优惠的贸易地位，这为英镑的流通和繁荣提供了一个广阔且相对独立的区域。由此产生的是一个贸易和金融的中转站，英镑在其中获得了稳定，伦敦金融城也可以在其中继续大规模运作，尽管规模有所缩小。[13]

与渥太华会议后所建立的贸易区同时出现的，是一个围绕英镑而组织的货币俱乐部。这个被称为英镑区的群体没有正式的组织或必须遵循的规则，但它仍然拥有一些明显的特征：成员将其汇率与英镑挂钩，主要使用英镑进行贸易，将英镑作为国际储备的主要货币，并主要依赖伦敦来获取资本。[14]英镑区的成员包括英国、自治领（加拿大除外，其货币同美元挂钩）、印度、未独立的附属国、埃及、伊拉克和英国的中东保护国。[15]由于与英国有"特别紧密"的金融和商业联系，斯堪的纳维亚半岛上的国家也加入了这个货币群体。日本、希腊、伊朗和波罗的海国家将其货币同英镑挂钩，但在国际贸易、支付或储备中并没有广泛使用英镑，因此不属于英镑集团。[16]

二战期间，为了保存外汇以支持英国参加战争，英镑集团发展出一个更正式的结构安排。1939年9月欧洲战事爆发后,属于英镑集团的其他成员清算了各自的英镑资产并退出该集团,留下的主要是英联邦成员国。正是在这个时期,英镑集团与帝国的联系变得更加紧密,且被赋予了一个自此广为人知的名称:英镑区。为了应对二战初期发生的持续性从英镑(区)撤资的事态,英国围绕英镑区设立了一个"汇兑控制围栏"。这种控制限制了与货币集团外部国家的贸易和支付,部分是为了促进(英镑区内)美元和其他外币的积累。英镑区的每个成员都与伦敦协调外汇管制政策,但负责执行各自的计划。因此,海外英镑区(OSA)自愿参加外汇管制制度,这是因为作为英镑的大用户和持有者,它们在保护汇率方面有着共同的利益。[17]外汇管制还包括鼓励资金在伦敦、大英帝国和英镑区其他成员之间不受限制地流动,同时又不允许外汇外流到区域外更大的地区,通过这种安排达到调动资本支持战争的目的。归根结底,资本在英镑区的自由转移对于战争取得成功的重要性,不亚于军队的调动和物资的生产。在全球冲突中,谁能最有效地转移资金,谁就能获得优势。[18]

与20世纪30年代英镑集团崛起的动力及其在二战期间正式确立背后的逻辑一样,英镑区在战后继续存在,是为了在国际经济的另一次失衡——战后"美元荒"——中保护英镑。之所以出现这一问题,是因为美国和加拿大是战后经济基础完好的两个主要的工业化国家。世界各国纷纷自北美寻求进口,以帮助本国重建满目疮痍的经济。但由于出口能力下降,英国和其他国家无法赚取支付进口商品和服务所需的美元,因此,为了节省美元和其他外汇,英国政府在1947年通过了《外汇管制法》[19],巩固了二战初期对贸易和支付的歧视性管制。由于与该法案相关的控制网络,根据非英镑区成员使用的货币种类及其与英镑区贸易模式的性质对其进行区别对待，该集团的金融内部运作可能颇为复杂。如表 1-1 所示，出于外汇管制的目的，出现了四个一般账户区，反映了英国对特定国家和地区以及这些国家和地区与英镑区之间转账所施加的不同程度的限制。[20]

表 1-1　英镑账户体系，1952 年 4 月

英镑区	美洲账户区	可转账账户区	双边账户区
澳大利亚	玻利维亚	奥地利	阿根廷
大英帝国殖民地	中美洲	智利	比利时
缅甸	哥伦比亚	捷克斯洛伐克	巴西
锡兰（今斯里兰卡）	古巴	丹麦	中国
英国	多米尼克	埃及	法国
冰岛	厄瓜多尔	埃塞俄比亚	民主德国
印度	菲律宾	芬兰	匈牙利
伊拉克	美国	希腊	伊朗
约旦	委内瑞拉	意大利	以色列
利比亚		荷兰	日本
新西兰		挪威	黎巴嫩
巴基斯坦		波兰	巴拉圭
波斯湾沿岸		西班牙	秘鲁
南非		瑞典	葡萄牙
		泰国	罗马尼亚
		苏联	瑞士
		联邦德国	叙利亚
			摩洛哥（丹吉尔港）
			土耳其

(续表)

英镑区	美洲账户区	可转账账户区	双边账户区
			乌拉圭
			南斯拉夫

数据来源：Schenk, *Britain and the Sterling Area*, 9。

战后英国继续实行并强化战时外汇管制的另一个原因，是它在战争期间累积了巨额债务。为了从资金上支持同盟国取胜，英国自英镑区成员那里借入了数十亿英镑，并贷记后者在伦敦的账户，其中埃及和印度积累了最大的所谓"英镑余额"。由于战争结束时总余额估计为140亿英镑，几乎是1945年英国黄金和美元储备总值的6倍，英国政府必须防止这些成员抽走这些储备，这也就意味着它必须限制英镑资产持有者向其他货币区转移资产，以避免（英国）金融崩溃。[21]因此，英国安排同印度、埃及等国家锁定英镑头寸，并保证在数年内还款。[22]

除了收紧英镑区的外汇管制外，英国还试图通过建立一个中央资金池来克服美元短缺问题，英镑区成员同意将黄金和美元收入存入该资金池。黄金和美元汇兑的首要目标是使英镑区作为一个整体，能够与世界其他地区，特别是美元区保持收支平衡。换句话说，只要英镑区的重要美元收入者（即那些与英国保持国际收支顺差的国家）继续出口赚取美元的原材料，帮助维持英镑和美元之间的平衡，那么英国对美国的国际收支逆差就无关紧要。外汇管制以及黄金和美元池是英国政府用来呵护英镑的两个最重要的工具，直到政策制定者认为英镑已经足够强大到可以实现可兑换为止——至少对那些不将英镑区制度视作最终目标的政策制定者来说是这样。这样一来，具有歧视性的英镑区就成了英镑和英国重拾昔日荣光的工具。[23]

虽然英镑区在二战期间和战后都实现了保护英镑的主要目的，但其成功是以阻碍与美国的关系为政治代价换来的。"帝国特惠制"概念一经提出，美国的政策制定者就对其深恶痛绝。而事实证明，歧视性的英镑区同样让美国感到恼火。当英美两国代表在战争期间开会构想战后国际贸易和支付体系的蓝图时，美国人，尤其是时任国务卿科德尔·赫尔（Cordell Hull），告诫世人英镑区的围栏必须拆除。[24] 二战初期，著名经济学家、多次参加英美会谈的英国主要代表约翰·梅纳德·凯恩斯不接受赫尔的看法。他告诉美国官员，英国在战后的金融健康状况非常糟糕。为了生存，英国必须继续歧视性贸易。[25] 他的立场激怒了美国国务院的官员。他们和其他美国政策制定者吸取了20世纪30年代的教训，同时预见了世界上没有哪个国家可以在贸易上与美国竞争，因此坚持在战争结束时建立多边经济秩序。但英国人将继续捍卫他们实行歧视性（做法）的权利，直到英国经济恢复元气，甚至维持更久。[26]

两个主要的战时声明反映了英美对战后世界经济目标的共同诉求。第一个声明是1941年8月14日发布的《大西洋宪章》，最后两条包含了多边主义的内涵。[27] 如果美国副国务卿萨姆纳·韦尔斯（Sumner Welles）得偿所愿，美国会在关于"平等获得原料"的第四条中插入"无歧视"这个短语。但英国首相温斯顿·丘吉尔坚持认为"无歧视"将废除渥太华会议上的协定，因此永远不会被英国政府或自治领所接受。丘吉尔还保留了英国维持"帝国特惠制"的权利。当提及英国在"面对不断增加的美国关税"的情况下维持了80年的自由贸易时，他嘲笑道："我们得到的回报只是美国一连串的保护措施。"首相说服他人的天赋和美国尽快发表联合声明的愿望确保了"无歧视"不会被写入《大西洋宪章》。[28] 第二个声明是《租借法案》第七条，美国通过该法案向那些在战争期间对于美国防务至关重要的国家提供援助。与《大西洋宪章》不同，该条款的谈判历经数月，并且在歧视问题上比《大西洋宪章》走得更远，将租借援助与"消除国际商务中所有形式的歧视性待遇"关联了起来。不过，与《大西洋宪章》一样，它也承认英国对其严峻的经济状况的担忧，为以后的对话留有余地，以便"根据现实经济状况"确定实现自由贸易的"最佳途径"。[29]

美国和英国为新国际货币体系提交的两个方案，不仅反映了《大西洋宪章》和《租借法案》第七条的理想，也反映了两国竞争的目标和利益。不出所料，由美国财政部经济学家哈里·德克斯特·怀特（Harry Dexter White）起草的美国方案，设想了一个没有贸易和金融管制的全球经济。它还设想了一个类似旧的金本位制的固定汇率制，在这种安排下，各国只能在国际权威机构的批准下调整汇率。另一边，凯恩斯计划允许在调整货币汇率时有更大的灵活性，它还赋予各国实施汇率和贸易管制的自由，以协调各自的国际收支平衡和充分就业目标。凯恩斯预期，作为世界最大债权国的美国，将会为高达230亿美元的（非美）贸易赤字提供资金。[30]

1944年达成的建立国际货币体系的协定，代表了英美两国为纠正战时错误而做出的一致努力，尽管这一努力并不完全成功。《布雷顿森林协定》因会议召开地新罕布什尔州的一个小镇而得名。[31] 为应对20世纪20年代的国际收支危机和30年代的流动性危机，该协定创立了国际货币基金组织（IMF）以调节国际汇率，并向贸易账户出现严重问题的国家提供贷款。成员国为IMF出资额不等，美国出资

27.5亿美元，远低于凯恩斯建议的230亿美元。各国可以动用高达88亿美元的"配额"——这也与凯恩斯建议的260亿美元相去甚远，更接近怀特建议的50亿美元。该体系基于金汇兑本位制运作，黄金支持的美元成为世界主要储备货币，其他货币都与之挂钩。[32] 与以前的金本位制不同的是，经国际货币基金组织批准，各国可以对汇率进行10%甚至更多的调整，以纠正国际收支的基本失衡（这是对凯恩斯的让步）。究竟什么是"基本失衡"，协定并没有明确规定。[33] 美国和英国计划之间的这种"妥协"，清楚地表明美国在谈判中的地位要强得多。

但在歧视问题上，英国取得了两项胜利，这两项胜利在英国实施战后国际经济政策时至关重要。首先，英国成功地在《布雷顿森林协定》中加入了稀缺货币条款，因为赤字成员国需要从IMF借款，所以协定要允许一国对某些国家（货币）实施特别的外汇管制，这些国家的国际收支持续顺差，进而导致IMF所持这些顺差国的货币稀缺。其次，协定还允许各国保留对国际资本流动的控制。尽管国际货币基金组织本应在五年后对这些控制进行评估并提出取消控制的政策建议，但战后经济环境的扭曲足以让英国和西欧国家将这些控制措施维持到1958年甚至更长时间以后。[34] 即便有这些宽限条款，英国的贸易和外汇管制在战后也一直困扰着美国官员。

二、英美石油谈判，1944—1945

推动达成全面石油协议的主要是美国，特别是经济增长的预测和石油地下储量的减少，使美国规划者得出结论：战后不久美国将成为石油净进口国。[35]他们还说道，世界将需要大量石油来为战后重建提供燃料，而满足这一庞大需求的大部分供应将来自中东。就产量而言，沙特阿拉伯拥有世界上最大的探明储量，该地区正迅速成为国际石油工业的重心。事实上，美国官员非常关注保护本国在阿拉伯石油中的利益。1943年，美国内政部长兼战争石油管理局局长哈罗德·伊克斯（Harold Ickes）成立了政府所有的石油储备公司，部分目的是从美国合作伙伴手中收购加利福尼亚-阿拉伯标准石油公司（Casoc），后者于1933年与沙特王国签订了特许经营权协议。[36]当时，该公司的董事会只是要求美国政府向沙特阿拉伯提供资金援助，以帮助稳定该国局势，并保护其特许经营权免受与统治者伊本·沙特有着长期关系的英国方面的侵犯。[37]Casoc决策层对华盛顿大胆涉足私人部门感到震惊，但又不愿放弃利润丰厚的投资，因此拒绝了这一（收购）提议。[38]但美国政府还是找到了另一种方式来保证它在沙特阿拉伯的投资。在埃及苏伊士运河区的一艘战舰上，美国总统富兰克林·罗斯福与伊本·沙特举行历史性会晤后，通过行政命令安排沙特阿拉伯接受《租借法案》的援助。对美国决策者来说，维护沙特政权事关美国的国家安全，因此美国政府寻求其他途径来保护本国在沙特和中东其他地区的利益，其中一个办法就是从英国获得石油协议。英国是该地区最有影响力的大国，在中东拥有大量的石油投资。[39]

美国政府希望通过石油协议实现的目标是，在中东地区以一种高效、稳定且公正的方式全面开展石油生产。尽管自20世纪30年代早期，歧视性问题就成为英美两国的重大争议点，但关于石油的限制性贸易争端则可以追溯到更早，即一战后，当时英国试图阻止美国公司在英国控制的国际联盟托管地勘探石油。[40]因此,美国国务院部门间石油委员会(1943年12月成立的经济和政治官员工作组)起草了一份关于"美国对外石油政策"的备忘录。备忘录强调,美国政府希望与英国达成协议,"包括相互保证石油开发、加工和销售"不会受到"任何一方政府单方面施加的限制或公司间安排"的阻碍。该备忘录的起草者还解释说,根据《大西洋宪章》的平等准入条款,该协议与其他协议一样,"应保证所有购买者在价格、数量、销售条款和条件方面享有平等待遇"[41]。对于美国决策者来说,如果与英国签订的协议不能促进和保护石油自由贸易,尤其是在中东地区,那么批准该协议就毫无意义。

英国官员也认为同美国签订石油协议有利于英国的利益。他们认为,"有序、高效的开发只会带来好处,但只有达成共识才能确保这一点","是对抗还是合作,是竞争还是形成一致性的政策",答案不言而喻。英国政府还认为,两国团结起来力量更大:英国和美国联手,就能更好地防止中东石油落入对其利益怀有敌意的一方手中。英国决策者认为,在中东石油问题上与美国找到共同点也很重要,因为协议带来的延伸影响更大。他们感到两国乃至其他地方的人"坚信世界的未来和平与繁荣"将"取决于英语国家之间的深入理解和政策统一"[42]。尽管这一声明中带有明显的盎格鲁中心主义,但它必须被视为促使英国出于自身利益而渴望与美国政府进行石油谈判的一个重要因素。[43]英国官员还将同美国的协议视为一个机会,如果美国代表如预期的那样,要求美国公司更大力度地参与中东(石油)开发,那么英国就能扩大它在美国主导的拉丁美洲石油领域的影响。[44]最后,英伊石油公司驻美国代表巴兹尔·杰克逊(Basil Jackson)直言不讳道,如果苏联决定对伊朗采取军事行动，那么英美在伊朗的合作可能会给公司在伊朗的特许经营权带来安全保障。[45]

尽管英国官员认为同美国达成某种联合石油协议是个好主意，但他们在与美国官员进行讨论时仍不免顾虑。1944年2月，温斯顿·丘吉尔在给富兰克林·罗斯福的信中提到了两国即将进行的关于石油问题的讨论。他警告说："这里有些人担心，美国想要剥夺我们在中东的石油资产。"他补充说，当英美关于中东石油的会议最终宣布召开时，这个话题将在英国议会引起负面关注，特别是因为国务卿被任命为美国代表团团长。丘吉尔解释说："人们觉得我们（英国）被怂恿了，可能会受到压力。"[46] 战时内阁部长级石油委员会附和首相的观点，提醒道："美国的一些舆论可能会寻求机会，以我们为代价来提升他们的优势，这并非不可能。"[47] 英国官员则认为，如果他们（英方）明确表示决心维护英国在中东的石油利益，"仍有很大空间达成一项建设性协议，既对双方有利，又不损害任何一方"[48]。但丘吉尔警告罗斯福说，"一场石油争夺战可能是我们为之奋斗和牺牲的伟大的共同事业的糟糕序章"[49]。

英国官员担心美国蚕食英国控制的石油特许经营权的主要原因之一，是这会对英国的国际收支造成负面影响。[50] 使用英镑从注册于英国的公司购买石油，可以让英国节省用于购买该重要商品的美元支出，而该商品正是耗尽英国美元供应的最关键因素。因此，决策者在战后计划通过鼓励英国公司"最大限度地"扩大生产和炼油能力，来尽可能多地开发英国控制的石油资源。[51] 但如果这些公司没有销售新增原油和产品的市场，这种扩张就不会实现他们期望的节省美元的效果。英国政府因此试图限制"其他利益方的不合理开发"，因为这种开发会损害英国公司寻找相应市场来消化增产的能力。⁵²既能规范中东石油的开发，又能让英国提高产量和炼油能力，这样一来，英国官员希望与美国达成一项石油协议也就顺理成章了。他们还希望在英国的国际收支赤字过高时，能够减少向英镑市场出售美元石油。

始于1944年4月中旬的官方沟通，为石油协议奠定了基础。当时英国和美国代表在华盛顿特区会面，进行了为期两周的初步技术对话。这些探索性讨论的特点是妥协而不是冲突，这在一定程度上要归功于美国国务院石油顾问查尔斯·雷纳（Charles Rayner）一开始设定的"和解基调"。原本持防御态度、对美国意图存疑的英国代表因此放松下来。随后的讨论形成了双方之间的"谅解备忘录"。代表们希望备忘录在范围上要宽泛，"以确保得到尽可能广泛的支持"，最终能够服务于它所要达到的多边目的。⁵³

确实，备忘录的序言及后续条款，反映了美国政府自1941年以来为世界寻求的自由贸易目标。序言中包括这样的理念，即石油的"充足供应对各国的安全和经济福祉至关重要"，（满足）供应的开发应兼顾石油生产和消费国家的利益；全球供应总量应"适当考虑"包括"相关经济因素"在内的诸多因素；"这些供应应根据《大西洋宪章》的原则实施"。⁵⁴备忘录的第一条反映了《大西洋宪章》的精神，显然是为了纠正英国政府在石油事务上的过往和现实操作方式。第一条第一款主张，"所有爱好和平的国家公民都应在公平和非歧视的基础上，以充足的数量、合理的价格"获得石油。第一条第六款继续这一主题，反对"任何政府及其国民施加的限制"，因为这些限制将以"不符合备忘录宗旨"的方式妨碍石油的分配。和过去一样，最后这一点会引起英美在石油问题上的摩擦。

尽管促成备忘录的探索性讨论气氛友好，英国代表也同意了备忘录，但出于对本国国际收支方面的担忧，后者在谈判中对文件表达了一些保留意见。他们最担心的是，备忘录没有从自然禀赋的角度考虑到美国比英国拥有更多石油这一事实。英国官员说，毕竟他们的国家几乎完全依赖外国石油供应，而美国则不是。因此，他们希望备忘录中加上一项声明，允许英国政府根据经济需要在石油进口方面享有特权，这一问题与他们对英镑安全的担忧直接相关。美国方面声称，这样的声明将违背协议的初衷；英国代表团解释说，英国政府可能不会同意"任何剥夺英国使用它认为适当的措施来保护大英帝国安全和福祉的行为"[55]。美国代表则保证，序言中提到的"相关经济因素"将保障英国采取这类措施的权利，包括"保护国家货币"之类的问题。[56]他们还解释说，他们已经假设英国将"主要"为了国家利益而使用自己控制的资源。[57]英国代表团的一名成员对美国代表"不能在文件中以明确的条款承认英国依赖进口石油这一事实"[58]感到失望。最后一点，英国方面希望协议中包含一些明确的条款，以便在面临经济挑战时可以不受协议约束，但最终协议中没有这样的字眼，英国对此感到不满。

自5月初探索性讨论结束，到7月底石油会议召开期间，英国官员一直在思考如何使备忘录与保护英镑的需求相协调。英国财政部在整个战后时期不惜一切代价捍卫英镑，对与美国的谈判结果表示"满意"。但该部门仍然关注外汇问题——关于英国能否从非美元油源购买尽可能多的石油，以维持本国的国际收支平衡。[59]6月，英国官员开始讨论备忘录中隐含的"偏袒安排"，他们认为，如果英国政府要支持备忘录，"必须解决（英美两国间的石油利益）平衡问题"。虽然明白英国很难将美国石油公司排除在英镑区市场之外，但英国官员认为他们可能不得不这样做。他们感叹："我们战后的外汇境遇需要考虑，我们必须从这一角度出发，自由评估我们的石油承诺，且不会被视为不守信用。"英国财政大臣 J. A. 安德森（J. A. Anderson）说，此事"事关重大"[60]。因此，在即将到来的"华盛顿特色"潮热夏季，英国代表准备好了同美国召开石油会议并计划坚持这一立场，这让他们的美国同行感到相当不快。[61]

由于预料到英国会顽固地反对，美国代表决心拒绝英国进一步"敦促"美国制定"优惠待遇条款"的努力，因为这将颠覆美方的自由贸易理念。美国国务院一位官员警告（美方）石油顾问查尔斯·雷纳说："认为可以说服英国人放弃他们在这个问题上明确而强烈的野心，这是一种危险的幻觉。"英国政府"不少于四位"内阁大臣的"超规格"代表团，让美方瞠目结舌，这是告诉后者，英国要用其"重型武器"在"备忘录上做文章"。[62]撇开背后的隐喻不谈，该言论提到了涉及石油资源开发条件的第一条第三款，重点是"供应情况"和"集体安全安排"等问题。[63]英国特别石油委员会在提交给战时内阁的报告中写道，该条款应包括"每个国家都有权根据自己认为必要的情况，从各自控制下的产量中提取石油"这句话。[64]加上这句话，就可以让英国在出现国际收支危机时，在不违反石油协议的情况下，向英镑区供应完全来自英镑油源（如英伊石油公司）的石油，从而节省美元。

会议第二天，财政部金融秘书兼英国代表团团长拉尔夫·阿什顿（Ralph Assheton）在联合小组委员会会议上提出了修改第一条第三款以保护英镑的问题。他在长篇大论中详细描述了英国的经济困境，特别强调了英国的负债情况、战争对出口贸易造成的损害，以及英国需要找到资金来源以维系进口开支。他甚至将战时英国经济的变化描述为"像历史上任何一次革命一样彻底和迅速"。阿什顿因此解释说，英国必须捍卫它干预国际石油行业的自由，从而稳定该国的外汇形势。虽然他无法具体说明英国政府可能对正常石油贸易活动的干扰程度，但他肯定地表示英方并无"进行大手术"的计划。他还想澄清英国的动机纯粹是基于金融需要，并无其他不可告人的险恶目的。阿什顿进一步指出，英国的真正目标是"实现一个与美国相似的地位"，而后者当时能够依靠国内资源满足其石油需求。他断言，要做到这一点，就要允许英国"在经济安全所需的范围内"，从英国控制的石油生产中向英国及其殖民地供应石油。[65]

美国代表被阿什顿的言论"惊呆了"，他们指出阿什顿的建议将损害英美两国的利益。[66] 查尔斯·雷纳坚持认为，英国的要求"与协议所寻求促进的自由、灵活的国际贸易理念不一致"。他还认为，"鉴于序言中的表述"，没有必要在（协议正文）"过分强调"外汇问题，他同时重复了几个月前的态度。负责石油事务的副司长拉尔夫·K.戴维斯（Ralph K. Davies）对阿什顿的声明感到"非常惊讶和不安"，他原本根据以前的讨论，认为英国只是希望在经济困难时期"优先购买"英国控制的石油。戴维斯说，时下真相大白，英国代表团显然是在"公开要求美国政府支持英国政府将美国石油排除在英国市场之外的权利"。此外，他坚持认为，英国对美元石油的歧视将适得其反，会损害而不是促进英国的利益。戴维斯说，国际石油贸易的中断将"导致无序甚至混乱的市场，由此对英国自身造成的损失大于任何眼前的好处"。[67] 在接下来的几天里，英国和美国的代表反复讨论这些议题并提出新议题，在翻来覆去地一边讨论英镑的脆弱性、一边争辩自由贸易时，把彼此的耐心推到了极限。

最终出现了一场争论，即对美元石油的歧视不是应对（英国）潜在外汇危机的有效方法。美国代表团提供的统计数据表明，（英国）限制以美元计价的石油进口将适得其反。查尔斯·雷纳演示称，如果英国将美元石油排除在英镑区之外，每年将有3 500万桶美元石油寻求其他市场，从而以同等数量减少英国在这些市场的份额。言下之意是，尽管英国的国际收支将受益于对英镑区石油销售的垄断，但这些收益将因英国丧失非英镑、非美元市场的宝贵业务而被抵消。英国代表弗兰克·李（Frank Lee）回应说，虽然他不能"立即"核对雷纳的数据，但英国政府完成的统计分析显示，该国的国际收支每年可能因石油而损失1亿美元。"这可不是个小数。"他说。因此，如果事实证明雷纳的观点是正确的，即歧视美元石油不会产生预期的结果，那么英国政府显然必须考虑其他选择。不过，弗兰克·李解释说，他和他的同事们试图让美国人明白的一点是，问题已经严重到足以让英国政府考虑采取一切看似必要的措施，包括歧视性政策。[68]

两国代表团都担心，一份看上去出卖了英国或美国任何一方利益的石油协议永远不会被各自国家接受，这使得双方越发僵持不下。拉尔夫·阿什顿坚持认为，如果他和他的同事们不能扩大第一条第三款的内容，允许英国在严重经济困难时期，在石油进口方面有一定的回旋余地，英国议会将把这个协议视为"不平等交易"，因为协议允许美国控制其国内市场，而没有给英国同样的待遇。[69]同样，美国国务院经济事务办公室主任哈里·霍金斯（Harry Hawkins）评论称，如果美国代表团接受英国的修订，美国政府将不得不向国内解释，为什么它"授权"英国人将美元石油排除在英镑市场之外。他继续说道，"因为这种事意味着该协议在美国的政治性灭亡"，仅凭此一点，这种修订就"应该被视为根本不可能"。[70] 此外，美国官员还提出美国政府如何向美国石油公司解释这一（条款）变更的问题。拉尔夫·戴维斯断言，这些公司绝不会同意，美国政府也无权强迫它们遵守协议。因此，该协议只不过是一个"不诚实的""空洞的"表态。戴维斯宣称："你不能要求美国公司放弃贸易优势或相当一部分业务量，却不给它们任何回报。"[71] 随着双方立场趋于强硬，石油会议似乎无果而终，仅留下英美两国之间的敌意。

英国人到底想要什么？根据英国代表弗兰克·李的说法，英国政府只是希望"将警示美国的内容记录在案"，即"战后的情况可能会使英国有必要采取非常措施"。英国不希望加入一项会阻止英国采取这些措施的协议。[72] 英国政府还希望美国代表能够理解英国为什么要在艰难的"过渡时期"采取这种非常措施，并因此像在其他协议上一样给予英国支持。[73] 同样重要的是，英国代表团希望美国官员还有英国国内民众知道，代表团拒绝被人摆布，它已经为英国的利益做出了艰苦的努力。温斯顿·丘吉尔选择比弗布鲁克勋爵（Lord Beaverbrook）领导英国代表团，部分原因是后者以谈判技巧著称，尤其是他致力于"保护英国利益和私营企业"。这位勋爵说，"站起来对抗美国人，避免成为附庸国"是有好处的。[74] 英国代表团似乎相信，如果能够在石油会议上实现这些目标并顺利离会，那么即使没有真正修改第一条第三款，代表团也能对其成功感到满意。尽管如此，修改该条款无疑会代表着更大的成功。

最后，双方达成了妥协，既满足了英国的要求，又没有在协议中加入实际上会破坏整个协议的条款,美方希望避免的就是破坏协议。比弗布鲁克勋爵断定,美国代表团在修改第一条第三款的问题上不会让步。他说,如果未来的(两国)石油委员会能够根据以下内容得到具体指引,英国人愿意放弃他们的修改意见:1."讨论期间已经阐述过英国的立场";2."一份美国代表团已经注意到英国立场的声明";3."内容如下的另一份声明:如果英国认为本国被迫采取已经(在本次会议上)讨论过的行动,且石油委员会无法达成协议,那么美国政府应该有权在不另行通知的情况下终止协议"。[75] 哈罗德·伊克斯不希望将这种措辞写入协议,因为他认为这对协议"毫无益处"。他辩称,无论"具体措辞"如何,英国政府都"有权对本国市场采取任何政策"。英国代表理查德·劳(Richard Law)并没有坚持将这一措辞写入协议,但他不同意这一措辞对协议"毫无益处"的说法。他重复了其他代表以前的态度:英国政府只是"希望记录在案,在他们无法控制的情况下,他们可能无法在过渡时期履行协议的条款"[76]。

联合代表团一致通过一项声明,满足了比弗布鲁克勋爵提出的条件。[77] 这些条件被写入全会记录,并提交给美国国会和英国议会,从而结束了自拉尔夫·阿什顿 7 月 26 日火药味十足的开场白起就愈演愈烈的争端。[78] 次年 9 月,双方举行了新一轮会谈,讨论美国重新起草的《石油协议》(Petroleum Agreement),后者最终于 1945 年 9 月 24 日签署。

但该协议从未获得批准,部分原因是美国国内石油公司对其持敌视态度。事实上,(美国)独立石油公司——尤其是得克萨斯州的代表——对国会施加了巨大的影响,迫使美国官员修改协议。[79] 根据拉尔夫·戴维斯的说法,独立石油公司对美国政府过去(最近一次发生在罗斯福新政期间）试图"制定控制其业务的联邦法律"记忆犹新。他说，这让他们的代表充满了"怀疑"，担心联邦政府"会利用任何机会，直接或间接地获得对经营的控制权"。[80]独立公司声称，该协议不仅通过类似卡特尔的安排违反了反托拉斯法，而且还允许英国迫使美国对英属免税石油开放市场，这对美国独立公司极为不利。[81]1947年夏天，当美国参议院外交关系委员会最终对《石油协议》进行投票时，得克萨斯州参议员汤姆·康纳利（Tom Connally）是唯一的反对者，他承诺如果协议真的提交到参议院审议，将会进行"顽强斗争"。哈里·杜鲁门当时正处于竞选连任的风口浪尖，并不愿意就一项协议展开激烈的斗争，他认为不值得花费精力和政治资本来通过该协议。[82]

美国政府最初试图通过《石油协议》实现的目标，美国的私营公司有能力去达成，而正是后者的这种能力最终削弱了对该协议的支持。鉴于宝贵的市场销路，美国跨国公司Socony-Vacuum和新泽西标准石油公司，应加利福尼亚标准石油公司和得克萨斯公司的邀请，参与了阿美石油公司的特许经营，使得至少有四家大型美国公司介入了中东最丰富的石油资源区域。同时，因为是自行决策，英国和美国公司也能够在中东石油产业中建立起美国政府所期望的合理开发和稳定的价格结构。[83]在大西洋彼岸，英国官员似乎是不想去招惹麻烦，因为他们对石油协议可能给英国造成的伤害的担忧，远远超过了对其带来的好处的热情。最终，这份文件不了了之。

尽管商定一项全面的石油协议的努力以失败告终，但考虑主导英美石油谈判的论点仍然很重要。探究1944—1945年英美在石油问题上的讨论，有助于找到英国未来决定区别对待美元石油的必要背景。

通过研究英国官员在 1944—1945 年为维护歧视非英镑石油——每当他们提及非英镑石油时，他们实际上指的是美元石油——的权利而斗争的方式，可以更好地理解英国是如何严肃对待英镑的强势与英国石油生产和消费之间的联系的。尽管参加石油谈判的英国代表总是以"假定条件"谈论对美元石油的歧视，但证据表明，英国政府有意在战后的某个时间实施石油替代。这解释了为什么英国代表如此坚决地反对签署一个限制他们以保护英镑的方式进口石油的协议。1944 年英美围绕这一问题的争议，仅仅是 40 年代后半期英国最终执行大规模歧视政策时（两国）更大冲突的预演，前者的（歧视政策）决定亦因此间遭受的严重国际收支挫折而起。

三、国际收支危机和战略转折点，1947—1949

1946—1947 年的严冬对英国来说可谓雪上加霜。为支付重建费用，英国已经是捉襟见肘，而严寒又导致燃料短缺，1947 年英国出口因此少了 1 亿英镑。[84] 幸运的是，英国在 7 月份刚刚从美国获得了一笔重要的贷款，以帮助该国摆脱战后的财政困境。[85] 这笔官方称为《英美金融协议》（Anglo-American Financial Agreement）的贷款安排，讨论过程旷日持久且充满敌意。对比之下，有关石油的谈判反而显得近乎愉快。但谈判最终形成了一揽子援助计划，包括 37.5 亿美元的贷款，另有 6.5 亿美元用以结清未偿还的租借债务，自 1951 年始，按年率 2% 起息，50 年内还清本息。英国官员最初希望获得 40 亿～60 亿美元的直接赠款。一些人认为美国吝啬，对此非常不满，因为他们认为英国在战争期间代表同盟国做出的牺牲至关重要，而其他人则认为这笔贷款已经很慷慨了。[86] 但几乎所有的英国官员都对美国决策者要求他们做出的让步感到不快，即结束英镑区内的歧视，以及在1946年底以前实现英镑可兑换（放弃外汇管制）。换句话说，美国要求英国政府放弃两个最重要的工具，而英国政府原计划通过这两个工具使本国经济恢复元气。面对无法承受的局面，即可能一无所获，英国官员同意了美国的条件。[87]

令英国和美国都震惊的是，美国（给英国）的大部分贷款在1947年的国际收支危机中化为乌有。问题始于当年冬天的燃料危机，后者导致出口收入急剧下降，危机随之在第二年仲夏爆发了。此外，由于全球初级产品生产仍未能从战争中恢复，英国在进口方面的支出也在增加：全球生产相对于国际需求不足，从而推高了食品和原材料的价格，而其中42%的食品和原材料来自西半球的美元区产地。[88] 更糟糕的是，国际初级生产恢复缓慢，意味着英国殖民地对英镑区美元池的贡献减少，从而限制了英国利用美元池支付从美国进口商品的能力。[89] 最后，英国政府在战后要参与实现（西方）稳定欧洲和亚洲的安排，这加剧了英国的经济困境，迫使英国维持军事、行政和救济的开支水平，而这是英国没有预料到的，也是英国无力承担的。[90] 结果是1946年全年英镑区的美元赤字为5.1亿美元，1947年上半年则达到16.2亿美元——至少可以说是惊人的增长，而这还是在英国政府实行英镑可兑换之前。实行英镑可兑换之后，英国陷入了更深的金融危机之中。[91]

美国的压力、英国官员履行对美国的承诺的愿望，以及对英国历史上"金融翘楚"的传统自豪感，都促使英镑在1947年7月15日，即《英美金融协议》通过整整一年后实现了可兑换,这无疑是一个象征性的姿态。[92] 作为回应,那些从西半球购买商品的全球英镑持有者(其本币不可兑换)开始将大量英镑兑换为美元。虽然可以预见会有一些兑换,但大西洋两岸都没有预见随之而来的英镑血洗。截至8月1日,不到一个月时间,英国的美元流失总额达到了6.5亿美元,如果英国政府不能在8月20日暂停可兑换,美国给的贷款到9月就会耗尽。尽管英国发出了警告,但美国官员并没有意识到,英国的经济问题是因全球美元荒而引发的更大国际危机的一部分,而且是很重要的一部分。[93] 英国政府知道,英镑可兑换,尤其是在其他货币仍然不可兑换的情况下,将导致英国承担全球美元荒的后果。但自欺和荣誉感的交织,使得英国政府咬牙继续坚持可兑换。[94]

由于《英美金融协议》没有解决全球美元荒这一更大的问题,因此它永远不可能为英国提供足够的保护,以抵御英镑因为可兑换而更易受到的攻击。此外,美国官员还以结束歧视和英镑可兑换作为向英国提供贷款的条件,迫使英国卸下了抵御这些攻击的有效武器。[95] 英国驻美大使馆官员约翰·鲍尔弗爵士(Sir John Balfour)评论说,这笔贷款"被当作万灵药,言过其实地推销给国会和美国公众。这些'医生'现在必须给出令人信服的解释,说明他们的药为何未能奏效",这反映了一些英国人对美国政府处理金融协议方式的持续不满。[96] 1947年,英国和美国官员清醒地认识到,英国经济才刚刚开始漫长而艰难的复苏之路。此外,他们也都清楚,要使英国和世界经济恢复增长,必须采取更激进的措施。在美国,这包括《欧洲复兴计划》(ERP),其广为人知的名称是"马歇尔计划"。该计划旨在通过直接援助西欧重建,帮助纠正导致美元荒的贸易失衡。[97] 在英国一方,这意味着恢复严格的英镑区管制,如配给、许可证、外汇管制,以及最终对美元石油的大规模歧视(待遇)。[98]

即使在 1947 年金融危机之前,英国的经济状况也已经严重到足以影响政府在中东的战略决策,尤其是英国对东地中海的防御。1946 年上半年,苏联推迟了从伊朗北部撤军的计划,同年 8 月,苏联提议联合控制达达尼尔海峡,这令土耳其政府感到不安。英国官员与美国官员协调,向土耳其提供军事援助。鉴于日益恶化的经济形势,英国能否继续向土耳其或邻国提供此类援助仍然是个问号。答案出现在 1947 年初,希腊内战(始于二战期间,1946 年秋季加剧)已经成为东地中海日益增长的不稳定因素,引发对苏联在该地区施加压力的担忧。在希腊内战中,人民武装与美国和英国支持的保皇派政府军对抗。1947 年 2 月,英国宣布它无力继续在希腊驻军,也无力为希腊政府的民需和军需提供资金。[99]美国国务卿乔治·马歇尔将英国的决定形容为"等同于英国从中东'退位'"。美国总统哈里·杜鲁门及其顾问担心英国的决定会给西方利益带来(不利)后果,于是构思了一个遏制苏联的计划,以填补英国撤退后的权力空白。[100]1947 年 3 月 12 日,杜鲁门在国会联席会议上发表讲话,公布了这一新方针,宣布这是美国"支持自由人民的政策",这些人"抵制武装少数派或外部压力的征服企图",这就是后来所称的"杜鲁门主义"。[101]为了实现这一目标,美国国会随后批准向希腊和土耳其提供 4 亿美元的经济和军事援助,以帮助遏制共产主义,这标志着美国开始深入参与中东事务。

英国将地中海东部的责任移交给美国,促使双方努力为该地区制定联合安全战略。1947 年 9—10 月,在美国国防部举行的"五角大楼会谈"[102]的讨论中,英美两国的战略规划者将地中海东部和中东地区描述为对两国的安全"至关重要",需要英美联合支持该地区以抵御苏联的影响。[103] 根据美国官员的说法,这些努力的关键是尽可能地维持"英国在中东地区的地位"[104]。在强调英国继续对该地区的"军事安全负有主要责任"时,美国决策者并不打算让美国"成为英国在中东的小伙伴",或者"或多或少被置于英国跟班的位置"。[105] 对于美国在当地的作用,英国政府中有许多人认为,美国在中东地区是新手,至少同英国在当地的更长期经验相比是这样。[106] 美国的作用因此有限。尽管如此,英国官员与美国官员一致认为,两国政府应制定"平行"政策来解决双方共同面临的问题。[107] 事实上,美国官员希望英国清楚地认识到,没有美国的帮助,英国就无法履行在中东的政治和经济责任。[108]

英国政府决定从地中海东部撤军,这是 1947 年英国外交和帝国战略三大转折点中的第一个。三大转折点对于本书的叙事都非常重要。第二个转折点是在 8 月份,英国决定从英属印度撤离,改变了开始于第一次世界大战期间的帝国关系。对于印度来说,二战加速了它在经济、社会和政治领域的变化,为民族独立铺平了道路。1942 年,面对日军在亚洲的入侵,英国为了维持印度的忠诚,承诺在战后满足印度的独立要求。[109] 在印度民族主义运动兴起的同时,英帝国对印度这片土地的兴趣也在下降。在经济上,世界经济、英国经济和印度经济的综合变化改变了英印关系,降低了印度对英国的价值。[110] 从战略上讲,维持印度军队的成本不断上升,即使考虑到该国位于帝国东西区域之间的关键节点,印度作为帝国防御前哨的价值也大打折扣。[111] 因此,当二战后印度国民大会党推动独立时,英国希望和平、体面地离开,而不是加以阻挠——尽管在决定离开的问题上,双方一开始几乎没有达成正式协议。[112] 按英国的测算,保留印度殖民地的代价实在太高，尤其是考虑到英国战后的经济状况不佳，1947年英国的国际收支困境就反映了这一点。

随着印度的独立，英国将帝国的重心转向中东地区。外交大臣欧内斯特·贝文有一个愿景，即中东地区应取代印度，成为推动英帝国运转的引擎。他相信，中东将证明自己对战后帝国体系的经济和战略价值不亚于英属印度殖民地时期。然而，与维多利亚时代的殖民状况不同，合作与互利将定义英国与阿拉伯国家的关系。阿拉伯人显然将这种言论视为"披着羊皮的狼"。尽管如此，贝文仍坚持认为，作为合作伙伴，英国和阿拉伯国家将共同促进中东地区的经济发展，并共同捍卫帝国（尤其是对于战后重建至关重要的非洲殖民地）免受苏联的入侵。他认为，英国的力量将源于这种伙伴关系，这对于维持国家作为世界强国的地位至关重要。这位外交大臣的框架得到了时任英国首相克莱门特·艾德礼的支持，成为战后工党政府帝国政策的基石。[113]

了解中东在战后工党政府帝国愿景中扮演的关键角色，有助于了解英国在委任统治结束时对巴勒斯坦采取的政策，这一政策最终导致英国于1948年5月撤离巴勒斯坦。1947年9月做出的撤离巴勒斯坦的决定，是当年英国外交和帝国政策的第三个重大转折点。二战后，由于国际社会对大屠杀造成的犹太难民问题的关注，解决巴勒斯坦问题（即未来犹太人和阿拉伯人居住的国家将以何种形式存在）的进程日益加快。但英国在努力寻求解决方案时面临着两难，因为其战后中东野心取决于两方的支持，而两方关于如何解决巴勒斯坦问题的想法又相互冲突。以杜鲁门总统为代表的美国政府出于道义和国内政治原因，支持将委任托管地划分为犹太国和阿拉伯国——这是巴勒斯坦地区犹太复国组织所倡导的计划。而这种安排是阿拉伯世界不能接受的，它们支持委任托管地未来成为一个双民族国家，英国方面持同样的看法，尤其是因为担心阿拉伯人对分治的强烈反对会破坏英国在中东的地位。20世纪50年代，阿拉伯国家在与以色列的第一次战争中战败所带来的耻辱，导致民族主义浪潮席卷了该地区，（事后看）英国官员的判断没有错。最终，他们得出结论，无论哪一项方案取得胜利，英国都无法用武力解决巴勒斯坦问题。因此，当联合国巴勒斯坦问题特别委员会（UNSCOP）于1947年9月投票赞成分治时——两个月后，在美国的压力下，联合国大会批准了这一决定——英国宣布，它将在1948年5月14日至15日委任统治期满时退出。当年9月的英镑危机进一步推动了英国退出。[114]

从1947年底到1948年中，阿拉伯人和犹太人在巴勒斯坦的冲突——以及1948年5月14日以色列宣布独立后第二天爆发的阿以冲突——严重打击了英国的国际收支。这场冲突实际上导致英国在以色列港口城市海法的一家大型炼油厂被迫关闭。该炼油厂是英镑区的宝贵资产，每年生产400万吨英镑石油，为英国节省5 000万美元的对外开支。[115]炼油厂的生产受到了两方面干扰：一方面，1947年11月联合国宣布巴勒斯坦分治计划后不久，炼油厂内部及周边暴力事件不断，犹太和阿拉伯雇员无法工作；另一方面，敌视以色列的阿拉伯国家阻止原油流向炼油厂，包括每年通过管道从伊拉克输送的200万吨原油和另外200万吨海运原油——其中100万吨通过苏伊士运河从波斯湾出发，还有100万吨从黎巴嫩的港口出发。[116]以色列宣布建国后，埃及开始阻止任何驶往海法的英国油轮通过苏伊士运河，伊拉克则关闭了伊拉克石油公司通往以色列的输油管道。尽管英国努力迫使埃及和伊拉克（同英国）合作，但两国都不允许恢复石油运输，除非对方先行恢复。[117] 正如一家巴格达报纸所说："任何伊拉克领导人都无法承担允许向海法输送石油的历史责任。如果他决定这样做，他将面临人民的愤怒。"[118] 由于未能说服埃及或伊拉克改变政策，英国尝试通过其他途径将原油运往海法，包括临时安排荷兰皇家壳牌公司从委内瑞拉运送原油。[119] 但事实证明，这种做法在经济上效率低下。最终，炼油公司和以色列不得不从科威特、苏联和伊朗寻找其他原油来源。[120]

海法事件之所以重要，不仅是因为它在英国国际收支疲软时期对其构成经济威胁，还因为相关各方的态度以及这些态度如何预示未来的行为。美国官员不想花费任何政治资本来帮助英国重新开放炼油厂，仅仅袖手旁观，只要英国的行动不损害美国的利益，就只提供道义上的支持。美国国务院石油部门主任罗伯特·埃肯斯承认，考虑到国际收支平衡的紧迫性，炼油厂问题是英国的"首要利益"，但他认为这对美国来说只是"次要利益"。事实上，埃肯斯认为，（海法）炼油厂的重新开放会在全球市场取代沙特石油，从而损害美国石油公司和沙特阿拉伯的利益。[121] 在这一事件之后，不难想象英美未来在中东共同政策上将会出现的争端。这些争端源于对英国国际收支问题重要性的不同解读，以及这些问题应该在多大程度上影响该地区表面上的共同政策。了解埃及和伊拉克的态度同样重要。两国拒绝屈服于英国在海法问题上的压力，这为未来的冲突埋下了伏笔。先是英国和伊朗之间的冲突，然后是英国和埃及之间的冲突，都是围绕石油的生产和运输。这些冲突只会进一步恶化英国的国际收支。

不过，与1949年的金融危机相比，关闭海法炼油厂对英国国际收支的影响不大。尽管美国通过马歇尔计划注入美元努力振兴欧洲，而且世界初级产品生产也在恢复，但由于美国经济衰退，全球美元荒的局面依然存在。就英国而言，由于美国消费减少，帝国范围内的商品生产者赚不到足够的美元来满足英镑区在西半球的采购资金需求。此外，如果西欧不能向美国市场出售商品，那么该地区恢复到可观的生产水平也没有什么意义。[122] 因此，与1947年不同的是，问题出在需求方而非供应方。英联邦国家规避英镑区的管制，购买比同等英镑产品更便宜的美元商品，并购买英镑区无法提供的制成品，如机床等，从而加剧了英国的困难。这种消费模式向全世界传递了一个信息：英镑被高估了。商人们预料到英镑会贬值，于是在正常的交易操作中通过延迟付款来做空英镑。[123] 这种投机行为会加剧此前便存在的弱势，从而迅速给其带来灾难——这正是1949年夏天英镑的经历。因此，当年9月，英国政府突然调整政策，从1英镑兑4.03美元贬至1英镑兑2.80美元，这一举措旨在通过刺激该国的出口部门，扭转外汇储备迅速外流的局面。[124]

1949年中，英国的国际收支状况并不比二战结束时更稳健。时任财政大臣斯塔福德·克里普斯（Stafford Cripps）爵士写道："今年的情况表明，我们的处境在世界经济，特别是美元区经济的微小波动面前是多么脆弱。"[125] 英国通过《英美金融协议》和马歇尔计划，从美国获得了数十亿美元的援助。英国政府在合理的范围内尽可能严格地管制英镑区，以便积累美元，或者至少限制美元的消耗。工党的财政大臣们忠实地奉行抑制通胀的经济政策，但国际收支问题仍然困扰着英国。在为（1949年）7月13日的英联邦财政部长会议做准备时，也就是英镑贬值的两个月前，英国一个内阁工作组准备了一份经济政策文件，其中考虑了英镑区如何通过改变大宗商品交易模式来赚取并节省美元。从澳大利亚和新西兰的黄油到西印度群岛的糖，该文件调查了英镑区如何将主要产品从常规买家转移到美国。文件给予最多关注的商品是石油。英美两国（在石油工业领域）的复杂操作本身就导致美元从英镑区流失。英国官员估计，这些复杂的操作导致1949—1950年间英国在石油上的支出约为6亿美元。鉴于此，前述文件起草者明确建议会议将石油作为一个单独事项来对待，这就不令人意外了。[126] 时机已经成熟。英国政府可以效仿1944年，警告美国官员它可能采取的行动：歧视美元石油。毕竟，燃料和电力部副大臣维克托·巴特勒曾写道："在我看来，石油似乎是我们最大的潜在美元收入来源或省钱（美元）渠道。"[127]

四、英镑石油替代美元石油，1949—1950

在国际收支危机最严重的1949年8月，（英国）就英镑石油替代美元石油的计划发表了第一份正式声明。[128] 虽然这并非巧合，但英国的经济问题只是导致该计划实施的三个同时发生的因素之一。第二个因素是油价下跌，这降低了英国政府原本希望在竞争激烈的美元消费市场上出售石油赚取的外汇数量。第三个因素是在1949—1950年，出现了大约400万吨的英镑石油过剩库存——其中大部分是用于供暖和发电的燃料油——这些石油需要找到市场。这些库存是英国政府在二战后发起的石油扩张计划直接导致的，该计划旨在"为了［英国］整体国际收支的利益，开发一个市场有保证且不断扩大的出口商品"[129]。不幸的是，这个"有保证"的市场扩张速度跟不上英国和全球石油生产的步伐，石油已经从战后的短缺中迅速恢复过来。由于石油价格下跌和美国经济衰退，英镑区的石油销售收入减少。为了弥补这一损失，英国试图利用新增的英镑石油过剩库存，来替代美国大公司在英镑区销售的1 300万吨石油及大部分产品以节省美元，这些油品的销售额约为3.5亿美元。[130]

1949年9月的第二周，在华盛顿与美国和加拿大举行的金融和贸易谈判中，英国官员对英国在石油上"非常巨大"的美元赤字表示担忧。会谈的目的是探讨"三国政府可能采取的各种措施，以防止美元与英镑之间的关系出现严重破裂"。因此，除其他事项外，三方还探讨了"英镑石油-美元石油"问题。1947年国际收支危机后，英国在英镑区实施更严格的管制，以捍卫其国际收支。美国大型跨国石油公司因此受到影响，美国官员希望这些公司恢复与英镑区的正常贸易，并且能够达成一项促进各方利益的安排。[131]但正如国务卿迪安·艾奇逊（Dean Acheson）就金融谈判致函美国驻英大使馆时所说，美英两国官员一致认为，"英镑石油-美元石油"问题非常复杂，"不可能在有限的时间内解决，需要进一步研究"。[132]不过，当华盛顿的讨论开始时，受英国的石油歧视政策影响最大的三家美国跨国公司——加德士公司（Caltex）、新泽西标准石油公司和Socony-Vacuum（以及它们的合资企业，如阿美石油公司和Standard-Vacuum）——已经提出了计划，它们认为这些计划将使它们能够在英镑区开展业务，同时对英国的国际收支造成尽可能小的损害。[133]这些计划的核心是，鉴于英国的石油公司也使英镑区花费了大量美元，如果美国公司能够将美元支出降低到与英国公司相当的水平，那么出于公平考虑，它们就不应再受到歧视性对待。

英伊石油公司和荷兰皇家壳牌公司也从英镑区抽走美元，在该货币集团6亿～6.25亿美元的石油开支中，这两家公司占2.75亿美元。这一点值得关注。[134] 为了将石油推向终端市场，英国公司在供应链的每个阶段都投入了美元。首先，它们购买美国的原油和产品，卖到英国公司自身资源无法供应的地区。其次，为了减少在美国石油成品上的支出，它们聘请美国的工程人员并购买英国无法获得的材料，扩建国内炼油厂。换句话说，英国公司利用炼油厂的短期美元投资来节省长期美元，因为进口石油成品的成本要高于进口原油。[135] 最后，英国公司花美元租用美国油轮，运送从美国公司购买的原油和石油产品。[136]

由于花在石油上的巨额美元开支会给国际收支带来负面影响，英国政府竭力限制本国的石油消费以及英伊石油公司和荷兰皇家壳牌公司的美元支出。因为财政困难，英国政府在二战期间制订的石油配给计划一直持续到20世纪40年代后半期。此外英国还制定了一套严格的授权程序，所有英国工业企业如果想使用美元，都必须遵守这一程序。虽然英国的石油公司因"赚取美元的能力"而在授权方面比其他英国公司"享有更有利的地位"，但这些公司的董事仍然必须证明，他们想用美元购买的任何东西，都无法从英镑区或"更软的货币来源地"购买。此外，他们还必须证明，如果不批准用美元购买（进口产品），"一定数量的原油或成品油产品将处于危险之中"[137]。

英国政府曾考虑迫使英国公司购买更少的美国石油，但发现既有量级的购买"已经是最低限度"。英国公司继续购买的所有以美元计价的石油，都是在执行石油短缺时期签订的合同，或者是因为他们需要购买本身不生产、生产数量不够的产品。政府尝试通过鼓励使用国内工程公司、人员和材料来降低石油生产和炼油厂扩建中的美元开支,并讨论通过租赁更多的非美元油轮来运输石油以节省美元。[138] 此外,英国官员还考虑过通过价格战将美国石油"赶出"英镑区,但认为这种战略"最不可能成功",部分原因是价格下降会对英国的"总体国际收支状况"产生"明显不利的影响"。[139]

这些措施加上石油行业中其他在起作用的因素,到1949年显著降低了英国石油的美元成本。根据英国燃料和电力部通过美国国务院发送给美国石油公司的一份备忘录,每桶英国石油的美元支出为0.92美元,而在英镑区运营的美国石油公司,每桶石油的美元支出为3.69美元。不出所料,美国石油业高管质疑这一数据,称其具有误导性。由于燃料和电力部从未公布基础数据,所以给出的这些结果无法得到证实。[140] 美国方面的言外之意是,英国政府在事后编造了账目,以证明其旨在增加英国在英镑区石油贸易中所占份额的进口限制的政策是合理的。不管英国政府是否篡改了数据,它一直认为美国石油成本中的美元支出已大到足以考虑对这类支出进行严格歧视。此外,现有的证据并不能证明,英美两国石油(成本中的)美元构成差距扩大是启动"石油替代计划"的决定性因素。[141]

1949年,美国跨国公司努力迁就英国政府,加德士公司计划将其在帝国-英联邦的业务"英镑化",就是这种努力的一个佐证。9月,该公司向英国官员提交了一份详尽的建议,即"加德士计划",旨在"调整加德士的业务,使其适应不断发展的国际支付模式"。它认识到"战争给世界贸易带来了巨大变化",并表明公司真诚希望顾全英国的国际收支关切,以维持其在英镑区的业务。该公司提出,像该公司和其他公司此前的做法一样,接受英镑作为石油的结算货币,并承诺到

1951年或1952年,将其在英国和帝国-英联邦销售的原油产品的美元成本从84%降到20%。[142]因此,当英国燃料和电力部在11月底告诉加德士设立于伦敦的子公司Regent石油公司,后者必须在1950年第一季度将美元石油产品的进口量从10万吨减少到4.5万吨时,加德士的管理层感到惊讶和不安。[143]在(美国)国务院的一次会议上,加德士公司的一名代表表示,他认为英国的行动"专横而武断",尤其是在英国政府尚未对该公司的计划做出回应的情况下。[144]但加德士并不是唯一一家受影响的美国石油公司:英国燃料和电力部通知新泽西标准石油公司和Socony-Vacuum公司,它们同样必须大幅减少进口石油产品到英镑区。英国政府将取代美元石油进口的决定,告知在英镑区经营规模最大的三家美国跨国公司,接着宣布对美元石油实行前所未有的歧视政策。[145]

英国在1949年底单方面决定用英镑石油替代美元石油,这让美国大吃一惊,但这并不是因为歧视美元石油事项出现了与以往不同的重大变化。美国石油商和政府官员早已习惯于应对英国的歧视以及进一步歧视的威胁。1946年,美国驻英大使馆商务专员唐布利斯(Don Bliss)写信给乔治·马歇尔说,"可以假定"英国对美国石油产品进入英镑区的限制,"将持续相当长的一段时间,在英国的国际收支状况允许之前,或者在国际贸易组织达成的协议生效之前,不可能有一个完全自由的石油市场"。[146](美国)政府和公司管理层都对英国宣布的"石油替代计划"感到震惊,因为它们一直在与英国政府合作,研究如何在不诉诸对美国公司广泛歧视的情况下,为英国节省石油开支。新泽西标准石油公司的一位高管对"英国提案的推行速度和方式"表示"惊讶和震惊",他的反应并非个例。他补充说,英国的进口限制政策"是以一种前所未有的方式制定的，而且是在试图达成公正有序的解决方案的过程中制定的"[147]。晚些时候，英国驻美大使奥利弗·弗兰克斯爵士（Sir Oliver Franks）报告称，该公司董事会的一些成员"非常愤怒"。[148]

针对英国的举措，美国石油公司要求国务院更多地参与它们与英国政府的谈判，这在石油公司高管和美国官员之间造成了一些摩擦。加德士公司的一名代表坚持要求美国国务院采取"尽可能强硬的行动"来说服英国放弃"石油替代计划"，他认为（美国）公司与（英国）政府之间的谈判模式已经失败了。[149]Socony-Vacuum公司的一位高管也有同感，他在国务院的一次会议上解释说，美国公司"无法与英国人达成任何协议，除非美国政府对英国人采取强硬立场，坚持要求解决此事"[150]。不过，尽管国务院敦促英国与美国的石油公司达成一项既能促进美国利益又能保障英国利益的协议，但基于该院的行事规则，它拒绝卷入谈判细节。在一份发给"美国石油公司"的备忘录中，美国政府明确指出，（美国）石油公司"必须自己努力维护其国外市场"，并补充说，它们应该"迅速采取措施、做出安排"[151]。

（美国官方的）这些表态并没有阻止石油公司继续向国务院施压，要求后者更多地参与其中。到3月，由于美国三大公司均未与英国政府达成协议，新泽西标准石油公司的尤金·霍尔曼（Eugene Holman）写信跟迪安·艾奇逊说："只有明确了政府间关系的背景以及在原则问题上的态度，与英国人的进一步谈判才能取得成果。"他还补充说，国务院应派遣英联邦和北欧事务办公室主任亨利·拉布伊斯（Henry R. Labouisse）前往伦敦，参加与英国官员的预定会谈。[152] 对于这一提议，拉布伊斯态度明确：该部门历来认为参与此类讨论不可取，因为它可能会让自己"支持特定公司的计划",从而"为其他行业开了先河"。[153]

到了5月,由于协议遥遥无期,泽西标准油轮高管协会的顾问约翰·J.柯林斯(John J. Collins)沮丧地写信给迪安·艾奇逊:

> 我们认为,国务院的职能之一是保护美国人的合法利益,无论他们在世界何地从事何种适当的商业活动。由于英国目前采用的这一手段,美国的就业机会和生活水平正受到美国主要石油公司失去市场的影响,我们想知道国务院采取了何种有效行动,来保护美国石油公司的合法商业活动。[154]

(美国)石油商认为国务院没有完全代表他们的利益,这种看法并非没有道理。据英伊石油公司驻美国代表W. D.希思·伊夫斯(W. D. Heath Eves)说,国务院官员给他的"潜台词"是,他们非常关心"引导所有中东国家向西方靠拢,摆脱共产主义的影响",因此他们认为美国石油公司"应该在谈判中接受让步,即使谈判的代价可能不菲"。[155] 归根结底,石油公司高管对美国国务院的不满表明了他们的某种期望:既然美国国务院给人的印象是承认美国石油公司的商业利益与美国的战略利益之间存在联系,那么国务院就早该尽其所能帮助石油公司与英国达成协议。当石油公司的高管感到政府没有采取相应的行动时,他们自然会感到困惑。[156]

尽管美国国务院不愿意介入美国公司和英国政府之间的讨论,但英国的"石油替代计划"使美国官员非常不安,因此他们不断向英国相应政府部门施压,要求他们找到一种既能在石油上节省美元,又不损害美国利益的方法。根据（英国）外交部1950年1月7日的一份备忘录，华盛顿方面最初只是对英国政府的意图表示"遗憾"，并"对所涉及的石油吨数感到惊讶"，但随后的反应"越来越激烈"。[157] 当月，英国另一位外交官员担心美国国务院"采取了比预期强硬得多的态度"。维克托·巴特勒对此深有体会，当时他在华盛顿的会议上"因替代计划而受到猛烈抨击"[158]。事实上，一些美国官员怀疑英国政府"仅是受节省美元的影响，或者是在节省美元的幌子下，以牺牲美国公司的利益为代价，寻求建立英国公司的市场地位"。他们甚至提出了英国政府在英伊石油公司的持股地位问题，暗示英国官员"在增加英伊石油公司的业务方面存在商业私利"[159]。因此，负责管理马歇尔计划的美国经济合作署（ECA）向国务院"提供支持"，威胁要对英国实施"金融制裁"。[160] 美国官员还指责英国公司的原油生产"过度"开发，并表示担心"英国政府迟早会对（美国的）原油和产品实行替代，从而损害美国工业的利益"。[161]

在美国战略家看来，英国歧视性的石油政策损害了西方在沙特阿拉伯和中东其他地区的战略利益，这似乎是他们最为不满的。美国国务院近东、南亚和非洲事务办公室的两名官员认为，英国对美国石油公司实施的替代措施"以及其他外汇和贸易限制措施，迫使沙特阿拉伯石油产量严重缩减"，而英国却不公平地扩大了科威特、伊拉克和伊朗的产量。他们解释说，沙特阿拉伯的原油日产量比上一年预计中少了20万桶，而且由于阿美石油公司的市场萎缩，每天还得再减少10万桶。这两名官员因此写道："由此引发的连锁反应不仅威胁到沙特阿拉伯的稳定，而且如果不加以控制，还将损害近东地区的总体经济、政治和战略利益，而这些利益对美国和英国来说都非常重要。"[162]

美国决策者认为，由于阿美石油公司无法出售沙特阿拉伯的石油，美国政府在沙特的"威望和影响力"下降，随之而来的必然是当地的大规模裁员，这将对美国在中东的威望造成"严重甚至是致命的打击"，尤其是如果其他国家的石油业务增长以牺牲美国公司为代价的话。[163] 由于事关重大战略利益，亨利·拉布伊斯坚持认为，英国官员不应该仅凭"金钱"来"决定他们对美国公司的行为"。[164] 换句话说，英国在解决美元外流问题上的有限和短视做法，将对其最重要的盟友造成难以估量的损害，英国政府最终会自食其果。如果英国节省美元的歧视性石油政策导致美国退出中东，并使苏联得以接管早前帮助英国节省那些美元的油井，那么英国的这类政策又有什么用呢？

美国官员对英国的经济困境并非无动于衷，即使不是出于同情，至少也是出于战略考虑。他们认识到英国作为英镑区其他成员的投资者、银行家和贸易伙伴的关键作用，担心英国经济恶化会带来"不利的政治和权力后果"[165]。他们认为该国经济的突然衰落将导致英镑区的解体，并严重打击西方的战略利益。[166] 冷战如火如荼，丝毫没有减弱的迹象，美国政府看重的是英帝国"遍布全球的、具有重大军事价值的战略要地网络，它们既是防御前哨，也是行动的桥头堡"[167]。美国政府仍然支持威尔逊"民族自决"的理念，但希望英国的任何收缩都能"有条不紊地进行"，以防止帝国曾经的"领土"落入"不友好国家"之手这种不受欢迎的事情发生。[168] 鉴于美国政策制定者将英国的经济失败与全球战略要地的政治瓦解联系在一起，他们因此赞赏英国政府努力采取措施保护其经济福祉，尽管华盛顿在这方面的支持总是有所保留。[169]

美国官员认识到英国对本国经济的担忧，只是希望英国政府也要顾及美国在英镑区的石油利益，尽量减少前者节省美元的措施对这些利益造成损害。亨利·拉布伊斯打电话给英国财政部的莱斯利·罗恩，解释说美国"能够理解英国希望"实施"石油替代计划"，但"不能理解采取如此仓促和单方面行动的必要性"。他补充说，美国官员甚至"已经认识到最终会有一些替代措施被采用"，但他们"原本期望这只会在与我们的公司进行适当协商之后，并以尽可能减少混乱的方式来进行"。[170]因此，从美国的角度来看，英国政府最大的错误在于放弃了通过谈判解决"英镑石油-美元石油"问题，转而采取了完全无视美国利益的单边做法。这一行动加重了英国的罪责，即英国基于自身狭隘的经济关切执行了一项政策，从战略和自由贸易的角度看，这项政策从长远而言对双方都没有好处，至少对于美国政府是这样。

英国政府明知这样的决定很可能会惹恼美国，为什么还要实施"石油替代计划"，而不是继续与美国公司谈判？加德士公司、新泽西标准石油公司和Socony-Vacuum公司提出的"英镑化"建议似乎可以解决英国节省美元的顾虑，为什么英国官员却拒绝了这些建议？要回答这两个问题，就必须考虑英国财政部和英国政府为保护英镑所做的努力，以及财政部的态度在这一时期决策中的主导地位。

首先也是最重要的，英国财政部官员不愿接受美国公司用英镑向第三方出售石油的计划，因为这样做的结果是"积累大量的英镑结余"，这"同消耗美元储备一样令财政部反感"。[171]与印度、埃及和其他国家因英国战时借款而持有的英镑储备一样，美国石油公司积累的英镑也是美元从英镑区流出的潜在资金来源。[172]换句话说，当英镑最终可以自由兑换时，这些公司在帝国-英联邦内没有花掉的英镑将被兑换成美元。按照英伊石油公司分销部门的副主管H. E.斯诺（H. E. Snow）的说法，英国政府"不能同意任何会导致英国承担其他国家美元短缺负担的安排"[173]。如果允许美国公司用英镑向其他国家出售石油，其后果将与1947年的可兑换灾难相似，当时第三方用大量英镑兑换美元，严重冲击了英镑。在这种情况下，虽然是石油公司换汇，但最终效果相同：全球美元短缺的负担会落在英国身上，至少从英国财政部的角度来看是这样。

石油进口的限制政策得以实施，显然是在英国内阁获得了足够的支持，但英国财政部是这一政策的主要推动者。该机构有时会同英国外交部发生冲突，后者愿意牺牲一些美元来维持与美国的良好关系。财政部和外交部利益冲突的最佳例子，莫过于维克托·巴特勒的"激励计划"，该计划旨在避免使美国的石油公司用英镑石油替代美元石油。1950年1月30日维克托·巴特勒提交给（美国）国务院的"巴特勒计划"（有时被这样称呼），允许美国公司将产品进口到英镑地区，如果它们：（1）在英国注册子公司，由英国政府征税；（2）用美元维持和扩展贸易，而不是用英镑从英国政府兑换美元；（3）接受在英镑区以外销售石油所赚取的英镑不可兑换（这激怒了美国政府）；（4）在英镑区内消费自身储存的英镑，从而限制资本回流美国。满足这些条件，这些公司可以根据在英镑区的支出，直接按1∶1的比例增加其进口。[174]该提案似乎解决了英国财政部对石油美元流失的担忧，但官员们不喜欢该计划，因为会由于"管理该计划的实际困难"而出现"不可接受的美元损失风险"。外交部的奥斯卡·莫兰（Oscar Morland）爵士承认这种可能性，但他认为，"这种可能的损失程度是否大到足以抵消'巴特勒计划'所带来的政治好处"，是"非常值得怀疑的"。[175] 财政部输掉了这场特殊的战斗，而该计划则为英国和美国公司之间未来的协议奠定了基础。财政部和外交部在石油进口限制政策上的第二次争执，发生在当年晚些时候的一次石油工作小组讨论上。外交部反对财政部提出的在 1951 年增加替代汽油和柴油数量的建议，因为外交部官员认为，在与美国就国防援助和石油储备计划进行谈判时，"冒着就石油政策引发争议的风险"并不明智。[176] 关于保护英镑在多大程度上影响英国外交政策，财政部和外交部的态度存在分歧，后来也是如此。

财政部意识到强硬的歧视政策对英美关系的影响，但官员似乎只在担心这一政策可能危及来自美国的财政援助时（进而冲击英镑，其损害程度恰如英国歧视政策对英镑的保护），才会关心政策对英国与美国关系的影响。[177] 这里的关键点是，在此期间，英国财政部认为英镑的健康状况应该是制定英国外交政策的首要决定因素。在 1950 年 3 月国务院召开的一次关于英美未来合作行动的会议上，副国务卿迪安·腊斯克（Dean Rusk，肯尼迪和约翰逊政府时期的国务卿）宣称，"英国的外交政策行动似乎被限定在财政部的严格筛选范围内，小气[原文如此]似乎是其特点"[178]。

英国政府并不是铁板一块，在做出决定之前，各部门之间也会发生一些争执。但在捍卫英镑的问题上，政策分歧似乎更多涉及的是风格而非实质。无论人们是认为政府主要官员都有一种跨部门的"绅士资本主义"，还是认为他们患有"顶级货币综合征"，抑或是认为财政部在战后财政困难时期获得了前所未有的影响力，并将国内工业国有化，毫无疑问的一点是，人们达成了一种共识，即英国的声望与强势的国际英镑联系在一起。即便纯粹的官僚惰性延续了上一个时代的政策，但很明显，由财政部主导的英镑振兴，仍然是战后政府的首要任务。[179]"石油替代计划"的实施表明了财政部态度的主导性，而允许它妨碍英美关系的事实只能加强这一点。

财政部、外交部、燃料和电力部均认同，用英镑石油替代美元石油是捍卫英国国际收支的好办法，英伊石油公司必须在该计划的实施中发挥重要作用，它比荷兰皇家壳牌公司的作用大得多。这是因为英伊石油公司的英资全属性质以及英国政府控制了该公司51%的股份。但财政部官员马丁·弗莱特（Martin Flett）两年后写道："虽然我们始终信赖英伊石油公司对国家利益的尊重，但至少应该问问，壳牌公司的英国董事们，是否也愿意将英国国际收支的利益置于该集团的商业利益之上。"[180]除了所属国家问题，两家公司的石油来源和市场销路也不同。英伊石油公司在中东开采石油，主要销往英镑区；壳牌在南美和东南亚开采石油，更多销往西半球。两家公司在为英国赚取和节省美元方面形成了良好的互补。尽管壳牌在南美的运营花费了大量美元，但该公司在美国和西半球的庞大市场，总体上使其成为美元和其他硬通货的宝贵来源。[181]另一方面，英伊石油公司花费的美元比壳牌公司少，而且大部分石油销往英镑市场，因此该公司可以节省大量美元。由于英伊石油公司的主要作用是节省美元，而且前面提到的400万吨石油过剩库存首先就来自英伊石油公司的阿巴丹炼油厂，因此英伊石油公司将承担执行该计划的重任。

英伊石油公司的高管最初对英国的歧视性石油政策持"等等看"的态度。董事长威廉·弗雷泽（William Fraser）爵士在写给公司驻纽约代表、公司未来董事长巴兹尔·杰克逊的信中说："美元和英镑问题的全面影响难以预料，但幸运的是，在这种情况下我们不需要担心什么。我认为我们最好静观其变,顺其自然——它们只会对我们有利,任何过分急于利用目前形势的行为,我认为都是不恰当的,也是不明智的。"[182] 杰克逊同意英伊石油公司应避免对美国公司趁火打劫,他在写给弗雷泽的信中说:"就石油而言,从良好关系的角度来看,我们不应急于从我们的朋友和竞争对手手中夺取市场,这一点很重要。"[183]

但进口限制计划一经宣布,英伊石油公司就面临一个问题,其美国"朋友和竞争对手"认为是英伊石油公司与荷兰皇家壳牌公司共同策划了这一计划。早在7月份,维克托·巴特勒向英伊石油公司的斯诺透露了在英镑区对美元石油进行大规模歧视的可能性,斯诺预料到美国国内的负面反应,他警告(英国)政府说:

> 英国政府必须向美国公司做出充分解释,否则就会引起美国公司的不满和抵制,甚至可能被推断为这是英国公司向英国政府施加压力,为其增加的产量寻找出路的结果——这对双方的关系会非常不利,并可能在市场上招致很大的麻烦。[184]

斯诺的先见之明得到了希思·伊夫斯的证实(后者接替巴兹尔·杰克逊在英伊石油公司纽约办事处工作)。希思写道,新泽西标准石油公司的皮特·科拉多(Pete Collado)"对'替代计划'非常愤怒,他和其他几个人毫不怀疑,英国公司对该计划的制订负有很大责任"[185]。甚至连澳大利亚也和其他被要求协助执行石油歧视计划的英联邦成员国一样,"认为'石油替代计划'是由英国的石油公司设计的,目的是销售石油,而英国政府随后被说服并接受了该计划"[186]。

根据希思的说法，尽管美国媒体主要将"石油替代计划"归咎于"英国当局"，但许多评论员认为英伊石油公司和荷兰皇家壳牌公司"是可以对该计划表现出更多反对的"。[187]他甚至抱怨说，他不得不"尽可能强烈地否认"英伊石油公司与"'石油替代计划'的制订过程有任何关系"，这让他"有点恼火"。[188]

英伊石油公司和荷兰皇家壳牌公司的董事们开始担心这种不满情绪会影响公司的财务情况。由于依赖美国市场，荷兰皇家壳牌公司特别容易受到美国的报复。壳牌担心，由于美国国内的石油游说团体一如往常地向联邦政府施压，要求限制进口外国石油，英国在"英镑石油-美元石油"争端中的立场，可能会影响该公司在美国大约价值1亿美元的业务。[189]在给英国财政部的亨利·威尔逊·史密斯（Henry Wilson Smith）的信中，壳牌公司董事长乔治·利-琼斯（George Legh-Jones）爵士提醒他，这种进口限制将对英国的国际收支产生影响，并以最强烈的措辞敦促英国政府解决与美国的问题。[190]

在得知英国将在1951年继续实施歧视计划后，英伊石油公司的威廉·弗雷泽在给燃料和电力部大臣唐纳德·弗格森（Donald Fergusson）的信中表达了他的不满，信中主要谈到这项政策如何损害其公司利益。他抗议英伊石油公司独自"承担了提供该计划所需（油品）数量的重任"，并写到由于"石油替代计划"，该公司"既丢了商誉，也失去了业务的连续性"。他接着补充说，在阿巴丹"随意处理"英伊石油公司的过剩油品，是公司业务"基于自由市场获得原油并持续销售这一唯一合理原则基础上稳步发展的障碍"。弗雷泽随后表示："从商业角度看，解除我们为'石油替代计划'提供石油的潜在义务非常符合公司的利益，让我们自己寻找客户对我们来说会好得多。"[191]

弗雷泽显然对英国政府干涉英伊石油公司的正常业务模式感到不满。

既然政府是该公司的大股东，难道它无权以其认为合适的方式，利用该公司来保护国家福利吗？根据英伊石油公司与英国政府之间长达36年的共识，答案是否定的。尽管英国政府拥有公司的控股权，但它不应该干涉公司的日常商业运作。政府与英伊石油公司关系的性质，在前者于1914年收购后者股份时就已确定，当时双方签署的一份协议明确了政府"干预［该公司］日常业务的底线"[192]。该协议允许财政部两名代表进入董事会，并赋予他们对"公司及其子公司董事会和各种委员会的所有行为"的否决权。此外，如果政府决定，还可以根据在公司中所占股份比例派遣更多的代表进入董事会。不过，财政部的约翰·布拉德伯里（John Bradbury）在同年向英伊石油公司（当时还是英波石油公司）发了一封公函，重申不干涉该公司商业事务的承诺，并坚称只有在涉及"宏观政策"的事项上才会使用否决权。这些政策包括保护公司与英国海军的合同，监督可能影响外交和军事政策的事务，以及审查拟议中的（重大）销售、公司地位的变更或新的开采资源。布拉德伯里补充说："英国政府对作为商业实体的公司日常管理的干预（如果有的话），将严格限制在处理上述事项所需的最低限度内。"[193]当政府不仅与英伊石油公司探讨控制该公司在阿巴丹的剩余石油库存的销售事项，还提出了将该公司的部分出口转向美元和其他硬通货市场的想法时，就已经越位了。[194]虽然英伊石油公司的董事们并非对国家福利漠不关心，但他们的首要义务是维护公司，因此，他们不会容忍政府破坏公司正常的商业运营。

最终，来自美国政府的压力、美国经济的复苏以及达成协议的明显好处，说服英国政府于 1950 年春开始与美国石油公司和解。至少有一位美国石油公司高管认为，国务院的努力改变了博弈的天平。1950 年 7 月底，加德士公司的高管 W. H. 平卡德（W. H. Pinckard）在一封信中感谢国务卿艾奇逊：

> 这封来信是为表达我们的感谢，感谢国务院对此事的关心，感谢您和您在华盛顿和伦敦的大使馆的同事，在谈判中给予我们的帮助。国务院给予我们极具建设性的有效支持，是这些谈判取得成功的最重要因素。[195]

平卡德的信显示，他对国务院的态度与美国石油高管此前表现出的态度大相径庭。这表明，要么是美国国务院确实在推动谈判方面发挥了关键作用——无论是否放弃前述不参与政策，要么是"英镑石油-美元石油"冲突的成功解决只是改变了平卡德对美国国务院的看法而已。毕竟，美国当年的经济复苏促进了英美两国公司在北美的石油销售，也增加了英镑区成员在北美的业务量，这转化成美元流入了帝国-英联邦。最后，英国政府很难否认英国与美国石油巨头达成协议带来的好处。新协议将限制石油领域的美元消耗，同时减少与美国和英伊石油公司这些关键关系的摩擦。另一个好处是扩大了英国的造船业，以便美国公司将其重新标签的"英镑石油"推向市场。[196]

由于美国公司获取石油的来源众多，而且原油和石油产品的销售渠道丰富，这些因素在很大程度上影响了石油中的美元构成比例，因此英国政府与这些公司逐一谈判达成协议。尽管英国在英镑可兑换问题上的态度有所软化，但所有协议都在某种程度上以"巴特勒计划"

为基础。[197] 在此，协议的细节并不重要。但必须承认，在最终达成所有协议时，从未就"原则性问题达成总的解决方案"[198]。英国政府并不承认利用石油控制来达到保护和重振英镑的目的有何不妥，也不认为在经济严重疲弱时捍卫其经济利益的行为有任何错误。对英国官员来说，二者是同一个使命。正如1944—1945年的石油谈判一样，英国政府显然非常谨慎，没有放弃自己的权利，利用了在20世纪40年代后半期至50年代初期所拥有的为数不多的经济优势中的一项（即经济疲弱）。

如果说"石油替代计划"取得了某种成效，那成效是什么？唐纳德·弗格森在英国下议院宣布结束石油配给和"石油替代计划"的声明中估计，1950年，"石油替代计划"和部分取代该计划的协议，在美国公司向英镑区供应石油中（为后者）节省了约4 500万美元。他接着补充说，燃料和电力部的"初步估计"表明，英镑区的美元净流出额低于5亿美元，而不足前一年测算的6.25亿美元。他最后预计说，新的石油协议，加上美国公司的拟议行动，到1954年将为英镑区节省约2.5亿美元。[199] 不过，正如霍斯特·门德豪森（Horst Menderhausen）所言，要确定替代计划是否比英国政府可能采取的其他选项（如在1949年或更早的时候同美国公司达成协议）节省了更多美元，"几乎是不可能的"。可以肯定地说，这项政策至少达到了一个目的，它让华盛顿知道，英国官员是多么认真地对待英镑难题，而且石油确实是他们用来解决这一棘手问题的首选武器。

美国政府对"石油替代计划"的不满，超越了英国对美国所属公司商业利益的干涉。美国官员认为，该计划普遍违反了英国政府在二战期间和二战后签署的各种协议中支持的自由贸易原则。美国国务院在回应英国的"英镑石油-美元石油问题"备忘录时写道:"美国政府对外经济政策的基本目标之一,是早日恢复多边基础上的国际贸易,摆脱目前的人为壁垒和限制,这些壁垒和限制往往会使世界资源偏离其最经济和最有效的用途。"他们接着解释说:"美国政府的理解是,作为《关税与贸易总协定》的缔约国和《国际贸易组织宪章》的签署国,英国政府在总体经济和商业政策方面谋求实现这些多边目标。"[200]尤其令美国政府感到恼火的是,英国在1949年初分别与埃及和阿根廷签署双边贸易协定,尤其是后者,授权英国用英镑石油独家供应这个南美国家,并以此换取肉类,在此过程中挤掉了新泽西标准石油公司。[201]因此,从美国的视角来看,英国歧视美元石油,并与阿根廷和埃及等国家签订限制性石油协议,实际上是在颠覆它原本应该帮助美国在战后世界建立的多边框架。

正如有华盛顿人士长期以来一直对英国的歧视性贸易做法感到困扰一样,伦敦也有人对美国政府热衷于自由贸易的主张提出疑问。首先,英国在两次世界大战之间短暂回归自由主义,遭遇了大规模失业和持续的国际收支压力,许多左翼人士因此对自由市场和自由贸易产生了怀疑。[202]以《经济学人》为代表的另一派则认为,由于美国政府将贷款与商业妥协挂钩,并通过了限制性的航运和移民立法,它未能遵守自己的多边原则,因此英国也不需要严格遵守规则。[203]正如罗杰·路易斯指出的那样,其他人,比如有着近50年帝国事务工作经验的英国官员、热烈支持帝国特惠制的利奥波德·埃默里(Leopold Amery),认为自由贸易驱动的美国经济扩张"代表了一种将英国降为卫星国的企图"[204]。对于埃默里和其他持有同样观点的人来说,赤裸裸的自利动机驱动着美国对自由贸易的推广。他们的看法并非完全错误。当英国在 19 世纪成为世界上占主导地位的经济大国时，当时的英国政府同二战后的美国政府一样，积极倡导不受限制地参与市场以及获取原材料，因为它可以从中获得最大的利益。英美在英镑石油和美元石油问题上的争端，是英美在战后世界实施自由贸易问题上的摩擦的延伸，归根结底是两个国家在努力保护各自的利益。

至于英国政府和英伊石油公司，双方都很高兴看到它们之间紧张关系的一个主要根源消失了。在得知与美国石油公司的协议后，威廉·弗雷泽爵士写信给唐纳德·弗格森，他"很高兴听到"有可能"放弃替代政策"。[205] 弗格森在回应中表示"摆脱了替代政策的束缚，如释重负"，他给出的理由是："这是（政府）在美元危机时期能够立即节省美元的唯一途径。"随后，他试图缓解弗雷泽可能仍有的不快情绪："我完全理解替代措施的实施，一定是给贵公司带来了越来越多的麻烦，我向您保证，我们非常感激您在这一时期的合作。"[206]

第二章

英镑及英国与伊朗民族主义的对抗

英伊石油公司的付款是英国收入和国际收支的主要项目，如果因英伊石油公司业务中断而造成付款减少，将对英国经济造成灾难性影响。

——英国外交部助理次官雷金纳德·鲍克爵士[1]

认为西方世界和伊朗在生产多少石油、以什么条件卖给谁的问题上利益一致是错误的。石油业务大幅下降，伊朗人仍可以获得他们所需的全部石油和外汇，而我们的需求更大，性质也不同。出于所有这些原因，英国必须保持对相关实际资源的控制。

——莱斯利·罗恩，英国财政部二等秘书[2]

到 20 世纪 40 年代末，英国和伊朗间的政治和经济联系已经超过了一个半世纪。由于伊朗与大英帝国的重要殖民地印度的西部边境接壤，因此在 19 世纪的大部分时间里，伊朗卷入了英国和沙俄争夺中亚控制权的斗争中，这场斗争通常被称为"大博弈"。伊朗北部同沙俄接壤，沙皇一再展示南扩的野心，伊朗政府支持英国在该地区投资，希望英国在伊朗拥有经济利益能成为英国保护伊朗免受沙俄侵犯的理由。事实证明，英伊石油公司对伊朗石油业的开发，是英国在伊朗的所有投资中最有利可图、最具战略重要性的。作为唯一的特许经营权持有者，英伊石油公司开采并销售了伊朗的所有石油，这帮助英国赢得了两次世界大战，并为该公司在伊拉克和科威特石油开发中的合作投资提供了资金。

英国政府在英伊石油公司的股份，以及该公司对伊朗石油工业的完全控制，使得英国政府和该公司在二战后成为许多伊朗人批评的目标。英国政府从英伊石油公司获得的税收和红利，比伊朗从本国资源中获得的税收和特许权使用费还要多，伊朗政府对此非常恼火，要求重新谈判该公司的特许经营权,让伊朗分享更多的利润。这份1949年签订的合同并没有让民族主义日盛的伊朗议会满意。1951年5月,伊朗新任首相穆罕默德·摩萨台(Muhammad Mossadegh)领导政府将伊朗的石油工业国有化。对英国来说,事态的这一转变不啻一场灾难。部分原因是伊朗石油的损失削弱了英国捍卫和支撑英镑的能力,英国政府——首先是克莱门特·艾德礼政府,然后是1951年10月温斯顿·丘吉尔政府——努力寻找一种方法来重建英伊石油公司此前在伊朗的地位。

英国和伊朗均不接受对方对伊朗石油的控制。由于石油是英镑区国际收支中最大的项目之一,这一时期英国工党和保守党政府的政策制定者都坚信,伊朗夺取英伊石油公司在伊朗的业务将对英镑造成毁灭性打击。这些官员认为,由一家英国公司控制伊朗石油至关重要,这不仅是因为英国可以用英镑购买石油——而不是花费稀缺的美元从美国公司购买石油——而且还因为一家管理高效的英国公司,将生产出足够多的石油来维系英国的国际收支。一个管理杂乱无章、由伊朗控制的石油工业则不会这样。此外,英国公司在制订生产计划时可能会考虑英国的外汇问题,而伊朗政府则不会这样做。当然,伊朗人认为他们完全有权随意处理本国的石油,并对英国政府和英伊石油公司官员对待他们的方式深感不满。英国拒绝与伊朗政府达成五五分成的利润分享协议,这向许多伊朗人表明,英国不愿意与他们合作开采石油。英国提出的新协议虽然"原则上"接受国有化,但却将伊朗石油工业的管理权留在英国人手中,这让伊朗感到羞辱。至少在20世纪50年代初,对于大多数伊朗人来说,国有化意味着能够控制自己的资源,不受外国人(尤其是英国人)的干涉。

但英国拒绝接受"国有化意味着可以肆无忌惮地撕毁具有约束力的协议"这一观点。英国政府官员坚持认为，如果伊朗不对英伊石油公司进行适当的补偿，或者（伊朗）在新协议中获得了比那些遵守合同的政府更好的条件，那么英国的信用及其在全世界的地位，都将受到灾难性的影响。这样的结果将损害英国的无形收入，从而打击英镑。因此，英国政府试图通过提高利率、控制工资和支出等典型的宏观经济措施来增强人们对英镑的信心，也试图通过向世界展示英国捍卫自身经济利益的国家形象的外交政策来实现这一目标。英国官员在与伊朗官员打交道时考虑到了这一点，这一立场使他们与美国的冷战主义者发生了冲突，后者认为，如果伊朗倒向共产主义，后果将不仅是对英国，对整个西方世界也是具有毁灭性的。

从美国的角度来看，防止伊朗及其石油落入苏联势力范围比支持英伊石油公司更重要，美国主要官员认为后者已经不合时宜。事实上，华盛顿看重的是伊朗对西方保持友好，其石油由一家或多家美国公司和西欧公司生产并销售。伊朗与苏联西南边境交界，拥有重要的战略物资，这使它成为美国冷战计划的重要组成。伊朗同希腊、土耳其一起，共同构成受西方影响的北方前线，美国决策者希望这些国家能从（苏联）南部遏制苏联。20世纪40年代末，苏联在欧洲和亚洲接连取得"胜利"并由此威胁到西方阵营后，华盛顿对苏联提高了警惕。无论是民主党人杜鲁门，还是共和党人艾森豪威尔领导的美国政府，都不会容忍苏联的影响力进入中东。

鉴于英国政府与华盛顿在中东的反苏议程一致，美国官员对英国政府在与伊朗谈判中无法或拒绝缓和英伊石油公司的强硬立场日益感到失望。事实上，英国官员认为，该公司代表想与伊朗代表签署但被伊朗议会拒绝的特许权修订协议是公平的。他们认为，考虑到中东地区当时普遍的（利益分配）准则，这一提议相当慷慨，并担心让出更多的利润会冲击英国的国际收支平衡。但当英伊石油公司董事的不妥协态度似乎开始危及特许权进而损害英国的国家利益时，英国政府开始重新审视与该公司的关系，并直接参与了对伊朗的谈判。英国官员认为兹事体大，不能让英伊石油公司的代表走上一条使该公司和其他英国公司永远无法重返伊朗的道路。

正如英美之间关于英国歧视美元石油的争端一样，英国政府试图捍卫中东石油来保护英镑的努力也引发了与美国的冲突。与20世纪40年代英镑石油-美元石油之争类似，华盛顿官员认为，英国狭隘的经济目标（催生了一种过时的、不明智的殖民政策）破坏了西方在中东的影响力。英国和伊朗一直未能达成石油协议，这导致伊朗的石油工业实际上陷入停滞，造成了社会经济的不稳定。美国决策者坚称，这种不稳定正在为伊朗的共产主义运动提供成熟的条件。来自伦敦的观点认为，美国官员想在其狂热的反共运动中牺牲英伊石油公司和英镑，而且英国决策者认为美国的反共运动是过度夸大威胁。从英镑的角度来看，石油危机展示了经济上分别处于上升期和衰落期的两个盟国，是如何在执行表面上共同的外交政策目标时发生冲突的。

研究英国政府的英镑政策，分析英国在伊朗石油国有化运动期间与伊朗的关系，揭示了伊朗在多大程度上被伦敦视为英国殖民地，尽管它并非地图上被标红的正式属地。英国政府开发伊朗石油的方式与其发展印度经济的方式相同——作为一种惠及英国财政的工具，而这通常是以牺牲伊朗和印度自身利益为代价的。[3] 本章试图在这一时期英国对外经济政策的背景下探讨伊朗石油国有化问题，从而重新审视英国在伊朗的帝国主义目标。同时，本章还证明了一个更重要的观点，即英国政府的英镑政策与中东石油政策之间的联系并不仅仅是战后初期的现象。

一、英伊石油公司、英国和伊朗，1900—1946

英伊石油公司的历史始于 1900 年底，当时伊朗首相的一位有影响力的心腹安托万·基塔布吉（Antoine Kitabgi）将军正在寻找愿意投资伊朗石油的英国资本家。[4] 基塔布吉在巴黎的同事、英国驻伊朗前公使亨利·德拉蒙德·沃尔夫爵士（Sir Henry Drummond Wolff），将这位心腹的意图告诉一位富有但谦逊的矿业企业家威廉·诺克斯·达西（William Knox D'Arcy）。经过几个月的游说，以及在伦敦、巴黎和德黑兰进行了更长时间的谈判后，达西同意了与统治者穆扎法尔·阿尔丁国王（Muzaffar al-Din Shah）签署特许经营权协议。该协议于 1901 年 5 月签署，根据协议，伊朗政府将获得 2 万英镑的现金预付款、2 万英镑的股份，以及石油销售净利润的 16%。由于勘探数年都没有成功，这家刚刚起步的企业急需资金，于是它与一家历史悠久、资本雄厚、前身为苏格兰公司的缅甸石油公司（Burmah Oil Company）联合成立了特许辛迪加有限公司（Concessions Syndicate Ltd.）。渴望获得稳定石油供应的英国海军部支持这一合并。1908 年，该公司的地质专家团队发现了石油。达西的公司和缅甸石油公司正式合并，成立了英波石油公司（APOC），由此开创了国际石油工业的新时代，一个聚焦中东地区的新时代。[5]

最初，开发特许经营权的不可预见的成本，导致英波石油公司资金紧张，这为英国政府投资该公司做了铺垫。1914年，时任海军第一大臣的温斯顿·丘吉尔说服政府收购英波石油公司的多数股权，以保护英国政府免受主要石油公司可能的价格剥削，特别是因为海军部当时刚将其海军舰队由燃煤动力转换为更轻快的石油为燃料。[6] 如第一章所述，财政部联席常务副大臣约翰·布拉德伯里爵士负责确定政府与该公司投资关系的细节，进行了一种相对宽松的安排，但在某些情况下（如涉及外交政策问题时）为政府干预公司活动留下了空间。

从长远来看，英国政府在英波石油公司的持股地位对英国或该公司是有利还是有害，这是一个争论不休的问题。这种安排在经济上给政府带来了好处，但事实证明，政府在该公司的股份是一种外交负担，最终产生了商业影响。中东石油生产国自然地将英国政府视为"自利的股东"，将公司视为英帝国主义的代理者。[7] 在二战后伊朗的民族主义浪潮中，毫无疑问，这种关系使英国政府和公司都处于不利地位。

20世纪30年代初，当地政府首次迫使英波石油公司改变最初的特许经营条款。统治者是专制君主礼萨沙，他曾担任令人畏惧的哥萨克旅指挥官，他于1921年通过军事政变登上王位，随后开始了一系列经济和社会改革。这些改革包括将教育和司法系统置于国家控制之下，禁止本国妇女戴头纱，从而构成统治者对本国生活方式进行西化的第一步。修建公路和铁路等其他项目都需要高额的石油收入，而20年代末的石油供应过剩和全球经济萧条使石油收入大幅减少。因此，这位领导人试图重新谈判原来的"达西协议"（D'Arcy agreement）。与20世纪50年代的伊朗民族主义者一样，他一直认为英波石油公司和英国政府欺骗了他的国家，剥夺了它应得的收入。因此，在四年无果的讨论后，他取消了这项特许经营权。只有在伊拉克费萨尔王朝首相努里·赛义德（Nuri al-Said）等外部人士介入之后，双方才重新聚集一堂，讨论一项新协议。新协议于1933年签署，它为伊朗提供了100万英镑的初始付款，每销售1吨石油，支付4先令的特许权使用费，以及在公司股东分红超过671 250英镑时，伊朗将获得超出部分的20%的股息，此外还包括其他权益。[8] 这项特许经营权原本应续期60年，但最终公司仅为自己买到了15年的稳定合约期。

一直到20世纪40年代以前，英伊石油公司与伊朗的特许经营关系都没有受到任何干扰，但二战导致英国和苏联联合出兵伊朗，扰乱了伊朗的秩序。出于对开发波斯湾补给线的焦虑，以及对德国从伊朗入侵苏联的担忧，英国于1941年要求礼萨沙将所有德国人驱逐出境。当后者犹豫不决时，英国占领了伊朗南部，苏联占领了北部，推翻了国王的政权，并扶植了他的儿子穆罕默德·礼萨·巴列维。两国随后与新统治者签署了一项协议，规定战后两国在伊朗的驻军时间不超过六个月。此外，鉴于两国的占领和战争将不可避免地给伊朗带来经济压力，它们还承诺保护伊朗免受这一压力的冲击。[9] 事实证明，前一个约定比后一个约定更容易实现。

在此期间，英国试图与伊朗保持尽可能稳定的货币关系。1942年，两国政府达成了一项货币协议，由于英国在战时受到的压力，伊朗得以占优势。英国试图用无限量的英镑兑换里亚尔（伊朗旧货币，今更名为"土曼"），向伊朗支付与战争有关的生产费用。此外，英国希望以比以前"更合理"的汇率进行兑换。作为回报，英国政府同意每季度用黄金置换伊朗手中英镑头寸的40%，由于战争，伊朗持有的英镑头寸迅速增加。英国政府还同意将英镑兑换为伊朗购买美国商品所需的美元。[10] 该协议在1946年英国撤军前失效，但伊朗中央银行睿智且独立的行长阿布·侯赛因·埃布特哈吉（Abul Hussein Ebtehaj）则信心十足：一项对伊朗同样有利的协议将取而代之，至少在兑换美元方面如此。[11] 他将英伊石油公司作为筹码，拒绝向该公司提供运营所需的里亚尔，直到英格兰银行与伊朗央行签署了一份谅解备忘录，确保伊朗能够继续获得足够的美元从美国进口所需商品。[12] 埃布特哈吉就伊朗与英国的货币关系艰难地讨价还价，预示着英国和英伊石油公司在石油问题上的前景。

战争期间，经济变革与更大的政治自由相结合，在伊朗引发了激烈的社会和政治动荡，催化了民族主义运动，最终挑战了英伊石油公司在该国的地位。战时生产使工人阶级扩大，并加速了城市化进程，这反过来又促进了各种社会团体的增长。工会重新确立了自己的地位，中产阶级专业人士开始参与政治。同时，不同的团体和组织通过抗议活动和自由发展的媒体，与更广泛的受众群体开展沟通。在南部，英伊石油公司掌管着该国的石油工业，英国政府通过支持该地区较为保守的群体，如地主、部落和宗教领袖，来遏制左翼分子和新兴的民族主义者。[13] 但英国政府无法长期压制民族主义者的崛起。

在1943年的议会选举中，政治上独立、受过欧洲教育、曾在20世纪20年代担任多个政府职位的贵族穆罕默德·摩萨台重新进入政界。虽然他不是该国主要民族主义组织——伊朗党（Iran Party）的成员，但他与该党所持的许多观点相同。他竞选的主要议题之一，是结束政府长期以来向外国势力（尤其是英国和苏联）授予重大特许经营权的政策，这些政策的目的是利用外国势力相互制衡。[14]穆罕默德·摩萨台在1943年赢得了议会的一个席位，接下来的几年，他将与其他志同道合的代表一起，不仅拒绝给予苏联石油特许权，还会挑战英伊石油公司既有的特许权。

二、从重新谈判到国有化，1947—1951

二战期间和战后，英国政府的税收和股息政策，导致英国和伊朗从石油销售中获得的收益差距越来越大。英国保守党和工党政府都增加了对企业利润的征税，前者是为了支付战争费用，后者是为了给战后的福利国家提供资金。为了帮助应对战后经济调整和工党充分就业计划所带来的通胀压力，英国财政大臣斯塔福德·克里普斯爵士鼓励英国企业限制向股东支付的股息额，希望这种姿态能说服工会压制他们的工资要求。由于英伊石油公司与伊朗特许协议的条款设计，增税和股息限制政策都减少了伊朗的潜在石油收入。与此同时，税率提高增加了英国政府从英伊石油公司利润中获得的收入，以至于在1945年，英国从伊朗原油和产品销售中获得的税收收入，几乎是伊朗从中获得的税收和特许权收益之和的三倍（见表2-1）。当然，由于英国政府在公司内的股权地位，克里普斯限制股息的措施也减少了英国政府在伊朗石油上的收益。但这对于不满意英国和伊朗在石油资源上的收入差距的伊朗人来说，算不上什么安慰。

表 2-1　伊朗石油产量、英伊石油公司净利润、英国税收和对伊朗的付款，1932—1950

年份	伊朗石油产量（千桶）	英伊石油公司净利润（千英镑）	英国税收（千英镑）	对伊朗的付款（千英镑）
1932	49 471	2 380	190	1 525
1933	54 392	2 654	460	1 812
1934	57 851	3 183	770	2 190
1935	57 283	3 519	400	2 221
1936	62 718	6 123	1 170	2 580
1937	77 804	7 455	2 610	3 525
1938	78 372	6 109	1 690	3 307
1939	78 151	2 986	3 320	4 271
1940	66 317	2 842	4 160	4 000
1941	50 777	3 222	3 280	4 000
1942	72 256	7 790	6 600	4 000
1943	74 612	5 639	12 070	4 000
1944	102 045	5 677	15 720	4 464
1945	130 526	5 792	15 630	5 624
1946	146 819	9 625	15 590	7 132
1947	154 998	18 565	16 820	7 104
1948	190 384	24 065	18 030	9 172
1949	204 712	18 390	16 930	13 489
1950	242 457	33 103	36 190	16 032

数据来源：Elm, *Oil Power and Principle*, 38; Bamberg, *History of the British Petroleum Company, Volume 2*, 325; and DeGolyer and MacNaughton, *Twentieth Century Petroleum Statistics*, 9。

1947年10月22日，伊朗议会通过了一项法案，为伊朗政府与英伊石油公司代表就前者对该公司的不满展开讨论铺平了道路。受到苏联试图建立苏伊石油合资公司的触动，这项新法案禁止政府向外国投资者授予石油特许权或与其成立石油公司。该法案还指示政府"在所有涉及国家自然财富（包括地下资源）的国民权利受到侵犯的情况下，采取必要的谈判和措施，以确保国家权力"，特别关注英伊石油公司拥有特许权的伊朗南部石油。[15] 由于1947年和1948年油价增高，以及英国政府对英伊石油公司提高税收，英国从伊朗石油销售中获得的利润份额越来越大。[16] 随着议会对英伊石油公司的批评加剧，伊朗向该公司施压，要求后者找到一种方法来纠正伊朗所认为的该公司侵犯伊朗资源的做法。[17]

伊朗政府向英伊石油公司提交了一份长达50页、包含25项要点的备忘录，详细说明了需要纠正的不公现象。除了对英国的税收和股息政策后果的不满，伊朗政府抱怨该公司雇佣的伊朗技术人员数量少，尤其是在管理岗位上，它还批评了那些从事公司最低技能劳动的工人所经受的恶劣工作条件。此外，备忘录抨击了英伊石油公司以消耗伊朗国库为代价，向英国海军部和美国石油公司折价销售石油的做法。另一个有争议的问题是，伊朗政府认为它与英伊石油公司达成的协议与其他产油国的协议相比非常不利，比如委内瑞拉，后者与新泽西标准石油公司和荷兰皇家壳牌子公司的销售利润是五五分成。伊朗还不满英伊石油公司的一种习惯做法，即在海外而非当地的阿巴丹炼油厂提炼大部分伊朗原油，并且海外销售的成品油利润也没有给伊朗分成。备忘录最后指出，1933年协议中的"黄金保证条款"必须调整，因为英镑对黄金贬值，已经导致伊朗多年来的特许权收入下降。[18]

由于伊朗石油与英镑之间的关系，英国官员，尤其是财政部的官员，一直关注英伊石油公司与伊朗政府间的对话。事实上，财政部联席次官威尔弗雷德·伊迪（Wilfred Eady）爵士希望该公司保留1933

年特许协议的基本条款。1948 年 8 月，他告诉英伊石油公司的董事总经理内维尔·加斯（Neville Gass），伊朗政府"应该对国际石油贸易的扩大所带来的逐渐增加的特许权使用费感到满意"，伊朗"无权获得"比它已经赚取的"更多的利润份额"。他坚持认为，高油价是"阻碍世界经济复苏的一大障碍"[19]。两个月后，伊迪向埃布特哈吉解释说，虽然英国政府意识到，其限制股息的政策"在某种意义上'剥夺'了伊朗政府在战争给公司带来的利润增长中的一定份额"，但他"反对从根本上改变特许权的财务安排"。因此，任何旨在补偿伊朗红利损失的协议调整都必须是暂时的。次日，伊朗经济利益的狂热捍卫者埃布特哈吉回应说，他对 1933 年的特许协议"非常不满意"，并认为由于伊朗石油作为美元收入来源对英国"极其重要"，英伊石油公司本应"非常慷慨"地对待伊朗的要求。[20] 正是由于伊朗石油对英国国际收支平衡的重要性，英国财政部的一位负责人玛丽·洛克南（Mary Loughnane）"非常"希望，如果英伊石油公司确实必须修改 1933 年的特许协议以利于伊朗，那董事们应该"尽可能少地让步"。她认为，"任何支出的增加"都会让英国政府"感到担忧"，因为"每给伊朗账户增加一英镑的支出，就有可能消耗掉英国储备的美元"。洛克南特别担心的是，英国石油公司在中东不断增加的支出"将给［英国的］国际收支带来越来越沉重的负担"[21]。

对于改变英伊石油公司的特许权可能对英国经济造成损害一事，英国财政部官员最为直言不讳。与此同时，外交部官员也表达了类似的担忧，负责经济关系的助理副大臣 E. A.伯绍德（E. A. Berthoud）就是其中之一。1948 年 8 月，他同意英国政府不应阻止英伊石油公司"合理提高特许权使用费"，但又补充说，"政府必须考虑提高特许权使用费对英国经济的影响"。他解释说，伊朗的特许权使用费提高得越高，英国就越需要提高自身出口，以支付对伊朗的石油支出，他表明这样的调整很难实现。"波斯油田是我们主要的海外资产，"他写道，"我们在很大程度上依赖于它们来实现最终的经济平衡。"伯绍德因此认为，英伊石油公司对伊朗的任何慷慨行为都不应导致该公司的成本永久性上升。[22] 次年4月，当英伊石油公司和伊朗政府继续努力达成协议时，这位助理副大臣告诉伊朗议会石油委员会成员、石油谈判代表贾迈·埃马米（Jemal Emami），英国政府"不能忽视因向伊朗支付更多石油费用"而对英国贸易账户造成的"影响"。埃马米回应说，此事与伊朗同英伊石油公司的谈判"毫无关系"，但伊朗政府愿意重新考虑如何帮助保护英国的国际收支。伯绍德在给助理次官迈克尔·赖特（Michael Wright）的一份报告中评论了他与埃马米的谈话，他写道，由于英伊石油公司的谈判肯定会导致向伊朗支付"大笔额外款项"，英国政府不得不重新审视英伊之间的金融协议，换句话说，使它们对英国更有利。[23] 一份与英伊石油公司代表会晤的部门简报显示，（英国）外交部越来越担忧与伊朗达成新的石油协议会影响英国财政："不过，我们可以明确指出，我们希望英伊石油公司总部随时向我们和财政部通报谈判的进展情况，以及他们可能不得不做出的、涉及美元石油销售和国际收支平衡发生重大变化的任何让步。"[24] 后来，当伊朗将其石油工业国有化时，外交部的其他官员也表达了类似的担忧。

不过，总的来说，在欧内斯特·贝文的领导下，外交部鼓励英伊石油公司与伊朗达成协议，提供比现有的特许协议更为优厚的条件。1949年2月，外交大臣向财政大臣发送了一份备忘录，认为伊朗政府在"英国财政问题上有一些合理的不满","从政治角度和公司的未来来看",伊朗能够"确信他们从石油资源的开采中获得公平的回报",这对英国来说是非常重要的。[25]一个多月后,外交部常务次官威廉·斯特朗爵士(Sir William Strang)写信给克里普斯,重申了贝文对此事的意见。他解释说,虽然贝文并不认为伊朗"一定要得到它所要求的一切",但他确实"强烈地感受到",伊朗"应该得到比公司现在所能提供的更公平的安排"。[26]

贝文的立场在一定程度上反映了他试图调和其个人对英国福利国家的承诺与英伊石油公司对待伊朗(特别是其工人)的不太令人满意的方式之间的矛盾。这位英国外交大臣认为,"一家英国公司应该是模范雇主,理应不遗余力地提高[最低条件],并与当地人建立一切可能的关系,以便在他们和公司之间建立信任"。在他看来,威廉·弗雷泽领导下的英伊石油公司并没有做到这一点。[27]贝文将两封关于英伊石油公司与伊朗谈判的信件转给了财政大臣,这表明财政部(除了燃料和电力部)可能是对英伊石油公司支付更多利润给伊朗最犹豫不决的部门。财政部的确是这种观点,即英国的经济利益应该主导英国的对外石油政策,即使这意味着惹恼中东或大西洋彼岸的一些人。

经过五个月的谈判,英伊石油公司于1949年7月17日同伊朗签署了一项新协议。这项被称为《补充协议》的安排实现了欧内斯特·贝文增加公司向伊朗支付款项的目标。该协议将伊朗的特许权使用费从每吨4先令提高到6先令,并保证伊朗政府每年至少获得400万英镑,伯绍德认为这对英国的经济利益来说是"最不可取的"。[28]根据这些安排以及1933年特许协议条款的更改,1948年伊朗从英伊石油公司业务中获得的收入,从原本的9 172 245英镑猛增至

18 667 786英镑，1949年则从13 489 271英镑增至22 890 261英镑。[29] 考虑到外汇的变动因素，伊朗预计将从英伊石油公司全球运营的利润中获得32%至37.5%的份额。穆斯塔法·埃尔姆（Mustafa Elm）指出，这个数额与委内瑞拉6年前实现的五五分成相比相去甚远。[30] 实际上，委内瑞拉只从本国石油销售利润中分得了一半，而并非从新泽西标准石油公司和荷兰皇家壳牌公司的全球生产、精炼石油销售中分得一半。

根据《补充协议》，伊朗政府将从公司在伊朗本土运营中获得的利润中分得约一半，这确实相当于委内瑞拉与特许权持有者签订的合同，至少在收入分配方式上是这样。但正如罗杰·路易斯指出的那样，一个通过复杂的计算公式来产生相当于公司一半利润的特许权使用费的合同，与一个强调合作伙伴间利润分享概念的合同，在心理上有着实质性的不同，即使收入分配所得大致相同。[31] 鉴于英伊石油公司历来对其账目"高度保密"，这种安排并不能使伊朗相信该公司是出于公平或公正的动机。[32] 因此，尽管贝文可能会为英伊石油公司对伊朗表现得更加慷慨而感到高兴，但该公司增加对伊朗的付款，并不能如贝文希望的那样，说服伊朗人相信他们"从石油资源的开采中获得了公平的回报"[33]。

了解英伊石油公司所给条件的伊朗人，批评该公司和英国政府给得不够多。就连签署《补充协议》的伊朗财政大臣阿巴斯·戈尔沙扬（Abbas Golshayan）也私下表达了不满：国王和首相向他施压，让他接受了一份不如他意的合约，如果他们放手让他去谈，条件会谈得更好。他暗地里抱怨说："英国人为了推进自己的政策，想要掌控全世界。"[34] 伊朗国家石油公司（NIOC）前董事马努切尔·法曼法尔米安（Manucher Farmanfarmaian）在回忆录中抨击英伊石油公司的威廉·弗雷泽将《补充协议》"作为**既成事实**"提交给伊朗官员，并在谈判期间发出最后通牒。[35] 非官方报纸《信息》（*Ittila'at*）在《补充协议》签署前几个月发表的一篇文章反映出 1949 年许多伊朗人的感受。文章作者马苏迪（Mas'udi）敦促英伊石油公司像"美国公司对待委内瑞拉"那样对待伊朗，将伊朗视为与特许公司"实际上是合作伙伴"的国家。他还赞扬了因石油公司培养伙伴关系而带来的"援助与合作"。马苏迪接着谈到英伊石油公司在伊朗的悠久历史，认为英伊石油公司不应该像对待"新客户"一样与伊朗政府讨价还价。他解释说，该公司毕竟在参与伊朗石油开采的半个世纪年中获利颇丰。[36] 事实上，在此期间，英伊石油公司利用从伊朗石油中获得的利润，帮助建立了伊朗和科威特的石油工业。该公司在这两个国家与其他公司合作经营。在对伊朗政府的谈话中，它一再辩称，由于委内瑞拉石油工业的"经济和条件"与伊朗大为不同，因此不能类比讨论。此外，英伊石油公司的董事们宣称，他们给伊朗开出的条件与中东其他地区的谈判条件一样优厚。[37] 马苏迪在谈到这个问题时争辩说，中东其他石油生产国与特许权获得者之间的安排，同伊朗的情况毫无可比性，因为这些国家的石油工业较新，因此需要更高的成本，而英伊石油公司在伊朗不再需要承担这些成本。因此，相比其他公司与中东合作伙伴的关系，英伊石油公司有能力对伊朗政府更为慷慨。像马苏迪一样，了解情况的伊朗人做了充足的准备，来反驳英伊石油公司拒绝签署基于利润分成合同的每个理由，但公司的董事们仍然不为所动。

尽管许多伊朗人对《补充协议》的条款表示不满，但英国政府认为它是公平的。外交部官员认为，"迫使公司提高条件将是不明智的"。

理由是如果英伊石油公司提高条件，公司将难以在世界市场上竞争，从而导致英镑石油销售额下降，进而对英国的国际收支平衡产生"严重后果"[38]。根据外交部给英国驻伊朗大使馆的电报，"伦敦有关各方一致认为"，该公司给出的条件"与其他区域的石油特许权相比是公平的"[39]。在这一点上，该公司显然得到了英国政府对《补充协议》的全力支持。某种程度上，这种支持与英国的国际收支利益和保持高利润的商业企业的利益一致。

英国政府对英伊石油公司立场的捍卫，也源自英国政府和公司的家长式态度，认为英国最懂得如何保障伊朗的福祉。在多个场合，英伊石油公司的高管们反对五五分成的利润分享协议，理由是伊朗的收入将过于依赖不断变化的石油价格。[40] 他们坚持认为，采取固定费率并保证最低支付额的《补充协议》，将"给予［伊朗］一个波动尽可能最小的稳定收入"[41]。这种看法认为，持续稳定的收入将确保该国的政治稳定，这对伊朗和英伊石油公司都将是有益的。[42] 一份有助于稳定伊朗政府的合同对英国决策者来说很重要，因为正如他们中的一些人所说，伊朗是"善变且不稳定的民族"，其政府"效率低下"且缺乏"领导力"[43]。但法曼法尔米安认为，通过谈判达成五五分成协议，将是实现稳定的最佳方式。这种协议在石油生产国及其特许公司之间创造"和谐"和"平等的伙伴关系"，调节"经济与政治、私营企业和民族自豪感之间的冲突"。[44] 一定程度的偏见使得英伊石油公司和英国政府许多人士无法将伊朗人视为平等的伙伴。在伊朗国有化其石油工业后，对伊朗效率低下的成见影响了英国政府的信念。英国政府认为某个英国公司，无论是英伊石油公司还是其他公司，必须控制伊朗石油以维持英国的收支平衡。大多数英国官员相信，他们知道对伊朗来说什么是最好的，并且从西方的角度来看，对伊朗最好的，恰好也是对英国最好的。

撇开英国的偏见不谈，事实上，二战后伊朗政治确实进入一个极度动荡和激变的时期。议会内部的派系主义阻碍了政治稳定，导致1946—1951年换了6位首相。伊朗社会内部代表广泛利益的多元联盟不断变化，在议会中达成一种政治平衡，使得国王能够维护其权威。二战刚刚结束的最初几年，穆罕默德·礼萨·巴列维原本满足于作为一个统而不治的立宪君主，但到了20世纪40年代末，随着军队力量的扩大，他开始参与制定政策。1949年2月，他为自己的政治改革付出了代价——一名支持劳工组织和日益高涨的宗教反对派的革命者企图刺杀他。随后，穆罕默德·礼萨·巴列维通过镇压反对派来加强自身权力——这让人想起了他专制的父亲——从而成为日益团结的民族主义运动的不满情绪的焦点，这场运动通过政党"伊朗民族阵线"表达诉求。被称为"清廉的民粹主义者"的穆罕默德·摩萨台领导着民族阵线，不仅寻求实现一种合法的宪政政体，还试图从英国手中夺回石油工业的国家控制权。这些目标既不利于穆罕默德·礼萨·巴列维的独裁行为，也有悖于他对《补充协议》的支持姿态，二者共同削弱了民众对他的支持。[45]

鉴于反英情绪在议会第16次会议（1950年2月至1951年5月）中占主导地位，《补充协议》几乎没有机会获得批准。大多数伊朗人将英国人视为操纵伊朗国家政治和经济的幕后黑手。因此，采取任何可能被解释为亲英的立场都将会是政治上的自杀，在某些情况下，甚至是字面意义上的寻死。[46]虽然伊朗人经常夸大英国政府和英伊石油公司对伊朗的实际控制程度，但英国政府官员和英伊石油公司代表确实对后者特许经营的南部省份胡齐斯坦的政治和经济生活产生了巨大影响。[47]此外，英国政府对伊郎国王有一定的影响力，伊朗广泛使用英镑，确保了伦敦在一定程度上对伊朗金融的控制。因此，对于许多伊朗议员来说，《补充协议》代表着一种无法容忍的现状的延续，他们永远不会考虑投票支持它。那些考虑支持该协议的议员面临巨大的压力，不得不放弃这一想法。在这种环境下，协议在提交议会时便已经名存实亡了。

尽管是这种氛围，但到了1950年中期，国王任命以"严肃"著称的军事强人拉兹马拉（Razmara）将军担任首相，目的是推动《补充协议》在议会通过——这一努力以失败告终，并最终导致了伊朗石油国有化。[48]当该协议分别于1950年10月和12月提上议程进行辩论时，议会几乎变成民族阵线代表和神职人员攻击英国并要求伊朗石油国有化的辩论场。12月26日，由于反对声浪趋于白热化，而支持《补充协议》的人又不占多数，拉兹马拉被迫在投票前撤回了协议。[49]两个重大事件决定了该协议的命运。第一，在拉兹马拉于议会表决前撤回石油议案后，相隔四天，沙特阿拉伯同阿美石油公司签署了一项历史性协议来平分阿美公司的利润所得，这使英伊石油公司提出的条件失去了意义，并在中东地区确立了五五分成的原则，此举掀起了轩然大波。第二，1951年3月7日，拉兹马拉被暗杀，几天前他还在议会公开支持英伊石油公司的《补充协议》。刺杀拉兹马拉的凶手来自一个宗教组织，该组织由直言不讳的著名宗教人士阿亚图拉·卡沙尼（Ayatollah Kashani）领导。凶手将拉兹马拉称为"英国的傀儡"，并将伊朗首相和英国人称为"穆斯林的敌人"，他要让"英国的傀儡"拉兹马拉不会再为"穆斯林的敌人"服务。[50]

此时，伊朗政治形势变化之快超乎想象。4月28日，穆罕默德·摩萨台凭借广泛的民众支持成为首相；5月8日，石油委员会一致通过了九点决议，要求将伊朗石油收归国有。到了7月，摩萨台中断了与英伊石油公司的谈判，英国政府眼睁睁地看着伊朗没收了英国最大的海外资产。美国国务卿迪安·艾奇逊事后直言不讳地评论道："从来没有这么少的人如此愚蠢地、如此迅速地损失如此之多。"[51]

美国高层官员指责英国政府眼睁睁看着英伊石油公司的顽固董事愚蠢地放弃了他们在伊朗的特许权，这个说法只是部分正确。事实上，在英伊石油公司与伊朗争端之初，英国官员确实像以往一样对公司采取了袖手旁观的态度，仅仅希望了解有关新解决方案的财务条款，因为这对英国经济有影响。出于对英国国际收支平衡的担忧，英国政府官员最初支持《补充协议》，不愿看到英伊石油公司在现有基础上做出更多让步。因此，尽管财政部以外的一些人，如欧内斯特·贝文，希望政府对该公司进行更全面的控制，但他们认为没有必要在这个问题上干涉公司事务。但随着《补充协议》和拉兹马拉领导层陷入严重困境，尤其是在阿美石油公司和沙特阿拉伯宣布五五分成的协议之后，英国政府表现出比以往任何时候都要大的兴趣，希望更深入地参与公司事务，甚至超过了一年前英美在英镑石油和美元石油问题上的争议。[52]

到1950年10月，也就是拉兹马拉将《补充协议》从议会撤回的两个月前，英国外交部已经看清了局面。由于英伊石油公司拒绝在签订新协议前向伊朗付款，伊朗陷入了财政危机，这进一步动摇了拉兹马拉政府的稳定。外交部开始认真对待伊朗要求国有化的呼声，并因此向英伊石油公司施压，要求"想方设法"确保《补充协议》通过，即使该公司认为这样做"有些痛苦"。[53] 鉴于欧内斯特·贝文希望英伊石油公司更多关注伊朗的社会福利,他在这件事上发挥领导作用并不令人感到意外。即使常常以态度强硬著称的公司董事长威廉·弗雷泽也同意,英伊石油公司必须做出更多努力以确保通过《补充协议》。他表示:"如果能设计出合适的方式、方法,我不会犹豫同意让出几百万英镑甚至更多。"[54] 但事实证明,这一姿态力度不足且为时已晚。

尽管在英国外交部的压力下,英伊石油公司确实向伊朗政府做了让步,以便后者接受《补充协议》,但事实是该公司并没有改变协议的基本结构,这是该协议获得批准的一个重大障碍。公司中似乎只有一位高管——劳工顾问弗雷德里克·莱格特(Frederick Leggett)爵士认识到问题的核心。他于1950年2月与外交部东方司的L. A. C.弗赖伊(L. A. C. Fry)会面时表示:"我们需要的是在平等伙伴关系的基础上重新开始。除非公司认识到这一点,并准备真诚地朝这个方向推进,否则他们迟早会发现自己在伊朗失去了经营权。"[55] 他无疑是正确的,但到1950年秋,伊朗议会似乎已经发现,除了国有化,其他方案都不可接受。

1951年初,外交部继续努力影响英伊石油公司的政策,但它并没有在财政部官员中获得对干预主义的支持。在1月中旬的一次会议上,外交部代表担心该公司不得不在伊朗"为生存而战"。他们说,对于英伊石油公司而言,"向伊朗提出重新谈判,同时准备提供短期援助,可能……是个好策略"。这些官员还认为,英伊石油公司应该考虑在公司内部雇佣更多伊朗人担任高层职位,以此反驳对英国或"外国"控制伊朗资源的指责。他们推测这可能涉及在伊朗建立一个英伊石油公司的子公司,"将新公司的控股权给伊朗,并且可能得参照阿美石油公司的方式实行利润五五分成"。这样的安排恰如弗雷德里克·莱格特爵士早前的建议,也意味着完全废除了《补充协议》。财政部的马丁·弗莱特对此回应称,外交部的建议"并非[政府]对公司下达的指令"。弗莱特和他的同事解释说,政府"通常不干涉公司的商业活动,公司必须以他们认为合适的方式与当地打交道"。因此,财政部当时"不愿试图影响"英伊石油公司。[56] 就在一个多星期前,另一位财政部官员写道,政府不应"迫使"英伊石油公司的董事"同意采取任何他们不愿意采取的措施"。[57] 尽管欧内斯特·贝文没有出席这次会议,但当他看到这些评论时,他一定很激动,因为他曾痛苦地抱怨过,尽管政府持有公司的多数股份,但却缺乏对公司的控制。[58]

然而,出于英伊石油公司对英国国家福祉的重要性,财政部事实上为政府更多地参与公司事务留出了余地,并最终接受了外交部的观点。甚至在1月份的会议上,财政部代表也认识到"局势的政治危险性",因此考虑采取更多的补救措施。[59] 在另一个场合,一位财政部官员承认,该部门的一个主要职能是确保英国公司寻求与产油国达成的妥协"不会是'太少、太晚'的那种",并且"不会因为不充分"而"损害公司本身的利益和[英国的]国家利益"。[60] 到了3月,也就是拉兹马拉遇刺的那段时间,财政部开始对公司的发展方向以及英国政府可以采取的措施表示担忧。D. R.瑟普尔(D. R. Serpell)在给马丁·弗莱特的信中说,他对该公司处理问题的方式或者与政府的合作方式"没有信心"。他补充说:"很明显,英伊石油公司现在正向英国政府寻求更多的建议和帮助,而我想再次强调抓紧考虑处理伊朗和其他石油问题的方式。"在这封信上,坚定反对干预主义的弗莱特评论道:"我完全同意他的观点。"[61] 马丁·弗莱特代表了英国政府的普遍态度，他写道："中东的石油利益对我们至关重要，我们不能把这些问题作为纯粹的商业问题，简单地交由各个公司处理。"[62] 与美国政府在英镑石油和美元石油问题上的冲突相隔不到一年，英国政府再次发现自己被迫在英国国家利益与英伊石油公司的半私营地位之间进行协调。然而，对国家福祉的担忧，又一次压倒了政府对该公司一贯采取的自由放任态度。

英国财政部在二战后不遗余力地捍卫英镑，却比外交部花了更长的时间才认识到，政府有必要积极参与英伊石油公司与伊朗的争端，以帮助挽救在经济上对英国至关重要的特许权，这一点非比寻常。1950年11月，外交部一位官员在一封谴责公司董事会的信件中写道：

> 最近对英国石油国际收支的一项调查……显示，为维持国际收支整体平衡，我们对英国石油工业的依赖已经达到了惊人的程度。整体国际收支最近的改善主要来自无形账户，其中石油行业的贡献是迄今为止最大的。我们对伊朗和委内瑞拉石油的依赖，不仅是出于战略原因，也是出于财政原因，这一点显而易见。

这位名叫P. E. 拉姆斯博顿（P. E. Ramsbotham）的官员解释说，这些担忧可能没有得到公司董事们的"充分重视"，外交部应该建议他们，如果他们"要做出更多让步"，就应该"立即提出"。[63]

人们本以为财政部此时会发表这样的声明，但直到第二年春天，财政部才有人有过类似表态。显然，财政部官员将政府不干涉英伊石油公司商业事务的原则视为"神圣不可侵犯"。但他们会盲目遵循这一原则而损害英国的国际收支吗？他们似乎在1月份时仍然相信英伊石油公司能够同伊朗达成一项协议，不用牺牲过大比例的利润，或放弃英国对伊朗石油工业的管理。这样的解决方案不仅有利于公司，也有利于英国的国际收支。英伊石油公司董事会开始"更多地寻求［英国政府的］建议和帮助"，这无疑有助于财政部改变不愿参与公司政策的态度。最终，财政部和外交部之间的分歧，实际上揭示了两个部门在两方面的不同看法：一个是对伊朗稳定性以及英伊石油公司特许权面临的危险程度，另一个是公司董事能否在没有政府帮助的情况下留住特许权。只有当财政部官员意识到，英伊石油公司因为浪费解决问题的机会而危及特许权和英国的国际收支时，他们才调整了不干预主义的死板态度。到了1951年4月，E. E. 布里奇斯（E. E. Bridges）直接提醒英伊石油公司董事会"公司运营对于英国经济乃至整个英镑区都极其重要"[64]。至少，1951年冬天外交部和财政部之间的争论提醒我们，英国政府内部并非铁板一块，它在伊朗问题上的决策是部门间辩论的结果。

在1951年春夏之交，英伊石油公司同英国政府（当时已然直接参与解决石油危机）竭力与伊朗达成一项几乎难以实现的协议——旨在调和伊朗对石油工业国有化的强烈愿望与英国不愿放弃对伊朗石油工业控制的态度。外交部的威廉·斯特朗在3月底报告说，威廉·弗雷泽"表明他不害怕'国有化'，并准备考虑与伊朗政府间的任何安排，只要这些安排能保留公司的管理权——甚至是伊朗政府愿意提出的任何提议"[65]。到夏末，由英伊石油公司副主席巴兹尔·杰克逊、美国调停人埃夫里尔·哈里曼（Averell Harriman）和英国政府谈判代表理查德·斯托克斯（Richard Stokes）率领的三个代表团分别前往德黑兰，试图达成某种临时妥协。杰克逊向伊朗官员提出了一种国有化形式，但这不过是给一项计划套了个壳，伊朗石油工业的关键领域仍由英国控制，伊朗政府对此表示反对。[66]哈里曼曾长期就职于美国政府，经历丰富，处理过大量复杂问题。他表面上是作为"诚实的中间人"前往德黑兰的，但目的是在斯托克斯访问之前说服穆罕默德·摩萨台采取更加妥协的立场。[67]

至于斯托克斯，他带来了一份包含四点内容的备忘录，英国政府希望借此打破僵局。备忘录的基本内容如下：第一，新成立的伊朗国家石油公司将接管英伊石油公司的资产，并给予后者一定的补偿。第二，英国将成立一个"采购组织"，在伊朗国家石油公司的领导下管理伊朗的石油工业。第三，采购组织将同意"长年"购买和销售"大量"伊朗石油。第四，销售伊朗石油的利润，采购组织将与伊朗国家石油公司五五分成。[68]当然，就像杰克逊的提案一样，这个备忘录实际上让英国保持了对伊朗石油的控制权，并未满足伊朗管理本国石油工业且不受外国干预的要求。此外，斯托克斯和哈里曼在同摩萨台及其他有影响力的伊朗人物的交谈中迅速发现，首相若同意任何让英国人留在伊朗的解决方案，都将面临政治风险和个人生命危险。哈里曼因此意识到，无论他如何劝说摩萨台，他的任务都将以失败告终，这不是他希望看到的。[69]因为对摩萨台极度恼火，斯托克斯并不是领导谈判的理想人选。[70]他在8月底失望地离开了德黑兰，英国政府在次月中止了与伊朗的谈判。显然，只要英国和伊朗都有意保持对伊朗石油的控制，两国就会继续各执一词，不太可能达成和解。

1951年10月，随着英国员工被驱逐，在伊朗存续了半个世纪的英伊石油公司也宣告终结。尽管英国政府考虑使用武力来维持英国在阿巴丹炼油厂的存在（这是它在危机初期曾威胁要做的事情），但理性最终占了上风。相反，正如本书前言所述，英伊石油公司遵守伊朗政府的命令，在10月4日之前撤离了所有英国员工。英国船只"毛里求斯"号将公司在阿巴丹的剩余员工安全地运送到伊拉克这个英国仍然拥有相当影响力的国家。但英国未能维持对伊朗石油及其大型炼油厂的控制，这对它的打击不仅限于国家声望。这也是在英国经济严重疲软时刻（这是该国五年来的第三次国际收支危机）对英国财政的打击。这场危机将进一步强化英国官员的观念，即某个英国石油公司必须回到伊朗，以帮助维系英国的国际收支平衡。

三、1951年的国际收支危机和英国控制伊朗石油的重要性

1950年，英国政府在国际收支方面迎来了很多值得高兴的事件。世界范围的经济复苏为英国制成品打开了市场，而且与前几个国际经济快速增长时期相比，初级产品的相对价格下降了。此外，世界贸易的扩张和美国私人投资有助于缓解战后持续的美元荒问题。由于英国跨国公司，尤其是石油公司获得了更高的利润，英国的无形收入增加了。[71] 这些有利趋势的结果是，1950年，英国实现了3亿英镑的贸易顺差。次年，其外汇储备比1949年金融危机低谷时高出三倍。[72] 事实上，英国已成为其他国家的净债权国，而非净债务国。[73] 不幸的是，这种平衡是短暂的，只是暴风雨前的平静。

1950年6月爆发的朝鲜战争后来愈演愈烈，在1951年引发了英

国严重的国际收支危机,丘吉尔称之为"超级金融危机","且有可能摧毁英镑的价值"。[74] 在北约的授权下,美国、英国和其他国家重整军备,显著增加了对原材料的需求,价格因此被推高。英国国内工业的"民转军"减少了制造业出口,从而迫使英国动用储备来支付不断增加的进口费用。更糟糕的是,马歇尔计划在1951年终止,而美国没有兑现其非正式承诺,即承担英国不断膨胀的军事预算的国际收支成本。[75] 当受益于原材料价格飙升的英镑区成员增加制成品进口时,真正的麻烦就来了,这就像原材料出口价格开始下降时的效果一样,进一步减少了英国的储备。[76] 1951年12月,新任命的保守党财政大臣R. A.巴特勒(R. A. Butler)写道:"即便我们在1952年上半年损失的美元只有1951年下半年损失的一半,但是到6月底,外汇储备仍将远远低于临界点……因此,我们必须竭尽全力确保外汇储备的稳步增长,只有这样才能真正尽早恢复人们对英镑的信心。"[77] 巴特勒认为,为了实现这一目标,英国必须保持每年大约3亿英镑的盈余,要么增加有形和无形的收入,要么减少海外支付。[78] 当时,伊朗石油方面的损失估计使英国的无形收入减少了1亿英镑。[79] 1951年经常账户赤字高达4.19亿英镑,英国的国际收支形势十分严峻。财政部因此写道:"伊朗是决定性因素,实际上决定着英国国际收支是在可控的状态,还是在完全无望的状态。"[80] 如果不考虑这个经济背景,就不可能完全理解英国在伊朗石油危机期间的政策,因为这无疑促使英国以更强的紧迫感捍卫海外创收资产。

1951年春夏之际,伊朗石油危机和英国国际收支危机都达到了临界点,英国政府将注意力集中在伊朗石油与英国财政之间的联系上。英国官员估计,由于伊朗石油工业受损,他们每年损失1亿英镑,这占到英国整体国际收支的4%。[81]考虑到构成有形和无形贸易总额的所有项目，这个数字意义重大。同样重要的是要记住，尽管4%在整个国际收支中似乎只是很小的一部分，但英国的储备状况非常脆弱，政策制定者因此担心，支出项目中最微小的不利变化都预示着麻烦。英国外交部一位官员因此写道，英国在伊朗石油问题（"无论涉及的是财务还是控制权"）上"做出大幅让步之前，应该慎重考虑"。[82]伊朗石油工作组（Persian Oil Working Party）是为处理英伊石油公司在伊朗遇到的困难而成立的政府委员会，它为英国谈判代表起草了一份指示，列出了对英国政府"非常重要"的四个目标。其中一个目标是"维护英国的国际收支平衡"，文件写道："对伊朗的高额付款所造成的任何利润损失，肯定会相应减少对英国国际收支的贡献。但从节省美元的角度来看，最重要的要求是在一家英国公司的控制下，保持阿巴丹炼油厂的石油供应。"[83]

对于英国政府来说，阿巴丹炼油厂既是世界上最大的炼油厂，也是英国最大的海外投资项目，其重要性甚至超过了伊朗石油本身。毕竟，到1952年，英国已经能够通过从其他英镑区油源获取石油来弥补伊朗原油的损失。由英伊石油公司和海湾石油公司（美国一家大型跨国石油公司）各持一半股份的科威特石油公司（KOC）大幅提高了产量，补充了大部分英镑区出现的原油缺口。[84]事实证明，替代来自阿巴丹炼油厂的石油产品则要困难得多，成本也高得多。这家伊朗炼油厂每年生产约2 000万吨化学品，通过生产取暖油、汽油、飞机燃料和沥青等产品，帮助满足东半球战后急剧增长的大部分需求。[85]由于建造炼油厂是一个进度缓慢、昂贵且耗费大量物力和人力的过程，英伊石油公司和其他英国公司不得不花费大量美元从美国控制的公司（如沙特阿拉伯拉斯坦努拉港口的公司）采购产品，以弥补阿巴丹炼油厂关闭造成的供应缺口。如果英国公司不从美元油品区获取石油产品，来替代丧失的英镑区（油品）产出，他们将不得不放弃宝贵的市场，而这些市场一旦丢失，将无法再次赢回。1951年5月，财政部根据阿巴丹炼油厂前一年的产量估计，伊朗产品的损失将需要5.04亿美元来填补。[86] 该部门随后测算，阿巴丹炼油厂的关闭导致英镑区的储备在1951年下半年损失了1.69亿美元。[87] 伊朗石油国有化运动显然破坏了英国政府平衡英镑区与美元世界贸易的努力，解释了为什么国际收支问题在这一时期极大地影响了英国官员对伊朗的看法。[88]

英国是幸运的，它甚至能够获得来自美元区的石油产品，从而完全取代阿巴丹炼油厂的产品。当阿巴丹炼油厂停止运营时，世界炼油能力被推到极限，对已有设施造成了相当大的压力。[89] 正如第一章所讨论的，石油产品会大量消耗美元，因此英国政府在二战后将稀缺的美元资源分配给英国的石油公司，用于建造炼油厂，以便将来节省美元。本着同样的精神，英国政府批准了英伊石油公司在亚丁殖民地开始建设新设施的计划，以弥补阿巴丹撤离事件带来的损失。[90] 随着科威特原油产量的急剧增加和亚丁一座炼油厂的新建，大英帝国通过开采新资源来解决旧资源损失的问题，表现出了令人印象深刻的适应困难的能力。

对英国官员来说，维持对阿巴丹及伊朗油田的控制至关重要，因为他们认识到英国的经济利益并不总是与伊朗的利益一致。实际上，按英国财政部派往华盛顿代表团的前副秘书长、英国驻美大使馆前财政顾问艾伦·克里斯特洛（Allan Christelow）所说，在许多情况下，这些利益是"完全相反的"。在为1951年春季英国与伊朗间谈判准备的一份文件中，克里斯特洛担忧伊朗政府在发展其石油产业的方式时，不会考虑英国政府眼中的重要事项，即为英国海军提供燃料和维护英国经济的稳定。他进一步阐述了这种思路："极端地说，我们想要做的是尽可能快地开发伊朗油田，最理想的是在1993年特许权到期时油田已经枯竭。"另一方面，他认为伊朗会希望"以最适合伊朗整体发展的速度"来开发其油田。克里斯特洛接着讨论了定价和利润问题，他解释说，虽然英国和伊朗都希望"最大限度地提高向世界其他国家出售石油的价格"，但对英国最有利的是通过"最大化其在石油公司运营中的利润份额"，进而最大限度地降低从伊朗获得的石油的价格（成本）。伊朗显然希望反其道而行之。[91]英国政府的共识是，如果不能有一家英国公司去管理伊朗的石油工业，英国的经济利益就会处于弱势地位。

促使英国想要控制伊朗石油的，不仅是对伊朗追求自身利益的自然倾向的担忧，对伊朗自身运营石油工业能力的担忧也至关重要。在伊朗石油工作组关于"伊朗社会政治局势"的备忘录中，一个专门讨论"波斯人性格"的章节写道：

> 虽然波斯人有着西方文明的外表，但他们的性格仍然源于长期的专制统治和宗教背景……普通人虚荣、无原则、热衷于许诺没有能力或无意履行的事情、喜欢拖延、缺乏毅力和精力，并且教条。最重要的是，他们喜欢搞阴谋诡计，只要涉及个人利益，即便只有一点点可能，也会毫不犹豫地用上推诿和欺骗的手段。虽然在谈话中是个老练的骗子，但并不指望别人相信他……[92]

英国外交部认同上述一些看法，对"当地人管理"的伊朗石油工业效率低下表示担忧。[93] 同样，1945—1951 年在德黑兰担任英伊石油公司代表的欧内斯特·诺思克罗夫特（Ernest Northcroft）遗憾地表示，尽管公司的阿巴丹炼油厂以高效的欧式风格运营，但有时却忽视了"当地人的敏感性"[94]。英伊石油公司的董事们认为伊朗人效率低下，因此很少让后者担任公司的管理职位，尽管偶尔也有例外。[95] 由于几乎没有伊朗人在该公司担任管理职务，逻辑上——这形成一个循环——决定了伊朗不可能指望在没有西方帮助的情况下管理石油工业。他们将伊朗人描述为由于各种文化决定的个性缺陷而不适合管理自己的产业，这些个性缺陷加起来构成了伊朗人"效率低下"的更突出的特征，这的确反映了英国官员当时对中东人的普遍看法。因此也就不奇怪为什么英国政府拒绝放弃对伊朗石油的控制，这不仅是为了英国的经济利益，更是为了伊朗的利益。[96] 毕竟，大多数英国官员和公司员工也是善于家长式管理的人，就像那些持有东方主义世界观的人一样。[97] 因此，为保持对伊朗石油业务的控制，英国决策者认真考虑了英伊石油公司可以合理地向伊朗让渡多少利润。1951 年 10 月，英国驻伊朗大使弗朗西斯·谢泼德（Francis Shepherd）爵士写道："我认为，我们应尽可能争取英伊石油公司保留对其建立的工业的控制权。我甚至可以说……从我们的角度来看，为了保留英伊石油公司，牺牲五五分成，改成六四分成也许是值得的。"[98]

当年 6 月，伊朗石油工作组讨论了一份备忘录，燃料和电力部在该备忘录中考虑了这一想法对英国国际收支方面的影响。测算结果是，按五五比例分成，英国的贸易账户将比《补充协议》的情况下损失多出 1 500 万英镑；按六四（伊朗/英伊石油公司）比例分成，损失多出3 400万英镑；而按75%与25%的比例，这个数字会跃升至8 600万英镑。燃料和电力部认为，超过五五的分成比例是冒险的，因为"任何当地政府拿走超过50%的情况"都将"使英国很难有效控制"。但该部门决定六四的分成比例"可能值得考虑"。该部门还得出结论，75%与25%的分成比例将导致英国国际收支的收入方面损失太多，不值得认真探讨。[99]

一些官员担心，如果英伊石油公司带着一份有利于伊朗、动摇了五五分成原则的合同重返伊朗，这可能会对其他特许协议产生影响。1951年6月，燃料和电力部石油工作小组的一名代表告诉英伊石油公司的内维尔·加斯，财政部的一些官员认为，如果英伊石油公司将50%以上的利润让给伊朗，那么该公司拥有利益的其他国家，如伊拉克和科威特，也会要求类似的条件。他们主张，从国际收支的角度，"可以考虑这样一个选项：若放弃伊朗的石油资源能避免向科威特和伊拉克支付更多的特许权使用费，这种做法可能比同意增加对伊朗的支付且相应地增加对科威特和伊拉克的支付更为经济"[100]。财政部的N. M. P.赖利（N. M. P. Reilly）在几个月后发给同事的一封信中确认了该想法，他写道："与伊朗达成的任何协议都必将引发一系列反应，几乎肯定会导致其他国家争取类似的条件。"[101]一年后，另一位财政部官员坚称，"与伊朗达成的糟糕协议"将导致"与伊拉克达成类似的糟糕协议"，对英国国际收支的影响"确实非常严重"。[102]财政部因此最终认为，虽然恢复英国对伊朗石油的控制在经济上符合英国的利益，但如果这种控制是通过一项可能损害英伊石油公司在中东其他地区的特许权来实现的，那么这对英国国际收支的负面影响之大，可能迫使英国完全放弃伊朗的石油资源。

英国政府的决策者们也拒绝接受不利条款，因为他们将国际社会对英镑的信心与英国政府在全球范围内执行英国合同条款的能力联系在一起。1951年11月，财政部的莱斯利·罗恩解释了允许伊朗无代价地取得英伊石油公司更多利益可能对英镑造成的后果：

> 英镑的地位在一定程度上依赖我们的无形收益。石油工业占这些收益的很大一部分，但这些收益也来自银行、保险等方面。从根本上说，它们取决于全世界对英国技术和守约的尊重。如果我们开始与摩萨台谈判，而谈判的前提是我们准备接受英国利益无任何补偿地被侵占［原文如此］……并同意一项协议，该协议使得实施侵占［原文如此］的政府相比遵守合约的政府能获得明显更好的条件，这将对我们在全球的信誉和地位产生灾难性的影响。这极有可能导致英国政府为重建英镑地位而计划采取的所有措施付诸东流。[103]

英国外交部的威廉·斯特朗同样对这一议题表示关切。他指出，鉴于英国的地位和声望极度依赖对外国投资的尊重和对商业规则的遵守，那些无视国际规则却又自信不会受到有效国际制约的政府对英国重大利益的攻击，将成为一个极为严峻的问题。[104]财政部的瑟普尔将英国在伊朗问题上的谦让比作"向水池中投入一颗鹅卵石——涟漪不断扩散"，进而提出"基于当下的条件，石油方面的损失会到什么程度"的问题。[105]英国政府不能退缩：这种示弱的姿态将危及英国在中东的所有利益，其结果不仅会对英国的国际收支造成直接和即时的损害，还会造成间接和长期的损害。[106]政策制定者担心，如果英国政府在伊朗问题上表现软弱，英国在全球的其他投资将受到更大影响，导致国际社会对英镑缺乏信心，从而对英国经济造成难以估量的损害。因此，英国政府划定一条不允许伊朗越过的底线。美国盟友认为，这一立场反映了维多利亚时代的心态，与二战后中东的政治趋势脱节。

四、美国反帝国主义、反共主义与英美冲突，1950—1953

美国传教士早在 19 世纪 30 年代就前往伊朗，美国官方在第二次世界大战后开始介入那里。华盛顿方面为了支持战争而寻求在伊朗建立影响力，它想必庆幸过去一个世纪，美国民间与伊朗的接触所建立的"善意基础"（reservoir of good will），为美国人在伊朗赢得了"积极和热情"的声誉。[107]1942 年，美国政府开始向伊朗提供援助，以加强该国的经济和政治稳定。次年，应伊朗官员请求，美国的财政和军事顾问抵达伊朗，这些官员对战争引起的英苏占领感到担忧。美国的政策制定者非常乐意响应伊朗寻求援助的请求，部分原因是为了保护美国在波斯湾另一侧沙特阿拉伯的石油利益。根据美国国务卿科德尔·赫尔的说法，这些利益促使美国不允许任何一个国家（即便是像英国这样的亲密盟友）控制伊朗。因此，美国在那里的主要目标之一就是保持伊朗的独立。[108]

二战后，美国在国内和国际上都感受到共产主义的影响，这使得美国官员更有动力继续介入伊朗事务。首先且最重要的是，二战结束六个月后，苏联拒绝根据它与伦敦和德黑兰签署的三方协议从伊朗北部撤军，这使美国政府感到不安。当苏联明显利用它在伊朗北部阿塞拜疆省的驻军支持那里的叛乱时，这种不安加剧了。此外，伊朗极端左翼的人民党越来越受欢迎，美国情报来源认定该党得到了莫斯科方面的支持。[109]

虽然美国在联合国安理会施加的压力最终迫使苏联军队于1946年从伊朗撤军，但在20世纪40年代剩余的时间里，华盛顿仍然相信苏联正决心在全球扩张其影响力。[110]与之形成鲜明对比的是，它在二战后成功地保持了东欧的驻军。东欧大部分国家加入社会主义阵营，共同防御西欧的入侵。与此同时，苏联试图控制黑海和地中海之间的达达尼尔海峡，此间，希腊共产党领导的民族解放阵线日益壮大。1948年，苏联封锁西柏林，试图切断所有地面交通；1949年，苏联成功试爆了原子弹；1950年，朝鲜战争爆发；1951年伊朗石油业国有化危机时，美国的冷战政策正如火如荼地推进着，杜鲁门政府不会容忍西方国家在中东这样一个具有重要战略意义的地区失势。

因此，当沙特阿拉伯统治者伊本·沙特在1950年寻求与美国人拥有的阿美石油公司，达成一项前者更有利可图的特许协议时，美国政府鼓励该公司的股东们尽快满足他的要求。正如前文提到的，这一努力的结果是沙特阿拉伯与阿美石油公司之间达成了一份合同，该合同规定双方平分阿拉伯石油销售的利润。利润五五分成的模式首先于1943年由委内瑞拉提出，阿美石油公司的合约将其引入中东，这一做法对国际石油工业的影响再怎么强调都不为过。[111]地主（产油国）和承租者（从事石油开采、提炼和销售的外国公司）分别能从石油资源开发中获得多少"租金"，不仅关乎金钱，还涉及权力和荣誉。在五五分成模式出现之前，似乎没有令人满意的租金分配原则。[112]五五分成的好处在于，通过使地主和租户成为合作伙伴，这种利润分配方式处理了与商业利益底线相伴的无形的国家自豪感。曾经是石油商的助理国务卿，负责美国近东、南亚和非洲事务的乔治·麦吉（George McGhee）一语中的，他写道，五五分成"有一种普通人都能理解的公平感"[113]。

许多美国官员拥护五五分成原则，因为这非常符合他们对二战期间和战后美国对殖民地和半殖民地政策的愿景。这一愿景围绕着民族自决和资本主义发展这两个主题展开。"民族自决"是伍德罗·威尔逊在一战后提出的"十四点计划"中的一点，二战期间签署的《大西洋宪章》重申了这一点。此外，二战期间富兰克林·罗斯福不顾温斯顿·丘吉尔的反对，推动反殖民议程。[114]战后美国继续开展反殖民运动，尤其关注有歧视性政策的英镑区。当然，正如在伍德罗·威尔逊时代一样，美国的反殖民主义包含了利他和利己的成分，其目的不仅是为非洲和亚洲的殖民地争取自由，同时也是为美国的出口商品打开市场。20世纪40年代末，美国启动"第四点计划"，旨在向全世界提供救济和发展援助。根据迪安·艾奇逊的说法，这个计划旨在帮助"自由民族通过自己的努力"来"获取更多的食物、衣物、住房和能源，以减轻自己的负担"。这为20世纪60年代美国经济学家、后来担任国家安全顾问的沃尔特·W.罗斯托（Walt W. Rostow）的构想铺平了道路，即更加积极地涉足第三世界的发展。[115]关于中东问题，同情非西方世界民族主义运动的乔治·麦吉（同时也是这一时期美国发展理念的代表人物）断言，"帮助中东人民提高他们的生活标准，完善社会和政治制度，获得自尊以及在世界上获得适当位置至关重要"[116]。对于像麦吉这样的政策制定者来说，通过给予石油生产商更大份额的石油开采利润，并给予他们对自己命运更大的掌控感，五五分成原则将体现美国战后在发展中国家寻求实现的大部分目标。美国官员就是从这个角度来处理英国和伊朗石油争端的。

部分原因是，将五五分成作为中东地区的既定原则，激发了华盛顿对于英伊石油争端解决方案施加自己影响的愿望。在某种程度上，这一立场是基于美国政策制定者的教条主义，即五五分成是解决利润分配问题的完美方案。但在更大程度上，这些官员担心，如果允许伊朗获得超过50%的利润，将会引发一轮又一轮的重新谈判，从而损害该地区所有跨国石油公司的利益。在埃夫里尔·哈里曼于1951年夏天前往德黑兰之前，美国石油公司坚持要求他在五五分成问题上采取"强硬立场"，担心如果他们最终不得不放弃越来越大的利润份额，那么"石油行业将在相对较短的时间内，发现自己缺乏进行新扩张所需的风险资本"[117]。实际上，据乔治·麦吉所述，哈里曼向伊朗官员坚称，"他们不能期望获得比中东其他国家更优惠的条件"[118]。甚至麦吉也同意英国和伊朗不应突破五五分成的界限，因为这样会将在该地区运营的公司置于"危险"之中。[119]毫不奇怪，确立了新格局的美国不希望看到另一方来搅局。这种情况会有损它的道德影响力，关键是恶化美国公司的财务状况。自然，这也正是1950年12月底阿美石油公司与沙特阿拉伯达成协议后英国官员的感受。

当年下半年，当英国政府和英伊石油公司焦急地等待《补充协议》获得批准时，以乔治·麦吉为首的美国官员向英国政府和英伊石油公司施压，要求他们对伊朗更加慷慨，尤其是考虑到谈判正在利雅得举行。早在1950年1月，麦吉就在国务院的一次会议上告诉英伊石油公司代表，"自从大多数合同签订以来，近东地区的情况已经发生了很大变化……因此，石油公司有必要通过承认石油生产国的合法要求来现实地处理这种情况"[120]。当时《补充协议》在议会中悬而未决，英国政府和英伊石油公司坚持认为，考虑到当时中东的标准，该协议是公平的。美国国务院对英国这一僵化立场感到沮丧。近东、南亚和非洲事务办公室的理查德·芬克豪泽（Richard Funkhouser）写道："毫无疑问，从商业角度来看，波斯湾的石油开采将一直是**非常赚钱**的，尤其是英伊石油公司的运营。说石油公司不能支付更多的钱、不能做更多的事，这是狡辩。"[121]

美国官员曾警告英国，阿美石油公司可能会与沙特阿拉伯签署一项协议，这将导致《补充协议》不合时宜。1950年8月，驻埃及大使馆的石油专员阿尔贝·拉热（Albert F. Lager）告诉英国驻开罗中东办事处的努南（E. W. Noonan），他认为"阿美石油公司的特许权使用费将会增加"[122]。努南在11月指出，英国政府已经得知，沙特阿拉伯"刚刚提出的要求非常过分，如果伊朗方面了解这些要求，《补充协议》将永远无法通过"[123]。麦吉及其同事最终是正确的，他们毫不犹豫地将结果告知英国同行。人们只能得出这样的结论：伦敦方面抱怨美国官员没有告知新协议的细节，不过是为了掩饰谈判失败的借口而已。[124]

对于阿美石油公司在沙特阿拉伯的成功和英伊石油公司在伊朗的失败，美国决策者对英国表现出某种自满的态度，他们认为美国是世界事务中的进步力量，而英国是前进道路上的障碍。这些官员的大部分愤怒都是针对英伊石油公司及其董事的，但他们同时也指责英国政府，认为后者支持了英伊石油公司的做法，或者是认为后者没有采取足够的措施来影响英伊石油公司的政策，特别是考虑到英国政府是该公司的股东。美国驻伊拉克大使爱德华·S.克罗克（Edward S.

Crocker）认为，中东的稳定已经"被英伊石油管理层奉行的不合时宜的政策危险地且几乎是蓄意地破坏了。这些政策得到英国政府某些部门的支持，却没有受到英国外交部的有效制约或管控"[125]。在一份关于美国和英国在中东利益的综合政策文件中，美国国务院的主要地区代表将英伊石油公司的政策描述为"反动和过时"，并表示这一政策在很大程度上"导致西方在伊朗和中东的声望下降"。文件将英伊石油公司描述为影响英美在该地区利益的"最大政治负担之一"，并对英国政府虽是股东但外交部在英伊石油公司的"影响力有限"表示遗憾。[126] 与乔治·麦吉一样，美国驻伊朗大使亨利·F.格雷迪（Henry F. Grady）同情非洲和亚洲蓬勃发展的民族主义运动，他在1950年10月底写道，"如果英国政府真的想这样做的话……它本可以更积极地鼓励"英伊石油公司给《补充协议》"增加甜头"。[127] 麦吉后来在回忆录中将英国政府和英伊石油公司在伊朗的经历，与美国政府和阿美石油公司在沙特阿拉伯的经历做了对比。阿美石油公司的股东最初不愿签署一份五五分成的合同，但在同美国国务院讨论战后中东风向的转变后，便"确信"一份"均等分享协议"的适当性。他接着称赞阿美石油公司领导层"具有很高的商业政治家风范"，并暗示美国政府和阿美石油公司在沙特阿拉伯解决问题的方式是值得效仿的典范。[128] 英国显然收到了这一信息，正如一份英伊备忘录所披露的："[美国官员]对他们自己的政策感到非常满意，以沙特阿拉伯达成的利润五五分成协议为例，他们认为我们进展缓慢，没有跟上伊朗方面心态的变化。"[129]

值得注意的是，美国政府通过给予阿美石油公司额外的税收抵免（用于抵消因新协议需支付的额外收入），为阿美石油公司同沙特阿拉伯之间的五五分成协议铺平了道路。英伊石油公司副主席巴兹尔·杰克逊评论该政策的影响称:"虽然(阿美石油)公司和(沙特)地主的日子都好过了,但这一喜人的结果是以美国纳税人的损失为代价换来的。这就是被世人奉为'美国慷慨'典范的交易。但人们不禁要问,如果真正买单的人意识到发生了什么,他们是否会赞同这种态度?"杰克逊回忆说,美国曾向英国施加压力,要求英国也这样做,他认为"如果把一些合法的运营成本转移给处境艰难的英国纳税人,下议院很难接受这样的安排,尤其是考虑到这家公司已经赚了数百万美元"[130]。事实上,美国国会就政府与阿美石油公司和沙特阿拉伯之间安排的适当性和合法性举行了听证会,其结果是保留阿美石油公司的税收优惠。

虽然英国官员对大西洋彼岸自以为是的言论感到不满,但到1950年底和1951年初,许多英国官员都认可美国对英伊石油公司董事会的负面评价,并对该公司采取了美国官员一直主张的积极行动。驻华盛顿的英国大使奥利弗·弗兰克斯(Oliver Franks,他无疑是从美国官员那里听到了很多抱怨)在1951年4月写道:

> 英伊石油公司的真正问题在于,它还远远没有充分摆脱维多利亚时代家长式的作风。这种行事风格令人钦佩,但在我看来,这种态度在时下并不合适。事实上,英伊石油公司在伊朗做了很多了不起的好事,但无论在伊朗还是在英国,只是说"我多乖"帮助并不大。在这个时代,家长式管理已经过时了。[131]

当月,英国财政部常务副次官爱德华·布里奇斯告知威廉·弗雷泽,英国政府将不得不在一定程度上偏离布拉德伯里函件中规定的程序，该函确立了公司与政府间关系的性质。他解释说，政府不愿干预公司与伊朗的谈判，"在过去的情况下是正确的决策"。然而，鉴于伊朗发生的变化以及伊朗石油对英国具有"最重要的政治、经济和战略意义"，死守这一政策已不合时宜。[132] 布里奇斯的同事马丁·弗莱特抱怨说："最近出现一些情况，英伊石油公司有时让政府对其采取的措施一无所知，而这些措施的影响，远远超出了对商业利益的狭隘解释。"[133] 英国官员帮助决定了代表团成员，该代表团将于4月晚些时候前往德黑兰谈判解决方案。[134] 巴兹尔·杰克逊对政府的安排直接表达了不满，他写道："在我看来，唯一一个实施靠谱政策的人是艾德礼……想到如此伟大的利益，会由那些对商业原则或其他事情一无所知的人来处理，着实令人震惊。"杰克逊对英国政府处理石油危机的方式非常反感，他甚至借助自己的医生为自己找了个借口，不参加夏末前往伊朗的斯托克斯代表团，他还遗憾自己不能经常使用这种推辞。[135]

英国官员同样对英伊石油公司管理层感到厌恶，敦促他们考虑更换威廉·弗雷泽，因为正如财政部的布里奇斯所说，他"缺乏应对未来困难时期所必备的更综合的政治素质"[136]。威廉·斯特朗写道，公司的代表们"从来都没有丰富的思想和开阔的视野"。伯绍德同意他的观点，认为英国政府可以将公司股票出售给"其他英国团体，由它提名新董事加入董事会，为董事会注入新的活力"[137]。虽然这两个极端方案都没有被采纳，但仅仅这两个提法就可以看出，在短短一年时间里，英国政府对该公司关系的态度发生了多大的变化。但凡英国政府能早点采取这样的行动，或许就能避免伊朗危机。但正如前文所述，有证据表明，英国政府在1950年下半年之前不想干涉英伊石油公司同伊朗的谈判，因为它不仅认为《补充协议》在当时是合理的，而且认为该公司任何财务让步都会损害英国的国际收支平衡。

美国官员非常清楚，英国政府十分重视与伊朗达成任何不利协议所带来的经济后果。迪安·艾奇逊于1951年11月访问伦敦期间给美国国务院的一封信中，非常准确地阐述了英国的立场。他写道："英国的海外利益和国际收支中的隐形项目对它来说至关重要。"英国主张，"采取可能破坏英国国力和英镑最后信心的行动，将使英国陷入无法挽回的境地"。因此，他说，英国政策的首要目的不是防止伊朗走向共产主义，而是维护属于英国偿付能力的最后堡垒，即它的海外投资和财产状态。艾奇逊随后描述了他与一位英国官员的会面，这位官员说，如果摆在美国面前的选择是"要么伊朗走向共产主义，要么[英国]破产"，那么他希望国务卿同意前者是"危害较小的"。[138]

美国决策者认为，英国这种立场对比，制造了一种错误的二分法。他们认为伊朗是否倒向共产主义与英国利害攸关，因为所有西方资本主义国家的利益都将受到威胁。因此，英国必须考虑以狭隘的经济利益为基础的帝国主义外交政策的更大影响。"我们完全理解英伊石油公司对英国经济的重要性，"美国国务院官员写道，"但因为该地区的持续和平与稳定，以及石油不间断地参与世界贸易，对英国、美国和整个自由世界具有压倒一切的重要性，我们期望英国不允许这些目标屈从于自身的商业利益或国际收支考虑。"[139]英国政府反唇相讥，声称美国在保护英国获取伊朗石油方面的利益与英国一致，因为"失去伊朗石油将削弱英镑的地位，并很可能影响英国重整军备的努力"，从而影响西方对抗苏联的能力。此外，一位英国官员表示，美国纳税人可能"被迫弥补英国的汇兑损失"[140]。美国国务院关注伊朗是否倒向共产主义，而英国政府则不愿签署一项据信会损害英国经济的特许协议，两者之间的冲突是英美在石油危机问题上关系紧张的核心所在。在美国大型跨国石油公司的支持下，英国抵制伊朗石油，导致伊朗经济陷入困境。因此，美国官员最担心的是，如果不继续解决石油问题，伊朗要么会陷入"必然导致伊朗脱离西方"的经济混乱，要么至少会被人民党利用而造成政治混乱。[141] 英国政策制定者认为，美国过分夸大了如果英国坚持它认为合理的协议，伊朗就会倒向共产主义的可能性。英国外交部了解美国的政治气候，认为美国国务院深陷对共产主义的过度恐惧之中，而美国国会的态度则加剧了这种恐惧。国会将苏联在中东的任何进展归咎于国务院，他们在对待中国的问题上也持有相同的看法。[142] 由于伦敦对共产主义威胁看得没有华盛顿那样严重，它准备与伊朗"玩"的时间比美国要长得多，确信摩萨台"迟早会被迫接受一份令人满意的安排"。[143]

英国政府还对美国政府对共产主义的"执念"感到不满，认为这导致了后者对英国能源和经济脆弱性的不敏感。燃料和电力部副大臣维克托·巴特勒的抱怨，重现了1944—1945年英美探讨两国间石油协议前景时英国人的态度："[乔治·麦吉]似乎完全没有意识到，英伊石油公司所持有的特许权对英国经济的价值，远远大于美国石油公司持有的中东特许权对美国经济的价值。全世界约60%的石油产自美国，而英国几乎没有石油，英联邦内也不多。"[144] 英国驻美大使馆参赞伯罗斯（B. A. B. Burrows）告诉美国国务院，英国官员认为美国政府有时没有"足够重视……保护英国利益的重要性"[145]。此外，伯罗斯的同事拉姆斯博顿抱怨说，美国对共产主义的恐惧，往往导致美国忽视了英国"同伊朗达成糟糕协议所带来的更大风险"[146]。英国外交部发给英国驻美大使的一份电报，对英美两国观点的差异给出了最恰当的说明：

> 与美国政府就可能的石油解决方案达成一致意见的主要困难，在于两国政府对海外投资的重视程度不同。这些投资是我们的命脉。因此，对所有与伊朗达成和解的建议，我们都必须万分谨慎，因为这些建议会导致出现"没收"的情况，这不仅会鼓励其他国家破坏现有的协议，而且还会使英联邦的所有对外投资面临风险。在很大程度上，这些投资是我们国际收支不可或缺的无形要素。[147]

20世纪40年代英镑石油与美元石油争论中出现的经济分歧，在伊朗问题上再次出现。

英美政策制定者之间关系紧张的另一个原因，是他们对伊朗民族主义的不同看法，大西洋两岸的官员都认识到了这个问题。[148]埃夫里尔·哈里曼在1951年夏天访问伊朗后沮丧地问，英国为什么不能承认伊朗的民族主义是"切实存在的"。根据他和顾问们的经验，他"确信伊朗的民族主义情绪是一股真正的力量，而不仅仅是英国人所说的那种，很快被煽动起来，又很快被平息下去的东西"[149]。哈里曼、乔治·麦吉和亨利·格雷迪等官员认为，英国必须做出牺牲来安抚现实存在且根深蒂固的民族主义情绪，而不是置之不理并认为这种情绪最终会消散。1952年初，美国国防部长罗伯特·洛维特（Robert Lovett）评论保守党新任外交大臣安东尼·艾登的落伍思维："我有一种感觉，要克服他完全生活在过去，忘记或低估战后世界其他地区发生的巨大变化的倾向，必须进行大量的教育。"[150]

与美国人不同,英国人认为伊朗的民族主义并非"基于任何真正的民族狂热",而是"统治阶级试图将所有弊端归咎于外国统治,从而转移对自身缺陷的关注"。[151] 威廉·斯特朗认为,民族阵线只代表伊朗少数人,并使用"恐吓手段压制所有理性的声音"。[152] 这些看法导致英国政府和英伊石油公司的高管不仅批评一些美国政策制定者针对伊朗事务的态度,同时还批评后者对发展中国家的态度。巴兹尔·杰克逊半真半假地称赞迪安·艾奇逊担任国务卿是"相当不错的工作",但抨击那些"数量庞大、相对经验不足的好心人,他们似乎认为解决国际动荡的惯用良方就是在落后国家花钱"。[153] 同样地,弗朗西斯·谢波德形容亨利·格雷迪"拼命希望成为伊朗的救世主,就像他曾自认为是希腊的救世主,在一定程度上还是印度的救世主一样"[154]。英国外交部的弗朗(G. W. Furlonge)在回顾1951年美国的调解努力时,进一步发展了谢波德的观点,认为这些努力由国务院希腊-土耳其-伊朗办公室"爱伊朗"的需求决定,并补充说麦吉、格雷迪等人的态度受到了他们"暗中钦佩"摩萨台的影响。[155] 由于英国政府认为美国人持有完全不切实际的态度并对此感到失望,工党外交大臣赫伯特·莫里森(Herbert Morrison)向麦吉建议,英国官员更了解如何处理伊朗问题,因为他们"在中东有长期的经验,也知道与当地各国打交道的困难"[156]。

这些对伊朗民族主义的不同看法产生了两个重要后果,一是美国能够维持伊朗的善意,从而使美国官员能够在英国和伊朗之间扮演诚实的中间人角色。亨利·格雷迪的继任者、美国驻伊朗大使洛伊·亨德森(Loy Henderson)断言,如果美国在伊朗变得像英国一样"不受欢迎",那么西方可能会失去"将伊朗挡在社会主义阵营之外的最后机会"[157]。杜鲁门政府非常重视作为中立的仲裁者的角色，它认为石油危机必须和平解决。美国决策者认为，英国的任何敌对行动都可能导致苏联入侵中东，进而引发一场全球战争，而1951年美国和西欧在军事上对此毫无准备。[158]但美国在石油问题上的"中立"令英国官员非常不安，因为伊朗将这种中立解释为美国"不赞成"英国的政策。[159]英国人认为，美国给人的这种印象只会助长伊朗的固执。欧内斯特·贝文写信给迪安·艾奇逊说："我必须告诉您，我们在处理这个棘手问题时的主要困难之一，是许多伊朗人坚信美英在石油问题上存在分歧。"[160]

英美两国在伊朗民族主义问题上意见分歧的第二个后果是，到1951年10月，当穆罕默德·摩萨台出现在联合国并向全世界陈述伊朗的立场时，美国政府认为，英国必须做更多的事情，而不仅仅是像它在1951年大部分时间里所主张的那样，对伊朗石油"口惠而实不至"或"敷衍了事"[161]。事实上，美国官员得出的结论是，"任何安排"都不可能允许英伊石油公司"以任何形式"返回伊朗，也不可能允许另一家英国公司在伊朗开展业务。他们"确信"，无论是摩萨台政府，还是"任何其他政府"，都不可能"在这一点上让步"。因此，美国与伊朗首相共同构想了一个计划，包含以下几个要点：（1）将阿巴丹炼油厂出售给一家不属于英国、"最好属于荷兰"的外国石油公司；（2）伊朗国家石油公司控制原油生产的各个环节；（3）消除英国和伊朗双方的所有索赔和反索赔；（4）英伊石油公司用它认为"在财务上有吸引力"的价格购买伊朗的"大部分"石油；（5）在英伊石油公司、新炼油厂所有者（为一方）同伊朗国家石油公司（为另一方）之间达成财务安排，按五五原则分配利润，从而保护"其他石油生产国的既有安排"[162]。

英国政府主要出于财政方面的考虑，认为美国的建议总体上"非常不可接受"[163]。在外交部的一次会议上，英国官员认为该计划将"不满足"该国的国际收支要求。此外，他们认为这将"对英国的信用和海外利益产生非常不利的影响"。另外，考虑到英国的"国际收支状况非常严峻"，因此英国"无法承担额外的负担"。[164] 因为英国正处于一场重大的金融危机之中，新任保守党财政大臣R. A. 巴特勒说，英国政府必须告诉美国官员，英国的"经济岌岌可危"，美国政府早该认识到这比伊朗的经济独立或经济福利"更重要"。[165] 此前两年，英国一直使用这些说法来捍卫它在伊朗的利益，对此华盛顿方面一定很熟悉。经过数月的努力后，美国陷入了僵局，仍然无法弥合英国和伊朗的立场差距。

美国官员对英国在中东地区的地位衰落，以及这种格局对该地区西方利益的影响感到担忧。在1951年底的一份研究草案中，美国国家安全委员会得出结论，由于英国在中东地区"维护和捍卫"西方利益的"能力下降"，美国需要审议并重新制定中东政策。草案起草者认为，"英国能力的下降……在很大程度上反映了中东国家的民族主义愿望——伴随并加剧了结束他们所认为的不公正剥削的愿望"[166]。1952年5月，国务院政策规划人员将中东的"总体情况"描述为"持续疲弱"。虽然他们承认英国对该地区的安全负有首要责任，但担心英国的能力"完全不足以保卫中东免受苏联侵犯"。因此，美国必须"提供更多援助并发挥其影响力"，以稳定该地区的局势。[167] 三个月后，亨利·拜罗德（Henry Byroade）——接替乔治·麦吉担任负责近东、南亚和非洲事务的助理国务卿——在与哈里·杜鲁门的电话交谈中表达了更大的担忧：英国的"总体经济和财政状况"，加上在中东"不断恶化的政治地位"，将导致英国从该地区"全面退出"。他判断，这样的结果需要让美国做出"一些根本性决定"以填补这一真空，从而保护美国在该地区的利益。在谈话结束时，拜罗德特别提到了伊朗，称目前局势"极其严峻"。杜鲁门回应说，"如果事实证明不可能与英国在这个问题上达成一致"，那么美国"将不得不采取［美国］单方面可以采取的行动"。[168] 美国政府还从来没有诉诸类似做法。

到1952年末，美国对穆罕默德·摩萨台的幻想破灭，英国意识到伊朗政变的可能性，美国在中东军事力量的急剧增加，促使美国和英国的政策趋于一致。在1951年10月，温斯顿·丘吉尔在英国大选中带领保守党取得了胜利。此前的竞选中，他严厉批评前政府在石油危机期间的软弱表现。作为一个思想、身体和灵魂都来自维多利亚时代的人，这位新上任的首相似乎比他的前任更不愿意与摩萨台讨价还价。尽管如此，英国和美国官员还是于1952年1月共同起草了一份关于赔偿英伊石油公司的仲裁条件的方案。摩萨台拒绝了该方案以及随后的其他方案，这导致华盛顿对这位首相失去了所有耐心；与此同时，美国国务院对摩萨台产生了严重的怀疑。[169] 此外，在7月份同国王的权力斗争中短暂辞职之后，摩萨台为了巩固自己的权力采取了非常措施，这导致他在本国的地位逐渐被削弱。摩萨台的反对者越来越多，他们批评摩萨台的这些举动，并抱怨他未能结束国家的经济困境。首相的群众基础日渐式微，使其越来越依赖人民党，该党曾在摩萨台7月份下台一周期间代表他走上街头。[170] 丘吉尔所见足以让他本人相信，伊朗事实上会接受共产主义，这也是美国官员一直以来的判断。[171] 同时，到了1952年中期，基于两年前美国国家安全委员会第68号文件（NSC-68）建议增加的大规模军备，美国在中东地区能够承担更多风险。因此，杜鲁门政府对摩萨台采取了更为强硬的态度，因为他相信美国能够应对这种政策可能带来的军事后果。[172] 美国在英国和伊朗的争端中不再是中立的一方，这种心态的转变最终导致英美推翻摩萨台，拥立穆罕默德·礼萨·巴列维为伊朗国家统治者。

在杜鲁门担任总统的最后几个月里，英美开始酝酿推翻穆罕默德·摩萨台的计划，但直到艾森豪威尔入主白宫的第一年才开始实施。[173] 鉴于1952年总统大选前夕，艾森豪威尔竞选团队批评杜鲁门未能"遏制"共产主义，并宣布打算在全球实施"击退"共产主义的外交政策，人们可能会认为推翻摩萨台是艾森豪威尔希望美国在国际事务中发挥更积极作用的结果。回看艾森豪威尔政府后来为动摇对美国利益不友好的政府所做的努力，可能也会得出这样的结论。但档案记录显示，到1952年秋季，如果与摩萨台的进一步谈判尝试失败，杜鲁门政府就已做好准备，通过秘密行动或直接武力来阻止伊朗建立共产主义政府。[174] 杜鲁门及其顾问还没来得及实施英美的计划就下台了。

技巧不足，但运气足够，这个计划在1953年夏天勉强将摩萨台赶下台。7月的一次重大失误导致沙阿逃离伊朗，并迫使英美选择的首相人选、反共的民族主义者法兹卢拉·扎赫迪（Fazlullah Zahidi）将军躲藏起来。此后，美国组织的暴民在8月中旬涌上街头，为军队支持的穆罕默德·礼萨·巴列维举行示威游行。很快，摩萨台被捕，扎赫迪成为首相，穆罕默德·礼萨·巴列维重新统治国家。剩下要做的就是恢复伊朗对西方的石油供应。但对英国官员来说，事情并没有那么简单。他们要求伊朗石油的复产必须尽可能减少对英镑的冲击，这一考虑导致他们采取了继续阻碍英美关系的立场，因为两国正试图通过跨国石油公司财团重启伊朗石油工业。

五、财团协议、英镑和英国政策，1953—1954

两个不同的考虑促成不同国家的石油公司组成财团，共同生产和销售伊朗石油：首先，即使没有摩萨台担任首相，伊朗也永远不会再允许英伊石油公司或任何其他英国公司在伊朗石油工业中占据主导地位；其次，多国参与伊朗石油开采展现出明智的、符合常识的风险管理意识。自 1951 年底，美国就一直主张大幅弱化英伊石油公司在伊朗的角色，但英国方面拒绝接受。两年后，英国政府和公司董事会被迫承认，"[英伊石油公司]能够完全重返伊朗的可能性几乎不存在"[175]。让其他公司参与伊朗石油工业以分散风险的想法并非一时兴起。早在 1945 年，美国的官员和石油公司高管就认为，由于苏联对中东和伊朗构成威胁，英国和英伊石油公司应该考虑让美国参与伊朗石油工业。他们认为，通过让美国在该国建立稳固的利益，英伊石油公司的"特许权安全"将会"大大增强"。巴兹尔·杰克逊认为这一点在苏联威胁确实存在的情况下是"合理的"[176]。正如一位财政部官员在评论英国对伊朗石油的"危险依赖"时所承认的那样，"英国把这么多鸡蛋放在一个篮子里无疑是危险的"。[177] 因此，根据荷兰皇家壳牌公司董事弗朗西斯·霍普伍德（Francis Hopwood）爵士的说法，该财团计划的"主要目标"是"保护世界石油工业免受伊朗石油落入不良分子之手的严重后果"。[178]

虽然英国政府接受了建立财团的想法，但考虑到危机本身已经造成的损害，英国政府希望确保任何新的安排都不会对英国的国际收支造成进一步的损害。英国财政部的威廉·阿姆斯特朗（William Armstrong）对一群美国石油代表说，这些顾虑仍然是英国政策的基本原则。[179] 在英伊石油公司于 1951 年 10 月被逐出阿巴丹之后，英国燃料和电力部考虑了一种财团安排，其中英伊石油公司将在一家原油生产公司持有 60% 的股权，而在一家炼油厂持有 80% 的股权。这两家公司将在英国注册，用英镑从伊朗购买石油，利润同伊朗平分，结果将是英国的国际收支"损失很小"[180]。英国政府认为有两点几乎没有商量的余地：一是财团向伊朗支付石油款项所用的货币；二是运营（或集团服务）公司所在的国家，这两点都会影响英镑区的国际收支。

英国政府希望财团用英镑支付伊朗石油款项，既是出于现实考虑，也是为了英联邦能够从中获益。[181] 像几乎所有中东石油一样，伊朗石油出售给东半球英镑区成员，或那些更容易获得英镑的非美元、非英镑国家。因此，用美元或其他任何货币从伊朗购买石油，都会对英镑区的外汇头寸造成损失，因为英国必须将英镑兑换成外汇。英国还希望该财团用英镑开展业务，因为英镑将得益于被广泛使用带来的升值。[182] 1947 年，英国外交部致信派驻世界各地的使领馆官员："我们必须保持对本币的信心，并确保尽可能多的国家愿意接受其他国家和英镑区用英镑支付当前的出口收入。如果我们要保持英国经济的运转，并避免对世界贸易造成沉重打击，这是必要的。"[183] 英国官员还辩称，他们无法"向英镑区的其他石油生产国证明伊朗得到了更有利的待遇，因为伊朗也只有一小部分石油［可以］以美元出售"[184]。从历史上看，伊朗使用英镑也为英镑区的出口提供了一个很好的对外通路，这对英镑和英联邦都是有利的。然而，对于无法在英镑地区购买的产品，伊朗需要使用美元。英国曾根据战争期间签署的谅解备忘录向伊朗提供美元，但在石油危机期间暂停了这一协议。基于国际收支方面的考虑，英国希望避免在新的石油协议下签署类似约定，以及同意一个不那么慷慨的安排。

英国政府对伊朗的美元支出感到担忧，这笔支出既来自伊朗本国，也来自将作为财团参与运营的美国公司。[185]因此，英国政府寻求与伊朗政府和财团中的美国公司建立有利于英镑的财务关系。英国官员希望与伊朗达成一项新的货币交易，只允许伊朗将40%的英镑兑换成美元和黄金，并且用美元购买的只能是在英镑区买不到的产品。他们还提出了不允许伊朗兑换英镑来偿还美元债务的想法。[186]财政部的威廉·阿姆斯特朗向驻伦敦的美国财政部代表解释说，"我们目前［不得不］基于英镑尚未可兑换来做出这些安排，而且我们无法确定何时能实现可兑换"[187]。此外，英国政府认为，伊朗不可能获得比"其他两个中东产油大国"——伊拉克和科威特更好的外汇条件，这两个国家也都是英镑区的成员。[188]

同美国公司一起，英国政府重新回顾了20世纪40年代末两国在"英镑石油-美元石油"争议中出现的问题。升级和重启阿巴丹炼油厂必须使用美国的材料和工程公司，因此需要美元。根据阿姆斯特朗的说法，出于这个原因，再加上纳税问题，美国公司在伊朗的子公司要在美国注册，因此从伊朗出口的美国公司的石油将比其他的中东石油包含更多的美元成本。[189]此外，从伊拉克、科威特和沙特阿拉伯等国家向伊朗转移生产也将耗费英镑区的美元，最大的问题是货币从英镑区国家伊拉克和科威特转移到伊朗。[190]如果英国允许美国公司在英镑区销售伊朗石油并且以英镑向第三国销售，英国政府的官员们认为，那就必须采取措施来应付这些美元成本。

英国财政部官员和美国公司代表为解决这些问题进行了谈判。就所有意图和目的而言，它们是第一章中讨论的英镑石油-美元石油问题的延续。财政部向这些公司提出了各种要求，其中最有争议的要求，涉及这些公司从哪里获得英镑来支付在伊朗的运营成本。财政部官员不希望美国公司使用从伊朗石油销售中获得的英镑来支付这些费用，更愿意它们用美元从英国兑换英镑。[191] 美国代表威胁道，如果要他们接受如此无理的要求，他们就不谈了。[192] 由于担心"侵入"其他公司的"专属区域"，自己的特许权受到影响，而且在石油过剩时期没有市场来吸收如此多的额外石油供给，这些公司早已经不愿意涉足伊朗石油，在整个危机期间也是如此。它们之所以同意加入财团，只是因为美国政府鼓励它们这样做，政府认为美国公司的参与将有助于达成解决方案。[193] 英国做出了让步，不仅允许这些公司使用英镑收入维持在伊朗的业务，还允许它们将在英联邦以外的销售中赚取的英镑兑换成美元。[194]

英国政府希望保持对外汇进出英镑区的严格控制，这意味着英国政府将不遗余力地使财团的运营公司注册在英国。外交部解释说，伊朗将英镑兑换成美元的能力，以及美国公司在英镑区和第三国出售伊朗石油时接受英镑的能力，是两个主要关注点："如果我们允许以这种方式使用英镑，我们至少必须控制外汇，尤其是集团服务公司的美元支出。这就是让相应的公司注册在英国的目的。我们看不出这个目的能以其他哪种方式实现……至少在目前阶段，我们认为这个立场不可动摇。"[195] 英国政府也不希望这些公司在伊朗注册，因为担心它们容易受到伊朗法律以及伊朗外汇和贸易管制的影响，而这两者都不会顾及这些公司或英镑的最佳利益。[196]

外汇管制以外的其他问题，也促使英国政府要求运营公司注册在英国。财政部的波特（A. K. Potter）认为，"在与伊朗的争端中，除美国外，没有任何其他国家，能像英国一样有能力为该公司提供外交支持"。不过，由于涉及外汇问题，在美国注册公司以确保美国未来的外交支持是不可能的。波特认为，让这些公司成为英国公司的另一个好处是"促使"它们"尽可能多地购买英国商品、雇佣英国工人"。[197] 此外，公司注册在英国就得向英国纳税，有利于英国的国际收支。最后还存在一个声望问题。英国外交部的弗赖伊写道："伊朗的石油工业由一家英国公司开启，目前发展到一个非常高效的水平……事实仍然是，英国议会和英国公众当然希望，当这个行业重启时，英国人应该在其中发挥明确的作用。"[198]

正如英国官员所预料的那样，财团谈判中的伊朗代表对于接受英镑作为伊朗石油的支付货币，或者将运营公司注册在英国的想法并不满意。[199] 伊朗财政大臣兼伊朗代表团主席阿里·阿米尼（Ali Amini）博士向财团谈判小组成员、新泽西标准石油公司的奥维尔·哈登（Orville Harden）提出了他的担忧。关于货币问题，这位美国石油大亨表示，就该集团在英国的利益而言，用英镑支付伊朗石油"不存在任何问题"。对于美国公司，他给出了解释："美元石油在东半球的市场渠道有限，这迫使他们不得不接受英镑作为伊朗石油的支付货币，以此确保在市场上的竞争力。另外，英国政府不可能为了让伊朗石油获得美元，就将美国公司从伊朗石油交易中赚取的英镑兑换成美元，因为这种做法会严重扰乱英镑区的国际收支。"[200]

货币问题比运营公司的注册地（国别）更容易解决。伊朗外交大臣阿卜杜拉·恩蒂扎姆（Abdullah Entezam）称，伊朗将抵制"任何形式的外国注册地"，尤其是英国，并且"反对者"会攻击在英国注册的财团，将其视为"英伊石油公司的新瓶装旧酒"，从而可能破坏整个解决方案。[201] 在财团谈判中，哈登解释说，为了将美元支出保持在"适当的范围内"，英国政府坚持要求集团服务公司注册在英国。伊朗代表团的另一位成员发出疑问，如果"达成令人满意的货币安排"，为什么这些公司的官方注册地不能设在伊朗或其他国家。财团谈判小组的另一位成员、荷兰皇家壳牌公司的约翰·劳登（John Louden）说，英国政府认为这样的安排无法为管理美元流失提供"需要的管辖权"[202]。哈登补充说，美国公司已同意支持英国在这个问题上的立场，确保英国政府提供的换汇安排和石油销售渠道，这使得美国公司能够在英镑区和第三方国家销售伊朗石油。[203] 最终，他告诉阿里·阿米尼，后者只能同英国大使讨论这个问题。

美国财政部长乔治·汉弗莱认为，英国政府对伊朗的英镑兑美元操作施加了不合理的限制，对此他非常生气。英国外交部的罗杰·梅金斯（Roger Makins）讲述了汉弗莱在1954年6月底的一次谈话中针对他的尖锐言辞：

> 当时的情况是，英伊石油公司失去了在伊朗的特许经营权，而且完全没有希望拿回来……如果在美国政府和美国石油公司为挽救伊朗局势所做的一切努力之后，我们还试图坚持控制伊朗的商业政策，那么美国国会将会发出强烈抗议，这将破坏我们所设想的更广泛的国际经济合作计划取得成功的所有机会。他认为向伊朗人发号施令从哪里采购，与任何英国公司可以恢复控制伊朗

石油业务的想法一样，不仅过时，而且是伊朗人所不能接受的。[204]

两周后，汉弗莱仍在批评。梅金斯写道：

> 如果美国为达成石油协议付出所有努力之后，还不被允许与伊朗进行平等的贸易，他会认为这是"不公平的"，并会认为我们是在"过分索偿"……他希望我明确知道，他们会牢记怨恨，如果我们这次对他们吃干榨净，他们就会记住下次再遇到这种情况时，给予同样的回击……虽然他们可能不得不咽下这口气，但他们不会喜欢，下次他们会长记性。[205]

为了证明这些限制是合理的，梅金斯告诉汉弗莱，由于伊朗危机，英国已经在美国石油产品上花费了5亿美元，而英伊石油公司已经被竞争对手抢走了宝贵的市场。他还解释说，重新启动伊朗石油的生产和交易，将使英镑区储备在新合同的第一年净消耗4 000万美元，第三年净消耗5 500万美元。但汉弗莱表示"难以置信"，鉴于美国公司将支付给英伊石油公司大量款项，他无法理解英镑区怎么会出现如此规模的美元损失。[206] 在跨部门备忘录中，英国财政部官员指责汉弗莱根本不了解具体情况。[207] 针对英国对伊朗的英镑兑换政策所受到的批评，英国外交部官员告诉美国代表，伊朗人"自己不止一次称这些安排是公平公正的"[208] 财政部的普莱费尔（E. W. Playfair）写道，美国决策者"处处找英国的茬儿"。他将大西洋彼岸的态度描述为"华盛顿情绪的正常反应"，称其为"殖民主义竖琴上的噪声"。[209] 英国官员敏锐地意识到，美国同行认为他们的对外经济政策是倒退，而他们自己则认为这些政策是对英镑区经济利益的合法捍卫。这是一场由眼前经济利益驱动的冲突，但也受到彼此根深蒂固的看法的影响。事实上，在1956年苏伊士运河危机中扮演关键角色的乔治·汉弗莱确实在"下一次机会来临时"实施了报复。

美国官员对英伊石油公司在财团中的股份比例要求，以及伊朗和其他财团成员因该公司放弃先前的特许权而应支付的赔偿金等方面的要求，均感到愤怒。弗雷泽希望英伊石油公司在新公司中的股份不低于50%，且伊朗在20年内向英伊石油公司免费提供价值14.6亿美元（计1.1亿吨）的石油。此外，弗雷泽认为，财团成员应向英伊石油公司支付相当于12.7亿美元的资金，以参与伊朗石油业务。美国国务卿约翰·福斯特·杜勒斯（John Foster Dulles）针对这些数字评论指出，英美两国努力解决伊朗问题的努力"似乎被英伊石油公司完全不切实际的态度所阻碍"。他说，弗雷泽的提议"对伊朗任何一个政府来说都是完全无法接受的"，已经同意加入财团的美国石油公司早就不会接受。[210] 失望和不安的杜勒斯告诉英国官员，"不仅在石油争端上，而且在英美关于中东事务的团结政策上，转折点已经到来"。如果两国不能在伊朗问题上达成协议，那么他认为美国将不得不在该地区"更多地"实施"自己的路线"，依靠"自己的判断"来同中东国家打交道并处理问题。[211] 罗杰·梅金斯对此时华盛顿的情绪感到非常担忧，并写信给外交部："我只能说，如果谈判破裂，任何美国人都不会同情或支持被普遍认为是顽固不化和无理取闹的英伊石油公司，而且这里没有人相信英国政府不能对公司施加影响。"[212] 英国政府意识到，由于在伊朗问题上的不妥协态度，英伊石油公司董事会再次损害了英国的国家利益，因此政府出面代表该公司处理赔偿问题。[213] 结果是该财团与伊朗最终在夏末达成了协议。

1954年10月，伊朗议会和参议院批准了财团协议，石油危机就此结束。基于新协议成立了一家控股公司——伊朗石油参与者有限公司（IOP），该公司将在英国注册并设立总部。IOP下设两家运营公司，负责管理伊朗南部地区的石油产业，这也是英伊石油公司之前拥有特许权的公司。两家公司将为伊朗国家石油公司（资产所有者）管理油田和阿巴丹炼油厂，其董事会各有两位伊朗董事。它们成立于荷兰，但在伊朗注册并设立总部。伊朗石油服务有限公司为运营公司提供物资和工程服务，以及招募非伊朗员工，是财团的第三个分支机构，它在英国成立，总部设在伦敦。当年晚些时候，英伊石油公司更名为英国石油公司（BP），将在该财团中占40%的股份，壳牌公司占14%的股份，五家美国公司各占8%，法国石油公司占6%。在赔偿方面，伊朗将分10次向英伊石油公司合计支付2 500万英镑（合7 000万美元）；财团成员将在第一年向该公司支付3 240万英镑（合9 070万美元）的首付款，然后再交付相当于1.82亿英镑（合5.1亿美元）的原油。伊朗石油收益将在伊朗和财团之间五五分成。[214] 所有交易都将以英镑结算，英国能够通过IOP继续外汇管制，并因伊朗石油服务有限公司在英国注册而获得国际收支方面的好处。[215] 此外，英国政府坚持自己的要求，只将伊朗持有英镑的40%兑换成美元。

尽管失去了在伊朗石油中60%的权益，但英伊石油公司安然度过了石油危机。该公司有能力开发其他原油来源，尤其是在科威特。这意味着如果能100%恢复在伊朗损失的原油产量，该公司的供应将超出市场的消化能力，这是该公司一直在努力解决的问题。[216] 此外，英伊石油公司将不再需要如此严重地依赖单一的炼油厂来处理其产品，从而使20世纪40年代末开始并在亚丁继续建设的炼油厂向多元化方向发展。此外，英伊石油公司和其他财团合作伙伴，在与伊朗达成的新协议中争取到的条件，使英国公司获得了更好的收益，远超如果1953年初穆罕默德·摩萨台接受他们的某个提议所能获得的收益。对英国公司来说，当时可是绝望的几个月。如果伊朗早一年与该财团达成协议，其股东将被迫仅仅充当伊朗的石油采购和分销代理，而不是像后摩萨台时代那样管理伊朗的石油工业。[217] 最终，英伊石油公司摆脱了危机，而不必将全球业务的利润对外分成。对外分成的损失可比1954年放弃伊朗石油60%的权益要大得多。

最终，无论是在危机期间还是危机之后，伊朗石油危机都没有像英国政府许多官员所担心的那样在英国引发经济混乱。事实上，在1952年底，英国政府就将预计的石油年度美元损失估计值，从1951年的3.5亿美元减少到了1953年的1.2亿美元。据一位经济史学家称，从1952年9月到1954年6月，英国的黄金和美元储备总量增长"几乎从未间断过"[218]。英国在石油上的美元收支改善，不仅是因为它有能力从英镑区的石油生产国伊拉克和科威特获得足够数量的原油，还因为英国的炼油能力有所提高，这主要归功于英伊石油在肯特的新设施。[219] 然而，1953—1954年，英国的无形收入从3.3亿英镑下降到了2.6亿英镑，很大程度上是因为根据伊朗和沙特阿拉伯重新谈判达成的新特许协议，英伊石油公司必须向科威特和伊拉克一次性支付"巨额"款项。[220]

尽管人们可能会预期，每年对中东产油国增加的支出，会对英镑区的国际收支造成持续的损害，但英国财政部官员米切尔（A. H. M. Mitchell）认为，一旦重启伊朗石油工业的"巨额初始成本"到位，以及"付清对中东增加的税款和拖欠的石油特许权使用费"，英国政府就可以看到英镑区的"净石油收入开始再次上升"。[221] 另一方面，财政部的彼得·文特（Peter Vinter）写道，"要估计与伊朗的和解对国际收支的影响，以及仍在进行或即将开始的与伊拉克和科威特的税收谈判对国际收支的影响，均非易事"[222]。这种不确定性意味着，在以其认为合理的价格获得中东石油时，英国政府要做到心中有数，正如巴特勒所言，特别是要考虑到，"政府面临的压倒一切的责任，是恢复英镑区与世界其他地区之间的长期收支平衡"[223]。

唐纳德·弗格森曾经担心，如果石油生产国认为英国政府为了"英国财政部、英国的国际收支或其他与产油国自身利益相悖的英国经济政策"，而正在使英伊石油公司这样的公司偏离其双重目标，即满足企业自身的利益以及这些石油生产东道国的利益，"那麻烦就不远了"。[224] 确实，伊朗出现的问题在某种程度上是因为英国的决策者认为英国和伊朗的经济利益并不互补。对于他们来说，重新谈判1933年的特许协议或后续的《补充协议》，是英国和伊朗之间的零和游戏，其间英镑的稳定岌岌可危。新泽西标准石油公司的一份关于英伊石油公司经验教训的文件中，有一节指责该公司"受英国殖民政府的传统影响太大"，并断言"伦敦管理层肯定没有将伊朗政府视为'经营伙伴'"。[225] 的确，英国政府的许多人以及英伊石油公司的高管，并没有将伊朗视为开发该国石油资源时的合法伙伴。财政部的艾伦·克里斯特洛写道：

在一个基础资源日益稀缺且变得越来越重要的世界中，我们不能仍然接受这样的想法：世界其他地区的经济发展可以理所当然地受到阻碍或挫折，而其原因在于一个对某项资源拥有主权的未开化民族，选择限制、禁止或不当管理该资源的开发。英国自身缺乏基础资源，它注定被迫成为最先担负起反驳该观点的艰巨任务的国家之一。因此，我们需要迈出关键一步，跳出现状，反驳那种把我们开发稀缺资源而采取措施的行为轻率地等同为帝国主义的观点；相反，我们的举措应被恰当地诠释为全球视野下的必要行动，旨在按照全球需求合理分配资源，从而最大化全球的实际收入。[226]

在英国的外部经济政策以强化英镑地位为主要目标时，英国政府不会允许那些生产英镑石油的国家，或控制着东西方之间石油运输的国家，破坏这一目标。同时，它也拒绝因此被贴上"帝国主义"的标签。

第三章

苏伊士运河危机：
一次失败的英镑救援行动

石油在我们的生活中至关重要……如果在"卡脖子"或发动战争中二选一,那我们不得不选择后者。如果埃及试图干预我们的石油供应,那将是一场非常危险的游戏。[1]

——英国外交部常务副次官伊冯·柯克帕特里克(Ivone Kirkpatrick)

如果我们能迅速、令人满意地解决[苏伊士运河]问题,人们就会恢复对英镑的信心;但如果长期拖延,其费用和不确定性就会损害我们的财政状况。[2]

——英国财政大臣哈罗德·麦克米伦

苏伊士运河连接着红海和地中海，是英国获得英镑石油的两条最重要的通道之一。从中东运往西欧的石油，有三分之一通过叙利亚和黎巴嫩沿岸的输油管道，三分之二经由埃及的水道。[3]苏伊士运河由欧洲工程师设计、欧洲资本出资、埃及劳工建造，于1869年通航。不到十年后，被欧洲贷款人极力怂恿的埃及赫迪夫使国家陷入破产，英国和法国随后接管了运河运营公司。[4]在内燃机发明乃至波斯湾地区发现石油之前，苏伊士运河就已经是促进英国与非洲、亚洲和中东的贸易以及维护帝国防御的重要部分。苏伊士运河对英国的利益极其重要，当1882年埃及爆发了一场民族起义时，英国入侵了埃及，部分原因是为了保护运河的通畅。

英国的入侵变成了全面占领。在十余年里，埃及民族主义者不断进行反抗，直到英国在埃及最后的殖民残余被清除。埃及民族主义者在20世纪头十年逐渐壮大，在第一次世界大战期间屈服于英国的政治压制，但在停战后又重新出现，要求埃及独立。埃及的主要政党华夫脱党，在两次世界大战期间曾断断续续地与伦敦进行谈判，以期结束英国的统治。1936年，双方最终签署了一项条约。根据该条约，作为准许埃及独立的回报，英国可以在苏伊士运河地区驻军20年。但在二战期间北非战役的关键时刻，英国政府做了一件有损它在埃及的未来地位的事情：用坦克包围王宫，要求国王法鲁克任命一个亲英内阁来领导政府，否则就退位。为了自保，国王接受了英国的最后通牒，这一屈辱在一定程度上促成了1952年革命军官废除埃及君主制。

那场革命的主要领导者之一，加迈尔·阿卜杜勒·纳赛尔上校（像他的同谋一样，也受到了第一次中东战争中埃及军队的耻辱性失败的激励）于1954年成为该国的领导人。当年，埃及同英国经过漫长而艰难的谈判后签署了一项条约，要求英国在20个月内从苏伊士运河地区撤军。作为交换，英国赢得了一项权利：如果任何外部势力攻击阿拉伯国家联盟[5]的任何成员国或土耳其，英国都有权重新占领这条水道。虽然英国军事权威认为氢弹的出现将最终使苏伊士运河军事基地过时，但由于它在大英帝国战略框架中发挥着关键作用，如果决定放弃该基地，其意义不亚于七年前撤离印度的决定。

在英国和埃及努力达成防务安排并促使英军撤离期间，伊朗石油危机不断发酵，令伦敦官员担心一国动荡会波及另一国。他们认识到，胸怀民族主义情绪的伊朗人和埃及人视彼此为手足兄弟，共同抵抗英帝国主义，而英国对阿巴丹炼油厂和苏伊士运河的控制就是帝国主义的体现。英国外交部担心，伊朗成功地将石油工业国有化，将"鼓励民族主义者在其他领域提出要求"，首要目标就是运河。[6]英国内阁担心，英伊石油公司被逐出阿巴丹岛，会"鼓励"埃及"采取激烈的行动终止军事条约，并可能将苏伊士运河置于埃及控制之下"[7]。

如果苏伊士运河和波斯湾输油管道对中东石油关闭，英国将面临灾难性的经济后果。要获得石油，英国不得不派出数量不多的油轮，绕行非洲周边的大部分水域。这条水道要长得多，成本也更高。此外，正如在伊朗石油危机期间所发生的那样，英国还将花费珍贵的美元，从西半球购买更多的石油。即使采取了这些补救措施，英国仍然无法获得所需的全部石油，而且只能再度开始实施石油配给制。对英国来说，苏伊士运河正常运作的中断是一场噩梦。

当埃及总统纳赛尔在1956年7月底宣布苏伊士运河国有化时，英国政府的担心就摆在了面前。表面上，纳赛尔这么做是为了一个重大发展项目寻找资金——出于政治原因，英国和美国不再愿意为此提供资金。由于担心英国工资上涨，国际社会对英镑的信心在1956年中期就已经很低了。苏伊士运河国有化进一步削弱了人们对英镑的信心，因为英镑持有者质疑英国未来通过运河进行贸易，尤其是石油贸易的能力。英镑的命运之所以恶化，是因为它在前一年恢复了事实上的可兑换，这促使投资者逃离英镑。英国财政部和央行官员，尤其是财政大臣哈罗德·麦克米伦，担心如果政府不采取果断行动，英镑面临的巨大压力将迫使英国贬值英镑。官员们认为，不到十年内第二次贬值，其结果将无异于结束英镑作为储备货币的地位。

更重要的是，伦敦的决策者认为，如果允许纳赛尔成功地保持埃及对苏伊士运河的控制，他在中东的威望和影响力将使他能够让所有的石油生产国反对英国，对英镑造成难以估量的损害。包括麦克米伦、首相安东尼·艾登和外交大臣塞尔温·劳埃德（Selwyn Lloyd）在内的最高级官员，频繁重复这一看法，他们对纳赛尔及其对英国在中东的石油利益构成的威胁焦虑到了极致。最终，似乎只有进行一次旨在建立和维护苏伊士运河国际控制的军事入侵，并在此过程中使埃及总统蒙羞，才足以解决问题。但正如英国政府此前在伊朗的经历，英国日益减弱的军事和经济实力，意味着其行动选择受限于美国的认可；而且就像在伊朗问题上的态度一样，美国官员同样拒绝在埃及使用武力。

尽管如此，1956年英国还是在未通知美国艾森豪威尔政府的情况下，与法国和以色列（这两个国家也对纳赛尔心怀不满）合谋入侵苏伊士运河区，从埃及手中夺取了对该水道的控制权。这次行动正值美国总统大选的最后一周和苏联介入的匈牙利事件发生之时，而地中海东岸发生的事件分散了美国和世界其他大部分地区的注意力。在艾森豪威尔看来，美国最亲密的盟友背叛了美国，对此，华盛顿的愤怒难以言喻，尤其是出于担心入侵会影响西方在中东的声望，并有可能引发与苏联更大规模的战争。这次行动的糟糕时机进一步激怒了艾森豪威尔政府，为了表达不满，它拒绝英国从西半球获得石油，并且拒绝帮助挽救英镑，除非英国从苏伊士运河区撤军。

英国政府明知没有美国的支持，其行动不可能成功，且美国也不可能提供支持，那为什么还要选择入侵埃及？英国决定在埃及使用武力，某种程度上是一种绝望之举，意在拯救英镑，因为当时英镑看上去正遭受使其永远无法恢复的冲击，至少在广泛的国际流通方面是这样。二战结束以来，英国工党政府和保守党政府都在竭力重建英镑的强势和稳定。1956年，安东尼·艾登政府比以往任何时候都更接近于实现保守党、财政部和中央银行共同的目标，即让英镑重返更广阔的世界中。纳赛尔将苏伊士运河国有化，直接或间接地阻止了英国获取中东石油，而获取中东石油可以决定英国的储备头寸。1956年秋，中东民族主义再次高涨，不仅威胁到英镑的国际地位恢复，还威胁到币值的稳定。以哈罗德·麦克米伦为主要推动者的保守党政府，不会允许出现这样的结果。当然，具有讽刺意味的是，英国在没有事先获得美国支持的情况下对埃及动武，几乎是亲手导致了其试图避免的结果。

一、英镑事实上的可兑换、对英镑信心的下降，以及石油对英国国际收支的持续重要性，1954—1956

在英国政府就解决伊朗和埃及问题进行谈判之际，英格兰银行和财政部正在考虑采取新措施，使英镑更接近可兑换。受到1951年10月保守党胜利的鼓舞，财政部和英格兰银行的一组官员，已经在1951年末到1953年中，尝试通过"ROBOT行动"和"集体方案"的计划，使英镑可兑换。[8]但由于英国国内外的强烈反对，这两项提议都没有得到实施——两项提议都是基于固定边界内的灵活汇率。[9]尽管如此，1954年3月，英国政府通过统一双边和可转账账户区，帮助扫清了通往英镑可兑换的道路，这意味着几乎所有在美元区和英镑区之外进行英镑交易的国家，在外汇管制方面都被一视同仁，从而消除了第一章讲到的所谓"57种"英镑。[10]结果是出现了三种英镑：（1）英镑区成员使用的英镑；（2）美元区以外的非成员使用的英镑，称为非居民英镑、外部英镑或可转账英镑；（3）美元区成员使用的英镑。[11]理想情况下，（三种英镑的）统一将提供一个过渡步骤，从而缓解最终实现完全可兑换所带来的冲击。此外，当时外汇市场的英镑走强也是机遇，英国不会在英镑走弱时迈出这一大步。自1947年可兑换失败以来，官员们认识到强英镑是可兑换的关键。当时的希望是，随着统一而来的对外部英镑限制的减少，英镑将变得更容易管理，从而增加使用范围和规模并提高价值。很明显，尽管官方试图淡化统一的重要性，以防止对（英镑）信心的打击，但可兑换已箭在弦上。[12]

来自市场、央行官员和英镑区成员的压力，迫使英国财政部在1955年实现了英镑事实上的可兑换。当非居民交易者找到一种廉价获取英镑的方法时，可转账英镑市场就活跃起来，他们将英镑证券的利润以折扣价格兑换成其他货币（主要是美元）汇回本国。英镑因此有了两种不同的汇率：官方的居民汇率和较低的可转账汇率。1954年初，双边账户区和可转移账户区统一后，可转账英镑如英国经济规划者所希望的那样升值了。但这一汇率随后还是下跌了，英格兰银行向财政部指出，以"低价"英镑向英镑区支付的做法正在降低英镑汇率，这种影响甚至比当时的国际收支困难更为严重。与此同时，澳大利亚通知英国，它考虑在可转账市场上出售黄金，因为那里给的价格不错。这表明澳大利亚对英镑区的管制感到失望，这种情绪并非澳大利亚独有，也表明英镑区成员对可兑换问题越来越不安。[13]1955年2月，随着可转账英镑汇率快速下跌，财政部允许英格兰银行支持非官方汇率，将可转账英镑的汇率提高到与居民英镑相同的水平。可转账英镑持有者随后能够以官方汇率获得美元。因此，对于美元区之外的所有非居民来说，英镑属于非官方可兑换，或者说经常账户交易中事实上的可兑换。[14]虽然外汇储备无疑会流失，但英国政府的看法是，如果允许廉价英镑交易持续下去，损失会更大。[15]

事实上的可兑换可能阻止了低成本英镑业务造成的储备损失，但持续的国际收支问题和对英镑信心的下降，在整个1955年破坏了英国的金融稳定。当年的经常账户困难是被需求增长以及突发的通胀压力引发的,后者的诱因是当年前四个月里出现的工资大幅上涨、所得税下调和退休金增加。需求的增加和国内价格的上涨,导致进口急剧增加。此外,五六月爆发的码头工人和铁路工人罢工,会同国际收支和通货膨胀问题,削弱了人们对英镑的信心。政府将贬值英镑的谣言四起,投机者因此纷纷抛售英镑。英镑区在7月、8月和9月损失了价值1.44亿的外汇储备。尽管财政大臣R.A.巴特勒在7月底否认即将贬值的表态效果不彰,但他最终还是成功地说服了市场——他无意贬值英镑。这有助于在年底时结束危机。[16]

在1955年末和1956年的大部分时间里,财政部和英格兰银行官员试图通过提高英镑区的储备头寸来恢复对英镑的信心。他们认为,要实现这一目标,英国必须实现持续的贸易顺差,并坚信英国的国际收支状况是英镑区和整个英镑体系正常运作的"根本"。他们还认为,该体系的生存"首先取决于英国避免出现经常账户赤字"[17]。为什么针对英国而不是英镑区其他成员?由于英镑区其他成员很可能因初级产品价格下降和发展支出而出现国际收支赤字,它们将动用英镑头寸,每年消耗英镑区1亿~1.5亿英镑储备。根据英国央行和财政部估计,英镑区其他成员需要筹集5 000万英镑的黄金和美元应对赤字,两部门的官员认为英国必须增加1亿英镑的年度盈余,才能保持英镑区的储备稳定。因此,如果要在贸易不景气的年份保持对英镑的信心,英国就必须实现2.5亿~3亿英镑的年均盈余,以缓冲投机和其他负面影响。[18]哈罗德·麦克米伦在1956年2月写道:"如果没有足够的盈余,我们将无法履行承诺,维持英镑汇率和我们作为英镑体系中心的地位,也无法保持我们作为世界强国的地位。"[19]

石油一如既往地扮演着重要角色,既是英国国际收支的力量来源,也是其弱点。英国通过石油交易，每年赚取 2 亿英镑，这主要得益于英国石油公司和荷兰皇家壳牌公司盈利可观的运营。[20] 当然，由于英国的石油全部靠进口，其中四分之三来自中东，因此断油的可能性就像悬在英镑头上的"达摩克利斯之剑"，英国的决策者们对此有着深刻的认识。[21] 官员们难免唏嘘，不仅英国的"实际及潜在"军事和外援承诺没有使国家比 1945 年"更能摆脱压力和危机"，而且英国对"外来重要食品和原材料，特别是中东石油的持续依赖"，也加剧了该国面临危机时的脆弱性。因此，内阁一项关于英国在未来世界事务中的绝密研究，明确了政府的两个主要政治目标和军事目标：（1）避免全球战争；（2）保护国家的"海外重要利益，尤其是获取石油的通路"[22]。这种通路，以及与之关联的英镑价值，取决于苏伊士运河和从波斯湾输送石油到地中海的管道的顺畅。鉴于"维持英镑国际价值"被认为是"生死攸关的问题"，且财政部官员专注于改善英国自身（而非整个英镑区）的国际收支来维持这一价值，通过苏伊士运河获取中东石油的能力，变得比以往任何时候都更为重要。[23]

二、英美防御计划、阿斯旺大坝和苏伊士运河国有化，1954—1956

自从 1947 年英国退出对希腊和土耳其的支持后，美国政府就开始担心英国是否有能力在中东地区抵御苏联的影响。伊朗石油危机加深了这种担忧，并促使美国官员得出结论：英国的经济疲弱及其在该地区政治地位的恶化，可能会要求美国更多地介入，以保护西方的利益。到了 20 世纪 50 年代中期，随着民族主义日益高涨，以及英国在该地区的地位（如果说还有的话）变得更加脆弱，美国对其在该地区利益安全的担忧越发加剧。1954 年 7 月，美国国家安全委员会写道："在近东，自由世界安全面临的危险，与其说是来自苏联直接军事进攻的威胁，不如说是来自目前不利趋势的持续。除非这些趋势得到扭转，否则近东地区在未来几年内很可能会从西方手中流失。"该报告指出，趋势之一是英国在该地区影响力逐渐消退，这是由于该地区国家"对英国的不信任和憎恨"取代了"以前的殖民地顺从态度"。[24] 同年 7 月，英国政府与埃及签署协议，放弃苏伊士运河军事基地，这是英国在中东衰落的最重要标志。

美国决策者认为，一个以土耳其、巴基斯坦、伊朗和伊拉克等"北线"国家为中心，并以美国的援助为基础的中东防御组织，可以帮助确保该地区的安全。这个想法并不新鲜。《国家情报评估报告》的起草者指出，美国曾尝试过两次类似的努力，即中东司令部和中东防御组织，但都以失败告终，因为这两个组织"背上了被西方直接控制的污名"[25]。在一定程度上，当西方盟友土耳其和巴基斯坦于 1954 年 4 月签署了一项安全协定时，新的组织已经开始形成。随后，美国寻求"在适当时候鼓励伊拉克和伊朗加入该协定"，"避免施加压力，但努力创造政治条件"，使"加入协定变得可能和有吸引力"。[26] 对美国官员来说，重要的是，各种"北线"组织都应被视为"本土运动"，"除非（直到晚些时候）通过土耳其的参与"，否则不得与西方大国或防御组织建立正式联系。[27] 尽管如此，他们认识到未来英国的支持将是"决定'北线'概念成功与否的一个重要因素"——哪怕他们最终会对英国参与的初衷多有抱怨。[28] 美国大使虽然支持以北部防线为基础建立

第三章　苏伊士运河危机：一次失败的英镑救援行动　　129

中东地区防御组织的构想,但警告说埃及"很可能"对这一构想"感到不满",且将"怨恨任何埃及没有发挥主导作用的中东安排"。因此他们建议"向埃及表明,'北线'概念并没有削弱埃及的重要性"[29]。

这个由美国发起的地区防御组织,建立在《巴格达条约》的基础上,于1955年逐步扩大,最终成立了巴格达条约组织。当年2月,伊拉克(当时仍在很大程度上是英国的委任统治地)与土耳其达成一致,确立了《巴格达条约》的核心原则。努里·赛义德是中东政治的资深人士,他曾希望通过加入该组织,在英国的支持下巩固他在该地区的领导地位。英国于1955年4月加入巴格达条约组织,试图通过伊拉克、约旦和黎巴嫩等其他参与方,维持自身在阿拉伯世界的影响力。在向埃及辩解其成员资格时,英国外交部声称政府的目的"仅仅是从战略上必须组织防御的角色出发,为了能够帮助中东进行防御",而不是"为了获得在伊拉克或任何其他阿拉伯国家的支配地位"。埃及从未相信英国的这套说辞。[30] 1955年秋季,随着巴基斯坦和伊朗分别于9月和10月加入,该组织覆盖的区域扩大了。值得注意的是,美国以"观察员"身份参与,这让英国感到失望,因为它希望艾森豪威尔政府能够在中东的英美防御合作中做出更多贡献。事实上,美国副国务卿小赫伯特·胡佛(Herbert Hoover, Jr.)说,在美英官员就中东防务问题进行的对话中,"英国的两个目标已经越发清晰":首先,英国人"希望在遇到困难时确保自己在该地区的指挥性角色";其次,他们"希望美国支付在该地区建立某种防御准备所需的费用"。[31]《国家情报评估》似乎也对英国在地区防御方面的态度感到不安,认为英国仍然"深切关注着尽可能保护它在该地区的特殊利益和影响力"。因此,《巴格达条约》不仅反映了对"苏联威胁的军事担忧",还反映了英国在该地区的"整体政治利益和经济利益"。[32]

尽管美国政府仍然向巴格达条约组织的个别成员国提供军事援助，但由于对英国管理下的状况越发不满，美国没有加入该组织。在与总统的一次谈话中，杜勒斯表示，《巴格达条约》的"问题"在于，"英国已经接管，并将其作为英国政策的工具"，这招致"大量的批评"。[33] 美国官员认为，英国过于看重努里·赛义德和伊拉克，纳赛尔认为这对他争取阿拉伯世界非正式领导地位构成了威胁。局势很快明朗，在争夺阿拉伯人心的竞争中，纳赛尔比赛义德更有影响力，而美国决策者不希望因为以任何方式偏袒伊拉克，而失去一个像埃及这样具有重要战略意义的国家。此外，华盛顿认为，如果美国通过疏远埃及加入巴格达条约组织，可能会危及华盛顿在减少阿以敌对行动中发挥重要作用的能力。杜勒斯甚至要求英国政府推迟约旦和黎巴嫩加入新的防御组织，以免疏远纳赛尔。安东尼·艾登对美国发出的不明确信息感到沮丧，他希望强调英国在中东的影响力，因此要求约旦和黎巴嫩加入，但在1956年初遭到了两国的拒绝。[34] 纳赛尔认为，伊拉克参与由英国领导的防御组织，是对阿盟在阿拉伯集体安全方面的权威的背叛。他说服了（约旦和黎巴嫩）这两个国家不加入巴格达条约组织，这表明埃及总理确实已成为阿拉伯世界中的一位权威人物。[35]

纳赛尔对《巴格达条约》的敌意，部分源于1955年中期逐渐形成的中立主义外交政策。正如埃及与英国签订的条约所揭示的那样，纳赛尔并不反对曾被征服的国家与昔日宗主国合作。[36] 但他不愿意加入这些防御组织。他认为《巴格达条约》反映了西方强国的利益，后者试图主导成员国并操纵弱小的签约国。他认为，即使阿拉伯国家仍然从西方国家采购武器，但还是可以通过建立一个阿拉伯防御协议来更好地保护自己的利益。³⁷ 在土耳其与伊拉克签署协议不到两个月后，亚非会议（通称"万隆会议"）于 1955 年 4 月在印度尼西亚举行，进一步激发了纳赛尔的中立主义思想。在这次代表十多亿人口的亚非国家聚会上，纳赛尔意识到亚非世界在对抗全球殖民主义和帝国主义列强的过程中，有可能实现渴望的尊严和独立。他意识到这些既不与西方也不与苏联结盟的国家的集体力量，在于利用古老的策略，即在大国之间相互借力。作为一个连接非洲大陆和中东国家的领导人，纳赛尔处于成为不结盟世界领军人物的有利位置，并在万隆会议上展现了自己的风采。³⁸

纳赛尔对《巴格达条约》的反感，还源于他对泛阿拉伯主义的坚持。这种思想和积极的中立主义，将构成埃及未来二十多年外交政策的双重支柱。纳赛尔的泛阿拉伯主义哲学基于这样一个观念：阿拉伯人构成了一个"民族"或一个独特的文化群体，他们被英国和法国人为地划分到不同的国家。³⁹ 1952 年推翻了英国支持的君主制的埃及自由军官，于 1956 年初重新起草了埃及宪法，以反映埃及人民"有意识地认识到［埃及的］存在，是伟大的阿拉伯整体的一部分，并正确地认识到自身在为阿拉伯民族的胜利和光荣而进行的共同事业中的责任和义务"⁴⁰。对纳赛尔来说，伊拉克签署《巴格达条约》是阿拉伯民族团结的障碍，削弱了他重建和振兴阿拉伯民族的能力，使其不足以挑战试图控制它的大国。《巴格达条约》看起来像是英国控制的一种尝试，英国政府官员则认为，纳赛尔的泛阿拉伯民族主义是对英国在中东的石油利益——进而对英镑——的最大威胁。

纳赛尔于 1955 年 10 月首次将其中立主义外交政策付诸实践，他接受了苏联给埃及提供武器的慷慨提议，这让美国和英国感到非常沮衷。他认为此举是保卫国家的需要。1955年2月底,以色列对埃及控制的加沙发动了致命袭击,以报复几个月前边境发生的一系列事件,这突显了埃及军力薄弱。与此同时,法国向以色列出售武器,以惩罚埃及支持阿尔及利亚的革命以及突尼斯和摩洛哥的民族主义运动,从而打破了中东微妙的军力平衡。自第一次阿以冲突以来,美国、英国和法国一直在中东精心维护的军控格局至此被打破了。

为应对以色列的军备扩张,埃及向美国求援,但埃及的报价低于预期,艾森豪威尔政府不愿向埃及出售武器。与此相反,苏联不仅提出用大量战斗机、坦克和轰炸机来交换埃及大量的棉花库存,还表示愿意接受棉花作为埃及政府计划在尼罗河上游的阿斯旺修建大型水坝的支付方式。纳赛尔此前监禁过数百名埃及共产党以展示其立场,如今他直接将苏联的想法知会美国和英国,并告知两国,除非它们给出类似提议,否则他将不得不接受苏联的安排。英美没有给出方案,他因此接受了苏联的提议。不过,为了帮西方挽回一点颜面,纳赛尔同意公开宣布埃及将从捷克斯洛伐克而非(直接)从苏联获得新一批武器。但全世界都知道埃及正从苏联获得武器,西方国家因此震惊地意识到,一个共产主义大国正在朝成为中东主要参与者的方向迈出重要一步。对于纳赛尔来说,这笔"捷克武器交易"使他在阿拉伯世界和不结盟国家的声望,提升到了新的高度。同样重要的是,它也增强了他在埃及的人气。[41]

在最初对纳赛尔的大胆举动做出愤怒回应后,英美官员重新谨慎地向埃及总理示好,以利用他在该地区的影响力。他们认为纳赛尔是阿拉伯国家与以色列和解的关键人物,且相信纳赛尔可能在牵制苏联在中东的行动中发挥重要作用。纳赛尔深知他对英国和美国的价值,因此，苏联武器交易似乎是积极中立主义的成功实践——突然之间，英国在美国的支持下，希望帮助出资支持建设阿斯旺大坝，这是当时世界上最大的水利工程项目，预计将给埃及的许多地区提供电力和灌溉水源。英国首相安东尼·艾登认为，如果一个欧洲财团能够获得项目合同，它"将对恢复西方，特别是老牌欧洲大国在整个阿拉伯世界的声望具有巨大的价值"[42]。他认为，在大坝建设方面提供援助，也可以在不实际帮助纳赛尔本人的情况下，展示英国对埃及人民福祉的长期关注。[43] 最终，英国政府提出这一建议"主要是希望改善"英国与埃及的关系，"防止埃及人进一步受到共产主义的影响"。[44] 美国国务院则认为，美国"应该［与纳赛尔］再好好谈一次，争取达成谅解"[45]。

在资金上支持大坝建设是一件复杂且成本高昂的事情，也是一件纳赛尔一表现出不愿意按英美规则行事，英美官员就开始认为不值得参与其中的事情。一个由英国、法国和德国公司组成的财团同意承担这个项目（的融资），只要西方政府能保证，如果埃及无法支付13亿美元成本中的份额，他们将得到补偿。[46] 由于担心埃及违约给英国带来的财政后果，安东尼·艾登找到美国帮助支付大坝的费用。他急于尽快为项目争取融资，因为英国情报来源表明，纳赛尔与苏联的联系比他所了解的，或者任何人之前意识到的都要密切。英美决策者想要推翻这位令人头疼的埃及领导人，就像他们曾经推翻穆罕默德·摩萨台一样。但他们担心，在考虑如何将他赶下台的同时，苏联可能会在埃及获得更大的影响力。[47]

1955年12月中旬，纳赛尔收到了一份英美资助阿斯旺大坝建设的提议。这个提议涉及美国和英国的赠款、国际复兴开发银行的贷款以及美国的外援——所有这些都基于一个条件，即苏联不能参与这个项目。这一提议并没有在谈判桌上停留太久,因为中东地区的局势明显在向反英方向发展。1956年1月,约旦拒绝加入巴格达条约组织,两个月后,约旦又解雇了长期指挥著名的阿拉伯军团的英国军官约翰·格拉布(John Glubb)爵士,这又一次打击了英国在该地区的威望。随后,巴林(一个靠近英国在波斯湾产油保护区域的岛国)爆发了反抗英国的行动,安东尼·艾登对纳赛尔失去了耐心,他将所有事件都归咎于纳赛尔。美国政府也对纳赛尔感到厌倦,尤其是在与纳赛尔进行了几个月的讨论之后,纳赛尔透露他无意与以色列媾和的时候。[48] 英国外交部关于阿斯旺大坝提议的备忘录中写道:

> 我们期望达到的效果未能实现。纳赛尔上校自那以后与西方合作的意愿不强,并且更靠近共产主义。英国的提议受到了议会和新闻界的严厉批评。我们在中东的朋友,无论是《巴格达条约》里的,还是其他地方的朋友,对英美向埃及的提议越来越感到困惑(尤其是我们不得不告诉他们,我们的援助必须受限于我们有限的资源)。[49]

纳赛尔的"行径"已经"如此明显地敌视"英美利益,英国和美国官员因此决定"让阿斯旺大坝谈判搁浅",而不告诉纳赛尔他们打算取消提议。[50]

7月19日,约翰·福斯特·杜勒斯正式撤回了英美的提议,这促使新任总统纳赛尔将苏伊士运河国有化,他声称这一举动将使埃及能够在没有外援的情况下修建阿斯旺大坝(尽管单靠苏伊士运河的收入,仅够支付大坝的部分费用)。英国官员对杜勒斯处理此事的方式感到不满。

他们虽然认为英国和美国有必要告知纳赛尔，两国不再对资助该项目感兴趣，但对这一时机的选择并不赞同。他们希望在向纳赛尔做出明确声明之前，与白宫进行更多的讨论。杜勒斯则认为他必须迅速行动，因为阿斯旺项目在美国并不受欢迎，而且国会准备拒绝支持该项目。纳赛尔知道英国和美国不再考虑资助大坝建设，所以他故意不提交埃及对他们提议的反馈，以此来迫使英美做出决定。预料到杜勒斯将在7月19日知会埃及大使艾哈迈德·侯赛因（Ahmed Hussein）的信息，纳赛尔准备好了将苏伊士运河国有化，这样他就不必完全依赖苏联的帮助来建造大坝。毕竟，根据《英埃协定》的要求，英国刚在6月中旬撤出了运河区的最后驻军，他不想让一个新主子取代一个旧主子。[51]

1956年7月26日，即自由军官组织废黜法鲁克国王四年之际，纳赛尔在亚历山大发表演讲，宣布苏伊士运河国有化。在他发表演讲之前，他的一些部长提出了摩萨台在伊朗失败的问题，担心埃及会遭遇类似的失败。纳赛尔回答说，运河与石油之间有很大区别：摩萨台面临着无法出售伊朗原油的问题，这使伊朗无法从国有化中获益。如果埃及允许船只自由通过该水道，并得到亚非伙伴的支持，纳赛尔相信（运河国有化）成功的机会很大。[52] 实际上，埃及获得成功的方式是其未曾预料到的。

尽管英国政府的高级官员反对埃及对苏伊士运河的控制，担心埃及可能随时阻断英国通往中东石油的通道，但他们更担心的是纳赛尔由于收回运河，在该地区的威望和影响力日益增长。8月1日，在纳赛尔和苏伊士运河问题上的鹰派代表人物、内阁成员哈罗德·麦克米伦告诉杜勒斯和一众美国官员，安抚埃及总统将引发"连锁反应……最终导致英国丧失在中东的整体地位"。他警告说，最终"甚至连在科威特的石油资源也可能丧失"。他坚称如果英国作为"一流强国"不想被摧毁，不想"沦落到与荷兰类似的地位"，就必须立即应对这一"危险……没有人希望看到另一个'慕尼黑事件'"。这位财政大臣最后指出，英国人民"宁愿战斗至死，也不愿因慢慢失血而死"。[53] 的确，官员们相信，由于纳赛尔的行动，英国储备中的美元和黄金将流失，从而破坏英镑作为国际货币的地位，并摧毁英国在世界事务中承担重要角色的能力。[54]

杜勒斯冷静回应了这种过激的言论，他谈到了他认为的英国和美国处理运河国有化最合适的方式。他认为任何一个国家对这条水道的控制都是"不可接受的"，而埃及控制这条水道的事实无疑会使情况更糟。尽管如此，他认为只有"在其他手段都失败的情况下"才应该使用武力来开放运河，武力是"最后才尝试的方法"。这位国务卿坚持认为，军事行动需要世界舆论的支持，如果英国在没有国际社会认可的情况下诉诸武力，结果将是"灾难性的"。杜勒斯预测，一次入侵造成的后果将包括"西方在所有阿拉伯国家丧失影响力"，苏联武器流入中东，甚至将直接干预该地区。除非英国首先"向着达成满意的解决方案的方向去真诚努力地谈判"，否则他认为美国"能够支持"英国对埃及动武的可能性将不复存在。国务卿坚持认为，在诉诸武力之前，首要目标应该是"让世界舆论支持运河的国际运营"。与杜勒斯及其同僚不同，英国政府的许多人将"通过国际磋商，达成令人满意的解决方案"的努力视为"形式问题"，这是为了证明不可避免的入侵是合理的，而入侵是为了解除纳赛尔的威胁并确保石油自由流向英国和西欧。[55]

美国官员知道英国倾向于使用武力解决苏伊士运河问题。就像在伊朗石油危机期间一样，他们批评了英国政府，因为英国对待亚非拉世界的方式，在他们看来已经过时。当得知英国政府希望"尽早开始敌对行动"以"推翻纳赛尔"时，一贯反对英国在埃及采取任何军事行动的艾森豪威尔总统评论说，这种做法"过时了"。他还认为英国人对纳赛尔的看法被严重夸大，他在给艾登的信中说，他"把纳赛尔看得比实际中更重要"[56]。美国财政部长乔治·汉弗莱早已经对英国处理伊朗问题的方式感到厌烦，他感叹道："看起来他们只是想扭转殖民主义的趋势，并让时光倒流五十年。"[57] 事实上，艾森豪威尔曾派杜勒斯前往伦敦，试图打消英国在这个问题上的想法，特别是考虑到"美国几乎不可能获得国会授权参与"武装干预。[58]

当然，英国政府并不认为捍卫国家在中东的重要利益，尤其是石油及其与英镑的联系是帝国主义行为。年初，外交部助理副次官伊夫琳·沙克伯勒（Evelyn Shuckburgh）向常务副次官伊冯·柯克帕特里克发送的政府对纳赛尔态度的记录称："我们决心捍卫关乎我们世界地位的核心要素，包括战略基地和其他对我们以及自由民族生存均至关重要的资产。这包括确保我们至关重要的石油需求。如果这是帝国主义，那么纳赛尔也应该知道，我们就是帝国主义者。"[59] 最后一句话呼应了艾伦·克里斯特洛在伊朗石油危机期间的评论，即英国应该对"为开发稀缺的自然资源"而采取的措施"被污蔑为帝国主义"提出疑问。美国的高官显然认为，用"帝国主义"来形容英国政府的态度是恰当的。他们认为英国对苏伊士运河国有化的反应不合时宜，几年前他们也这样看待英国对伊朗的行为。他们担心，英国的做法会对所有西方工业国家造成严重影响，而且事关重大，他们不能容忍。相比之下，英国政府中的鹰派认为，正因为事关重大，尤其是对于英国脆弱的经济来说，因此可能确实需要采取激进行动。[60] 英国官员愿意接受美国的看法，但同时希望纳赛尔的顽固会使美国认识到，只有使用武力，才能确保西方在中东的利益安全。英军的参谋们继续为入侵苏伊士运河区做准备，不仅是为了保留这一选项，而且这似乎是必然选择。

与此同时，英国政府转而动用金融压力来惩罚埃及，并且像对待伊朗一样，利用了埃及使用英镑这一点。7月27日，即纳赛尔宣布苏伊士运河国有化次日，英国政府冻结了埃及在伦敦的英镑账户，并对埃及使用英镑实施了严格控制，埃及总储备的60%因此而不能动用。[61] 美国也对埃及实施了制裁，但制裁力度远不及英国，这令英国决策者感到失望。[62] 英国政府为其措施辩解说，纳赛尔的运河政策"不仅对英国，而且对英联邦、欧洲和整个世界都有非常严重的经济影响"，伦敦必须立即做出反应。[63] 不过，这种破坏埃及金融状况的企图适得其反，对英国的伤害甚至不亚于埃及本身。随着英国对埃及的出口归零，日本等其他国家得以占领英国在埃及的市场。中国则采用瑞士法郎清偿与埃及的贸易赤字，这损害了英镑，因为瑞士法郎是用英镑兑换的。[64] 印度开始用卢比与埃及进行贸易，南非也准备用美元与埃及进行贸易。[65]

此外，对于英国利用其作为该货币集团银行家地位的方式，英镑区成员表示了"相当大的不满"。英国财政部称，英镑区成员的忠诚度及其对英镑的信心均受到了影响。[66] 最糟糕的是，中东国家正在对英镑作为储备货币失去信心。财政部的丹尼斯·里基特（Denis Rickett，英国驻美大使馆前经济参赞）写道："如果埃及的英镑头寸能以这种方式被冻结，他们会问，怎样能阻止同样的事情发生在我们的英镑头寸上？"[67] 像科威特这样的产油国要是放弃英镑区，并从伦敦的账户中取走 2 亿英镑，这种想法太可怕了，令人难以想象。财政部一位官员总结说，英国政府金融措施的效果"不是很好……英国经济为此付出了巨大代价"[68]。

在英国于经济方面施压的同时，杜勒斯还牵头试图在政治方面找到解决苏伊士运河争端的办法，以努力减缓英法两国采取军事行动的势头。他在 8 月的第三个星期召开了第一次伦敦会议（以后还有两次），邀请了 24 个国家的代表。除埃及和希腊代表外，所有代表都出席了会议。埃及不满于自己只是一个与其他参与者一样被对待的受邀者，希腊则对英国对待塞浦路斯的政策感到愤怒。8 月 23 日，会议产生了一份主要由杜勒斯构思的提案，由 1888 年关于苏伊士运河的条约签署国、运河的主要使用者和那些经济极度依赖运河的 18 个国家签署。[69] 该提案提出设立苏伊士运河委员会，该委员会将由来自不同国家的代表组成，埃及将在其中拥有一个永久席位。使用苏伊士运河产生的所有收益归埃及所有，任何对运河运营的干预都将被视为对和平的威胁。由澳大利亚总理罗伯特·孟席斯（Robert Menzies）率领的五国代表团向纳赛尔提出了这一建议，纳赛尔当场拒绝了，并解释说，他只接受埃及对苏伊士运河的所有权、管理权和经营权。他乐意就有关通行费、非歧视和水道未来发展的协议进行谈判，但前提是这些讨论必须以埃及对运河的控制权为基础。[70] 纳赛尔说："我看到了安东尼·艾登爵士或者杜勒斯先生的一份声明，说他不信任纳赛尔。我必须承认，我也不信任他们。"[71]

9 月 15 日，在孟席斯代表团空手而归后不到一周，英国试图通过鼓励苏伊士运河公司的非埃及籍员工辞职，向全世界表明埃及无法有效运营苏伊士运河。国有化后，英国、法国和埃及都曾恳求该公司的大部分英国和法国雇员留在工作岗位上，以维持运河的畅通。埃及用未存入伦敦和巴黎被冻结账户的运河收费支付其工资。据哈罗德·麦克米伦当时估计，这部分工资在金额上几乎占收费总额的一半。[72]为了证明埃及没有西方的帮助就无法管理这条水道，同时也为保护欧洲的利益，英国政府制订了两项计划："拥堵"和"护航"。前者会造成运河堵塞，后者则让英国和法国引航员随时准备引导船只通过运河而缓解拥堵。但英国预想的混乱并没有发生，因为埃及的替补领航员能够毫不费力地完成任务，运河领航员显然不是英国官员想象中的高技术精英。与设计三级船闸将船只提升到海平面以上26米的巴拿马运河不同，苏伊士运河本质上是一条"大沟渠"，不需要高超的航行技巧。[73]在国有化后的一个半月里，埃及领航员就研究清楚英国和法国工作人员的工作，并很好地掌握了他们的技能。[74]英国官员在伊朗石油危机中暴露的偏见再次显现：在这次事件中，英国错误地认为西方效率高而东方效率低，最终导致了纳赛尔的胜利。对英国来说，"拥堵"意味着迫使埃及接受国际控制航道的又一次尝试失败，并将英镑和英国经济的命运交到了埃及总统的手中。

9月底，杜勒斯通过一个名为"苏伊士运河使用者协会"（SCUA）的计划，继续努力阻止英国和法国走向战争。[75]他的想法是成立一个运河用户俱乐部，引导会员船只通过水道，自己收取通行费。会员将聘用自己的员工，而不是雇佣埃及领航员，从而绕过埃及政府，使它无法获得国有化的成果。杜勒斯认为，如果该计划得到成功执行，将迫使纳赛尔与运河使用者合作，制定出双方都能接受的水道国际管理方案。艾登和麦克米伦都希望SCUA能让美国介入某件最终因为"埃及阻挠"而失败的事情中，从而为英国入侵运河区域提供理由。[76] 杜勒斯完全没有这样的意图，这说明英美两国当年秋天的目标分歧有多大。美国国务卿在处理危机时更关注在总统大选前避免爆发冲突，而英国决策者则更担心石油问题和英镑的稳定性，后者因此寻求以某种方式立即结束埃及对苏伊士运河的控制。[77]

某种程度上，最初关于SCUA的设想，类似于英国通过阻止伊朗销售石油，成功孤立了穆罕默德·摩萨台。但在10月中旬，杜勒斯改变了该计划的目标，这进一步激怒了已经对其拖延战术感到恼火的英国官员。纳赛尔深知摩萨台反对西方立场失败的原因，他说，"根本不可能讨论向SCUA缴纳通行费的问题"[78]。杜勒斯告诉塞尔温·劳埃德，他想要一个"过渡系统"，通过这个系统，支付给用户俱乐部的90%的通行费将归埃及所有。考虑到美国国务卿已经承认SCUA没有"牙齿"，任何对其职责的阻碍，都不应该被用作使用武力的借口，劳埃德认为美国在"对纳赛尔施加压力"方面是"靠不住的"。[79] 外交大臣和其他内阁成员很清楚，英国和美国的目标不一致。考虑到艾森豪威尔交给他的艰巨任务，杜勒斯在9月和10月的行为可以理解，但这只是强化了英国政府长期以来的看法：英国不能指望美国帮助保护其经济利益。[80] 英国外交部的一位官员写道："在我们与中东国家的纷争中，美国倾向于保持中立而不是支持我们，这削弱了我们的力量。"[81] 他指的无疑是伊朗石油危机。

联合国安理会讨论了SCUA的问题，其间劳埃德发表了一次演讲，概述了关于使用苏伊士运河的六项原则。对于英国来说，最重要的是他提出的第三项原则，即重申"运河的运作应该独立于所有国家的政治"。劳埃德的其他原则包括保证"无歧视地自由、开放运河过境"以及"尊重埃及主权"。[82]安全理事会一致通过了六项原则。由于"一致通过"向国际社会传达出强烈立场，给人一种正在取得进展的感觉。艾森豪威尔显然也持有同样的看法。在10月12日的新闻发布会上，全神贯注于选举的总统乐观地——也许是天真地——告诉记者，"一场非常严重的危机"已经被避免了。[83]由于埃及仍然控制着苏伊士运河，英国政府无法同意艾森豪威尔的判断。随着英国和法国军队在地中海集结，安理会富有成效的氛围让美国官员产生了一种虚假的安全感。

在谁应该控制苏伊士运河的问题上，英国和埃及永远不可能达成一致。从根本上讲，英国与纳赛尔在运河问题上的争执，是英国与摩萨台在伊朗石油问题上冲突的映射。英国政府希望维持英国，或者至少是西方国家对这条航道的控制，这在很大程度上是因为其运营对英镑和英国经济的巨大影响。英国不相信纳赛尔不会以阻止中东石油在运河通行为手段来要挟英镑；英国也不相信纳赛尔不会利用新获得的声望，让中东石油生产国反对英国。事实上，英国的官员们相信他已经在尝试这么做了。英国外交部的C. R. A.雷（C. R. A. Rae）写道："纳赛尔已经表明，不能相信他的话，也不能相信他的友谊宣言……他一直滥用这种友谊，他的电台公开宣称他意图颠覆英国在中东和非洲的地位。"[84]纳赛尔说，鉴于苏伊士运河是从埃及的土地上开凿出来的，是"埃及不可分割的一部分"，埃及政府认为它完全有权管理这条水道，并从其使用中获得回报。埃及不会听从那些竭尽全力试图在该地区保持影响力的殖民列强的说法。[85]由于苏伊士运河争端僵持不下，英镑的地位变得越来越不稳定，财政部和英格兰银行的官员开始考虑最坏的情况。无论有没有美国的帮助，英国政府的鹰派都需要让纳赛尔知难而退，以重新确立英国在中东的权威。通过这样做，他们希望能保持英镑的稳定性，同时实现其他目标。

三、对英镑的投机和走向战争

由于英镑被广泛使用，它对信心的波动特别敏感，而苏伊士运河的国有化，只会进一步打击市场对英镑的信任。对英镑信心的下降与英国的贸易表现无关。英国已从1955年下半年的严重国际收支赤字中恢复过来，到1956年上半年，实现了1.4亿英镑的顺差，帮助英镑区增加了1亿英镑的储备。相反，英镑的下行压力来自英镑持有者的担忧，他们担心不受控制的工资增长，会削弱英国在世界市场上的竞争能力。苏伊士运河权属的不确定性进一步加剧了人们对英镑的担忧。因此，不仅各国政府纷纷抛售英镑，而且一些英国商品进口商也一度将向供应商付款的时间推迟了两到三周，因为他们预计英国政府会贬值英镑，从而降低来自英国进口产品的相对成本。[86]哈罗德·麦克米伦及其顾问非常担心人们对英镑的信心，因此在8月底的一次新闻发布会上，他决定将任何有关石油和运河对英国重要性的讨论"降到最低限度"："这真的太危险了，而且有太多的英镑头寸很容易被取走。"[87]

苏伊士运河危机持续的时间过长，是英国面临的主要问题。对运河控制权的不确定性，导致了对英镑的不确定性，这主要是因为担心石油供应中断。当然，英国的经济依赖运河上运输的一系列商品，包括英国进口的所有天然橡胶、黄麻和黄麻制品；一半的锌矿石、铅、羊毛、棉纱和织物；以及超过四分之一的棉花、硬木、皮毛、皮革、肉类、乳制品和植物油。[88]但就价值和对英国经济正常运转的整体重要性而言，没有什么能与石油相比。正如麦克米伦所指出的，"石油供应中断将是苏伊士运河危机迄今为止最严重的后果"，只要危机持续，英镑持有者就会担心英国通往中东石油的生命线随时可能被切断。[89] 他们知道，如果英国无法通过运河采购石油，从西半球购买替代石油的美元支出，以及出口减少造成的国际收支损失，将严重消耗英镑地区的储备。财政部估计，油轮绕道好望角以及从美国和拉丁美洲运输（假设从波斯湾到地中海的管道继续运行）的美元成本，将使英国每年支付 5.15 亿美元——这是一个惊人的数字。[90] 对这种潜在损失的担忧，导致英镑持续被抛售，英镑事实上的可兑换助长了这种趋势。[91] 此前一年采取的鼓励使用英镑的措施却产生了相反的效果。

财政部和英格兰银行官员认为，如果政府不采取严厉措施，英镑的压力就会持续下去[*]。到 9 月底，如果不是将英国控制的特立尼达租赁石油公司卖给了得克萨斯公司，如果澳大利亚的特别收入没有到账，仅在两个月内，储备就会损失 2.5 亿～3 亿美元。根据莱斯利·罗恩的说法，储备已经下降到接近 20 亿美元的水平——基于可能需要立即偿还的债务敞口，这是英国央行和财政部官员估计的英镑区必须维持的最低黄金和美元储备规模。[92] 丹尼斯·里基特写道，"如果情况进一步恶化"，储备流失将"无法通过任何技术措施来处理"，而"只能通过一些影响深远的政策决定"来处理，包括恢复限制性的双边英镑关系，或者最糟糕的情况，贬值英镑。[93] 对于英国政府和英格兰银行的决策者来说，再次贬值无异于金融自杀，是必须不惜一切代价都要避免的措施。英格兰银行执行董事乔治·博尔顿认

---

[*] 原文为"压力就不会持续下去"，疑为作者笔误。——译者注

为，1949年的贬值"给英镑体系带来了沉重打击"，至今仍未恢复元气。[94] 1955年，后来担任英国央行执行董事的莫里斯·亨利·帕森斯（Maurice Henry Parsons）表达了他对英国经济的担忧，他写道："世界对我们管理本国事务和管理国际货币能力的信心将［被'贬值'］严重动摇，我怀疑英镑能否从冲击中恢复过来。"[95] 无论是回归到双边主义还是进行货币贬值，恢复英镑国际声望的计划都已成泡影。

莱斯利·罗恩认为，英镑在中东的麻烦远不止苏伊士运河危机，而是涉及更大的阿以冲突。他怀疑，"在苏伊士运河问题甚至中东其他不确定因素都得到解决之前，人们是否会［对英镑］完全有信心"[96]。投资者纷纷逃离不稳定的政治和经济环境，而英国经济对来自如此动荡地区的大宗商品的极度依赖，不会激发人们对英镑的信心。罗恩还担心，私人金融家不会把钱投给同情纳赛尔的英镑区成员，比如印度，这些国家只能动用自身的英镑头寸来发展，进而相应地减少外汇储备。罗恩认为，推翻纳赛尔并使埃及执行"远离苏俄"的政策，是恢复对英镑信心的关键起始步骤，但这仍不足以挽救英镑。英国需要实施一项计划，以"缓解"以色列与它的阿拉伯邻国之间的"相互恐惧"，使它们能够"自由地专注于经济发展"。他说，这样做的结果是该地区的"平静"，以及减少"苏俄干涉和阴谋"的机会，英镑也会因此得以重振。罗恩总结道："除非尽快成功地采取这样的措施，否则英镑将处于最大的危险之中，而我们的其他资源——国际货币基金组织、美元资产等——也无法推迟这一天的到来。"[97] 为了拯救英镑，要么遏制纳赛尔的影响力，要么将埃及总统彻底赶下台，这是英国内阁三位最高官员的共识。

安东尼·艾登、塞尔温·劳埃德和哈罗德·麦克米伦这三位鹰派领导人，明确阐明了他们为什么反对英国同纳赛尔进一步谈判。艾登认为，与埃及进行更多的讨论，将产生一项"看起来相当合理"的协议，但"意义不大"。更糟糕的是，"这会在人们应该警惕的时候，让他们放松了警惕；它将让世界对一个我确信有着掠夺性意图的独裁者感到放心。"艾登认为，签署一项没有保证苏伊士运河的国际控制权的敷衍协议，"将背离我三十年的外交政策"。他总结道，这样做并不能"使运河免受某个人的控制"，而且由于丧失了事实上的国际控制权，英国将"为将来埋下确定的隐患"[98]。一向忠于艾登的劳埃德写道："随着谈判僵持无果，我们在中东的声望将进一步下降。纳赛尔将被视为获胜者"，这将开创一个"危险的先例"，因为他有能力肆无忌惮地攫取事关世界重大利益的资源。而另一方面，"恢复运河的国际控制权对他来说将是重大失利"[99]。三人中对纳赛尔态度最强硬（尤其是出于他所认为的金融利害关系）的麦克米伦认为，英国面临结果截然不同的两个选择：要么是通过武力对苏伊士运河实施国际控制，以便"以不威胁[英国]石油供应的方式解决争端"，要么"彻底放弃，不仅放弃运河，还有西方在中东的声望"[100]。

类比1914年的萨拉热窝事件，艾登写道："在某种程度上，我们都打上了这一代人的印记。"英国于1938年在慕尼黑对希特勒的绥靖政策正是这样一种印记。[101]纳赛尔将苏伊士运河收归国有时，正值1936年德国占领莱茵地区20年。无论是在危机期间，还是在他们的回忆录中，劳埃德、麦克米伦和艾登都将这位埃及领导人与德国独裁者进行了比较，以证明推翻纳赛尔是合理的。劳埃德写道，英国已经吸取了"希特勒的教训"，他的"胃口会随着扩张越来越大——吞并奥地利和慕尼黑、侵占捷克斯洛伐克、进攻波兰乃至征服世界的梦

第三章　苏伊士运河危机：一次失败的英镑救援行动

想导致2 000万人死亡"。他认为,"如果不遏制纳赛尔,中东前景堪忧"[102]。回忆起1956年9月他在美国发表的一次演讲,麦克米伦描述了"希特勒是如何通过一系列精心策划的行动确立他的地位的",并告诉听众,"我觉得我们所有经历过那些年代的人……都决心不让这种事情再次发生"[103]。艾登的措辞与财政大臣的如出一辙:"在我和我的同事们审视1956年秋季的局势时,我们决心不让同样的事情再次发生……可能会有其他的错误,但不会是那一个。"这位首相因此总结认为,"西方大国的干预,尽管风险重重,但显然更为可取"[104]。

尽管迫切希望停止英国的金融损失,但财政部官员担心,在没有美国支持的情况下对纳赛尔采取军事行动,可能会让英镑付出潜在的代价。爱德华·布里奇斯在写给哈罗德·麦克米伦的信中,对这一点表达得再明确不过:

> 总的看来,除非我们至少能得到美国的支持和一个步调相当统一的英联邦,否则就不可能预测我们的货币可能面临压力的确切时间和程度。但在最坏的情况下,压力可能会非常之大,以至于无论采取何种预防措施,我们都无法维持币值……因此,从我国货币和经济的角度来看,我们必须确保不单独行动,我们必须得到美国最大程度的支持。[105]

甚至早在4月份,即纳赛尔将苏伊士运河国有化的几个月前,财政部官员就考虑过,如果运河或来自波斯湾的石油管道受阻,英国将需要美国的援助。一位官员评论说,与美国的磋商"显然至关重要",因为"只有美国密切合作,[才能]解决石油供应中断可能造成的困难"。[106]

莱斯利·罗恩分析了如果英国在没有美国支持的情况下入侵埃及，英国和英镑将面临的麻烦，分析结果是这样的行动看起来确实非常冒险。罗恩预测，如果没有美国的支持，英国将需要从IMF获得"一切可能的帮助"。但他认识到，由于美国在IMF的影响力，如果发现自己与英国观点不一，这种支持就很难实现。他也清楚，如果英国单独行动，那就牺牲了美国的善意，英国因此将几乎不可能激活《英美金融协议》的豁免条款——该条款允许英国在严重的经济困难时期暂停支付利息，但本金照付——也不可能从美国获得石油和油轮。[107] 9月15日，麦克米伦在日记中写道，尽管"羞辱纳赛尔绝对至关重要"，而且要"迅速行动"，但如果英国得不到美国的支持，英国将"没有机会摆脱［其］金融崩溃"[108]。这位财政大臣从未与内阁讨论过财政部的警告或他自己的担忧。此外，尽管他理解对纳赛尔采取军事行动的金融风险，但他仍然是这一行动最坚定的倡导者。[109] 鉴于他是负责国家财政的内阁大臣——更不用说他在政府中的个人影响力——他在决定以武力使苏伊士运河国际化的过程中所扮演的角色很值得探讨。

1956年9月底，麦克米伦在美国度过了关键的10天，在此期间，他与艾森豪威尔政府的最高级官员进行了讨论。9月25日早晨，他与艾森豪威尔本人会面，令在场的英国驻美大使罗杰·梅金斯（同时也是这次谈话的记录者）惊讶的是，两人几乎没有提及苏伊士运河问题。不过，这个话题确实出现过一次。据麦克米伦讲："我说得很清楚，如果没有大规模的援助，我们不可能长期折腾下去，也就是说，如果长期折腾下去需要购买美元石油的话。"当财政大臣与艾登讨论这次会面时，他告诉首相，艾森豪威尔"似乎理解这一点"，并补充说他"感觉"总统"真的决心要让纳赛尔下台,不管用什么方法"。[110]麦克米伦在他的回忆录中重复了这一判断,但梅金斯后来却反驳了财政大臣的说法,声称"哈罗德的乐观毫无根据"。梅金斯补充说:"是的,美国人愿意看到纳赛尔被推翻,但他们不会考虑军事行动——尤其是在大选之前。"[111]

在当天下午和次日分别与杜勒斯及汉弗莱举行的另外两次会谈中,麦克米伦找到了进一步乐观的理由。虽然杜勒斯对英国和法国在没有事先与美国协商的情况下,就把苏伊士运河问题提交联合国感到愤怒,但他说,美国政府"准备尽一切可能把纳赛尔赶下台"。此外,杜勒斯认识到英国"可能不得不使用武力"来实现这一目标。他断言,至少武力威胁对迫使纳赛尔做出让步至关重要。他甚至隐晦地提到使用"其他施压手段"来实现这一目标,比如秘密行动。不管怎样,杜勒斯不希望任何事情扰乱"运河现状",尤其是在11月6日美国总统大选之前,他要求麦克米伦"推迟行动",直到选举结束。杜勒斯对英国这位财政大臣提出的提供金融援助以帮助加强英国储备的请求,也做出了类似的回应。他表示美国政府可以考虑重新修订《英美金融协议》,但要等到大选之后。[112]次日,此前已经与杜勒斯电话沟通过修订贷款事宜的乔治·汉弗莱,重申了国务卿关于推迟所有贷款安排直至11月第一个星期之后的态度。麦克米伦和汉弗莱从未直接提及苏伊士运河问题,前者在回忆录中写道,他推测美国财政部长"对此没有非常强烈的感觉"。令财政大臣备受鼓舞的是,汉弗莱"强调"称,"美国必须帮助英国渡过各种困难",这让麦克米伦感到,英国"可能会找到一个既有用又强大的朋友"。他在回忆录中承认,"在这一点上,我很快就被证明了大错特错"[113]。

据报道，麦克米伦一回到伦敦，就对他的同事们说了一句常被引用的话："艾森豪威尔大选前将按兵不动。"[114]艾登后来写道，财政大臣"发现美国人的态度在很多方面都让人放心"[115]。在与艾森豪威尔、杜勒斯和汉弗莱的会晤中，麦克米伦是不是只听到了他想听到的？他是否有意向艾登和英国内阁其他成员歪曲他的谈话内容？或许最重要的是，财政大臣的乐观解释是否对安东尼·艾登决定入侵埃及产生了关键影响？[116]事实上，麦克米伦对艾森豪威尔和美国人情绪的判断确实有可信度，因为他与总统的亲密关系可以追溯到二战期间的北非战役，而且他本人也有一半美国血统。[117]尽管如此，考虑到艾登本人对纳赛尔的强硬态度，似乎只有麦克米伦明确报告称，美国将阻止英国试图通过武力重新控制运河的任何尝试，这样才可能减缓首相走向战争的势头。此外，麦克米伦和艾登都犯了同样的错误，认为控制美国外交政策的是杜勒斯，而不是和蔼可亲、喜欢打高尔夫球的艾森豪威尔总统。杜勒斯似乎对使用武力对抗纳赛尔的想法不那么反感，这是当时的一个普遍误解。[118]不管麦克米伦有没有误解，艾登肯定知道艾森豪威尔政府会对（英国）正在计划的行动持反对态度。[119]否则，他不会在入侵前的一个月让英国驻美大使的位置空缺，也不会拒绝在行动开始之前，会见刚刚回国的前任驻美大使罗杰·梅金斯。[120]此外，艾登及其法国和以色列同僚将入侵时间恰恰定在美国总统大选前夕，这样美国人就不太可能阻挠他们的计划。如果他们没有预料到大西洋彼岸会阻止，他们还会这样做吗？在回忆录中，麦克米伦将内阁对艾森豪威尔和杜勒斯的误解归咎于自己："我们完全没有意识到针对我们的不满力量。对此，我负有重大责任……我相信美国人会提出抗议，甚至是公开的强烈抗议，但他们内心会很高兴看到事情有了结果。"[121] 总之，麦克米伦因为对 9 月份华盛顿会晤的描述而受到的批评，似乎有些过分了。[122]

批评麦克米伦没有为英国做好战争上的财政准备或许更合理。10 月，财政部内外就英国是否应该向 IMF 借款以支持英国的外汇储备展开了辩论。IMF 份额中的 2.36 亿美元黄金和 3.25 亿美元首次信贷加在一起，将为英国黄金和美元的进一步消耗提供急需的缓冲。[123] 虽然英国政府认为没必要求助 IMF，但财政部官员普遍认为，为了维持人们对英镑的信心，英国最好还是向 IMF 借款。英格兰银行行长 C. F. 科博尔德（C. F. Cobbold）认同政府的观点，他认为向 IMF 求助"从另一个角度会被解读为软弱的表现"，从而削弱人们对英镑的信心，尤其是在欧洲。[124] 因此，根据英格兰银行行长以及麦克米伦的财政顾问的建议，麦克米伦没有去找 IMF，直到为时已晚。实际上，科博尔德、罗恩和刚刚成为财政部联合常务次官的罗杰·梅金斯，在苏伊士运河行动开始时就和麦克米伦决定，只有在军事行动成功且"政治局势有所改善"的情况下，英国向 IMF 申请备用信贷才是"合适的"。[125]

不幸的是，麦克米伦决定不动用英国（在 IMF）的黄金或信贷份额，这使得在入侵苏伊士运河期间，英镑很容易受到攻击。法国在 10 月中旬向 IMF 借款，为应付军事行动开始后的法郎挤兑做好了更充分的准备。当然，事后诸葛亮总是显得明智，如果英国重新成功地确立了对苏伊士运河的国际控制，并在此过程中推翻了纳赛尔，人们可能会大量抢购英镑。不过，这种结果的可能性并不高，财政大臣应该通过保护国家的储备，来应对最坏的结果。话虽如此，在其他人对他进行劝阻的情况下，也不能将未向 IMF 求助的责任完全归咎于他。

麦克米伦决定不向内阁通报财政部关于在没有美国援助的情况下

入侵苏伊士运河地区的危险警告，这使他必然受到历史学家的谴责，认为他玩忽职守。但不幸的是，这也导致了无法证实的阴谋论和指控。刘易斯·约翰曼（Lewis Johnman）指责麦克米伦"故意误导"艾登和他的同事，并暗示他这样做是为了制造一种失败的假象，进而把艾登赶下台，让财政大臣（即麦克米伦本人）成为首相。[126] 黛安娜·孔兹（Diane Kunz）认为，"麦克米伦在苏伊士运河危机期间，作为财政大臣的表现必须被评估为无能"，且有可能有更多马基雅维利式意图。[127] 内阁并非一致支持对埃及采取行动，如果麦克米伦能让内阁成员了解其中涉及的巨大金融风险，内阁成员可能就会放弃参与这一冒险行动。毫无疑问，他本应分享更多他所掌握的信息。

我们永远无法确定入侵苏伊士之前的一个半月里，麦克米伦的行动动机。不过，考虑到英国希望通过控制中东石油来捍卫英镑，我们可以将其行为与英国政府（尤其是财政部官员）外交政策的激进模式联系起来，从而对他的意图做出不那么阴谋论的评估。英国决策者认为，如果不恢复英镑的强势和稳定，英国就无法恢复或保持其在国际事务中的突出地位。开采中东石油已成为该计划的重要内容，无论是用来取代美元石油，还是确保英国能够用英镑购得廉价石油。当伦敦的许多人认为英国的核心经济利益受到威胁时，他们会毫不犹豫地破坏英美关系，英镑石油和美元石油之间的争端以及伊朗石油危机就是如此。诚然，爱德华·布里奇斯、莱斯利·罗恩和其他财政部官员在武力夺回苏伊士运河的问题上反对这一看法，他们担心在没有美国支持的情况下，此类行动有可能带来的金融后果。另一边，麦克米伦则不是这种态度。就像英国其他官员之前的做法一样，这位财政大臣认为美国的政策制定者并没有完全意识到英镑的脆弱性，也不理解英国政府为保护英镑所采取的措施和承担的风险。麦克米伦在日记中写道："我们越能说服〔美国人〕我们决心不惜一切代价打败纳赛尔，就越能从他们那里得到更多的帮助……无论如何，我们都会被毁掉；但如果我们是被〔纳赛尔〕羞辱，毁灭将更加不可避免。"[128] 在他看来，与纳赛尔通过策动中东产油国反对英国来"耗死"（slow strangulation）英国经济的做法相比，即使是孤注一掷引发英镑的灾难性挤兑，那也是可以容忍的。[129]

在评估麦克米伦于苏伊士运河危机期间的决策时，背景也至关重要。首先，政府刚刚在一年半前完成英镑事实上的可兑换，这一举措本是为它完全恢复国际地位铺路。但事与愿违，英镑不仅比以前更容易遭受攻击，而且财政部、央行和保守党成员自二战结束以来一直推行的英镑复兴计划也濒临瓦解。其次，英国刚刚从伊朗石油纠纷中抽身没几年，这一具有破坏性的事件已经显著削弱了英国在中东地区的威望。财政大臣和其他鹰派人物认为，英国无法承受其仅存的威望进一步受损，同时也无法继续对该地区的石油施加影响力，而这种影响力对于保护英镑和英国经济是必要的。财政大臣执着于这一判断，再加上艾登、劳埃德和其他人的强化，促成了他的热忱和判断失误。[130] 绝境需要绝招，正如麦克米伦后来告诉杜勒斯的那样，英国夺回苏伊士运河的计划是"一个衰落大国的最后一搏"。他还补充说，"也许两百年后"，美国能理解英国的感受。[131]

这并不是说，英国政府的入侵是深思熟虑的或情有可原的，也不是说麦克米伦不应该为其错误负责。但如果认识到战后英国官员对于无法获得中东石油的情况下有关英镑命运的末日预测，以及英国政府在战后英镑和石油问题上对美国的挑衅态度，那么就可以解释麦克米伦在苏伊士运河危机期间的行为，而不需将其归于阴谋论。[132] 我们也可以理解，为什么内阁一开始就同意进行如此冒险的行动。在入侵苏伊士运河前的两周，英格兰银行行长科博尔德表示，英国"应该将英镑的进一步贬值视为一场灾难，要用［其］掌握的每一种武器来避免灾难"[133]。苏伊士运河问题未决，以及由此导致的英镑（市场汇率）持续贬值，使得（英国官方宣布）贬值的可能性越来越大，这迫使麦克米伦与他的同僚们从字面上去理解行长的言论。

四、"火枪手行动"、英美不和与英镑崩溃

1956年10月29日，以色列军队对西奈半岛发动军事进攻，代号为"火枪手行动"，苏伊士运河战争爆发。此举被解释为以色列对纳赛尔纵容和鼓励巴勒斯坦武装组织从埃及领土攻击以色列的报复，目的是将其作为英法占领苏伊士运河区的借口。10月30日，英国和法国照会埃及和以色列，要求双方分别自运河区后撤16千米。给埃及的照会中附有一个段落，要求允许英法军队"临时"占领水路沿线区域以保护航运。照会威胁说，如果埃及不在12小时内满足它们的要求，两国就会出兵。国际社会当然没有像英国和法国领导人所希望的那样，把这次干预看作是一次旨在维持和平的公正、无私的行动。相反，全世界都看到了英法行动的真实面目：这明显是一个通过武力对苏伊士运河实施国际控制的计划。约翰·福斯特·杜勒斯称，对埃及的最后通牒是他所见过的"最粗暴、最野蛮的"[134]。

"火枪手行动"完败。10月31日，英法空军向开罗投掷炸弹后，

艾森豪威尔在电视上发表了反对袭击的讲话。他完全撇清了美国与这一行动的关系，并表示支持联合国。美国、国际上和英国国内对"火枪手行动"的反对，导致英国在11月最初两天损失了5 000万美元的储备。[135] 尽管如此，英国和法国还是违反了联合国呼吁结束敌对行动的决议，在运河地中海一侧的塞得港附近部署了1 100多名伞兵。但他们控制水道北部对埃及的影响，远不及纳赛尔封锁运河对他们的影响。纳赛尔在运河中击沉了船只，包括一艘装满石头和水泥的万吨货轮，从而阻止他们通过运河运输石油。[136] 更糟糕的是，叙利亚破坏了将伊拉克石油通过管道输送到地中海的泵站。尽管阿美石油公司的跨阿拉伯石油管道仍在运行，但沙特阿拉伯却拒绝英国和法国船只从中获取石油。因此，到了11月7日，英国几乎被完全切断了从中东获取石油的途径。财政部官员估计，如果石油消耗量保持既有水平，该国每年可能需要花费8亿美元从西半球购买石油。在11月的第一周，英国的外汇储备损失了8 500万美元，科博尔德因此将英镑描述为英法行动的"主要受害者"，并得出拯救英镑需要"激进疗法"的结论。[137]

整个11月，财政部和英格兰银行都充满了危机感，这种情绪从一开始就体现在哈罗德·麦克米伦身上。在目睹了英镑在11月的第一周遭受重创后，"火枪手行动"最坚定的支持者变成了它最激烈的反对者。这位财政大臣失去了勇气。艾登、劳埃德和其他人准备继续军事行动，直到11月6日，麦克米伦告诉内阁（事实证明其说法不准确），英国的外汇储备在一周内损失了1亿英镑（约合2.8亿美元），是由于美国组织了英镑挤兑。[138] 据劳埃德称，麦克米伦在当天早些时候告诉他："鉴于财政和经济压力，我们必须停战。"外交大臣认为麦克米伦的话是艾登当晚宣布停火的根本原因。[139] 艾登自己也指出，英

石油英镑　　156

国的经济问题对他决定停止"火枪手行动"产生了影响，同时他还和劳埃德一样，坚持认为内阁接受停火协议的主要动因，是英国遏制了以色列和埃及的冲突。[140] 事实上，考虑到艾登勉强决定遵守联合国的要求，是在麦克米伦关于外汇储备的严峻报告之后，因此很难相信任何不强调财政动机的解释。

就像他对"火枪手行动"的全力支持一样，麦克米伦态度的转变，也引发了同代人和历史学家的争论与困惑。[141] 最令人不安的是，财政大臣严重夸大了英国11月第一周的外汇储备损失。没有人知道他是如何得出1亿英镑这个数字的，特别是因为第二天财政部报告的实际损失还不到这个数字的三分之一。难道他真的如此粗心，竟把英镑错当成了美元？黛安娜·孔兹认为，麦克米伦似乎是想吓唬内阁，让他们结束这场注定失败的行动。而且他知道，作为一个以敏锐的金融头脑和鹰派形象而备受关注的人物，以灾难性的经济数据为依据，将是说服同僚放弃这场博弈的最佳方式。[142] 麦克米伦在他的回忆录中虚伪地写道，国家的金融困境并没有导致他改变立场，相反他支持艾登最先提出、之后得到劳埃德支持的说辞，即内阁同意停火是因为英国在埃及已经实现了它的目标。这个停火解释是令人难以置信的神话。[143]

但问题仍然存在：财政大臣为什么突然转向？他的官方传记作者阿利斯泰尔·霍恩（Alistair Horne）写道，"与他同时代的知名人士的主流意见"表明，挤兑英镑被证明"的确"具有"决定性"影响。[144] 正如我们看到的，同期的高官塞尔温·劳埃德认为，事实上，英国的财政困难确实让麦克米伦临阵退缩。但这位外交大臣推测，真正起决定性作用的，还是美国对"火枪手行动"的反应。劳埃德写道："我想，当他从乔治·汉弗莱（麦克米伦本人也视其为朋友）口中得知，他的战时密友艾森豪威尔的政府阻挠我们从IMF获得贷款时,他的情绪受到了影响。"[145] 当时,财政大臣的脑海中一定闪过两个念头:首先,他严重误判了艾森豪威尔、杜勒斯和汉弗莱对英国偷袭做法的反应;其次,英国不仅不会得到美国对其入侵埃及的支持——这是麦克米伦及其顾问设想的最糟糕情况——而且还必须面对美国的反对意见。在权衡了面对美国的坚决阻挠而坚持"火枪手行动"可能给英镑带来的灾难性后果之后,麦克米伦改变主意也就不足为奇了。他知道这次行动本来就是一场赌博,而且显然没有得到应有的回报。

英法密谋的时机不当,进一步加剧了艾森豪威尔政府内部对艾登及其内阁的敌意。杜勒斯对麦克米伦说得再清楚不过,即英国任何通过武力夺回苏伊士运河的计划都应该推迟到美国总统选举之后。也就是说,如果英国政府不明智地考虑了国务卿及其同僚一开始就认为不恰当的做法的话,那就应该立刻停止。但英国政府还是在11月6日之前着手实施"火枪手行动",寄希望于美国总统因国内政治事务缠身而无法阻止英国。最给艾森豪威尔添堵的是,他的竞选宣传强调了总统在维护世界和平方面取得的成功。而当美国选民准备去投票时,美国最亲密的盟友却在中东发动了一场不得人心的战争,这让政府显得非常愚蠢。[146] 入侵苏伊士运河还浪费了美国揭露苏联在东欧行为的绝佳机会,因为它将世界的注意力从1956年10月末匈牙利事件转移到西方对埃及的攻击上。最糟糕的是,正如杜勒斯所言,英国政府"有意[对美国]屏蔽了计划"。他将1956年10月30日描述为美国与英法关系中"多年来最黑暗的一天"[147]。

虽然"火枪手行动"的时机使艾森豪威尔政府对英国的反应更加激烈,但美国政府愤怒的核心,源于英国对非西方世界的政策,美国政府内部对这些政策早就心生失望。就像当年 7 月艾登、麦克米伦和劳埃德首次威胁要对埃及使用武力，以使苏伊士运河国际化时一样，10 月末和 11 月初的事件再次让美国官员对英国那些不合时宜的外交政策提出疑问。在 10 月 30 日的白宫会议上，艾森豪威尔将英国在埃及的行动形容为"维多利亚时代中期的风格"，并怀疑是不是"丘吉尔之手"在起作用。杜勒斯说，他"两三年来一直非常担心［美国］认同那些奉行与［美国外交政策］不相符的殖民政策的国家"[148]。虽然杜鲁门和艾森豪威尔政府从来都不喜欢英镑区，但事实上，为了国际稳定和在全球拥有盟军军事基地的好处，他们勉强接纳了大英帝国。尽管如此，他们还是希望这个帝国能在不久的将来井然有序地走向终结。正如之前讨论的，对于美国的政策制定者来说，英镑区和英帝国的问题在于，它们都违背了美国关于自由贸易和民族自决的理想口号，损害了美国的经济利益，并削弱了西方在对抗社会主义阵营时的道德权威。自二战结束以来，华盛顿对英国不顾美国和自由世界其他国家的利益，不计后果地追求经济利益的新殖民主义做法感到日益不安。艾森豪威尔政府对英国试图通过军事手段解决苏伊士运河危机的愤怒，在很大程度上代表英美十年来在经济和战略问题上的紧张关系达到顶点，尤其是在涉及中东和石油的问题上。[149]

艾森豪威尔、杜勒斯和汉弗莱并非仅用语言来表达他们的愤怒。他们动用了所有可以动用的经济武器，迫使英国改弦易辙。他们拒绝与英国官员讨论金融援助或石油替代问题，除非英国同意停火，并从埃及撤军。[150] 美国政府实施这一政策，不仅是为了惩罚英国失信和不负责任的行为，也是为了保护美国在中东的利益，因为美国担心与英国或法国的任何公开联系都会损害美国在中东的利益。因此，艾森豪威尔及其团队阻止了中东紧急委员会（MEEC）的召开，后者的成立是为了在苏伊士运河受阻时确保石油流向西欧。他们还拒绝授权美国石油工业代表与大西洋彼岸的同行合作，这些合作旨在绕过反托拉斯法并为欧洲供应石油。[151] 艾森豪威尔讽刺地说："那些发起这次行动的人，应该自行解决其石油问题——让他们在自己制造的石油问题上自食其果。"[152]

在艾登宣布接受停火两天后，英国新任驻美大使哈罗德·卡恰（Harold Caccia）报告称，英国仍然可能无法从IMF或美国进出口银行获得借款，后者向外国提供贷款以购买美国商品。尽管英国被允许自动从IMF提取黄金份额，但美国可以阻止将这一议题提交至IMF董事会会议，进而阻止英国获取自己的资源。卡恰怀疑，如果没有美国的支持，英国能否获得多数投票董事的支持。[153] 英国政府也只能彻底放弃启动《英美金融协议》中豁免条款的希望。据卡恰称，乔治·汉弗莱告诉英国驻美大使馆的经济参赞哈考特子爵（Viscount Harcourt），"鉴于英国和法国在过去10天里的行动，如果向它们提供财政援助，在相当长的一段时间里，美国在政治上是完全不能接受的"[154]。

艾森豪威尔政府明确谴责英国的冒险行动，且拒绝向英国提供石油或资金，直到英国从埃及撤退，这使得（1956年）11月成为英镑的灾难月。当月，英国的储备损失了2.79亿美元，该国的黄金和美元总储备额因此降至19.65亿美元，略低于被认为是英镑区正常运作所必需的20亿美元门槛（见表3-1）。如果不是财政部出售了一些美国短期国债和其他美元证券，这一损失还将增加1.22亿美元。英国10月份损失了8 400万美元的储备。[155] 如果得克萨斯公司没有如前所述，以1.73亿美元收购英国的特立尼达租赁石油公司，第三季度的储备流失总额就将达到 2.3 亿美元。[156] 此外，英国仍需支付 1.755 亿美元用于偿还美国贷款，转账 7 000 万美元至欧洲支付联盟（EPU），支付 750 万美元用于加拿大战时贷款的季度分期付款，并向美国偿还一笔 500 万美元的马歇尔计划的小额援助贷款，这一系列支出项将使其储备远远低于 20 亿美元的警戒线。[157] 当罗杰·梅金斯向麦克米伦报告 11 月的金融统计数据时，他告知财政大臣，到年底时，外汇储备可能会比战后最低年份还要少"不到" 2 亿美元，最低年份是 1949 年 9 月英国贬值英镑时的 13.4 亿美元。[158]

表 3-1 英国的外汇储备，1956 年 8 月—1957 年 4 月（百万美元）

月份	EPU 结算余额[a]	美元净头寸	特别收款或信贷	储备变动	期末储备
1956 年 8 月	−51	−68	−10	−129	2 276
1956 年 9 月	−334	−94	+180[b]	+52	2 328
1956 年 10 月	−28	−63	+7	−84	2 244
1956 年 11 月	−28	−285	+34[c]	−279	1 903
1956 年 12 月	−49	−169	+386[d]	+168	2 133
1957 年 1 月	−17	−36	+4	−49	2 084
1957 年 2 月	+20	−20	+63	+63	2 147
1957 年 3 月	+17	−27	+72	+62	2 209
1957 年 4 月	−6	+11	+106[d]	+111	2 320

数据来源：*The Economist*, 1957 年 5 月 4 日。

注：
a 与上月余额有关。
b 包括出售特立尼达租赁石油公司的 1.77 亿美元。
c 包括官方出售的美国政府债券的 3 000 万美元。
d 从 IMF 提取的 5.61 亿美元，国防援助的 600 万美元，以及对美国和加拿大战后贷款年终分期还款的 1.81 亿美元。
e 包括返还的 1.04 亿美元递延贷款利息。

英国外汇储备在 11 月下旬遭受的冲击尤为严重，部分原因在于美国大型石油公司纷纷抛售英镑。为了解决第一章中讨论的英镑石油与美元石油争议，英国政府同意允许那些受到英国歧视冲击的美国石油公司以英镑出售石油，条件是它们将石油中的美元收入构成，降低到与英国石油公司和荷兰皇家壳牌公司相当的水平。因此，新泽西标准石油公司、纽约标准石油公司、加利福尼亚标准石油公司和得克萨斯公司等，将成为英镑最大的非官方持有者。像其他担心英镑即将贬值的市场参与者一样，这些公司也尽可能多地抛售英镑，以减少可能的损失。根据科博尔德的说法，如果英国没有通过出售美国短期国库券来弥补资本赤字，那么由于纽约市场的英镑抛售潮，英国的外汇储备将在11月20日和21日分别损失800万美元和4 000万美元。对英国来说幸运的是，外汇市场于22日关闭，但当23日重新开放时，英国又损失了2 000万美元。英格兰银行的行长称，这是因为作为英镑主要抛售方的美国石油公司正使得纽约市场上的英镑被近乎"恐慌性抛售"。[159] 那一周，英国财政部对六年前允许美国石油巨头卖石油收英镑的担忧得到了证实。

当美国石油公司纷纷抛售英镑时，麦克米伦告诉内阁，他和同事可能不得不"面对一个严峻的选择：是动用英国的所有金融资源将英镑/美元汇率维持在当前水平，还是让英镑自行寻找汇率水平，可能的后果是英镑不再是国际货币"。他补充说，后一选项"将几乎不可避免地导致英镑区解体"，并将"严重打击英国的声望"。[160] 英国财政部和央行官员在11月的第一周之后就知道危机即将来临，他们当即一致倾向于维持2.80美元/英镑的汇率，而不是让英镑贬值或允许其浮动。支持英镑的使命跨越了政府部门和党派界线，正如当时的影子财政大臣哈罗德·威尔逊在一次演讲中所透露的："我确信，整个议会都会同意财政大臣的看法，我们所有人的首要职责是维护英镑的强势，英镑不是某个政党的资产，也不是政府的资产，而是国家的资产，实际上是整个英镑区和世界贸易的一份资产。"随后，他承诺工党将支持麦克米伦为加强英国储备而选择的"所有适当措施"[161]。

因为要对外展示信心，英国只能在允许黄金和美元流出储备的情况下维持英镑汇率，政府因此也必须放弃将储备保持在 20 亿美元以上的原则，科博尔德说这个数字"没有任何必要再被视为'卢比孔河'"[162]。他和其他人预计英美关系最终会改善，从而为英国提供金融援助和来自西半球的石油。他还希望石油能在三到六个月内，再次通过苏伊士运河运输。如果财政部和英格兰银行能够至少在英国与美国恢复友好关系之前把汇率维持在 2.80 美元/英镑，那么英镑将有可能保持其国际地位，英镑区也将得以存续。[163] 由于一旦官方贬值*英镑，趋势将不可收拾，因此避免采取这种措施是值得的，即便为此要将英国的储备余额推至极（低）限。此外，由于是信心危机而非贸易失衡导致了英国储备的流失，英国官员知道，无论是官方贬值英镑还是让其自由浮动，都无法解决国家的金融问题。[164] 财政部的 A. W. 弗朗斯（A. W. France）写道："政策是维持住汇率，并为此不惜一切代价。这显然是正确的，没有什么比让货币贬值更有损于我们的声誉和未来的了。"[165]

英国不会为维持汇率而挣扎太久，因为到 12 月初，艾森豪威尔政府在收到伦敦方面关于英国将无条件撤出埃及的消息后告诉英国官员，他将帮助英国政府动员必要的金融援助，以恢复市场对英镑的信心。[166] 乔治·汉弗莱是伊朗石油危机结束时，对英国批评最严厉的美国政府官

---

* 这里是指官方干预带来的货币贬值（devalution）。——译者注

员，也是被哈罗德·卡恰描述为在英国入侵苏伊士运河问题上"最抵触"和"最具报复性"的内阁官员。事实证明，当美国开始确信英国撤离埃及的诚意时，汉弗莱既大大欢迎，又给予了帮助。[167] 汉弗莱对英国外汇储备的损失"深感震惊"。他说，"没有人比他和美国财政部更关心维持英镑汇率问题"，后来又补充说，"当绿灯亮起"，英国"可以期待得到大规模的支持"。[168] 但最重要的是乔治·汉弗莱对12月4日哈罗德·麦克米伦在英国议会所做经济状况演讲的贡献。这位美国财政部长建议麦克米伦在发言中宣布，美国将"迅速提供"财政支持，艾森豪威尔政府计划建议美国国会修改贷款协议的措辞，以便英国能够按照签署国最初的意图使用豁免条款。因此，英国财政大臣能够告知全世界他所掌握的各种捍卫英镑的工具，不仅传达了政府的意图，也表明了政府维持2.80美元/英镑汇率的能力。[169] 鉴于英国的外汇储备损失源于信心波动，所以无论怎么夸大汉弗莱对这次演讲的贡献都不为过。

麦克米伦在议会充满底气的言论和IMF接受英国的援助申请，有助于恢复市场对英镑的信心。事实上，《经济学人》评论说，财政大臣试图"给外国人留下深刻印象"，让他们相信对英镑的攻击是"非理性的"，他的努力"有理有据，而且总的来说，正如所期望的那样有效"。[170] 麦克米伦坚定地表示，政府愿意"最大限度地利用一切［它］可以利用的手段，来维持英镑作为一种稳定可靠的货币，以及支付和汇兑的工具"，这些手段包括从IMF借款以及利用美元证券组合作为抵押品从美国借款。[171] 英国财政部在接下来一周宣布，它已与IMF做出安排，提取了总额为5.615亿美元的黄金份额和第一笔信贷份额，且如果英国政府认为必要，还将在随后的12个月内提取份额中剩余的7.385亿美元。IMF以如此"宽容的精神"诠释其条款，也证明了英美关系恢复正常，美国进出口银行一周后向英国提供了 5 亿美元信贷额度，则又是一个注脚。麦克米伦努力向世界证明英国政府有能力维持英镑汇率，这在市场上立即产生了有利的反应，英镑汇率达到了两个月以来的最高点。不过，最令英国央行和财政部官员受到鼓舞的是，即使麦克米伦最初的举措带来的市场热情在消退，英镑仍稳住了对美元的汇率。[172] 英国的储备在 1956 年 12 月增加到 21.33 亿美元，到 1957 年 4 月增加到 23.2 亿美元，这既反映了英国从 IMF 和美国获得的美元注资，也表明援助增强了人们对英镑的信心。[173]

由于苏伊士运河可能会关闭三到六个月，因此向英国储备注入美元，对于帮助支付从西半球运来的石油至关重要。当然，石油运输要等到艾森豪威尔政府重启中东紧急委员会后才能开始。就像早前决定帮助英国拯救英镑时的过程一样，在英国通知美国官员其将无条件从埃及撤军后，中东紧急委员会就启动了。[174] 中东紧急委员会于 12 月 3 日重新召开会议，开始了一项艰巨的任务，即协调来自美国、英国、法国和其他地区不同公司的工作，将石油运往西欧，这一努力被称为"提油"。由于一项特殊的豁免，这些大公司能够密切合作，而不必担心反垄断法，这帮助它们克服了苏伊士运河关闭带来的运输困难。通过相互配合，石油公司能够利用数量相对较少的油轮，更有效地在非洲和大西洋上运输石油。1957 年 2 月中旬，得克萨斯州的石油业终于同意增加产量。得州石油业在很大程度上由小型独立公司组成，这些公司对跨国公司向美国输入廉价的外国石油感到不满，它们同意增加产量是在石油巨头涨价和艾森豪威尔政府威胁要进行干预之后。"提油"安排取得了巨大的成功。这次行动同时得益于当年异常温暖的冬季，以及西欧国家为应对石油短缺而采取的措施，英国的措施包括削减汽油、柴油和取暖油的进口，对汽油和其他轻质油征税，以及实行定量配给。[175]

随着"提油"计划的展开，清理和重新开放苏伊士运河的任务也随之开始。在英国和法国军队于12月撤出埃及后，一个由联合国监督的小组开始了这一工作。工程原定于1957年4月8日完工，结果比计划人员最初预计的时间提前了一个月。但纳赛尔不允许工人从航路中移走最后一批封锁船，直到以色列放弃西奈半岛。尽管以色列军队于3月6日离开埃及后，纳赛尔终于允许联合国完成其工作，但埃及政府和苏伊士运河的主要使用者，仍然需要就运河的运营达成协议——英国政府禁止英国船只在谈判达成解决方案前使用运河。3月中旬，埃及发布了一份被伦敦和巴黎——在某种程度上还有华盛顿——视为过于单方面的关于航道运营和控制的声明。这份文件没有提及由塞尔温·劳埃德起草并得到联合国安理会支持的六项原则，也没有就埃及与运河主要用户之间的合作发表声明，除了埃及运河管理局之外，没有给任何组织收取会费留下空间。不过，4月24日，纳赛尔政府在向联合国宣布运河正常通航的同时，还提交了一份声明，对3月份发布的文件进行了大幅扩充，其中包括就增加收费等关键问题进行国际仲裁的规定、根据通航要求的变化对运河结构进行改进的承诺，以及关于运河管理局与用户之间合作的声明。英国政府意识到它不能长时间阻止英国船只使用这条水道，最终妥协了。5月20日，英国石油公司第一艘油轮穿过苏伊士运河。同时，叙利亚开始修复伊拉克石油公司的泵站，沙特阿拉伯允许英国从阿美石油公司位于黎巴嫩的跨阿拉伯输油管线出口提取石油，这促使国际石油运输恢复到以前的格局，并极大地帮助缓解了英国外汇储备的压力。[176]

苏伊士运河危机期间，英国获得英镑石油的机会有限，这最终给英国的国际收支造成了多大损失，财政部似乎无人知晓。莱斯利·罗恩写道，"几乎不可能"就苏伊士运河对英国贸易账户的影响做出任何评估，因为"完全不可能得出任何确定的数字"。他所能确定的是，英国从石油中获得的净收益将"暂时变成赤字，也许是巨额赤字"[177]。一个半星期后，罗恩的态度更加乐观，他写道，中东石油供应的中断"对国际收支的损害"可能比他和同事最初担心的要小一些，不过他没有提供数据来支持这一判断。[178] 虽然罗恩怀疑财政部是否有能力就苏伊士运河危机对国际收支的影响列出具体数字，但通过比较1956年1—6月与1957年同期（即苏伊士运河关闭对英国冲击最严重的时期）贸易账户中的石油交易，我们可以了解中东石油供应中断对英国国际收支的影响。[179] 首先，1957年1—6月间，英国在石油上的有形贸易收入比1956年同期减少了1 310万英镑。其次，来自英国及准英国石油公司（即英国石油公司和荷兰皇家壳牌公司）运营的无形收入，在1957年1—6月间比1956年同期减少了3 080万英镑。鉴于壳牌和英国石油公司（后者仍然从中东获得大部分石油）的供应占西欧石油进口的50%，正常情况下每月达到500万吨，因此这一降幅并不令人感到意外。[180] 将英国的无形贸易和有形贸易结合在一起来看，苏伊士运河危机导致英国国际收支出现近4 400万英镑的逆差。[181] 虽然这不是一个惊人的数字，但由于英国的储备状况已经非常薄弱，这样的赤字也足以产生很大冲击。

然而，苏伊士运河危机期间真正损害英国储备的，是英国需要从西半球购买更昂贵的美元石油，以及1956年下半年出现了针对英镑的投机行为。《经济学人》在比较1956年4—5月与1957年同期的石油进口时指出，尽管在后一时期，英国仅多进口了3%的石油，但它在石油上的支出却增加了1/3。这一变化是由于从大西洋彼岸购买高价石油以及苏伊士运河危机相关的需求增长导致石油总成本上升。[182] 事实上，1957年1—6月，英国在石油上的花费比1956年同期多出1.277亿美元，考虑到英镑岌岌可危的处境，这是一笔不小的数目。[183] 最大的美元流失，则是由纳赛尔控制苏伊士运河的不确定性、美国对英法入侵埃及的谴责，以及航道关闭相关的英镑抛售所引发的，外汇储备仅在11月份就流失了2.79亿美元。英国试图通过从纳赛尔手中夺取苏伊士运河的控制权来巩固英镑的地位，并希望以此削弱纳赛尔在中东的影响力，结果事与愿违，后果极其糟糕。尽管如此，运河关闭造成的国际收支和美元赤字提醒我们，为什么英国政府官员对保护英国获得世界上最廉价的中东石油如此警惕，以及为什么艾登、麦克米伦、劳埃德等人最初主张采取这样一个冒险的行动。

五、后果

正如格罗尔德·克罗泽维斯基（Gerold Krozewski）所说，苏伊士运河危机对英镑的破坏性影响，促使英国政府改变了对外经济政策。[184] 当事实上的英镑可兑换道路已至无可逆转的关口时，声誉遭遇如此重创，让英国官员感到震惊。由于刚刚经历了一场毁灭性的储备危机，他们担心英镑区最大的英镑头寸持有者，即英属尼日利亚、英属黄金海岸和英属马来亚会在实现独立后，动用手中的英镑用于发展。英国政府发起的研究表明，这些国家的英镑储备头寸问题仍然是英国的沉重枷锁,暴露了英国与殖民地的经济关系,同保守党政府希望全世界更广泛地使用英镑这一宏伟目标之间的矛盾。针对这些顾虑,英国官员严格限制伦敦市场向殖民地提供贷款,将资本出口转向帝国以外有前景的投资领域,并结束了保护殖民地的金融政策。[185]

但苏伊士运河危机的影响超出了单纯的英镑政策。事实上,可以毫不夸张地说,这场危机是一次罕见的变革性事件,可以作为一个历史转折点,将战后划分为不同的时期。1945年开始的新世界在危机后走向成熟,二战催生的经济和政治趋势在危机后变得更加清晰和明朗。苏伊士运河危机一锤定音,宣告老牌殖民国家已经是明日黄花。非洲和亚洲的殖民地废墟中涌现出众多新国家,从纳赛尔对英法的羞辱中找到灵感的民族主义者则赋予了这些新生国家力量,纳赛尔的做法是一次壮举,证明阿拉伯民族主义是中东地区最主要的力量。美国和苏联争相拉拢这些新独立的国家,以填补维多利亚时代欧洲帝国主义消亡后所留下的权力真空。虽然美国和苏联没有建立正式的殖民地,但它们通过一系列政治、经济和军事活动,建立了具有非正式影响力的新帝国,以此取代了旧帝国。正如美国在东南亚和其他地区的经历所揭示的那样,这种转变当然始于1956年之前。但毫无疑问,战后世界的格局在苏伊士运河危机之后比之前更加清晰。

苏伊士运河危机也许没有直接引发20世纪50年代末至60年代英国在非洲和亚洲的去殖民化浪潮,但它是这一过程的催化剂。首先,英镑的自由落体式贬值让全世界都看到了英国经济的弱点,美国则利用这一弱点获得了战略和政治优势。[186]美国通过拿捏英镑,迫使英国放弃埃及。这种直观的力量展示告诉英国官员和殖民地民族主义者,内外部力量在多大程度上限制了英国捍卫自身利益的能力。在某种程度上，伊朗石油危机已经揭示出英国在中东及其他地区的影响力正在受到限制，只是并不像苏伊士运河危机那样明显。部分原因是，对苏伊士运河的行动近乎一致的敌意促进了联合国力量的壮大，使其成为国际政治中的重要角色，为反殖民主义的支持者提供了一个可以谴责英国无端侵略行为的场合。到1960年，联合国大会已经演变成一个"法庭"，新兴的反殖民主义运动将在这里对英帝国主义进行审判。[187]苏伊士运河危机除了加剧对英国的外部压力外，还对哈罗德·麦克米伦的殖民政策产生了压力，他是该事件后去殖民化进程的主要推动者。[188]由于艾登在苏伊士运河行动中的做法，英国公众对其政府深感失望。1959年10月，麦克米伦率领保守党，以压倒性优势赢得选举，他因此得以终结英帝国。[189]综合考虑这些影响，我们可以说苏伊士运河危机对去殖民化的最大影响，在于它加速了战后经济和政治趋势，在伦敦和广阔的殖民地，人们都迫切地希望终结帝国。

苏伊士运河危机对英美关系也产生了类似的影响。20世纪50年代初，英国如果不事先同美国协商，就无法在世界或中东地区采取重大行动，这一点非常明显。自1947年介入东地中海事务以来，美国在该地区的影响力逐渐上升，并在解决伊朗石油危机的过程中持续增强。随着英国在中东的影响力开始下降——不仅希腊和伊朗事件说明了这一点，1954年英国与埃及达成放弃苏伊士运河军事基地的历史性协议也是明证——美国官员开始将美国视为英国在该地区的平等伙伴，至少在政策制定方面如此，但是在军事责任方面可能还有距离。然而，鉴于其在中东的长期经验和军事领导地位，英国认为自己是平等伙伴中的领导者。因此，英国政府保留了捍卫英国经济利益的权利，尽管这些利益与美国对西方利益的定义并不一致。这种关于英国和美国如何看待各自角色和关切的矛盾，在苏伊士运河危机中达到顶点，加速了英国在该地区影响力下降与美国影响力上升的趋势。苏伊士运河危机后，英国别无选择，只能在中东听命于美国。正如科博尔德在1956年12月写给麦克米伦的信中所言："在政治和军事事务中试图'赶美'毫无意义，因为这显然会破坏我们的经济实力，使我们作为盟友变得毫无用处（或成为负担），甚至自顾不暇。"[190]

苏伊士运河危机直接导致了艾森豪威尔主义，美国通过该主义，迅速确立了在中东的领导地位。1957年1月5日，艾森豪威尔总统在国会联席会议上发表讲话，请求通过一项决议，承诺美国将向中东地区任何寻求击退共产主义力量的国家提供经济和军事援助，并在极端的情况下派遣美国军队。[191]元旦当天，艾森豪威尔和杜勒斯在白宫同国会领导人会面，向他们简要介绍了新政策。他们告诉国会领导人，英法两国的实力因危机而被严重削弱，已无法在该地区制衡苏联。总统说，美国必须在苏联之前填补这两个欧洲大国留下的真空。杜勒斯补充称，由于英国过去对地区防务负有主要责任，美国政府以前从未考虑过这样的战略框架。但艾森豪威尔强调，美国在中东地区扮演更重要的角色，不应削弱"英国和法国作为大国的重要性"[192]。

美国总统在1957年3月的百慕大会议上向英国官员再次强调了这一点，当月，美国和英国官员在岛上召开了一系列战略性专题会议。这次会议给麦克米伦提供了一个机会，修复苏伊士运河危机期间的背叛做法给英美关系造成的持续损害。麦克米伦在艾登因病辞职后，于1月9日接任英国首相。此前将英美描述为"不仅仅是盟友，更是血脉相连的兄弟"的麦克米伦，应该会对艾森豪威尔在3月21日百慕大会议当天结束时关于中东讨论的记录感到高兴："这次会议是我自二战结束以来，参加过的最成功的国际会议。"[193] 美国总统将成功部分归功于"全天都能感受到的坦诚和自信的气氛"[194]。无论是在百慕大会议之前还是之后，英美关系都受益于在中东安全问题上明确的责任分工。当麦克米伦告诉艾森豪威尔，"尽管最近发生了一些事"，但他认为英国在该地区"仍然可以发挥重要作用"时，总统表示同意，并回应说"向英国保证，美国如果有所作为的话，是希望在中东地区重新树立英国地位的"[195]。在美国的支持下，英国在危机后的大部分时间，都将资源和精力集中在波斯湾地区的防御上。尽管华盛顿认为英国与科威特和其他国家的关系是——用一位英国官员的话来说——"过时的殖民主义的遗产"，但美国仍希望英国保持在该地区的影响力，以帮助限制"共产主义大国利用阿拉伯民族主义对西方造成的伤害，其中包括对西方石油供应的影响"。[196] 虽然伊拉克和约旦在苏伊士运河事件后仍是英国的势力范围，但伊拉克在1958年革命后就脱离了西方的轨道，而约旦则在20世纪60年代向美国靠拢。

英国在科威特的角色，对杜勒斯和艾森豪威尔来说尤为重要。在百慕大会议期间，美国国务卿告诉英国官员，"在他看来，英国应该在科威特拥有更多的权力，这一点很重要"。艾森豪威尔补充说，"保护科威特的石油资源"应该是英国维持波斯湾秩序的"首要目标"，并说"英国从控制科威特及其石油的角度，考虑该地区各方面的政策是明智之举"[197]。麦克米伦则称科威特是该地区诸多产油国中"最伟大的"——他相信科威特能够生产足够多"供整个西欧使用多年的石油"。[198] 英国官员，尤其是财政部的官员，当然不需要额外的鞭策，就能继续关注这个对英国来说最重要的海湾国家——不仅因为它供应大量石油，还因为石油带来的财富。

第四章

科威特的石油顺差：
对英镑的利与弊

……如果[科威特]庞大的英镑收入没有得到妥善引导，有可能对英镑区造成最严重的损害。

——英国外交部[1]

当然，我们必须认识到，我们绝不能把我们的意愿强加给科威特人，我们只能通过赢得他们的信任，让他们相信我们提供的是最佳建议；我们也绝不能让科威特人认为我们对英镑感到焦虑，或对其采取的任何投资政策可能对英镑产生的影响感到焦虑。

——英国财政部，J. E. 卢卡斯（J. E. Lucas）[2]

英国介入波斯湾事务始于19世纪上半叶,当时为了维护印度殖民地,英国与阿拉伯半岛东部和东北部的许多酋长国建立了条约关系。这些条约规定了英国政府要维持地区和平,作为交换,诸酋长国承诺停止海盗活动并结束参与奴隶贸易。到19世纪末,波斯湾的大多数酋长国,包括巴林、特鲁西尔酋长国(阿拉伯联合酋长国前身)、马斯喀特和阿曼苏丹国(现为阿曼),已沦为英国的保护国并与英属印度保持着紧密联系。[3]虽然地位的改变意味着这些酋长国在国防和外交事务等领域服从于英国的权威,但其统治家族认为,为了和平与稳定而服从于英属印度的代价是值得的。此外,这些国家还没有被正式吞并,除非统治者自己提出要求,否则英国通常不会干涉这些国家的内政——尽管干涉的程度取决于各个酋长国。部分原因是科威特与奥斯曼帝国的模糊关系,直到1899年,随着大国在该地区活动的增加,英国和科威特才签署了一项条约,条约赋予伦敦对科威特外交事务的控制权,科威特因此加入受英国保护的行列。15年后,科威特和其他国家一样成为保护国,波斯湾实质上变成了"英国湖"("British lake")。[4]

海湾地区石油的发现，确保了这些保护国在印度脱离英帝国后的很长一段时间内，对英国仍有价值——而且没有其他国家会比科威特更有价值。[5]20世纪20年代，由于猜测当地有石油，美国拥有的东海湾石油公司（Eastern Gulf oil Corporation）寻求当地的特许经营权。但是，无论是英国政府还是科威特的统治家族萨巴赫，都不会允许一家非英国公司就石油钻探合同进行谈判。[6]但美国政府对英国施加了强大的压力，以确保东海湾石油公司不会被排除在与酋长国的石油交易之外。因此，当英伊石油公司在1934年与科威特签署特许经营协议时，它是与美国（东海湾石油）公司作为科威特石油公司的合伙人身份参与的，后者在一年前成立*。科威特石油公司的两家母公司各持股50%并按比例出资，最初同意接受海湾地区通用货币——印度卢比来对外销售石油。但科威特后来被说服接受英镑，这对英国极为有利。[7]该公司于1938年发现石油，但由于第二次世界大战，钻井作业不得不暂停。又过了8年，科威特石油公司才最终交付了第一批商业石油。不过，科威特很快就成为世界上最多产的产油国之一。

到20世纪50年代初，英国当局开始关注萨巴赫家族如何处置他们不断膨胀的石油盈余财富。当时，伊朗石油危机导致大量英镑石油退出市场，科威特石油公司急剧扩大生产以填补供应缺口。此外，部分由于伊朗发生的事件，科威特于1951年与科威特石油公司达成了五五分成的协议。因此，日益增长的产量和利润丰厚的石油合同相结合，使该国的收入增长远远超过所有人此前的预期。英国官员感到有一种家长式的责任，要确保该国的统治者阿卜杜拉酋长（Sheikh

---

* 科威特石油官方网站显示，该公司成立于1934年。——译者注

Abdullah）不会把多余的收入浪费在他们认为华而不实的项目或他们认为不明智的发展计划上。最重要的是，英国财政部和英格兰银行想要确保该酋长国的大部分资产留在英镑区内，以保护英国的国际收支平衡。在遇到一些阻力之后，英国官员最终说服阿卜杜拉在伦敦设立一个委员会，由一位值得信赖的顾问担任主席，来处理科威特大部分的投资。对英国财政部来说，其意图是确保这个委员会不会做任何损及英镑的事情。委员会中有一名来自英格兰银行的官员。

到 20 世纪 50 年代中后期，随着大英帝国内部去殖民化的步伐加快，英国政府越来越担心科威特的投资政策。在 1947 年获得独立后几年，印度开始动用大量的英镑储备来支付经济发展，英镑区储备中的黄金和美元因此被消耗。英国官员担心，大英帝国最大的英镑持有者尼日利亚，英属黄金海岸和英属马来亚（这些国家在 20 世纪 50 年代末 60 年代初取得了独立）会效仿印度的做法。因此，科威特巨额储备的长期稳定，对于弥补因新独立的英镑区成员的开支而造成的储备流失越来越重要。[8]

就在英国官员开始顾虑去殖民化对英镑价值的潜在不利影响时，他们意识到，科威特这个亲英政权面临的内外部威胁日益严峻。最令人担忧的是泛阿拉伯主义在中东地区的传播。纳赛尔在苏伊士运河事件上对英国的胜利增加了其声望，并提高了其反帝国主义、泛阿拉伯主义在该地区的受欢迎程度。大量对科威特石油工业至关重要的外籍工人，将这种主张带到了这个酋长国，并在外籍工人及本土科威特人中找到了共鸣。英国官员至少认为，酋长国内的民族主义热情，可能会迫使萨巴赫家族制定对英国不利的政策，特别是在科威特获得独立之后。1958 年，科威特的北邻、英国的长期势力范围伊拉克爆发了一场革命，反英敌意愈演愈烈，伦敦困境加剧。1961年科威特完全独立后，因伊拉克威胁要吞并科威特，英国政府最终决定派遣英军回到这个酋长国。英国官员已经意识到，一个对英镑至关重要的石油来源地，同时也是世界上最大的英镑持有者之一，正被敌视英国利益的势力包围。

从巴格达到大马士革，再到开罗，阿拉伯领导人都指责萨巴赫家族是英国的帮凶、自私自利。这些批评最初出现在20世纪50年代初，随着时间的推移，它们开始影响科威特投资政策的方向。到50年代末，萨巴赫家族想要更大的投资决策自由。在年轻且更为独立的财政大臣贾比尔酋长（Sheikh Jabir）的领导下，科威特寻求多元化投资组合，并将更多的收入投资于阿拉伯世界，以提升统治家族在阿拉伯兄弟国家中的形象，特别是在伊拉克威胁要吞并科威特之后。英国官员默许了萨巴赫家族的要求，他们担心如果不这样做，科威特可能会走上伊拉克的道路。他们还认识到，英国和科威特都会从后者在阿拉伯世界良好的投资项目中获益，尤其是在形象方面。英国官员还对旨在帮助阿拉伯发展的基金给予了支持。

随着西欧国家自1958年开启"货币可兑换"时代，英国的国际收支问题在60年代开始恶化，英国政府对科威特的投资行为越发担忧。事实上，从1961年至1968年，除中间两年外，英国的国际收支困境均危急到了要耗尽该国外汇平准账户的黄金和外汇储备的程度——国家外汇平准账户是英格兰银行维持英镑国际价值的一个机制安排。[9]由于科威特与英镑区的关系很像大股东与公司的关系，英国官员担心科威特脱离英镑的任何重大举动都会加剧英镑信心的下降，因而试图阻止类似举动。但他们也认识到，必须允许少量至适度规模的资金转到黄金和其他货币，以免给科威特统治家族造成英镑不值得持有的印象，从而引发英国方面一开始就想避免的更大规模的资金转移。尽管英国政府忧心忡忡，但科威特从未将大量资金转出英镑区进而损害英国的利益。即便在1967年英国将英镑贬值之后，科威特仍将大部分资产以英镑形式持有。

在某些方面，这一章节与前面的三章有所不同。首先，虽然英国政府在20世纪50年代末至60年代仍然关注英国获取英镑石油的方式（以及英国公司为此支付的资金）是帮助还是损害该国的国际收支，但在科威特的案例中，英国官员更关心该酋长国的投资决策对英镑的影响。其次，本章主要关注苏伊士运河危机之后的中东，探讨美国取代英国成为该地区主导力量时的英美关系。正如1957年春百慕大会议的框架安排那样，由于各自立场明确，英美在保护西方利益方面的分工同样清晰，美国后续历届政府都指望英国在波斯湾维持治安。[10]讽刺的是，战后英美在中东问题上一度关系紧张，但直到英国威尔逊政府通知美国官员，英国将不得不放弃海湾地区时，这些紧张关系才重新浮现。

不过，本章的主旨与前三章相同：英镑与中东石油之间的关系，如何塑造二战后英帝国及其外交政策的方方面面。与前三章类似，主要还是控制权问题。事实上，与美元石油流入英镑地区、伊朗石油工业的运作以及苏伊士运河的管理权问题一样，英国也试图控制或至少影响科威特的投资方向，以利于英镑。不同点在于，虽然英国对科威特实施的金融控制在英科关系中造成了一些紧张，但无论出现什么压力，都从未达到危机的程度。英国与科威特具备相互依赖性，加上英国官员认识到中东民族主义力量真实且强大，因此只能进行调和。这些因素的结合，导致英国放弃了20世纪50年代上半叶在伊朗和埃及使用的强硬手段。在苏伊士运河危机之后，这些政策制定者没有放弃他们对中东石油与英镑汇率之间关系的关注。但英国与科威特之间的稳定关系表明，英国政府采取了汲取教训的态度，同时更重要的是反映了英国在危机后所面临的经济和政治现实。

一、新石油协议、扩产及英国政府对科威特快速增长的英镑收入的担忧

20世纪40年代末，科威特的统治者艾哈迈德酋长开始对科威特石油公司的特许权条款表示不满。他的堂兄和继任者阿卜杜拉酋长于1950年即位，后者抱怨说，科威特从石油中获得的收入，远低于该地区其他产油国，尤其是在沙特阿拉伯于1950年12月达成五五分成的利润分享协议之后。此外，伊拉克政府也在与伊拉克石油公司（IPC）讨论类似的协议。[11] 阿卜杜拉酋长认为，科威特石油收入与其邻国之间的差距，"严重损害了他在本国子民和波斯湾地区的尊严和声望"。伊朗石油工业走向国有化清楚地表明，如果不尽快与心怀不满的产油国达成协议，就会产生不好的后果，因此（美国）海湾石油公司"坚定地认为"，科威特石油公司应该满足科威特统治者的要求。[12] 最终，酋长国和科威特石油公司迅速而友好地达成了一项基于五五分成原则的协议，自1951年12月1日起生效。[13]

新协议的一个重要方面是，科威特同意让科威特石油公司用英镑支付石油交易，这是英国政府为保护英国外汇储备而坚持的一个

条件。重新谈判的特许权起初要求科威特接收印度卢比付款，但这样的规定会增加印度的英镑头寸，而英国政府正在努力减少后者手中的英镑。[14] 尽管阿卜杜拉酋长同意接受科威特石油公司一半的款项以英镑支付，但他认为，鉴于海湾石油公司是美国公司，科威特有权获得以美元支付的另一半款项。[15] 由于科威特石油公司是一家英国注册的公司，因此如果海湾石油公司用美元支付给科威特，英国政府将不得不提供部分美元来兑换公司的英镑收益，这将消耗英国的储备。另一方面，如果海湾公司以英镑支付给科威特，由于海湾公司需要将美元兑换成英镑，美元将流入（英国）储备。此外，该酋长国赚取的部分美元将不可避免地通过"科威特后门"（Kuwait gap）离开英镑区。"科威特后门"是一个允许活跃的美元自由市场存在的外汇管制漏洞，这是英镑区除中国香港以外唯一的此类市场。[16] 科威特从美国独立石油公司（Aminoil）赚取的美元收入，已经通过这种方式造成英国美元流失。自 1948 年以来，美国独立石油公司在科威特和沙特阿拉伯之间的中立区经营着一个特许权，每年大约向科威特支付 160 万美元。[17]

为了进一步防止与石油相关的美元损失，英国政府派遣了一名财政部官员前往波斯湾，处理科威特石油公司与科威特新协议中的外汇问题。他向阿卜杜拉解释，酋长国如果从科威特石油公司接收美元作为石油收入，将违反英镑区的惯例。他还向酋长介绍了科威特作为货币区成员所获得的重要优势，例如进入伦敦资本市场的特权。在其他场合，英国官员告诉阿卜杜拉和统治家族，科威特可以在英镑区以英镑自由出售石油，此外，在可转账账户区以英镑出售石油比以美元出售石油更容易。[18] 最后，这位统治者同意接受以英镑销售酋长国的石油，条件是英国政府承诺其有权根据需要将英镑兑换成印度卢比，而且英国政府将为其提供美元，"用于购买对国家利益至关重要而又无法用英镑购买的任何商品"[19]。为了让协议更具吸引力，英国财政部还允许阿卜杜拉家族以及"一些最高级的酋长"[20]在无须征询英国的情况下将英镑转账到国外购买财产。阿卜杜拉在外汇问题上的让步对英国政府的重要性不言而喻："我们在波斯湾的经济利益越发依赖那里的英镑石油供应，这要求我们尽可能地维持波斯湾对英镑的依赖。"[21]

就在科威特的单桶石油价格开始上升时，该国石油产量也大幅增加，两项因素促使石油收入飙升。其产量跃升始于1951年伊朗石油国有化初期，当时英伊石油公司与世界其他跨国石油公司合作，阻止伊朗在国际市场上出售石油。为了替代伊朗原油，美国海湾公司和英伊石油公司投入大量资金和技术资源，扩大科威特的石油产量，促使其产量从1950年的1.257亿桶增加到1952年的2.734亿桶。到1955年，当伊朗石油刚刚恢复生产时，科威特已将产量扩大到惊人的3.985亿桶，成为中东最大的产油国，也是仅次于美国和委内瑞拉的世界第三大石油生产国（见表4–1）。[22]该酋长国的收入也相应增加。1951年，即1934年特许经营协议的最后一年，科威特赚取了750万英镑，而到1955年则达到1.005亿英镑，四年内增长了惊人的1 240%。*萨巴赫家族将用这些收入过上奢华的生活，并将沙漠中的游牧部落转变为一个拥有现代化设施的国家。由于这些巨额财富是英镑资产，科威特统治家族如何使用这些巨额财富，开始成为英国官员

---

* 原文为1 340%，作者计算错误，未减基数。——译者注

的主要关注点。

表 4-1　伊朗与科威特石油生产对比及科威特收入，1946—1955

年份	伊朗产量（千桶）	科威特产量（千桶）	科威特收入（千英镑）
1946	146 819	5 931	200
1947	154 998	16 225	—
1948	190 384	46 500	3 425
1949	204 712	90 000	2 950
1950	242 457	125 722	3 100
1951	123 512	204 910	7 500
1952	7 800	273 433	34 850
1953	9 400	314 592	60 161
1954	21 500	347 319	69 302
1955	120 562	398 493	100 498

数据来源：US Office of Naval Petroleum and Oil Shale Reserves, Twentieth Century Petroleum Statistics, 9, Y. S. F. al-Sabah, *The Oil Economy of Kuwait*（London:Keegan Paul International, 1980), 52。

早在1944年，当科威特的石油工业刚刚起步时，就出现了为科威特聘请英国财务顾问的话题。[23] 当时，英国政策制定者担心科威特财政管理不善，希望到位一名英国官员，以确保科威特从石油收入中获得最大利益。由于伦敦当局预计，到1955年，科威特的年收入不会超过500万英镑，到1958年也就是2 000万～2 500万英镑的范畴，因此他们估计，科威特的大部分收入将被用于行政管理、社会服务和发展，或者，正如一位英格兰银行官员所言，"以各种疯狂的方式挥霍掉"[24]。没有人想到其收入会增长到一个可能威胁英镑区金融稳定的水平。科威特的收入刚有苗头达到这一水平，英国就不断向阿卜杜拉施压，要求他接受一名英国顾问，以增加英国对酋长国财政的影响力。[25]

艾哈迈德酋长和阿卜杜拉酋长都拒绝接受英国的高级顾问，因为他们坚决维护自己在科威特内政方面的独立性。[26] 因此，直到1951年，英国政府同科威特统治者的主要官方联系人还是派驻在酋长国的代办。吉尔·克里斯托（Jill Crystal）称代办不过是一个"幕后人物"，他有两个主要职责——作为（英国）政府与科威特石油公司之间的联络人，以及处理外籍人士的法律问题。[27] 相反，艾哈迈德和阿卜杜拉主要依赖肯普（H. T. Kemp）的建议，他是科威特统治者在科威特石油公司伦敦办事处的代表。但肯普履行的职责超越了他在石油公司的角色，随着国家官僚机构的扩大，他的职位也变得越来越有影响力。[28]

英国政府最终于1951年说服阿卜杜拉接受两名资历较浅的英国顾问。[29] 在与酋长和外交部成员讨论后，肯普选择曾在印度任职的克莱顿上校（G. C. L. Crichton）作为科威特财政部的一员，为阿卜杜拉提供财政建议。虽然英国外交部最初对克莱顿的任命感到高兴，但两年后撰写的一份报告却认为他"不称职"，因为他缺乏金融方面的专业知识。[30] 另一位顾问是哈斯特德将军（General W. F. Hasted），一位"经验丰富的工程师"，他被克莱顿选中，在科威特公共工程部门担任发展总监。英国外交部对哈斯特德也很不满，认为他缺乏财务控制和行政管理能力，并抱怨他不适合为克莱顿提供所需的指导。[31] 两人都无法对阿卜杜拉施加英国政府所希望的那种影响。[32] 鉴于伦敦对克莱顿和哈斯特德的失望——他们表现不佳并非完全出于自身原因——英国政府的官员继续恳求阿卜杜拉接受一位高级英国顾问，但没有成功。[33]

尽管未能实现所追求的财务控制质量，英国政府还是拒绝了吞并科威特以保护其经济利益的想法。外交部、财政部、燃料和电力部、贸易委员会、英联邦关系办公室和英格兰银行的代表一致认为，"通过接管行政权力和试图将科威特作为英国领土来管理，[对科威特]实施控制是不切实际的"。他们认为这样做将违反英国与酋长国的条约关系，并将引发来自印度、巴基斯坦和其他国家的一连串批评。因此，他们得出结论，政府不得不"接受行政权力[将]掌握在科威特人手中"，并"专注于提升受雇于科威特当局，并担任顾问的英国官员的权威"。此外，政府还需要改善它说服阿卜杜拉接受其建议的方式。[34]

当然，英国政府面临的核心问题是，它无法安排一位能对阿卜杜拉及其家族产生重大影响的高级顾问，这让英国官员非常担忧。萨巴赫家族手握巨额英镑，却没有被恰当指导过如何使用，驻波斯湾的政治专员鲁珀特·海伊（Rupert Hay）称这种情况"令人恐惧"[35]。首先，外交部担心从50年代初到50年代中期，科威特的"消费狂潮"会引发通胀螺旋。其次，该部门担心，被许多人视为挥金如土的东方萨巴赫家族，似乎不太关心他们的钱花光的可能性。[36] 一位财政部官员断言，总的来说，海湾国家最好将它们的特许权使用费用于"减少对消耗性资产（即石油）的依赖"，而不是将他们的财富浪费在"奢侈享乐"上。[37]

英国官员担心，他们眼中的萨巴赫家族低效的收入分配方式，无论是花在家族自身、日益庞大的国家官僚体系上，还是花在"浪费性的[发展]计划"上，都会导致收入结余减少，无法以英方认为最能促进科威特和英镑区利益的方式进行投资。[38] 理想情况下，英国政府希望统治家族将其"大部分"收入投资于英镑证券，并将结余用于采购"英镑区其他成员［可以］最便利地提供的商品和服务"。[39]如果萨巴赫家族寻求为科威特以外的发展项目提供资金，应鼓励他们在英联邦内操作。[40]英国官员最担心的是酋长国"肆意挥霍或向国外放贷"，因为这会对英国的国际收支造成严重破坏。[41]

与伊朗石油危机和苏伊士运河危机一样，英国对于"东方"控制重要的"英国"资产可能损害英国经济利益的程度提高了警惕。对科威特而言，他们担心统治家族奢侈的消费习惯，这既反映了客观现实，也反映了英国人对阿拉伯君主的成见。"挥霍无度的东方统治者"，这一称谓至少可以追溯到19世纪，英国和法国官员眼中最典型的例子是埃及国家元首赫迪夫·伊斯梅尔（Khedive Ismail）。在英法金融家的极力鼓励下，他通过实施官员认为毫无必要却极尽奢华的公共工程项目和个人奢侈品消费，导致其国家破产。[42]使用"放纵""无节制"和"疯狂"等词汇来形容科威特统治者的实际或潜在的消费行为，也符合欧洲人的典型观念，即认为阿拉伯人和穆斯林具有不受控制和过度的个性。在整个20世纪五六十年代，怀着家长式态度的英国政策制定者试图影响萨巴赫家族的财政决策，以此来控制（他们认为的）这个统治家族根深蒂固的冲动，即浪费金钱。在他们看来，这项努力的成功将保障科威特和英镑区的利益。

英国官员还担心科威特和英国会成为那些视科威特酋长国为"无穷财富和机会之地"的贪婪的开发者的目标。在英格兰银行顾问、后来成为科威特货币委员会委员的隆布（C. E. Loombe）看来，酋长国是"承包商、建筑师和骗子的天堂"，他们中的许多人认为科威特是"容易赚大钱的地方"。[43]这里包括5家英国公司，它们垄断了科威特的开发合同，以非竞争性的"成本加15%"的方式运营，这是哈斯特德将军认为的能同时提高效率和速度的方式。[44] 这5家公司被称为"五大"，它们的主导地位非常有利于英国的国际收支，因为其业务以英镑结算。但这种主导地位最终会激起科威特人的不满，促使酋长国与非英国公司开展更多业务。[45] 所有英国公司都必须同科威特商人是股东合作关系，但这种要求并未能有效缓解酋长国内部具有明显民族主义倾向的群体的担忧，他们认为英国对其经济生活影响太大。英国外交部承认，"这一安排显然容易被［英国公司］滥用。批评是必然会有的，无论是否有道理。我们有理由相信，英国公司将目前的安排视为在科威特获取丰厚利润的极好机会"[46]。

英国公司特权地位最坚定的反对者，是阿卜杜拉同父异母的兄弟——有强大影响力的法赫德酋长（Sheikh Fahad），他也是英国政府加强对科威特财政控制方面的主要障碍。作为一个老练的帝国建设者，法赫德的影响遍及该国不断扩张的官僚体系。他领导着国家的市政和卫生部门，深度介入财政和公共工程部门，最终领导了后来成立的开发委员会。在负责科威特发展规划的公共工程部门，他首次给英国带来了最大的麻烦。法赫德试图维护在该系统中的权威，希望将工程转给科威特企业操作，这不仅是出于民族主义的考虑，也是为了扩大支持者群体。因此，他千方百计地阻挠克莱顿和哈斯特德的工作，包括取消正在进行的项目，以及与改革的支持者大打出手。[47] 到1953年初，法赫德成功地将哈斯特德从发展总监的位置降到一个较小的顾问角色，而且令英国大失所望的是，他让一名叙利亚工程师取代了哈斯特德此前的位置。[48]

法赫德对英国政府干涉科威特事务深恶痛绝。1953年9月，在与驻波斯湾政治专员伯罗斯和驻科威特代办佩里（C. J. Pelly）的一次谈话中，他直言不讳地提醒他们，1899年的《英科条约》（Anglo Kuwaiti Treaty of 1899）规定，英国政府"无权干涉"科威特酋长国的"内政"。[49] 法赫德随后列举了一些他认为英国政府违反条约精神的事例，包括温斯顿·丘吉尔写信敦促阿卜杜拉任命一名财务顾问；他又接着抱怨英国政府"不断试图将合同和采购转移到英国"[50]。

英国官员对法赫德的阻挠和言论都不以为然。这位酋长显然将自己视为一个民族主义者，他使用"科威特属于阿拉伯人"的口号就是明证，而英国人则认为他是一个自私自利的煽动者，抵制"任何旨在使管理秩序井然的措施"。[51] 佩里认为法赫德是"自大狂和恐英症的混合体"[52]。不过，最让英国官员头疼的是，这位酋长有能力挫败克莱顿和哈斯特德对科威特财政施加英国影响的企图。在1953年夏天丘吉尔与阿卜杜拉会晤的简报中，英国官员抱怨说："［克莱顿和哈斯特德的］影响力……受到了科威特出现的'民族主义者'的影响，他们利用当地人的自豪感和独立性，决心将行政控制权掌握在科威特人手中，抵制英国顾问对行政事务的任何介入。"[53] 值得注意的是，策划推翻穆罕默德·摩萨台的英国政策制定者，对法赫德的看法与对伊朗首相的看法如出一辙——法赫德是一个虚伪的民族主义者，他煽动追随者的情绪，损害了自己国家的利益，至少是英国所定义的利益。无论法赫德是一个真正的民族主义者，还是一个腐败的官僚，或者二者兼而有之，这都不重要，重要的是，他对英国控制的抵制，是萨巴赫家族内部日益壮大的某种运动的最明显的例证，即从英国获得更大的独立。

阿卜杜拉还以一种更为防范和微妙的方式，抵制英国对酋长国如何使用石油收入施加影响的行动：他一直拒绝任命一名英国高级顾问，以及最初不愿意接受英国关于在伦敦设立投资委员会的建议，这都是证明。1952 年 2 月，罗杰·梅金斯率领一个由财政部和英格兰银行代表组成的代表团访问科威特，以"确保统治者接受"成立三个不同的委员会来处理金融、投资和发展问题。梅金斯面临着一项艰巨的任务，即向阿卜杜拉解释为什么安全地投资石油盈余对英镑区，进而对英镑区成员、最大的英镑持有者之一的科威特非常重要。[54] 他告诉阿卜杜拉，英国政府对他的发展计划印象深刻，建议他挑选"值得信赖的顾问"，为政府的正常开支和发展安排资金。梅金斯说，即使国家为政府和发展提供了资金，但仍会有大笔资金结余。因此，英国官员认为酋长最好授权"伦敦的一个小委员会"，包括"他最信任的科威特顾问之一"，将这笔钱投资于英镑证券，而不是让它存在英伊中东银行的低息账户中。[55]

阿卜杜拉从一开始就对梅金斯的来访心存疑虑。首先，他想知道英国政府为什么认为有必要使用"特殊程序并派遣一个特别代表团"来讨论酋长国的财政问题，因为英国政府本可以通过政治专员和政治代办来实现同样的目标，而他对政治专员和政治代办有着"最充分和最完全的信任"。[56] 此外，阿卜杜拉还希望进一步明确，为什么他在英伊中东银行未使用的存款头寸会对英镑、英国和英镑区其他成员构成威胁。梅金斯面临的挑战是，既要向酋长给出他想要的答案，又不能暗示英伊中东银行缺乏能力或诚信，或者酋长本人会不负责任地使用超额收入，阿卜杜拉对这个问题非常敏感。毕竟，酋长声称他对自己在该银行账户上获得的 0.75% 的利息感到满意，且梅金斯也不能理直气壮地说酋长的存款有任何危险。这位副部长试图阐明中央银行和商业银行之间的区别，以说服阿卜杜拉将英镑存款转移到英格兰银行。

他还竭力解释酋长的巨额英镑头寸的明智投资将增强人们对英镑的信心，从而巩固英镑区每个成员各自的地位，但最终都徒劳无功。[57]

阿卜杜拉对梅金斯敬而远之，不仅是因为他对英镑区的深层门道理解不足，还因为他对英国政府的动机的确存疑。这位统治者担心英国政府所寻求的对拟议投资委员会的"控制程度"，并对这样一个委员会的必要性表示怀疑。梅金斯意识到了酋长的顾虑，因此，他在沟通时小心翼翼，避免使用英国经济命运同科威特过剩的英镑收入之间的关系，来证明投资委员会成立的正当性。尽管如此，阿卜杜拉肯定知道，如果不涉及英国的重大利益，英国政府不会如此坚持不懈地纠缠他的财政问题。他因此更信任肯普，而不是英国政府的官员。这样一来，酋长向肯普寻求建议也就不足为奇了。在得知阿卜杜拉已经就使团的建议咨询过肯普之后，梅金斯认为，在英国官员与肯普会面之前，继续与统治者探讨此事已毫无意义。如果有机会与肯普会面，他们希望说服后者建议酋长采纳英国政府的建议。[58]

英国政府的坚持最终得到了回报。虽然阿卜杜拉几个月来一直对设立一个在伦敦的投资委员会持怀疑态度，但在1952年10月底，他的态度终于软化。没有书面证据可以解释阿卜杜拉为何最终接受了英国政府的建议，但几乎可以肯定的是，正如西蒙·史密斯（Simon Smith）所说，肯普在这一过程中起到了"决定性"作用。[59]通过与肯普的交流，酋长可能认识到，即使英国政府的建议是以英国利益为出发点，他的利益和英国的利益也不一定是互斥的。在拟议的科威特投资委员会（KIB）成立之前，阿卜杜拉为其设定了一些指导原则。首先，委员会必须投资于由英国政府支持的证券，也就是所谓的金边证券。其次，科威特投资组合的整体收益率必须高于在英国中东银行获得的利率（对于此前仅仅满足于 0.75% 存款利率的阿卜杜拉来说，这相当高了）。最后，委员会必须为科威特的投资保持高流动性。流动性问题对阿卜杜拉来说极其重要，因为他认为自己有责任"为他的继承人信托保管其盈余，以便在紧急情况下或石油储量耗尽时使用"。并非所有指导方针都有正式文件，但在一段时间内，投资委员会严格遵守这些指导原则，并在情况允许或必要时进行调整。[60]

科威特投资委员会于 1953 年 2 月 23 日正式成立，正如预期，肯普成为首任主席。与他一同就职的还有处理王室事务的律师事务所合伙人温肖（C. P. L. Winshaw）、英国中东银行董事肯尼特勋爵（Lord Kennet）和英格兰银行官员皮尔西勋爵（Lord Piercy）。根据英国财政部的一份说明，委员会中没有科威特人，这是因为统治家族成员和酋长国的主要商人"缺乏足够的经验"[61]。尽管如此，阿卜杜拉却从未坚持要求科威特人参与其中。在 1955 年至 1957 年，科威特代办贝尔（G. W. Bell）后来推测，酋长"极不愿意任何主要商人或其家族成员熟悉国家的财政事务，他认为这必须牢牢控制在自己手中"[62]。委员会的规模不超过五人，阿卜杜拉及其继任者保留任免的权力。[63] 委员会投资的所有资金都存放在英格兰银行的一个账户中，英格兰银行向科威特统治者提供"特殊便利"，包括英国政府官方股票经纪人的"服务和建议"，并鼓励委员会向他咨询。阿卜杜拉确保董事会在投资资金时"适当考虑流动性"，以便"在可行的情况下"，他和继承人需要资金时"随时可用"。最后，委员会在伦敦召开会议，以保持酋长所要求的"与伦敦市场的日常联系"[64]。

尽管英国政府的官方代表并未在科威特投资委员会中任职，但财政部仍希望对其施加重大影响。当英国官员最初讨论设立投资委员会的想法时，外交部的罗斯（C. M. Rose）解释了为什么他们不能直接参与：

> 我们认为重要的是要避免形成暗示，即英国政府正在控制酋长对其资金的使用行为。这不仅是因为政府面临着承担如此重大责任的风险，还因为所有直接的官方代表都很难被酋长接受，并可能在科威特和其他地方遭遇批评。[65]

尽管如此，英国财政部不希望该委员会完全独立于英国政府。财政部次官瑟普尔希望"找到办法"，让英国政府能够"在幕后施加足够的影响，以防止市场投资（或撤资）直接损害"英国的利益。[66]两个月后，他在与英格兰银行和外交部官员的会议上解释说，虽然财政部对于在科威特的财政问题上使用"建议与温和说服的方法相当满意"，但他认为"真正实现"对酋长国收入的"适当控制至关重要"。他补充说，为了实现这一目标，英国政府的"直接干预"最终可能是必要的，他"希望在这一点上达成共识"。[67]正如本书通篇所示，当英国的经济利益受到威胁时，财政部官员几乎总是比其他部门的同事，更愿意采取积极主动的措施来捍卫这些利益，不管外交后果如何。

20世纪50年代末60年代初，科威特投资委员会的组成、它所进行的投资类型、对酋长国英镑盈余的控制方式，甚至所在地都发生了变化。该委员会成立之初，将科威特总收入的三分之一投资于短期金边证券。[68]不久，委员会的成员将考虑其他类型的金融工具，科威特以外的发展项目最终将在可供投资的收入中占更大比例。但英国政府并没有减少努力，对科威特使用其石油收入施加尽可能多的影响。

由于酋长国不断增加的英镑头寸，以及冲击中东和大英帝国的政治运动，伦敦比以往任何时候都更加担心科威特英镑盈余的命运。[69]

二、英镑可兑换、去殖民化、发展及科威特的英镑结余对英镑区日益重要

1958年12月底，英国政府利用一个极为有利的经济形势，实现了英镑事实上的可兑换，正式确定了1954—1955年开始的外汇改革。[70]1958年，英国的国际收支盈余达到了战后最高。此外，英国的外汇储备攀升至近31亿美元（见附录3），使该国储备余额与其对外英镑净负债的比例也达到了战后最高。[71]而且，由于美国的对外直接投资、美国对西欧的军事开支以及西欧经济的复苏，美国与西欧之间的美元缺口最终缩小了，全球货币储备从美国向世界其他地区的再分配证明了这一转变。[72]英镑可兑换的时机已然成熟，这促使英国财政部和英格兰银行官员着手推进将"可转账汇率"和官方英镑汇率统一的计划。该计划被称为"独角兽行动"，旨在令所有非英镑区居民（包括美洲账户区成员）在经常项目交易中均可以兑换英镑。英国与欧洲大陆的经济领头羊德国和法国共同协调了这一行动，西欧其他国家也纷纷效仿，最终使布雷顿森林体系得以按照制定者14年前的设想运行。[73]虽然财政部继续监管英镑区居民的经常账户交易以及所有以英镑计价的资本转移，但英镑实际上已经实现了可兑换。保守党、财政部和英国央行的官员已经实现了他们的共同目标，即把英镑重新引入英镑以外的世界，这是他们重建英镑国际地位的努

力的一部分。

格罗尔德·克罗泽维斯基认为，英国与殖民地之间货币和金融关系的变化，导致英国官员在1958年使英镑可兑换，也有助于解释20世纪五六十年代的英国去殖民化。二战结束后，英帝国和英镑区的主要目的是帮助英国从全面战争的冲击中恢复经济。受战后50年代国际经济趋势的影响，英帝国的贸易和资本流动发生了变化，这减少了英国本土与外围之间的经济互补性，使帝国的经济恢复能力失效了。到50年代中后期，为满足各自经济需求，英国及其殖民地显然需要开拓对方以外的市场，这样对双方都有益。此外，二战结束以来，英国保守党、财政部和中央银行的政策制定者，一直试图将英国经济关系的重心转向欧洲，因为他们认为这将给英镑和英国经济带来好处（1961年7月麦克米伦政府申请英国加入欧洲共同体就证明了这一点）。随着保守党于1951年上台执政，英国官员可以采取必要的措施来实现这一目标，比如限制流向殖民地的资本，而将其引向帝国之外的经济增长区域。"英镑可兑换"标志着某种意义上的"跨越卢比孔河"，因为一旦实现了可兑换，就再也回不去旧时的英镑区关系了。因此，在1958年，英国的经济命运已定，维持帝国不再具有经济意义，这一判断有助于解释50年代末60年代初去殖民化的时机。[74] 但克罗泽维斯基谨慎地指出，他的论断存在"地理局限性"，尤其是考虑到某些殖民地对英国具有特别的战略或经济重要性而未能获得独立，例如塞浦路斯、亚丁，或者那些位于英镑区边缘的地区，如西印度群岛、肯尼亚和罗得西亚。[75] 波斯湾沿岸的酋长国属于第一类，部分原因是它们兼具战略和经济价值，在1971年才独立，独立的时间相对较晚。

克罗泽维斯基的观点，虽然是我们理解去殖民化过程的重要补充，但需要进一步扩展，以提供一个更完整的大英帝国解体的图景。鉴于去殖民化涉及英国对其遍布全球的众多领土的决策，对这一进程进行笼统的概括难免挂一漏万，但仍然值得尝试，因为的确可以做一些概括。帝国史学家通常采用多因果关系的方法，来解释去殖民化的原因、方式和时间。经济学、国际政治和殖民地民族主义构成了三位一体的研究范式。[76] 在思考大英帝国为何终结时，罗纳德·海姆（Ronald Hyam）触及问题的核心，他写道："真正重要的历史问题是，当民族主义领袖敲门并要求自治时，帝国权力是如何在心理上达到'准备打开自治之门'这个临界点的。"[77]

要想找到导致英国官员打开这扇门的力量源头，只需要把目光放在二战，在很多方面，二战是引发这些力量大爆炸的根源。[78] 战争中开拓的殖民地，导致了对殖民地生活的强制性干扰，这激发了当地的民族主义运动。正如之前讨论的，为加速经济复苏，这些政策在战后持续实施，从而进一步推动了外围的民族主义，并为要求自治铺平了道路。正如克罗泽维斯基所解释的那样，战争在摧毁欧洲经济的同时扩张了美国的经济，国际经济关系被重新调整，进而加速了帝国经济关系的变化，这反过来又消解了维系帝国的经济纽带。在国际政治方面，战争将美国、苏联和联合国推向了全球领导地位，限制了英国在冷战背景下的政治和战略选择。[79] 毕竟，维多利亚时代帝国主义阻碍了西方与共产主义的斗争，给英国，进而给美国制造了不好的形象，苏联和殖民地民族主义者都利用了这一机会，特别是在苏伊士运河危机后召开的联合国大会上。由于英国政府官员致力于维护和提升英国的国际声望，帝国已成为他们需要摆脱的负担。[80] 当然，所有这些背后的根本原因是英国的经济疲弱，这影响了英国的战略决策，直接或间接地加速了去殖民化进程。归根结底，我们可以合理地认为，当殖民地民族主义者要求独立时，英国官员接连做出默许的决定，这是20世纪50年代末必须适应的政治和经济力量所强加给英国政府的政治、战略和经济后果。

在20世纪五六十年代，去殖民化进程加速，许多英国官员，尤其是殖民部的官员对这一变化既未预料到也不欢迎。在苏伊士运河危机之前，安东尼·艾登和殖民地事务大臣艾伦·伦诺克斯·博伊德（Alan Lennox Boyd）设想了一个渐进的、可能长达数十年的过渡，在此过程中，殖民地的经济和政治发展，将为和谐有序地结束大英帝国铺平道路，从而保持英国在新独立国家中的影响力。到20世纪60年代初，除科威特等地，英镑区最大的英镑头寸持有者都已实现独立，英国官员认为这一变化可能会对英镑产生不利影响。

在波斯湾保护国的石油收入暴增之前，海外英镑区经历了两个英镑资产规模大幅增长的时期。第一个发生在第二次世界大战期间，如前所述，英国当时不得不自英联邦成员大量借款，为战争提供资金。当时，印度是英镑区最大的英镑头寸持有者，但由于与英国达成了减少持有规模、贸易账户赤字和发展支出的协议，印度的英镑余额在50年代中期大幅减少。在朝鲜战争推高全球原材料价格时，海外英镑区的英镑储备出现了第二次大幅增长。在帝国内部，这次商品繁荣的最大受益者是世界最大的橡胶和锡出口国之一的马来西亚，可可生产和黄金开采中心加纳，以及棕榈油、锡和可可的重要生产国尼日利亚。[81] 因此，海外英镑区的大部分英镑储备从南亚的独立国家转移到东南亚和西非的附属国（见表4-2）。

表 4–2　非洲和亚洲国家持有的英镑头寸，1945—1960（单位：百万英镑）

年份	印度、巴基斯坦和斯里兰卡	印度[a]	东部、中部和西部非洲	西部非洲[a]	远东	马来西亚
1945	1 358		205		142	
1946	1 314		217		193	
1947	1 218		253		198	
1948	957		314		195	
1949	790		346		201	
1950	820	804	436	253	284	164
1951	837	730	551	329	399	252
1952	668	694[b]	612	351	430	283
1953	660	697[b]	675	400	438	282
1954	672	691[b]	773	488	426	305
1955	728	687	765	507	465	364
1956	570	412	748	480	498	369
1957	371	254	701	462	479	361
1958	248	156	683	454	517	376
1959	281		660		607	
1960	236		595		695	

数据来源：J. D. B. Miller, *Survey of Commonwealth Affairs*, 297; Schenk, *Britain and the Sterling Area*, 50-53。

注：a：第四季度的总数；
b：不同数据来源之间存在统计差异。

凯瑟琳·申克（Catherine Schenk）认为，这些储备规模不仅在地理上发生了变化，而且在性质上也发生了变化。长期以来，学界普遍认为殖民地手中的英镑头寸不稳定，拖累了英国经济，申克挑战了这种观点，她认为殖民地英镑头寸是稳定的海外资产，主要用于储备目的，不应与独立英镑区（ISA）流动性更强的"战时非常规积累"

等同。[82]她断言，这种稳定性并非巧合，而是"英镑区自身运行机制"的结果。[83]格罗尔德·克罗泽维斯基不同意这一观点，他认为申克"没有充分重视殖民地英镑头寸的政治不稳定性"[84]。在这一研究中，是申克还是克罗泽维斯基的论点更有说服力，这一点并不重要，重要的是英国官员自己相信什么。而文件记录显示，伦敦英镑区政策制定者的确担心殖民地手中的英镑头寸不稳定。事实上，在50年代中期，英国财政部和英格兰银行的官员在考虑启动后殖民时期的发展时，并没有区分是二战还是朝鲜战争期间积累的英镑——至少当讨论这些英镑在短期内大量转为美元和黄金的可能性时没有区分。[85]

1956年夏天，当英国正在谈判马来西亚独立的条款时，英国政策制定者开始对去殖民化和发展背景下的英镑区的未来表示担忧。英镑区工作组[86]——这个由财政部和央行官员组成的委员会成立于1955年，旨在对英镑区政策开展审查和提出建议——记录了它们的担忧：

> 因此，报告的主要结论是强调，在接下来的十年左右，英联邦和英镑区的经济和政治发展，可能会增加英国经常账户上的负担。如果英国要保持它作为英镑区领导者和金融中心的地位，就必须做好应对这种额外压力的准备。[87]

英国官员对后殖民时期（英镑区）英镑储备余额的迅速减少感到焦虑，这并不奇怪。毕竟，到1956年底，印度的英镑持有量减少了50%，而且自1950年初以来，印度所持英镑头寸规模的"主要决定因素……往往是发展支出"。巴基斯坦和斯里兰卡的情况也是如此。从1955年到1958年，由于"发展成本意外上升"，这三个国家的（英镑）储备都下降了三分之一。尽管马来西亚和加纳在独立后并未出现英镑余额"急剧下降"的情况，但财政部和央行官员仍然担心这两个前殖民地可能会效仿印度、巴基斯坦和斯里兰卡的模式："我们无法阻止这些趋势，它们反映了海外英镑区成员完全合法的内部政策。但是，随着未经考验的政府上台执政，愚蠢的政策也会带来风险（且不可避免）。"[88]

中东英镑持有国的支出也成为对英国储备的潜在威胁。二战期间英国自埃及借款使埃及积累了1.283亿英镑的余额。根据战后签署的协议，这些资金会逐渐还给埃及，预计到1963年将全部完成支付。[89] 与此同时，英国长期影响力正在减弱的伊拉克，积累了1.154亿英镑的余额。由于伊拉克花掉了大部分石油收入——1955年在总收入7 500万英镑的情况下仅增加120万英镑的储备——因此它几乎肯定会利用其在伦敦的账户来应对经济发展开支。伊朗的石油工业在国有化危机之后刚刚开始恢复正常运营，几年之后也会面临类似的情况。[90] 1956年，英国外交大臣的私人秘书拉斯基（D. S. Laskey）预计，除科威特以外的中东英镑持有国将花光所有石油收入，并耗尽总额约为3亿英镑的储备。他写道："这种危险的情况显而易见。"[91]

英镑区工作组认为，应对英镑区独立成员和其他英镑持有者的经济发展带来的"额外压力"的一种方式，是锁定波斯湾地区日益增长的收入。财政部和英格兰银行的官员认为，如果他们能够帮助保护国将积累（见表4–3）转化为以英镑计价的贷款和投资，那么这些储备"可能成为"英镑的力量源泉，以及非洲和亚洲去殖民化浪潮中的"宝贵"资产。[92] 这样一来，帝国在非洲和亚洲的终结将带来帝国意志在中东关键区域的复兴。

表 4-3　波斯湾地区的英镑储备情况（百万英镑）

年份	余额*
1950	0
1951	3
1952	15
1953	38
1954	70
1955	136
1956	169
1957	203
1958	260

数据来源：Schenk, "Britain and the Sterling Area," 51。

注*：第四季度。

几个月后，工作组强调了将中东产油国留在英镑区的重要性，即补充新独立殖民地的潜在支出。该小组随后主张，在满足流动性要求后，将英镑区产油国的结余投向英镑区的高等级长期投资，除非这类投资与产油国利益相冲突。[93]

科威特拥有巨额收入盈余，对英国官员来说"具有特别重要的地位"[94]。波斯湾其他保护国的收入不及科威特的规模，而伊拉克则考虑把大部分收入用于发展。1956年10月英国财政部的一份简报称，科威特当年1.57亿英镑的余额是"英镑的力量源泉，而海外英镑区国家的余额正在减少或［没有］增长"[95]。但该报告的作者同时指出，如果阿卜杜拉的投资政策"过分强调流动性"，那么这个规模的英镑头寸也可能成为英镑汇率的拖累。[96] 英国财政部因此建议酋长"应该采取更灵活的投资政策，这将为伦敦市场提供新的储备，这些储备可用于为流动性较差的投资提供资金支持"[97]。

英国财政部和内阁将股票和英镑区的长期投资列为可选方向,同时还考虑了在中东的"稳健"投资,前提是这些投资不会"占用大部分的"科威特盈余。[98]英国内阁中东事务委员会希望阿卜杜拉有兴趣投资英联邦的大型发展项目,尤其是在印度,因为印度对资金的需求与英镑区可用财政资源之间存在"巨大缺口"[99]。该委员会还建议科威特可以投资殖民地的项目,例如沃尔特河计划;而殖民部则主张说服(科威特)统治者投资殖民地政府债券,特别是在阿拉伯地区。[100]不过,考虑到外界的看法,财政部官员最终认为,酋长国投资政策的所有变化均应基于财务实绩,而不应被误解为英国政府试图将统治者的盈余转用于自身目的。[101]

要想说服阿卜杜拉以一种有利于英国的方式投资科威特的英镑结余,既不引起酋长国民族主义者的批评,也不引起其他阿拉伯国家的反对,一个方法是说服他投资阿拉伯世界的项目。虽然英国财政部相信中东地区"几乎不存在稳健投资的机会",但它认为该地区的输油管道项目将为统治者提供一个消化收入盈余的出口,这不仅有利于酋长本人,也有利于输油管道经过的国家以及西欧,"同时又不会增加英镑的压力"。[102]中东事务委员会讨论了这一想法,此外还讨论了让阿卜杜拉投资叙利亚炼油厂项目的可能性,委员会成员认为后者"非常可取"。他们认为,如果阿卜杜拉"要参与中东发展投资,那么叙利亚项目提供了一个良好的起点",因此,他们应该"鼓励统治者参与"[103]。这些建议没有产生任何效果,但科威特在独立后的确创建了一个基金,用于投资这类项目以及其他促进阿拉伯世界经济发展的项目。[104]无论统治者是投资于殖民地、英联邦还是阿拉伯世界,对英国

第四章 科威特的石油顺差:对英镑的利与弊 201

财政部来说重要的是，科威特的英镑资金是"以一种有助于增强和稳定英镑区的方式"投出去了。[105]

英国财政部和英格兰银行是否直接影响了科威特投资委员会的决策，似乎没有确凿的证据。在内阁中东事务委员会的一次会议上，有人指出，英国政府"没能**恰到好处**地去影响酋长的投资政策"[106]。但这并不意味着财政部或英格兰银行的官员没有尝试这样做。委员会成员皮尔西勋爵与英格兰银行有直接联系，而且由于投资委员会在伦敦召开会议，可以相当肯定的是，英格兰银行和财政部的代表向科威特投资委员会表达了他们的意见，只不过强调的是英国和科威特的共同利益。考虑到英国的经济利益，该委员会在认为阿卜杜拉的流动性需求得到满足后，已经开始将科威特英镑收入的更大比例投资于股权（见表 4-4）。[107]考虑到委员会的投资已经转向流动性较低的方向，几乎不可能评估英国财政部和央行代表的游说努力（如果有的话）是否产生了效果。找到科威特投资委员会在英镑区投资的证据，将在一定程度上证明它们确实产生了效果。

表 4-4　科威特的英镑投资，1955—1961（百万英镑）

年份*	政府债券	国库券及现金	股票（权益）	私营债	总计
1955	61.5	33.5	2.2	—	97.2
1958	133.1	44.2	18.4	10.0	205.7
1960	154.2	28.9	22.3	6.0	211.4
1961	148.3	79.2	31.4	—	258.9

数据来源：Lucas to Mackay, 1962 年 6 月 14 日，NA, T 317/121。
注*：1961 年数据截至 6 月 30 日，其他数据截至 3 月 31 日。

1956年，"英国"对科威特投资的控制程度开始受到抨击，这反映了英科关系面临的内外部压力不断增加。年轻一代的酋长和新兴的本土知识分子开始崭露头角，他们不仅要求科威特对国家投资有更大的控制权，还要求在更大程度上完全独立于英国。纳赛尔在苏伊士运河危机中对英法的惊人胜利，激发了整个中东地区的民族主义浪潮，这促成了该地区各国政府内政和外交政策上的转变，甚至导致了政权的全面更替。早在1956年纳赛尔取得胜利之前，英国外交部一位官员就认为，"政治性和极端民族主义"对英国和西方在中东利益的威胁，要大于共产主义或"苏联直接渗透"该地区。[108] 在努力保护英国在科威特的经济利益时，英国政府将不得不与各种力量做斗争。当长期的国际收支问题继续困扰英国并威胁到英镑的稳定时，他们就会这么做。

三、阿拉伯民族主义、英国在科威特利益面临的威胁，以及英美在中东的干预

苏伊士运河危机是对英科关系持久性的首次真正考验。1956年上半年，科威特开始更频繁地出现亲埃及和反英国的活动，如为埃及军队筹款和发表反帝文章。[109] 苏伊士运河国有化之后，这类活动的规模大大增加。8月14日晚，在纳赛尔号召整个阿拉伯世界举行大罢工以抗议在伦敦召开的第一届苏伊士运河会议之后，4 000人聚集在科威特主要改革派机构之一的国家文化俱乐部，讨论一项行动计划。虽然当晚大多数发言者都是巴勒斯坦人，但据政治处*的一位官员说，

---

* 英国驻科威特机构。——译者注

"普通民众"对苏伊士运河国有化的态度是"普遍感到满意，因为一个阿拉伯兄弟对西方做出了强有力的姿态"。[110] 11月的第一周，受雇于酋长国的埃及工人和其他阿拉伯工人的反英情绪高昂，起初是为了回应10月30日英法对埃及发出的最后通牒，后来则是为了回应运河区本身遭到的入侵。各类民族主义团体悬挂反英标语、散发反帝传单、招募志愿者参加埃及武装部队，并组织筹款活动、罢工、示威游行、抵制英法商品。[111] 在苏伊士运河危机之前流传的一份题为"唤醒海湾自由阿拉伯人"的传单中，民族主义者宣称："我们海湾的阿拉伯人必须团结起来，反抗帝国主义者，直到他们失去意识和控制力……帝国主义者会尽其所能留在这里……将我们国家的财富带到英伦三岛，让那些军火商享受我们的财富。"[112]

尽管英国在科威特的地位似乎正受到威胁，但在苏伊士运河危机期间，英国的利益从未有何损失，因为萨巴赫家族的统治者认为，维持与英国的紧密关系对于保证酋长国的存续至关重要。1957年初，英国驻波斯湾政治专员伯罗斯解释了他为何相信英国在科威特的短期地位有保障："几乎所有科威特人都对切断与我们的联系犹豫不决，一个关键因素是，他们意识到英国［对酋长国］的保护对其继续独立存在至关重要。换言之，他们认识到相比于被并入伊拉克或沙特阿拉伯，英国的保护更为可取。"[113] 因此，统治家族不遗余力地展示了他们对英国保护者的忠诚。在前一年夏天与政治处的罗斯尼（A. K. Rothnie）的一次谈话中，阿卜杜拉形容纳赛尔将苏伊士运河国有化的决定是"一个有军事头脑的人的恶行"。萨巴赫家族的成员向罗斯尼保证，他们的警察和安全力量"能够维持秩序，并保护［英国公民］在该国的生命和财产安全"[114]。

安全部队不是为了维持秩序，而是为了压制日益壮大的抗议运动。8月14日晚，在大部分人回家后，安全部队用枪托驱散了仍留在国家文化俱乐部的200名亲纳赛尔的"铁杆"示威者。两天后，警察在首都中心广场使用棍棒驱散一群抗议者，这一行动造成的破坏可能比它要避免的还多。[115] 11月，阿卜杜拉和负责安全的酋长们继续向政治代办贝尔保证他们会维持公共秩序。实际上，安全部队继续在各地驱散聚集的活动人士。[116] 阿卜杜拉和志同道合的萨巴赫成员曾向伦敦以及本国子民发出信号，表示不会容忍政治现状发生重大改变。

经济现状也不会改变，至少在对英国最重要的领域不会改变。在英法入侵苏伊士运河期间，科威特统治者没有参与抵制英国进口商品的行动，也拒绝取消英国的合同，而是巧妙地辩称："商人们可以针对英国商品和客户，自行采取他们认为最符合利益的行动。"[117] 有报道称，英国决定冻结埃及的英镑头寸，导致中东国家对英镑失去了信心。英国财政部官员对这一消息深感不安。因此，当科威特在英镑遭受重创的11月，没有将大量英镑储备转换成黄金和美元进一步冲击英镑时，他们一定集体松了一口气。鉴于酋长国持有大量英镑，抛售英镑将损害自身利益，再加上对英国国防的依赖，都可能有助于阻止统治者这样做。

尽管如此，伯罗斯还是担心阿卜杜拉会受到越来越大的政治压力，尤其是考虑到英国在苏伊士运河行动后的影响。尽管统治者和老一辈酋长"异常刚烈和坚韧"，但这位政治专员评论说，他们一定对英国的中东政策"深感忧虑"，因为这一政策使得该国与英国的联系很难维持。他担心科威特的统治集团可能会屈服于"改革派与民族主义者"的压力，切断酋长国与英国的联系，他认为这一举动不仅会损害英国的利益，还会牺牲酋长们的地位和科威特的独立。[118] 伯罗斯因此认为，英国政府应考虑对科威特新生政治运动的"某些内部意愿表示共情"，并说服阿卜杜拉及其家族中较为保守的成员进行政治和经济改革。[119] 为了保护英国的利益，英国官员在20世纪初曾试图通过收买温和的改革运动来遏制埃及和伊朗的政治极端分子，并充当政治发展的促进者。[120] 在这两个国家，英国政府都未能阻止反英政治团体夺取政权，至少从长远来看如此，并最终采取了强硬措施来维护英国在两国的影响力，挽救了英国在伊朗失去的一些东西，但在埃及则没有。当科威特年轻一代的酋长开始更强烈地要求政治变革时，守旧派会满足他们的要求。然而，所发生的改革与其说是涉及内部治理，不如说是使科威特更加独立，尤其是在金融领域。然而，像1953年在伊朗和1956年在埃及那样被军情六处干预或被军事入侵的情况不会再出现了。

虽然英国和美国在保护科威特的共同石油利益方面达成一致，但英国官员延续了二战结束以来的看法，即英国在中东石油中的利益与美国不同。在考虑到中东产油国可能对五五分成的特许协议提出挑战时，英国财政部在1958年9月写道，除了法国，只有英国对确保维持现有协议有"如此强烈的经济利益"。美国政府则不像英国，它只关心保护美国石油公司的投资，对确保这些投资的盈利能力不［被］减少有"一点点兴趣"。英国财政部因此指出，美国只有在面临国有化的威胁时，才会冒着损害其在中东政治影响力的风险，介入一个主权国家的事务。[121] 在回答"我们应该在未来十年将中东石油视为英国的重要利益还是西方的集体利益"这个问题时，英国财政部写道：

英国［在石油方面］有特殊的利益……不仅仅是供应的安全。由于英国公司在中东地区拥有股份，该地区近40%（加上壳牌公司根据优惠的长期合同获得的石油，该比例接近50%）的石油产量归英国公司所有。英国公司的业务，包括向其他国家出售中东石油，极大地促进了我们的经济实力和国际收支平衡。这种金融和经济利益并不总是与我们多数朋友、盟友对于保持石油供应稳定的基本需求相吻合。在与中东国家发生涉及收益而非供应的严重争端时，英国将很难获得朋友或盟友的支持，如果我们试图采取本身就可能导致供应中断的反制措施，那我们就更不能指望获得支持。[122]

由于伊朗和沙特阿拉伯分别在1957年和1958年与石油公司签订了终止利润五五分成原则的合同，英国财政部对中东石油生产国可能重新谈判现有特许协议的可能性越来越感到担心。意大利独立石油大亨恩里克·马泰（Enrico Mattei），曾创造了著名的"七姊妹"（Seven Sisters）这一揶揄世界各大石油公司的说法。他在1957年与伊朗国王达成协议，将国家碳化氢公司（ENI，意大利埃尼集团的前身）出售伊朗石油所得利润的75%分给伊朗。这笔交易让马泰在某种程度上报复了石油巨头，因为后者在1954年将他排除在与伊朗财团的协议之外。除了ENI的特许权外，得到日本政府支持的日本公司——阿拉伯石油公司——也与沙特阿拉伯签署了一项对王国有利的56∶44分成比例的协议。此外，印第安纳标准石油公司在1958年也与伊朗签订了一份与ENI的条款类似的合同，不同之处在于标准石油公司需要预先支付更多现金。自从阿美石油公司在1950年的最后几天与沙特阿拉伯达成历史性协议以来，美国和英国官员一直努力维护中东国家与基于五五分成原则开发其石油的外国公司间的稳定关系。现在，他们不得不问，这一切将何去何从？[123]

没有人比英国财政部的官员更关心这个问题的答案，尤其是在1958年。整个战后时期，英国财政部都希望从两个方面扩大成果，从而进一步改善英国的国际收支：一是英国石油公司的盈利能力强劲，二是它们为英国的石油进口节省了美元开支。1958年，英国财政部再次注意到，中东石油贸易可能对英国经常账户产生积极影响。10月，英国的国际收支盈余达到4.26亿英镑，创战后之最（见附录1）。这种改善在很大程度上归于进口价格的下降。但在过去的18个月里，无形收入的显著增长也发挥了重要作用。无形收入增长的很大一部分原因，是石油收益在苏伊士运河危机后开始恢复。[124]1958年，当人们意识到石油对英国贸易地位的改善有多大贡献时，财政部的玛丽·赫德利·米勒（Mary Hedley-Miller）强调，如果中东石油的特许经营现状受到干扰，英国将面临经济风险。她非常明确地指出，英国参与石油贸易的无形收入是前几年英国经常账户盈余"计算中最重要的一个项目"，它帮助英国维持英镑的国际货币地位，并缓解了其他国家英镑储备下降所造成的经济压力。[125]

英国政府各部门"紧急"评估了中东石油特许安排的未来。鉴于1957年和1958年伊朗和沙特阿拉伯各自对外达成的协议，英国燃料和电力部甚至召集了一个工作小组，探讨英国如何"预先应对大幅度修改现有特许经营的压力"。[126]然而，科威特政治处的一名官员建议莱斯利·罗恩，在这个问题上与酋长国打交道时过于顽固显然不符合英国的利益：

> 我深信，我们必须非常冷静地看待科威特的局势。我们的根本目标是尽我们所能确保科威特的石油持续流向我们和英镑区，不是一年，而是未来二十年。仓促之策无法确保这一点。即使科威特人的做法让我们感到不快，我们也必须与他们合作。统治者是一个非常精明的人，也是萨巴赫家族中我们最好、最可靠的朋友，他深谙自己人民的情绪，最愚蠢的做法就是去激烈地反对他。如果我们想要保住在中东石油的利益，我们必须接受阿拉伯人的意愿。[127]

关于科威特的问题，那些支持妥协的人将占上风。就在两周前，英国刚刚目睹了在伊拉克未能与阿拉伯人的意愿达成妥协的后果。

1958年7月14日，科威特的北方邻国发生了一场轰轰烈烈的革命，也将其对英国根深蒂固的敌意公布于众。[128] 伊拉克国王、王储和其他由英国扶持的哈希姆王室成员在王宫庭院中被枪杀，该国首相努里·赛义德在第二天试图逃跑时被捕。他被拖到巴格达街头，最终被烧死。努里的惨死让这个对政府感到厌倦的国家得到了宣泄。数十年来，政府一直代表富商和大地主阶级统治国家，而这些人中的大多数都是逊尼派穆斯林，是国家的宗教少数派。在大多数伊拉克人眼里，首相和国王不过是英帝国的代理人，一个与英国合作的精英阶层，利用英国的力量来维持不公正的政治和经济体系，这个体系被操纵着用来维护英国的利益。努里决定在以西方为中心的巴格达条约组织中扮演核心角色，这加强了他作为英国的傀儡与阿拉伯世界的政治趋势脱节的形象。[129] 英国官员意识到，他们过度依赖一个不受欢迎的领导人来帮助维持英国在伊拉克的地位。他们原本希望，石油驱动的经济发展能够迅速地缓解该国日益升级的社会经济紧张局势，从而防止最终会导致君主制倒台的政治动荡。[130] 但时间不等人，伦敦因其不作为所付出的代价使它在中东的影响力进一步削弱。美国和英国的政策制定者更加意识到英国在波斯湾地区的利益至关重要。

伊拉克革命是 1958 年 7 月发生的三场危机之一，它考验了后苏伊士运河危机时代，艾森豪威尔主义下的英美关系将如何处理双方共同关心的重大中东事件。约旦国王侯赛因·伊本·塔拉勒和黎巴嫩总统卡米勒·夏蒙的亲西方政府，都对伊拉克发生的事情深感不安，并担忧他们各自的政治地位稳定性。正当黎巴嫩反对派在贝鲁特街头庆祝伊拉克政权被推翻时，夏蒙恳求西方的帮助，并威胁说，如果得不到帮助，他将别无选择，只能求助于苏联。艾森豪威尔将美国军队派往黎巴嫩支持夏蒙政府，并将这一决定置于美国在中东的地位这一更大背景之下，认为美国"要么采取行动，要么退出"[131]。美国官员试图阻止英国干预黎巴嫩的行动——这与英国的想法相悖——原因有两点：首先，美国不希望法国认为自己被排除在一项英美专属的行动之外；其次，他们希望英国军队待命，以便在必要时干预伊拉克或约旦的局势。事实上，侯赛因国王在 6 月份已经挫败了一场针对他的政变阴谋，眼前可能马上爆发一场暴动，于是他像夏蒙此前一样请求英美援助。7 月 17 日，英国向安曼派兵，尽管哈罗德·麦克米伦和侯赛因慷慨激昂地要求美国直接参与联合行动，但美国政府只提供了后勤和口头上的支持。就艾森豪威尔政府而言，他们似乎不愿意说服国会批准对约旦的行动，尤其是在费尽周折才获得美军在黎巴嫩开展行动的批准之后。此外，出于担忧阿拉伯世界对英美在该地区——麦克米伦预期这将包括伊拉克和科威特——大范围行动的接受程度，政府希望限制美国干预的范围。最终，美国政府为遏制多重危机而考虑的英美分工，被证明足以维护黎巴嫩和约旦的（对英美）友好政府。至于伊拉克，革命后局势稳定，这使美国和英国得出结论，干涉另一个阿拉伯国家对西方在中东的利益来说弊大于利。最后，美国官员建议麦克米伦政府不要对科威特进行任何干预，事实最终证明，这种干预毫无必要。[132]

1958年7月美国和英国对中东危机的处理，明确了苏伊士运河危机之后，英美关系在中东问题上的性质，也标志着美国在该地区新战略的开始。首先，英国已成为美国在该地区的小伙伴这一事实已毋庸置疑。艾森豪威尔和杜勒斯按照自己的意愿行事，而麦克米伦则被迫听从美国的领导。当英国想采取行动时，会在行动前与美国协商，也会基于美方的建议克制自己。另外，面对该地区保守的盟友明显的脆弱性，艾森豪威尔政府只能接受现实：企图挫败纳赛尔主义的策略行不通。仅仅依赖这些不稳定的支持看上去会适得其反，尤其是考虑到在某些情况下，与埃及合作实际上更能符合西方的利益。杜勒斯本人承认，将激进的和温和的阿拉伯民族主义混为一谈是无益的，因为这两种形式的目标并不总是重叠。萨利姆·雅克布（Salim Yaqub）的判断很有说服力，他认为美国官员因此放弃了艾森豪威尔主义对抗阿拉伯民族主义的"基本政治战略"，转而采取了更加灵活、宽容的态度。[133]1958年11月4日，艾森豪威尔批准的《国家安全委员会报告5820/1》体现了美国政策的这一转变。报告中将"西方利益面临的最危险挑战"描述为不是源自"阿拉伯民族主义本身，而是阿拉伯民族主义的目标与苏联的目标一致"。该文件的主要政策指导，是让美国与阿拉伯民族主义"建立一种有效的关系，同时积极地影响和稳定这一改变"。换句话说，它建议美国政府调和中东的民族主义意愿与西方的利益，而其中最重要的，正如文件起草者所指出的，是确保石油对美国及其北约盟友的持续供应。[134]

《国家安全委员会报告 5820/1》对英美关系也有影响，它指出了英美关系在苏伊士运河危机之后进一步发展的方向，明确了美国在中东"领导自由世界的主要责任"，同时支持"英国继续在波斯湾和阿拉伯半岛，特别是在酋长国的重要地位"。虽然它提出美国"尽可能保持现有的西方军事地位"，但它仍建议政府在必要时做好准备，进行"适当的调整"，以"确保实现"美国在该地区的目标。此外，美国应在多大程度上努力与英国保持和谐关系（其他盟友次之），取决于这是否与美国的目标相容：国家安全委员会认为，美国应"保留单独行动的权利"[135]。

1960年7月19日，艾森豪威尔批准了《国家安全委员会报告 5820/1》的更新版本——《国家安全委员会报告 6011》，承认美国"与阿拉伯国家保持友好关系"的目标与"适当支持英国在该地区的重要利益"的目标之间存在矛盾。报告指出，"可以预计，阿拉伯民族主义将对英国在阿拉伯半岛上各个英属领地施加越来越大的压力，"因此，这两个目标将越发不相容。[136] 随着美国预测到英国在中东影响力衰退，并为美国留下了重构该地区战略框架的选择，美国官员试图培养一个小伙伴来接替英国在该地区的角色。1960年7月6日，艾森豪威尔批准了《国家安全委员会报告 6010》，选定伊朗来担任这一角色。伊朗当时已经在进行一场"争取波斯湾沿岸酋长国支持的运动"，以完成该国作为"目前英国在该地区影响力合理继承者"的使命，这使得伊朗成为最佳候选者。[137] 因此，正如道格拉斯·利特尔（Douglas Little）给出的正确判断，《国家安全委员会报告6010》播下了美国未来战略的种子——这一战略在十年后才能见到成果——随着英国在海湾地区影响力的减弱，美国将依靠地区大国来捍卫西方在该地区的利益。[138]

伊拉克革命标志着英国在中东的影响力加速下降，因此理解伊拉克新军事独裁政权的决策如何对英镑产生影响显得尤为重要。为了避免七年前穆罕默德·摩萨台所犯的错误，首任总理阿卜杜勒·卡里姆·卡塞姆（Abd al-Karim Qasim）并没有将伊拉克石油公司国有化。相反，他允许该公司在特许权条款谈判期间继续运营（BP拥有IPC 23.75%的股份）。但谈判持续了多年。到了60年代末，经历了三次政变之后，伊拉克几乎没收了伊拉克石油公司原有的所有股权。[139] 英国在石油上的国际收支从未受到1958年革命的影响，但伊拉克却失去了大量潜在的石油收入，因为伊拉克石油公司由于其地位的不确定性而没有投资于新的勘探和生产。[140] 对伊拉克加入英镑区的问题，卡塞姆的措施明确且极端，他马上表达了退出的意图。伊拉克财政大臣在1959年中期发布的一份官方声明中解释说，通过退出英镑区，伊拉克正在实现革命的一个主要目标：国家的"完全经济独立"。他还庆祝伊拉克将"以［能够］符合其利益的方式，自由地使用其外汇储备"，并宣布伊拉克第纳尔的汇率机制将包含黄金和"一系列最强劲的国际货币"，而不仅仅是与英镑相关，这将使其货币获得"新的力量"。[141]

总的来说，英国财政部并不认为伊拉克脱离英镑区的决定，会直接或间接地导致波斯湾保护国效仿伊拉克，从而对（英镑）货币集团

第四章　科威特的石油顺差：对英镑的利与弊　　　213

产生不利影响。财政部官员认为，如果伊拉克维持其贸易和支付模式，退出英镑区对英国的经常账户或储备可能"没有影响"，尽管它将大部分英镑储备转换为其他货币或黄金可能会在英镑区引起震荡。[142] 英国财政部的判断最终被证明是正确的，因为伊拉克的做法似乎并没有给英国或英联邦带来任何不利的经济影响。在评估波斯湾国家的反应时，英国财政部的结论是，伊拉克退出英镑区"对它们的态度影响不大"。即便是科威特被鼓励将其储备多元化（也同伊拉克关系不大），财政部写道，科威特这一安排早就是"一个潜在威胁"，因为该酋长国已明确表示想要推出自己的货币。最重要的是，鉴于英镑在1958年和1959年的升值幅度，波斯湾国家都认为伊拉克的决定纯粹是出于政治动机，而非经济动机。[143]

就像在苏伊士运河危机期间一样，阿卜杜拉和他意志相投的家族成员并没有让英国官员担心。在伊拉克革命之后，科威特未对其持有的英镑资产做出任何鲁莽的举动。1959年6月，英格兰银行顾问隆布会见了阿卜杜拉的叔叔兼代行统治者阿卜杜拉·穆巴拉克（Abdullah Mubarak）。事后报告称，这位酋长曾说，伊拉克的决策者一定是"疯了才会与英镑断绝关系"，因为当时英镑坚挺，英国的黄金和美元储备"比以往任何时候都高"，而且对可兑换的限制正在取消。[144] 统治者在一周后附和了他叔叔，说伊拉克官员"削弱与英镑的联系是不明智的"。在与两位酋长交谈后，隆布得出结论，只要阿卜杜拉还活着，"科威特对英镑的态度就不可能有任何实质性的改变"。当然，问题在于他的继任者"可能会有不同的想法"。[145]

事实上，在1958年伊拉克革命以及同年埃及与当时激进的叙利亚合并成立阿拉伯联合共和国（UAR）之后，英国官员越来越担心科威特的民族主义。伊拉克君主制被推翻后不久，科威特各改革派领导人的代表团受政府之邀访问了巴格达，科威特石油公司的董事总经理索斯韦尔（C. A. P. Southwell）因此写道："毫无疑问，科威特的年轻民族主义团体，因伊拉克革命的成功而备受鼓舞。"[146] 他警告说，民族主义运动"与日俱增"，"比人们意识到的要强大得多"，他担心"甚至酋长们"也"势必会屈服于浪潮"，接受这场蓬勃发展的运动将在科威特促成的"不可避免的变化"。[147] 尽管人们永远不应低估英国或美国石油高管为确保其政府将出面保护公司利益而夸大政治威胁的可能性，但事件的发展将证实索斯韦尔的判断。

科威特石油公司董事总经理的言论，可能也受到几周前另一位公司高管与法赫德酋长之间对话的影响。法赫德是阿卜杜拉同父异母的兄弟，他在20世纪50年代初曾令英国官员极为恼火。法赫德曾直接抱怨英国"似乎把阿拉伯土地视为施加［其］影响的地方"，并将伊拉克发生的一切归咎于英国政府。[148] 他说，英国决策者"要求哈希姆派和努里及其党羽做得太多，全面反对阿拉伯民族主义……这已经超出任何一个阿拉伯政府的预期，（英国）应该做出一些让步"。法赫德接着谈到了科威特问题。他威胁性地暗示道："［英国］应该非常小心，不要惹恼科威特人民。"他接着警告说，虽然科威特"没有真正的反英情绪"，但"任何不明智的行动都可能引发反英运动"。英国外交部东方司司长里奇斯（D. M. H. Riches）认为，这位酋长不仅仅代表自己，而且"可能也在反映统治者的大部分想法"[149]。

在离开科威特时的"告别信"中，政治代办哈尔福德（A. S. Halford）似乎从英国在伊拉克的经历中吸取了一个重要教训。他写道：

第四章　科威特的石油顺差：对英镑的利与弊　　215

我毫不怀疑，如果阿拉伯民族主义的利益与我们的利益发生直接冲突，阿拉伯民族主义将被证明是更强大的一方。这里有我们应该吸取的第一个教训：我们绝不能让自己被迫陷入这样的境地——让英国和阿拉伯民族主义者的利益相互冲突。当然，说易行难，但为了避免引发危机、掩盖分歧，并向外界展示英国在科威特的利益不仅仅是物质层面的，哪怕需要承担一定的声望损失风险，也是值得做出重大努力的。

哈尔福德最后总结道：

然而，最根本的考虑是，随着时间的推移，科威特将因强烈的政治认同和庞大的财富，必然走向完全独立。我建议，我们必须接受这一必然性，并做好准备，在情况变得过于紧迫和导致我们之间出现分歧之前去面对它。[150]

英国官员明白，夹在巴格达的铁锤和开罗的铁砧之间的萨巴赫家族处境艰难。向苏联伸出橄榄枝的伊拉克横跨科威特北部边境，而埃及虽然在地理上同科威特相距遥远，但却利用电波向阿拉伯半岛灌输阿拉伯民族主义宣传，制造了麻烦。伊拉克拒绝加入阿拉伯联合共和国，导致其与埃及之间产生争执，这意味着科威特必须采取一种微妙的平衡手段：既要取悦阿拉伯世界无可争议的领导者埃及，又不冒犯对其安全构成最大直接威胁的伊拉克。为了生存，萨巴赫家族必须努力表现出他们与阿拉伯兄弟的团结一致。而英国官员知道，无论统治家族如何选择，英国政府都必须"配合"[151]。阿卜杜拉对科威特的内部稳定乃至英国的经济利益都十分重要，所以英国必须支持他努力同其他阿拉伯国家建立更牢固的关系。[152]

因此，当酋长请求放宽对他与其他阿拉伯国家建立外交关系的限制时，英国政府同意了。1958 年 10 月 23 日，英国政府给他写了一封信，正式允许在他认为有利于科威特利益的事务上与阿拉伯国家打交道。但这封信也强化了 1899 年构建英科关系的条约，指示阿卜杜拉在做出任何承诺之前与英国官员先行协商。[153] 这位酋长马上就考验英国政府的态度是否真诚：他通知政治处希望科威特加入阿拉伯联盟，并接受其他阿拉伯国家的领事。为了表明他对这些问题的严肃态度，他提醒政治代办哈尔福德注意像努里·赛义德这样的领导人所遭遇的下场，他当初在面对象征阿拉伯人民普遍"愿望"的"观念"时，没能恰当地代表其选民。[154] 塞尔温·劳埃德告诉巴林政治专员，他和哈罗德·麦克米伦都认为，只要英科关系的"基本盘"得以维持，他们就准备"接受〔阿卜杜拉的〕判断"，如果他认为这种行动在当时是"必须的"。[155] 不管怎么说，考虑到酋长国已经作为非成员国参加了阿拉伯联盟的活动，例如抵制以色列、派代表参加其石油委员会和经济理事会，科威特加入阿盟并不是一个突然的转变。[156]

科威特国内要求财政更加独立的压力也越来越大，这在伦敦引起的关注，远远超过阿卜杜拉在中东外交上的试探性举动，尤其是在英国财政部。政治代办里士满（J. C. H. Richmond）对这种压力并不感到意外，他写道："科威特正在摆脱半殖民地地位，阿拉伯民族主义情绪增强了其完全自由地处理本国资金的自主想法。科威特人对其他阿拉伯人的嘲讽很敏感，这些嘲讽认为科威特在用自己的钱支持一个摇摇欲坠的帝国。"[157] 这些嘲讽不仅仅来自"其他阿拉伯人"。科威特改革派猛烈抨击酋长国的投资政策，称其英镑储备是对英国政府的"直接贷款"，并暗示对英镑证券的投资更符合英国的利益而非科威特的利益。[158] 英国财政部担心，如果这些攻击促使统治家族将科威特的储备多元化，或以英镑以外的其他货币持有其石油收入盈余，将会产生"严重后果"[159]。财政部解释说："任何削弱科威特与英镑之间联系的举动，除了会消耗英镑地区的官方储备外，还可能影响人们对英镑作为国际货币的信心，并削弱英国贸易从英镑全球使用中获得的好处。"[160] 英国政府面临的问题是，为防止出现这种结果而采取的措施，例如冻结科威特的储备，极有可能损害英镑最大持有者对英镑的信心。此外，英国官员认为，他们不应该反对科威特小规模到中等规模地抛售英镑，否则可能会暗示英镑不稳定，从而引发英国官员试图避免的大规模抛售英镑资产。

不断扩大的科威特商人阶层也试图削弱英国对该国金融事务的影响，因为担心破坏科威特政府对英镑的信心，英国政府安抚了这一群体。石油工业的蓬勃发展使得科威特居民积累了大量财富，但整个国家并没有足够的投资渠道来应对日渐增长的资金，本土精英阶层开始寻求科威特以外的投资选择。为了说服阿卜杜拉接受科威特石油公司的英镑，英国在 1951 年与阿卜杜拉达成协议，统治家族可以自由地将英镑兑换成其他货币，在英镑区以外购买资产，但其他科威特人则没有这个自由。科威特政治处遵守英镑区的常规外汇管制指引，"一贯拒绝"希望在其他货币区购买资产的居民的个人申请，这激起了商人阶层的不满。[161]1960 年 5 月，里士满认识到政策的改变"已势在必行"。英国财政部的阿利斯泰尔·麦凯（Alistair Mackay）对此表示赞同，他认为严格限制私人资金外流，可能会让

"科威特少数统治者对科威特与英镑普遍联系的好处产生怀疑"[162]。他们两位的说法没错,就在10天前,科威特财政和经济部的法赫里·谢哈布(Fakhri Shehab)还敦促里士满"无限制地批准"科威特人的英镑转账申请——"不要表现出焦虑"。[163]他说,这将是科威特人保持"与英镑联系的信心",并将其转账限制在"适度规模"的"最佳保证"。谢哈布警告说,表现出焦虑或对相对较小额度的英镑兑换其他货币操作的刁难,可能会引起科威特人的怀疑,进而导致更大规模的抛售英镑。[164]

1961年7月,在科威特脱离英国并独立一个月后,这个酋长国从政治处那里接手了外汇管制职责。阿卜杜拉的侄子、权力巨大且有民族主义倾向的财政和经济大臣贾比尔·艾哈迈德·萨巴赫(Jabir al-Ahmad al-Sabah)酋长接管了新的外汇管制系统。[165]在科威特未来的经济政策问题上,没有哪个人比贾比尔更能让英国官员感到难对付,他曾被形容为"强硬""雄心勃勃""多疑""仇英"。[166]英国财政部的一份背景调查文件将其描述为"科威特的主导人物",其影响力超过了统治者本人。事实上,肯普报告说,科威特投资委员会开始接受贾比尔的"亲自"指示,而不是按照惯例接受统治者的指示。[167]此外,法赫里·谢哈布告诉英国代表,贾比尔与保守的阿卜杜拉相比,"对英国关系的依恋要少得多,而对争取独立的兴趣要大得多"[168]。作为酋长国货币局(currency board)的负责人,贾比尔决定用比英镑更多的黄金来支持4月份推出的科威特新第纳尔,这似乎表明酋长希望"强调科威特在金融和经济上独立于英国",而他任命三名科威特财政部官员就英国以外的投资提供建议则更加证明了这一点。[169]英国财政部的卢卡斯写道:"财政部、英格兰银行和外交部的观点是……如果我们要保持英国在科威特投资政策中的最大影响力，并在这一事务上服务于科威特和我们自己的利益，现在就需要做出进一步的努力。"[170]

对英国来说幸运的是，科威特当局在涉及英镑区之外的投资问题上，仍然尊重英国官员的意见。科威特财政部金融局负责人海德尔·谢哈比（Haider Shehabi）负责监督该国日常外汇管制，他就发放科威特在其他货币区投资的许可证一事，咨询已成为英国大使馆总领事的克兰斯顿（W. P. Cranston）。谢哈比及其同事希望得到克兰斯顿对某些申请的看法，以确保他们不会"启动一些可能给英国或英镑区域造成困难的事情"[171]。克兰斯顿赞同过去两年其他英国官员所表达的观点，他解释说，他和其他官员都认识到，科威特的居民需要获得酋长国以外的投资渠道，且英国已经准备应付由此产生的资金转移，"只要这些投资不是非常巨大、非常突然，没有扰乱市场，也没有给英镑区造成混乱"。谢哈比向他保证科威特将遵守这一原则，并告诉他，资金向英镑区以外的转移将"逐渐增加"，以便"逐步判断其影响"。克兰斯顿随后在结束与谢哈比的讨论时提醒他，由于科威特政府"有自主权"，谢哈比及其同事可以"随意发放许可证"[172]。英国财政部的卢卡斯认为，鉴于英国与科威特关系"微妙"，英国不能"过于阻挠"，因此，他支持克兰斯顿与谢哈比会晤的总体基调。但作为典型的财政部风格，他认为英国政府应该给科威特提交比克兰斯顿的建议更严格的指引。[173]

科威特有能力扰乱英国的经济，而英国也有能力保护科威特免受外来威胁，这一格局确保了两国都不会做出任何严重冒犯对方、足以破坏英科关系稳定的事情。英国官员一再声明，只要不冲击英镑，他们将尊重科威特实现更大程度的金融独立。实际上，他们不愿阻挠科威特在这方面的努力，因为他们认为这样做会削弱英镑。另一方面，科威特迫切需要英国的军事支持。萨巴赫家族因其巨额财富而被视为自私自利，在阿拉伯世界并不受欢迎，这当然也包括他们的近邻——竞争对手沙特阿拉伯王国和伊拉克革命政权。讽刺的是，六十多年来一直使科威特处于政治依附状态的英国，却成了科威特新近获得独立的最可靠的保障。因此，除了酋长国自身的经济利益迫使其帮助稳定英镑之外，萨巴赫家族对英国军事支持的需求，也阻止了其推行有损于英国的经济政策。波斯湾政治专员鲁斯（W. H. Luce）的认识最到位，他写道："我们能在波斯湾保持地位的最大优势是那里的统治者和大多数居民仍然希望我们保护他们。"[174]

科威特在 1961 年 6 月获得独立后不久，伊拉克威胁要吞并这个酋长国，这使得萨巴赫家族强烈地意识到科威特对英国军事支持的依赖。在几乎没有任何法律依据的情况下，阿卜杜勒·卡里姆·卡塞姆声称伊拉克对科威特拥有主权，而且根据英国情报部门的报告（其准确性后来一直存在争议），总理开始准备武装入侵这个刚刚独立的国家。虽然阿拉伯联盟成员拒绝接受卡塞姆的主张并谴责其行为，但该组织似乎并没有准备好在伊拉克发动进攻时进行干预。与此同时，英国与科威特新签订的友好条约保证，如果萨巴赫提出请求，英国将提供军事支持。[175]

随着与伊拉克的新危机展开，哈罗德·麦克米伦的政府竭力与美国肯尼迪政府（六个月前上台）协商未来的行动。英国新任外交大臣亚历克·道格拉斯·霍姆爵士（Sir Alec Douglas Home）于 6 月 28 日致函迪安·腊斯克，告诉他如果科威特遭到攻击，英国有"绝对义务"对其进行干预。这位外交大臣还说，他希望英国和美国官员开展最密切的合作，并努力保持他和腊斯克的联系，就像1958年7月黎巴嫩、伊拉克和约旦危机爆发时，塞尔温·劳埃德和约翰·福斯特·杜勒斯的联系那样频繁。[176] 第二天，霍姆再次写信给腊斯克称，如果英国应科威特统治者的要求出兵科威特，他希望英国能"得到美国政府的全面政治支持"，并称美国的支持是"绝对必要的"。[177] 外交大臣更希望英国无须进行干预，并指出其他阿拉伯国家，如沙特阿拉伯，而非英国采取主动措施会更有利。腊斯克于6月29日回复霍姆，转达了美国政府关于英国承担对科威特的义务的赞赏，并告知他美国"准备提供英国所请求的全部政治支持"，这一支持已在当天得到国家安全委员会的批准，必要时还包括后勤援助。[178]

在收到科威特统治者请求军事干预以抵御伊拉克攻击的请求后，英国于7月1日向科威特派出5 000名士兵。[179] 英国政府不仅获得了美国对此次行动的同意，美国还派出由两艘驱逐舰、二艘登陆舰和463名海军陆战队队员组成的Solant Amity海军编队向巴林进发，以支持英国的行动。[180] 最终，由于英国成功的军事集结和伊拉克关于和平解决的声明，美国政府结束了Solant Amity巡航行动。[181] 科威特刚安全，英国政府立即考虑撤军。用鲁斯的话讲，因为英国方面担心："我们在这里停留的时间越长，科威特与阿拉伯世界其他国家的隔阂就会越大。"[182] 他认为，同样糟糕的是，英国可能会"卷入对萨巴赫家族的实际支持，以对抗日益高涨的阿拉伯民族主义动荡"[183]。因此，英国官员与华盛顿同僚商议，寻找一个既非英国也非美国的办法——可能通过联合国（尽管科威特当时还不是联合国成员）——来解决一旦英国撤军，如何确保科威特独立的问题。[184]

7月20日，阿拉伯联盟理事会通过了沙特提出的关于科威特问题的决议，为科威特问题找到了一个令英美两国政府都满意的"阿拉伯解决方案"。该决议要求科威特"尽快"要求英国撤军，并呼吁伊拉克"不要对科威特使用武力"。[185] 它还接纳科威特加入阿拉伯联盟，并承诺将"提供'实际援助'以保障科威特的独立"，形式是一支由沙特阿拉伯领导的多国部队。[186] 英国军队因此得以在9月19日撤出这个酋长国。[187] 美国驻伊拉克大使约翰·杰尼根（John Jernegan）在给国务院的一份电报中写道，科威特依靠英国军队进行防御"不过是［一种］绝望的最后手段"，科威特必须"被其他阿拉伯国家真正地关心"。[188] 他还认为，"西方再也无法承受目前这种依赖英国军事保护的政策，这种政策似乎对贪婪、短视的酋长［原文如此］最有吸引力。在［目前的］这种情况下，我们应该在时间（现在非常紧迫）尚存之际掌握住［主动权］"[189]。国家安全委员会的罗伯特·科默（Robert Komer）对此表示赞同，他认为"只有当统治者用巨额石油收入来换取其他阿拉伯领导人的支持，特别是纳赛尔和约旦的支持时，科威特的独立才能得到保证"[190]。这种以非英国手段确保西方在海湾地区利益的做法，代表了美国国防战略发展的又一步骤，该战略始于艾森豪威尔政府，旨在填补英国在该地区衰弱的影响力。[191]

促成阿拉伯联盟军队进入科威特的，是贾比尔酋长对阿拉伯各国首都的访问，他也利用访问的机会在阿拉伯世界各地"提升［该国的］形象"[192]。但贾比尔酋长访问期间，各国的回应不冷不热，萨巴赫家族因此意识到他们在阿拉伯圈子中的地位不利。根据里士满的说法，受访各国领导人对贾比尔的反应是"敌意和嫉妒"。他们向这位酋长表示，他们认为科威特"自私地"利用了新获得的财富，而不是为阿拉伯民族的团结和进步谋福利。[193] 因此，财政部投资委员会主任赛义德·艾哈迈德·赛义德·奥马尔（Sayyid Ahmad Sayyid Omar）在1961年9月告诉克兰斯顿，酋长国"已经意识到，她必须利用更多的财富，在阿拉伯邻国中树立更好的形象"，政府必须"在这些国家中投入更多"。[194] 克兰斯顿对科威特的立场表示理解，他在一个半月前写道："事实上，经济发展的承诺，可能是科威特为确保其未来的独立和消除当前的怨恨情绪所必须付出的代价。"[195] 事实上，早在1960年6月，英国财政部、英格兰银行和外交部的代表就在"原则上"达成一致，认为英国政府"应该支持将科威特的部分盈余投资于阿拉伯项目"，因为这样的投资将消除与酋长国财政政策相关的"帝国主义污名"，并平息"认为统治者对阿拉伯发展没有兴趣的批评"。[196] 不过，意识到英国会担心科威特决定参与阿拉伯经济发展对英镑的影响，奥马尔向克兰斯顿保证，所需资金都将来自科威特当前的收入，不会"大规模撤回"海外英镑投资。[197]

为了方便科威特向阿拉伯国家贷款，自独立以来一直自称"埃米尔"（emir，意为"最高统帅"）的阿卜杜拉酋长于1961年12月设立了科威特阿拉伯经济发展基金（KFAED）。[198] 该基金的启动资金为5 000万英镑（后增加至1亿英镑），根据所接受申请的具体情况，提供期限和利率不等的贷款。根据该基金的指引，申请人必须证明其项目在技术上的合理性、经济上的可行性以及本国发展计划中的高度优先性。此外，任何项目从此基金获得的资金不能超过融资总额的50%，同时任何一个国家在任何时候从该基金获得的资金总额也不能超过基金总规模的15%。[199] 到1964年1月，科威特阿拉伯经济发展基金已向阿拉伯世界发放了共计 4 050 万英镑的贷款，其中包括向突尼斯发放的 600 万英镑、向苏丹发放的 700 万英镑、向约旦发放的 750 万英镑、向阿尔及利亚发放的 1 000 万英镑，以及向阿拉伯联合共和国发放的 1 000 万英镑。[200] 这份名单中的所有国家都不是产油国，因此，它们最需要贷款来发展。阿拉伯联合共和国和阿尔及利亚之所以能从该机构获得最多的资金，可能是因为它们当时代表了中东和北非地区的阿拉伯民族主义先锋，但也有可能是其项目只是需要更多的资金。政治因素是否会影响该基金的资金拨付取决于具体项目。[201]

英国官员担心，科威特向阿拉伯国家提供新的和潜在的更多贷款可能会对英国造成经济影响，因此密切关注酋长国的支出。他们所看到的一切缓解了他们的忧虑。根据一位英国财政部观察员的说法，两年来对阿拉伯政府的贷款，无论是在科威特阿拉伯经济发展基金的支持下，还是直接来自科威特的预算，似乎都还没有影响英国的国际收支，也不太可能对英国的储备造成"任何重大压力"。当然，这么多的英镑贷款发放增加了英国的出口机会，尽管无法确定收到科威特资金的阿拉伯国家最终会如何，或在哪里使用这些资金。鉴于科威特到当时为止对储备的稳健管理，对外贷款造成的储备下降最终可能不会"很大"或"过快"。[202]

英国财政部官员仍然担心，英国对科威特投资政策的影响力会输给酋长国内外的竞争对手。1962 年 5 月，罗伯特·安德森（Robert Anderson，艾森豪威尔政府财政部长乔治·汉弗莱的继任者）和投资公司 Interser 与贾比尔酋长讨论在科威特成立一家新投资公司的想法，这令英国财政部的成员感到不安。阿利斯泰尔·麦凯将安德森的提议描述为英国的一件"大心事",他认为,如果美国公司控制了科威特的投资机制,这将"削弱科威特投资委员会的基础。"[203] 其结果可能是安德森的公司将把资金从"老机构"中抽离,并导致"英镑被快速抛售"。[204] 安德森向英国时任财政大臣塞尔温·劳埃德保证,在未与英国协商的情况下,他不会做出"任何形式的安排",且他"决意"不会让现有的英镑投资撤资。[205] 尽管有这些保证,但麦凯认为,酋长国接受安德森的建议,"必然会产生因美国对科威特投资政策影响增大而损害［英国］利益的风险"[206]。让英国财政部官员感到欣慰的是,安德森的计划并没有后续。科威特当局认为,拟议中的公司将与当地新成立的科威特投资公司(KIC)职能重叠,他们担心其他阿拉伯人会攻击他们参与"犹太银行家的投机活动"[207]。但最终这个计划被重新启动,科威特资本公司(KCC)在年底成立,启动资本2 500万美元,其中一半来自科威特政府和私人部门,另一半来自西方投资。由于该集团的资金"相对较少",英国财政部的卢卡斯认为这家公司"不太可能有多重要"。[208]

虽然科威特资本公司的成立并没有让卢卡斯感到非常不安,但他还是为处理科威特政府投资的机构数量的增加感到困扰。除了科威特阿拉伯经济发展基金和科威特资本公司外,还有科威特财政部金融委员会,负责处理来访银行家和其他人士的投资建议。英国财政部估计,该委员会已经投资了1 000万英镑,其中一部分投向欧洲和日本。此外,大通曼哈顿银行和第一国家城市银行处理了科威特从美国的独立石油公司以及日本的阿拉伯石油公司获得的美元收入。[209] 虽然前面提到的科威特投资公司在1963年初还没有开始运作,但它有1 500万英镑可用于证券投资,并预期未来将从政府和私营部门获得资金。最后，科威特政府在 1966 年成立了科威特外贸承包和投资公司（KFTCIC），这是一个专门在海外投资的集团，其 80% 的资金，计 2 000 万英镑，来自政府。[210] 卢卡斯评论说："我们一直对投资机构的激增不太满意，其结果不可避免地降低了科威特投资委员会的重要性。"英国政府可能从未对该委员会的活动施加过任何"直接影响"，但卢卡斯对委员会重要性下降的担忧，显然产生于英国政府过去间接影响该委员会的能力，或者产生于英国政府和该委员会曾经对于最符合英国经济利益的方向具有共识。[211]

从 1960 年起，随着科威特财政部对国家投资的控制力度越来越大，英国财政部官员试图阻止科威特投资委员会地位下降，这一过程始于科威特财政部努力在委员会中安排一名科威特官员。委员会成员肯尼特勋爵去世时，英格兰银行的罗杰·史蒂文斯（Roger Stevens）认为，英国官员应该借此机会扩大委员会组成人员的范围，并与科威特财政部"建立更密切的关系"[212]。但委员会，尤其是主席肯普，拒绝接纳一名科威特成员。肯普及其同事认为，既然该委员会是阿卜杜拉酋长"个人创建的"，并且"对他负责"，因此是否做出这样的调整应由他来决定，而他过去反对这种调整。此外，他们还担忧一名科威特成员可能"无法融入伦敦金融城的环境"，因此可能会背着委员会其他成员，向科威特国内人士发表对委员会的批评，以此来"证明自己的存在感"，这可能最终会削弱阿卜杜拉对委员会的信任。[213] 卢卡斯后来写道，另一方面，英国财政部将"欢迎变革"，不仅包括让贾比尔酋长担任主席，还包括让委员会"定期在科威特开会"。[214] 他的同事克兰斯顿则认为，他"毫不怀疑"，如果"保持现状"，将会导致委员会"逐渐与科威特的现实脱节"。[215]

由于委员会成员皮尔西勋爵不愿意让委员会在科威特开会,而且肯普又无法前往科威特,因此,财政部只得任命一个科威特人担任董事会成员,其职责是加强与贾比尔酋长及其工作人员的沟通。[216] 出人意料的是,对于改变科威特投资委员会的人员组成,贾比尔"没有显示出任何倾向",至少按照皮尔西勋爵对他的意愿的理解,这可能是因为他希望与委员会成员保持一定的距离。[217] 但是,在国际复兴开发银行的推荐和英国外交部的支持下,阿卜杜拉最终决定了提名人选。1962年4月,他任命科威特驻英大使哈利法·古纳姆(Khalifa Ghunaim)为委员会成员。[218] 英国财政部和外交部都对这一安排表示欢迎,英格兰银行的隆贝认为他"资格适当,并可能〔对英国〕抱有友好态度"[219]。

但古纳姆刚被任命为委员会成员,贾比尔就认为大使的角色在"要求"古纳姆担任主席。这对阿利斯泰尔·麦凯来说太过分了,他承认"对科威特人不仅成为委员会成员,而且还成为向贾比尔酋长报告的主席的前景感到某种不安"。他说,"合适的科威特人"可能会带来好处,"让人看到英国并没有在主持大局",而"不合适的科威特人"则可能带来麻烦。[220] 古纳姆从未被任命为主席,但这一点已无关紧要。科威特当局已经将投资委员会边缘化,最终在几年后将其解散,并用科威特投资办公室取而代之,该办公室由一位直接向财政和石油大臣汇报的总经理负责。[221]

政府的"实权"五人顾问委员会,成为科威特对外投资方面最具影响力的机构。该委员会成立于1963年,其职责是就科威特的"总体财政、预算和投资政策",向科威特财政大臣提供建议,它是贾比尔酋长同国际复兴开发银行前总裁尤金·布莱克(Eugene Black),在

1962年于华盛顿举行的国际货币基金组织年会上讨论后成立的。除了主席贾比尔酋长，委员会的成员来自五个不同的国家，包括尤金·布莱克本人和科威特投资委员会的皮尔西勋爵。[222] 该委员会计划每年在科威特和其他国家举行两到三次会议，定期接收来自科威特政府以及访问该国的外国专家的报告。英国财政部认为，设立顾问委员会是协调科威特金融和投资政策的必要手段，对财政部官员来说，科威特投资委员会参与其中"非常重要"，甚至是"至关重要"。阿利斯泰尔·麦凯认为，皮尔西的加入将打开一个通道，确保英国的"最佳建议和劝说"，能够"在英镑投资方面对科威特当局产生影响"，并"在决策者的思想出现偏离英镑的迹象时"，向英国官员发出"最大限度的警报"。[223]

尽管皮尔西勋爵在顾问委员会中担任角色，但自1960年以来，特别是科威特独立以后，科威特投资委员会在影响国家对外投资政策方面的能力已大大减弱。为了保护英国在科威特的英镑利益，英国政府现在不得不依赖于越来越无关紧要的科威特投资委员会、顾问委员会中的己方代表、英国在科威特的领事机构、与萨巴赫家族的历史联系，以及该统治家族对英国军事保护的持续需求。但随着科威特与阿拉伯世界联系的加强，最后一个因素似乎也变得无关紧要了。英国政府被迫接受对科威特投资政策的影响力减弱的事实，只能希望英镑保持足够稳定，以防止萨巴赫家族将大量资金转为其他货币。正如1957年的一份内阁文件所揭示的，"让统治者留在英镑区最好的办法就是让英镑保持坚挺"[224]。英国政府面临的问题是，在整个20世纪60年代，英镑持续疲软。

四、英国持续的国际收支困境，英国政府重新考虑在波斯湾的军事承诺，美国努力维持英镑以及英国在苏伊士运河以东驻军

英国财政部前官员、著名经济史学家亚历克·凯恩克罗斯爵士（Sir Alec Cairncross）将国际收支视为20世纪60年代英国经济的"核心问题"[225]。境外长期资本投资、军费开支和对外援助是造成该国贸易账户困境的主因。*[226] 从1963年到1966年，长期资本账户的赤字平均每年达到2亿英镑。讽刺的是，石油公司的大规模海外投资是造成这一赤字的重要原因，尤其是在1964年。二战后，英国政府考虑到这些投资未来可以带来国际收支效益，于是允许石油公司进行这类操作。[227] 外交部的一位官员认为，政府在20世纪60年代的海外支出给经常账户造成的压力，"比任何其他因素"都要大。他给出的证据是，对外援助、赠款从1955年的5 000万英镑增加到1964年的1.15亿英镑，同期军费开支从1.55亿英镑上升到2.75亿英镑。[228] 20世纪五六十年代，英国为维护国际政治和军事威望所做的努力付诸东流。多年来，英国工业制成品在世界贸易中所占份额持续下降，这显然不利于英国的国际收支前景，英国经济的增长速度低于西欧和美国也是同样的道理。[229]

整个20世纪60年代，英国经历的国际收支危机似乎一个接一个。1960年，由于前一年的经济繁荣导致进口需求上升，该国遭遇了1.71亿美元的经常账户赤字（见附录1）。为了恢复英国贸易账户

---

* 原文如此，作者表述不严谨。——译者注

的平衡，英格兰银行在 1961 年下半年将利率从 4% 提高到 7%，以此来紧缩经济，这是 20 世纪五六十年代保守党经济政策中臭名昭著的"停停-走走"（stop-go）经济周期中"停"的部分。虽然加息取得了使贸易账户恢复顺差的预期效果，但其代价是 1962—1963 年的经济衰退。[230] 经历了 13 年的政治边缘化后，工党在哈罗德·威尔逊的领导下于 1964 年重新掌权。新政府一上任就不得不应对商品贸易的创纪录赤字。这是由"停停-走走"周期中"走"的部分导致的，而保守党政府在选举年拒绝对"走"刹车。[231]1965 年第一季度国际收支短暂恢复后，英国的经常账户再次陷入赤字，引发了英镑挤兑，导致英国在 7 月的一天内流失了 4 800 万英镑（等值的储备）。[232] 对英镑贬值的担忧一直持续，直到 1967 年 11 月，英镑最终贬值。这种担忧经常引发类似于 10 年前苏伊士运河事件期间发生的大规模短期资本外流。因此，包括 1960 年夏季危机在内的每一次危机，都因对英镑信心的日益恶化而加剧。[233]

在这种环境下，英国获取中东石油的途径以及获取条件，对于英国政府来说至关重要。1963 年 4 月和 6 月，美英官员之间的两次会议就突显了这一点。在 4 月 23 日至 24 日于伦敦举行的关于英美在海湾地区利益的讨论中，英国代表强调，该地区仍然是英国政府"至关重要"的关切，英国政府"愿意并有能力维护英国在该地区的地位"。[234] 他们说，英国在海湾地区存在的一个重要功能，是"确保英国和欧洲经济体继续以合理的条件获得石油"。不过，在英国的所有利益中，"继续供应廉价的英镑石油"是"最重要的"，因为"这种供应的任何中断都会严重危及英国的国际收支"。[235] 在 6 月 10 日至 14 日举行的国际石油问题会议上，与会者预测 1961 年至 1970 年，中东的石油产量将增加90%，与美国的产量相当，约占"自由世界"产量的三分之一。[236] 会议的结论之一是，英国的国际收支"严重依赖英国国际石油公司的贸易和投资"，这与英国作为石油消费国对"供应的安全性和持续性的利益诉求"[237] 相悖。英镑进入了1947—1951年以来最疲软的时期，继续依靠不间断的中东石油贸易来维持稳定。

20世纪60年代英镑的不稳定状态，加剧了科威特官员对英镑可能贬值的担忧，从而提高了他们将大量资金转出英镑的可能性。1962—1966年，科威特多次要求英国政府保证在英镑贬值的情况下维持其英镑储备的外汇价值。英国代表坚称政府并没有英镑贬值计划，即便考虑这样做，也无法仅向科威特提供汇价保证，而不向英镑区其他成员提供，这样做本身就失去了贬值策略的初衷和效果。但英国政府确实承诺，如果英国要贬值英镑，将提前48小时通知科威特。这种通知肯定是要在周五市场收盘后进行的，以防止对英镑的挤兑和抛售。[238] 因此，在1964年的英国国际收支危机期间，当英国和外国媒体在科威特引发关于（英镑）贬值的恐慌时，贾比尔酋长与顾问委员会讨论了将第纳尔的黄金储备比例从50%提高到80%的议题。他还提议科威特投资委员会应在公开市场购买黄金。英格兰银行的一位官员认为，尽管英国可能会承受住2 500万～5 000万英镑兑黄金带来的冲击，但"对其他方面的影响"可能会"极其严重"，甚至会危及"整个国际支付体系"。[239] 对英国来说，幸运的是，顾问委员会在1965年和1966年都建议科威特不要使用英镑购买如此大量的黄金，理由是"出于自身利益的考虑，这样做将损失利息收入和资本升值的机会"[240]。

尽管围绕英镑汇率的不确定性一直存在，但在20世纪60年代中期，科威特从未大规模抛售英镑资产。在大部分情况下，伦敦仍然是"科威特资金的主要存放地"，因为没有其他国家能够提供科威特政府所要求的"高利率与安全性的结合"，即使是美国也做不到。[241] 此外，根据英国《每日邮报》的金融编辑撰写的一篇文章，科威特官员曾与美国人有过一些"不愉快的经历"，他们还认为华尔街在效率上不如伦敦金融城。苏黎世显然"配不上"其金融业收取的"高额佣金"。[242] 科威特顾问委员会对政府施加了足够多的影响，阻止政府突然大规模地抛售英镑资产，并说服官员此类交易将因其"破坏性影响"而损害国家利益。然而，顾问委员会无法反对也无法阻止政府通过逐步将资产转移到英镑以外的其他外汇资产中，来进行合理的金融风险管理（见表4-5）。英国财政部一位官员写道："如果一些［英镑］持有者为了更广泛地分散资产配置，而决定放弃部分资金的更高收益，那将不足为奇。"[243] 实际上，科威特政府不断寻求外汇储备多元化，并设定了一个目标，即通过使用盈余来购买外汇，将英镑持有规模降低到与它拥有的其他币种相等的比例。[244]

表4-5 科威特的外汇储备，1962—1967（单位：百万英镑）

年份	政府的外国资产	货币局的外国资产	黄金	国际货币基金组织	美元资产
1962	—	35	17.5	—	11.8
1963	270	39	17	4.5	16.6
1964	308	39	17	4.5	20.1
1965	288	44	18.5	4.5	12.7
1966	333	59	24	4.5	17.6
1967	301	66	48.7	4.5	13.0

数据来源：Strange, *Sterling and British Policy*, 111。

英国贸易账户问题对英科关系的另一个影响是，英国政府开始质疑在苏伊士运河以东部署如此多军队的经济成本和后果。[245] 早在1961年，英国政府就开始评估在波斯湾的驻军是否值得。就像哈罗德·麦克米伦在1957年要求殖民地政策委员会对帝国进行成本效益分析一样，他指示财政部就波斯湾事务进行类似研究，要求提供一份资产负债表，一方面包括英国在中东石油中的权益价值，另一方面包括维护这些利益的成本。[246] 在同外交部和国防部讨论后，财政部、燃料和电力部的官员最终拿出一份报告，计算了中东石油，特别是科威特石油，对英国国际收支的价值。报告得出的结论是，英国国内消费及其海外驻军每年消费价值5.06亿英镑的石油，但英国仅耗费1.17亿英镑的外汇，这相当于贸易账户实现了近4亿英镑的净收入。在资产负债表的另一端，每年旨在用于保护波斯湾地区英国利益的军事开支，所需政府花费仅在3 000万～4 000万英镑。但要从总体国防开支中单独厘清仅用于科威特的部分则难以操作。[247]

这项工作最终并没有帮助英国政府决定是否削减其在波斯湾的军事承诺。当塞尔温·劳埃德向哈罗德·麦克米伦提交这份报告时，他提醒存在"太多不确定性和无法计量的因素"，无法以"任何精确的方式"制作一份资产负债表。劳埃德得出的结论是，英国在科威特实际上要防范的是"英国［石油］公司可能不得不面对的生产利润份额大幅减少的风险——可能达到1亿英镑左右"[248]。财政部次官米尔纳·巴里（P. S. Milner-Barry）就这项研究给出了超出研究范围的独到看法，并深入审视英国在科威特地位的本质。在他看来，资产负债表式研究即便是一种"事实分析"，也"必然有局限性"，最终报告并未试图处理这一研究工作暗示的最重要问题：

> 在当前情况下，为了防备像英国公司可能被排除在中东之外这样的重大风险，或者如生产利润大幅减少这类较小的威胁，继续承担这笔沉重的国防费用，包括大量的海外开支，是否值得？[249]

米尔纳·巴里接着指出了英国在科威特利益所受到的实质威胁。他认为，"内部颠覆"构成了最大的威胁，而不是"直接的军事干预"。在这种情况下，他怀疑英国政府是否打算支持一个"大多数民众不支持"的政权。他提出一个问题，如果一个敌视西方的政权在科威特掌权，难道它就不需要向西方出售石油了吗？米尔纳·巴里认为，事实是，英国将只能看着"[英国石油公司的]利润中，越来越多的份额[将]以某种方式流向生产国，英国的国际收支[将]因此受到影响"。他因此坚定地认为，尽管英国不应单方面废除与科威特的军事协议，但当"实际上不可能在不使情况恶化的情况下执行协议时"，让协议持续下去"几乎毫无意义"。[250]

在1962年的一封信中，米尔纳·巴里重申了他一年前提出的观点，即英国需要"面对现实"：科威特将不可避免地"效仿所有石油生产国，努力在出售石油时为自己争取更好的条件"。他写道："我认为，我们的地位和利润将被逐渐侵蚀，这一过程无法避免。"[251] 四年后的1966年，科威特要求科威特石油公司签署一份补充协议，提高国家在后者运营利润中的份额。在谈判陷入僵局期间，科威特外交大臣和财政大臣告诉英国官员，如果英国政府不向英国石油公司施加压力，要求他们在利润问题上"做出一些让步"，那么他们可能会大规模抛售英镑资产。在国际收支面临两方面风险的情况下，英国所能做的就是告知科威特政府，任何突然和大量抛售英镑资产的做法，都会冲击整个国际支付体系，进而损害科威特自身的利益。[252] 杰克逊大使接到的指示是，在面对科威特的威胁时要"保持坚定立场"，但"不要就此事进行任何争论"。[253] 没有什么能比这更好地展示二战结束以来英国在中东地位的巨大变化。曾经的英国政府会捍卫英国以其认为合理的价格获取中东石油的权利；如今，时运变迁，它只能诉诸科威特自身的利益，以限制这个沙漠小酋长国可能对英国经济造成的损害。经济上的英国颓势尽显，而南方国家在政治上则过于强大，伦敦已然无法以其他方式处理这些事务。

进一步的国际收支危机突显了英国面临的严峻经济现实，这也对英国的海外防务产生了影响。从 1965 年开始，国防开支对国际收支的影响，成为政府年度《国防估算报告》中一个"不变的主题"[254]。年底时，英国财政部警示英国必须量入为出，坚持要求政府控制 20 亿英镑的军费上限。1966 年的《国防白皮书》反映了这一新指令：政府不会更新老化且昂贵的航空母舰舰队，也不会在 1968 年也门民主人民共和国独立后继续在亚丁驻军。[255] 根据 1965 年的国防评估，英国政府还调整了与科威特的军事关系，终止了提供地面部队保卫该国的承诺，并将其安保安排减少到仅限于空中力量。根据杰克逊的说法，阿卜杜拉的继任者阿米尔·萨巴赫（Amir Sabah）、首相和国防大臣"平静地接受了这一消息，表示他们初步考虑依靠阿拉伯联盟帮助他们保卫科威特"[256]。

在与英国官员讨论减少苏伊士运河以东的军事义务时，包括英国在亚丁、波斯湾、新加坡和马来西亚的军事基地以及周边部队，美国的政策制定者则没有那么平静。从 1964 年底开始，英国持续恶化的国际收支问题、威尔逊政府因此减少海外防务开支的意图，以及英国在全球事务中的未来角色，成为英美两国高层官员之间反复讨论的话题。[257]1964 年 12 月 7 日，外交大臣帕特里克·戈登·沃克（Patrick Gordon Walker）和国防大臣丹尼斯·希利（Denis Healey）在华盛顿会见了他们的美国同僚，为未来十年定下了基调。希利向美国国防部长罗伯特·麦克纳马拉、副国务卿迪安·腊斯克和其他美国官员通报说，最近英国大臣、顾问和军方首脑在契克斯（英国首相的周末度假地）举行了一次会议，重点讨论了"在经济压力的阴影下"，英国未来十年的国防政策。[258] 希利通报称，契克斯会议思考了英国期望在世界上扮演什么样的角色，他哀叹道，没有其他欧洲大国为欧洲和欧洲大陆以外地区的防务做出贡献——"从苏伊士到新加坡，英国几乎是孤军奋战"。腊斯克在回应中敦促英国政府"充分重视"英国作为世界大国的作用。他说，美国希望英国"发挥尽可能大的作用"，对于英国地位的"削弱"，美国官员将"极为关切"，因为这将对美国自身的战略成就产生重大影响。这位国务卿认为，整个自由世界的利益，而不仅仅是英国的利益，都依赖于英国维持其国际军事承诺。[259] 6 月，英国财政大臣詹姆斯·卡拉汉（James Callaghan）向麦克纳马拉保证，他相信英国确实应该"继续发挥自己的作用"，但不是在英国当前外汇负担的重压下，他坚持认为，这一负担"必须减轻"。[260]

正如沃尔特·罗斯托在 1965 年 10 月总结的那样，美国官员越来越清楚地认识到，英国在中东的地位将"继续削弱"[261]。罗斯托本人主张，应该更加关注"提供其他'应对突发事件'的能力，以满足西方在富油的波斯湾及该地区其他地方的局部危机中，用小规模部队做出快速反应的持续需求"[262]。美国中央情报局几个月前评估认为，英国政府的看法是减少英国在波斯湾的驻军，比将军事资源投入保护大

第四章　科威特的石油顺差：对英镑的利与弊

约 3 亿美元的"英镑石油"收入更有利于英镑，这些收入"基本上仍将流向"英国。[263] 帕特里克·戈登·沃克证实了中情局的判断，他说："为什么我们不应该像其他欧洲国家一样，花钱从波斯湾买石油，而不在那里驻军呢？"[264]

英国政府将于 1966 年 2 月发布的国防评估，引发了英美另一轮关于英国在苏伊士运河以东角色的会谈。1965 年 12 月中旬，哈罗德·威尔逊在白宫椭圆形办公室与林登·约翰逊会面，讨论了包括国防评估的总体框架在内的多个话题，但没有提供太多细节。尽管首相保证其政府将维持英国在苏伊士运河以东的驻军，并继续在世界范围内发挥作用，但他表示，英国必须在中东和东南亚地区"重新调整防御安排"。他更具体地补充说，亚丁"不能被视为一个长期基地"，虽然伊朗和科威特仍然需要保护，但"总的来说，应该可以减少英国在海湾地区的驻军"。[265] 此次会面，威尔逊和约翰逊同意让接任帕特里克·戈登·沃克的新任外交大臣迈克尔·斯图尔特（Michael Stewart）和丹尼斯·希利于 1966 年 1 月向美国官员介绍英国国防评估的主要内容。在华盛顿，斯图尔特和希利使用比首相更激烈的措辞，明确英国"必须撤离"在亚丁的基地，并计划在 1968 年后实施。同时，他们补充说，英国将加强在波斯湾的军力，以填补自半岛南部撤军带来的战略调整。[266] 鉴于中情局曾将亚丁描述为"英国最有价值的军事资产之一"和"英国对西方的全球防御体系的重大贡献"，斯图尔特和希利关于亚丁的笃定态度无疑让在场的美国人感到不安。[267] 迪安·腊斯克不仅重复了他在 1964 年 12 月会议上有关"英国保持世界大国角色"重要性的话，而且还补充说，"如果美国人民认为美国是完全孤立的，那将是灾难性的"。[268] 罗伯特·麦克纳马拉同意腊斯克的观点,他表示,对于国务卿从政治角度分析美国独自维持世界安全(的后果)的思路,"无论怎么强调都不为过"[269]。

约翰逊政府此前曾考虑通过经济援助来加强英国在苏伊士运河以东的军事地位,包括提供并安排美国和国际融资来支持英镑,如同美国在1965年夏天英国遭遇国际收支危机期间的做法。罗伯特·麦克纳马拉在当年6月与英国官员的会晤中承诺,美国将通过购买英国更多的商品来缓解英国"国防问题"中的汇率负担,并重新审查"现有的信贷安排,以期改善情况"。他强调说,"条件是英国在世界范围内的政治承诺不发生变化"[270]。1965年9月9日,副国务卿乔治·鲍尔(George Ball)在伦敦向哈罗德·威尔逊重申了这一点。他和美国驻英大使大卫·布鲁斯(David Bruce)均解释称:

> 如果英国没有认识到美国缓解英镑压力的努力与英国维持其全球义务的承诺密切相关,那将是一个重大错误。美国政府与英镑或英国经济问题有关的所有活动,都必然与两国政府共同进行的为期五年的英国国防评估有关。[271]

鲍尔和布鲁斯的严厉态度传达了这样一个事实,即美国正准备为支持英镑的9亿~10亿美元一揽子多边援助提供4亿美元,而英国将在第二天晚上获得这一援助。[272]

当1966年夏天另一场国际收支危机冲击英镑时,华盛顿对英国在苏伊士运河以东部署军力的态度发生了变化,至少在五角大楼之外是这样。美国财政部长亨利·福勒(Henry Fowler)认为,美国的首要任务应该是"促使英国改善长期经济和财政状况,从而防止可能对美国、我们的整体外交政策，以及自由世界金融体系的稳定造成灾难性后果"273。他建议美国政府"让英国政府自行决定，在英镑不贬值的情况下，必须做什么来挽救国家经济"。他补充说："一个软弱的盟友对我们来说，无论是在苏伊士运河以东、欧洲、国际金融体系，还是任何其他地方，都毫无用处。"这些话最终成为英国用来支持其军事收缩的论点。因此，福勒建议不要"依赖"威尔逊"做他本不会做的事"。274 同样，鲍尔希望美国"正视这样一个事实，即鼓励英国继续充当美国的穷亲戚，通过美国的定期救助，过着入不敷出的生活，这在本质上是不健康的"275。换句话说，政府应该"以符合我们两国长期利益的方式，重新定义所谓的'特殊关系'"。他总结说，美国官员应该接受这样一个现实——无论他们施加多大压力，英国都将"不可避免地减少其海外军事部署"。美国将"不得不在财政和政治上付出高昂的代价"，以拖延英国的撤军进程，而这种花费很可能"不会对英国不可避免的撤军行动产生实质性影响"。276

到1966年中，美国约翰逊政府已经接受了英国可能放弃苏伊士运河以东地位的可能性，并开始更认真地规划，在英国缺席的情况下如何保障波斯湾的安全。在艾森豪威尔和肯尼迪政府的政策基础上，约翰逊和顾问们为海湾地区制定了一个战略框架，该框架围绕着区域内的大国参与者展开——在这种情况下，沙特阿拉伯和伊朗最终会成为"双支柱"。在为沙特阿拉伯国王费萨尔1966年6月的华盛顿访问做准备时，沃尔特·罗斯托建议约翰逊询问国王他打算如何"填补英国在半岛南部和波斯湾留下的空白"，并鼓励费萨尔与温和的邻国"积极合作"。277 在6月21日与约翰逊会面时，费萨尔表示，与其他中东国家合作"遏制共产主义的浪潮"正是"他的目标所在"。278 至于伊朗国王，美国总统在 7 月 20 日给他写了一封信，信中说，"在美国全力维护亚洲的自由和稳定之际，我们对波斯湾地区的持续稳定同样感兴趣。我们希望您也能决心帮助维持这种稳定"[279]。约翰逊政府向两个政权提供了武器装备，以增强其威慑能力。[280] 在谈到伊朗时，罗斯托告诉约翰逊，加强伊朗的军事实力是保卫中东的一种经济有效的方法，特别是考虑到英国打算于 1968 年从亚丁撤军并计划削减波斯湾的军力，以及东南部区域战争的升级。[281] 尽管如此，美国官员仍然指望英国在可预见的未来继续留在该地区。1967 年 10 月，在英国经历又一次经济危机之际，美国副国务卿尼古拉斯·卡岑巴赫（Nicholas Katzenbach）给美国驻英大使馆写信说："美国仍然非常重视英国在波斯湾的驻军。我们支持英国当前在波斯湾的地位，并将鼓励英国政府继续在波斯湾保持足够的军事力量，以确保诸酋长国的安全。"[282] 当年早些时候，美国中情局评估称，"英国放弃其在海湾地区特殊的军事和政治地位"，看上去"很可能"需要"三到五年"，但之后的结论则没有那么乐观，"海湾地区不断增加的麻烦或英国国内的经济问题可能会加速英国的离开"[283]。

尾声

1967年英镑贬值及帝国的终结

英国严重的经济问题动摇了国际货币体系，也标志着英国外交政策的历史性转变。

——美国国务院文件，无日期[1]

我们都希望目前的国际金融困境只是暂时的。虽然有些项目现在可以削减，以后再启动也不会出现严重问题，但英国撤出在海湾地区的驻军将是一个不可逆的决定。美国政府强烈认为，目前的形势和未来的前景都不足以支持这样一个不可挽回的行动。此外，如果海湾地区的政治变化导致英国获取石油的条件发生变动，那么现在节省下来的开支可能会因小失大、得不偿失。

——卢修斯·巴特尔（Lucius Battle），
美国国务院近东、南亚和非洲事务助理国务卿[2]

20世纪60年代中后期,英国国际收支状况持续恶化,最终引发了一场货币危机,部分原因是获取中东石油的成本上升,迫使英国财政部于1967年11月将英镑贬值。1967年6月,以色列同邻近的阿拉伯国家再次爆发战争,导致英国无法通过苏伊士运河获得英镑石油,苏伊士运河危机重演。在航道中断期间,雪上加霜的是,阿拉伯产油国立即切断了对支持以色列的国家的石油供应,包括美国、英国和联邦德国。[3]在冲突爆发后,此前运往西方国家的中东石油,只剩40%还在经苏伊士运河运输,这给英国造成了严重的财政负担。英国当时的石油能源需求,有一半都依赖波斯湾沿岸的产油国满足。[4]更糟糕的是,尼日利亚内战的爆发,意味着地理上距离较近的非阿拉伯产油国也难以企及。[5]尽管得益于美国过剩的产能,伊朗、委内瑞拉和印度尼西亚增加的出口,以及包括科威特、沙特阿拉伯和利比亚在内的温和的阿拉伯国家最后的合作,英国克服了随之而来的供应短缺,但因不得不通过绕道非洲的航线来运输石油,运输成本激增300%。[*6]

---

* 原文为400%,作者计算错误。——译者注

英国的贸易账户因此在 1967 年损失了 9 000 万英镑，在 1968 年损失了 4 500 万英镑，在 1969 年损失了 4 000 万英镑。[7]

由此引起的对英镑信心的下降还引发了短期私人资本的"大量外流"（持有英镑的阿拉伯国家加剧了这种外流），从而损害了英国的国际收支。[8]1967 年夏天，英国政府监控了"中东英镑流动的异常交易"，并注意到从 5 月底到 9 月中旬，阿拉伯国家持有的英镑减少了 2.36 亿英镑。[9]大部分外流发生在 6 月份，其中约 1.8 亿英镑"直接归因于中东战争的影响"，原因可能是"政治敌意或压力"，担心英国可能冻结英镑，或者为交战中的阿拉伯国家提供赠款。英格兰银行认为，这些资金流动使英国的外汇储备损失了 8 000 万英镑。[10]最终，中东石油危机、英国当年秋天的码头罢工，以及威尔逊政府在 1967 年上半年对经济再膨胀政策的承诺，导致第三季度英国储备金减少了 5 亿英镑。在提高贴现率（向商业银行收取的利率）的最后努力无果而终之后，英国政府官员再也无计可施，他们于 1967 年 11 月 18 日将英镑从 2.80 美元/英镑贬值到 2.40 美元/英镑。[11]考虑到他们以及往届政府自 1949 年以来为避免这种极端措施所做的种种努力，这一决定既是一个重大转折点，也是一个耻辱的时刻，财政大臣詹姆斯·卡拉汉为此辞职。这表明英国的政策制定者理解并接受了本国国际贸易地位以及英镑的严重弱点。这一决定无疑也打消了英镑可以在全球经济中恢复其昔日地位的念头。

甚至在贬值英镑之前，英国财政部和英格兰银行的官员就已经开始质疑，维持英镑作为国际贸易和储备货币的地位所带来的好处——尤其是无形收入的好处——是否抵得上维持英镑汇率所要付出的成本。1967 年中，英国财政部的无形收入委员会（Invisible

Earnings Committee）提议，财政部和英国央行与金融城的协会组织合作开展一项研究，以确定英国的无形收入在多大程度上取决于英镑的国际角色。[12]两年后，英国财政部国际货币体系小组发布了一份报告，给出的结论是，为了维持英镑作为国际货币所付出的重大代价——表现为利息支出和经济政策约束——似乎并不值得，因为这与伦敦金融城因此而获得的大约7 000万英镑的预计收入相比成本过高。此外，该报告的作者还断言了一个早已被证明的事实：尽管伦敦金融城的出现与英镑的国际角色密切相关，但即使没有英镑的这一角色，伦敦金融城的机构仍会继续繁荣。20世纪60年代末，伦敦金融城充满活力且善于变通的投资公司，很好地适应了新兴的欧洲美元业务，并最终成功地顺应了英国政府经济政策的变化和瞬息万变的国际金融格局。[13]

英镑贬值之后的几年里，虽然伦敦金融城可能取得了巨大的成功，但英镑区却没有。它开始了缓慢的消亡过程，起初是由于海外英镑区国家为了最小化风险而大量抛售英镑。[14]为了防止英镑区突然终结给英国经济稳定带来破坏，英国政府与英镑区成员就所谓的"巴塞尔协议"（Basel Agreements）*进行了谈判，暂时为英镑区续了命。[15]这些单独的协议保证了海外英镑区持有的英镑相对于美元的价值，作为回报，签署国承诺在外汇储备中保留部分英镑，但是保留比例因国家和地区而异。为了防止英国因协议遭到违反而蒙受损失，巴塞尔信贷安排应时而生，国际清算银行和12个工业国家达成一项协议，如果英镑区持有的英镑量降至一定水平，它们将向英国提供多达20亿美元

---

* 该协议并非20世纪80年代之后通常所称的《巴塞尔协议》（Basle Accords）。——译者注

的资金。这样，英国就可以根据自己的情况逐步结束英镑区，从而使英镑和英国经济遭受的干扰最小。

尽管有应急计划用来确保"英镑问题"不会产生"不利影响"，但美元仍无法避免由英镑贬值造成的负面冲击。[16] 由于世界各国储备中的英镑越来越少、美元越来越多，在美国无法承受外部冲击时，美元面临的风险越来越大。随着越来越多的美国跨国公司将美元汇往全球各地维持运营，美国政府正在掏空国库以维持全球军事承诺，包括正在进行的越南战争。美国和英国一样，也经历着严重的国际收支困难。英镑贬值可谓雪上加霜，导致黄金储备"大幅下降"，造成全面的黄金危机，并给美元带来了更大的压力。[17] 此外，美国贸易账户的长期巨额赤字使美元容易受到投机攻击，英镑在整个战后时期都处于这种境地。为了安抚市场，林登·约翰逊于1968年元旦在林登·约翰逊牧场召开新闻发布会，宣布美国政府已经采取了"坚定而果断的措施"，以便将美国的国际收支赤字减少30亿美元。[18]

在英镑贬值及随后的颓势到来之前，美国官员一直依赖英镑作为避雷针，以吸纳美元可能遭受的市场攻击。除了支持英国在苏伊士运河以东的防御战略外，英镑作为缓冲角色的重要地位，促使约翰逊政府动用美国的资源来支持英镑。的确，在英镑即将贬值之际，沃尔特·罗斯托曾写信给总统："我无意讨论英镑贬值的利弊。重点是我们面临的风险太大，不值得一赌。"[19] 由于美元的第一道防线不复存在，而严重的国际收支问题带来的压力又持续上升，约翰逊的继任者理查德·尼克松不得不做出以前无法想象的举动，将美元与黄金脱钩，从而去除了布雷顿森林体系固定汇率的关键支柱。[20] 到1971年，美元已经弱到无法支撑国际货币体系，这证实了亨利·福勒两年前的预言，即英镑"大幅贬值将危及整个国际贸易和支付体系"[21]。

1967年英镑贬值造成的战略冲击同样巨大。如前所述，英国政府于1966年宣布，当阿拉伯半岛西南地区获得独立时，英国将撤离亚丁，这引发了波斯湾地区的焦虑，因为英国在亚丁的军事基地对该地区的防御非常重要。但当英国在西南地区的权威于1967年底瓦解时，其在极端压力的威胁下被迫匆忙撤离了长期驻扎的亚丁基地，这使得原本计划于次年有序撤离的方案变得毫无意义。即便在贬值英镑的同时，退出正在瓦解的西南地区，英国代表仍向各酋长国保证，英国将履行与它们的条约义务。仅仅两个月后，英国官员便略带羞愧地向海湾地区的统治者传达了工党首相哈罗德·威尔逊将于1968年1月16日向议会和世界宣布的消息——英国政府打算在1971年底以前从苏伊士运河以东（包括波斯湾）撤出所有驻军。英国政府这样做是为了减少海外开支，从而减轻英国的国际收支压力。[22]科威特外交大臣向英国官员报告说，海湾地区的统治者对英国的决定感到"极为震撼"和"相当困惑"，抱怨英国政府"亏待了他们"。[23]酋长们担心受到伊朗、伊拉克和沙特阿拉伯等长期以来对该地区怀有野心的国家的威胁，这些国家对英国退出后的前景充满期待。英国财政部的成员担心酋长们会对英国非常不满，进而出于怨恨而将英镑资产多元化。[24]

就像海湾地区的统治者一样，美国约翰逊政府对英国的决定同样反应不佳。1968年1月11日，英国外交大臣乔治·布朗在华盛顿与美国副国务卿迪安·腊斯克会面时透露了威尔逊政府的政策。听到这个消息后，腊斯克说他"备感沮丧"，称英国的决定是"令人担忧的"。当腊斯克提出，英国离开海湾地区每年只能节省1 200万英镑，换来的却可能是严重的后果时，布朗说，"这一决定不是为了省小钱，它是从远东撤军这一重大决定的必然结果"。他进一步阐明，一旦英国撤出在远东的基地，它将只能通过削减航母的力量来"节省硬性开支"，即放弃"为应对仅理论上可能出现的情况"而维护舰队。腊斯克意识到，他的劝说已然毫无意义，他说自己嗅到了"决心已定的火药味"[25]。这就像一场离婚对话一样，一方单方面结束了婚姻，而另一方则试图劝说前者放弃已经做出的决定，但是前者早已伤心欲绝，向后者表明了决心。在收到腊斯克关于国务卿与布朗会面的消息后，林登·约翰逊在写给哈罗德·威尔逊的信中表达了自己的失望和担忧："得知这个令人深感沮丧的消息时，我无法向你隐瞒我深深的失望。如果采取这些措施，就等于英国退出了世界事务。"[26] 在1月15日发出的第二封信中，约翰逊写道："英国从远东基地和波斯湾加速撤军，将给美国政府和整个自由世界的安全带来极其严重的问题。"[27] 次日，华盛顿实权人物、特使埃夫里尔·哈里曼与英国驻美大使帕特里克·迪安（Patrick Dean）就威尔逊的政策进行了交谈，前者厉声道："我们不能接受把这个作为最终决定，必须推翻它。"迪安回答说："唉，已经是最终决定了。"他还补充道："美国不能成为自由世界中唯一的世界大国。"[28]

毫无疑问，英国宣布决定的时机激起了约翰逊、腊斯克和其他美国官员的强烈反应。毕竟，美国政府早就知道英国正在重新考虑苏伊士运河以东的军事部署。1968年1月，约翰逊及其顾问们面临的核心问题是东南亚代价高昂且日益升级的战争。英国在苏伊士运河以东的政策对美国来说是双重打击，既把英国军队从美国军队正在作战的战区撤走，又把英国军队从一个战略上至关重要的地区撤走，而美国无论在财力、人力还是政治资本上，都无法向后一个地区派遣军队。

1967年4月，腊斯克在给乔治·布朗的一份备忘录中，在讨论英国审议苏伊士运河以东的问题时提及越南，他写道："在我们深度卷入越南战争且泰国受到威胁之时，英国宣布不再承担这一责任（即使是在将来的某一天），这将产生最严重的影响。"[29]1968年1月9日，卢修斯·巴特尔写道："英国军队如果在未来几年内全部撤出，将严重破坏西方国家在海湾地区的地位。"他还补充说："一旦英国撤出，美国或其他西方大国想要以同样有效的方式介入，从政治上来看是不可行的。"[30] 由于英国外交部之前曾保证——即使在货币贬值之后——英国打算在海湾地区一直驻军到20世纪70年代中期，美国官员现在觉得英国人是在欺骗他们。至少，在当地的安全安排到位之前，英国需要继续留在那里。[31] 美国副国务卿乔治·鲍尔（George Ball）在1965年的判断是正确的：如果英国在贬值英镑的过程中"做出重大的对外举措"，那么它"不只是会破坏货币体系"。他还补充说，"我们的外交、政治和国防政策也会受到严重破坏"[32]。

约翰逊政府面临的另一个问题是，英国计划公开宣布苏伊士运河以东的决策。在1967年4月发给乔治·布朗的备忘录中，迪安·腊斯克提出了"反对"在"不久的将来"，对苏伊士运河以东的英国军力进行"大幅削减"，并且"更为强烈地反对现在就宣布撤离该地区的意图"。腊斯克坚持认为，英国向世界披露其政策的做法有以下风险：（1）引发将在马来西亚制造动荡的"紧张和野心"；（2）与（美国）政府向美国公众声称的、美国盟友分担了在其他大洲遏制共产主义的任务这一说法相矛盾；（3）促使美国参议院中批评政府的人士呼吁减少驻欧美军数量；（4）提供了关于西方对东南亚立场的宣传武器。[33] 在1967年7月写给林登·约翰逊的信中，哈罗德·威尔逊提到了美国

尾声　1967年英镑贬值及帝国的终结　251

的要求，即避免公布英国政府关于苏伊士运河以东的决定——当时的决定是至少将一些军事力量保留到70年代中期："事实上，世界各地已经公开出现了许多关于我们的长期意图的消息（这当然不是我们所希望的，也不是我们的责任），我们根本不可能再去掩饰什么。"威尔逊认为，如果不公开，英国就有可能让人们认为"计划中的裁减比正在进行的还要快"。他还解释说，政府"在70年代中期完成撤军安排时，必须让英国军人对撤军过程的长期规模、编制和装备有一些客观的了解，特别是当这涉及许多人的职业生涯时"[34]。

1968年1月15日，也就是威尔逊向议会发表演讲，宣布工党政府决定在1971年以前从苏伊士运河以东撤出所有英军的前一天，他给约翰逊写了一封长信，试图强调这一决定的背景，并驳斥这一决定代表"英国退出世界事务"的观点：

> 正如我明天将要阐释的那样，对我们来说非常清楚的是，如果要迅速而果断地恢复经济，我们目前的政治承诺已经远远超过我们力所能及的军力开支；而倘若没有经济实力，那我们就毫无军事威慑力可言。近年来，我们被迫一次又一次仓促地进行国防评估，其中的教训显而易见：要想节约军费，就必须做出一些重大的外交政策决定。简单来说，这不过是意味着我们必须认清自己在世界上的角色。我们坚信，只要充分发挥我们的经济实力，并结合务实的优先事项，就能够增强这个国家在世界范围内维护和平的真正影响力和力量。

他总结说，他的政府所做出的决定是他和他的同僚在从政经历中

"最困难和最沉重"的:"我们之所以做出这些决定,是因为我们相信,从长远来看,只有这样,英国才能在世界舞台上找到英国民众热切希望的那个新位置。"[35]

有一件事是肯定的,即美国不想取代英国在波斯湾的地位。正如美国副国务卿尤金·罗斯托在与美国石油公司高管就伊朗石油问题举行的一次会议上所解释的那样,"美国不必填补英国或法国撤军留下的每一个军事真空"[36]。美国国务院在给亚丁使领馆的电报中重申了这一观点,指示大使告诉也门民主人民共和国(即"南也门")总统卡坦·沙比(Qahtan al-Shaabi),美国"无意取代英国"[37]。东南亚持续不断的战争使得这一(取代)行动在财政、后勤和政治上都不可行。林登·约翰逊在给哈罗德·威尔逊的信中提到了第三个障碍(即政治):"美国人很难支持我们必须进入英国已经放弃的安全地区的想法。"[38]在这种情况下,美国官员希望英国尽可能长时间地保持其在该区域的"特殊作用",直到1971年英军撤出。他们认为,英国政府应该在那之后继续"维持英国地位的某些要素"[39]。约翰逊政府也希望英国在中东的"政治和经济影响力遗产"将继续给西方带来好处。[40]至于英国政府,它打算在撤退后"留下一个有序的政治局势",并尽可能寻求美国政府的帮助来实现这一目标,特别是考虑到英国在该地区有"深远和持久"的经济利益。[41]

鉴于缺乏在海湾地区接替英国的意向,华盛顿的政策制定者转向区域内寻找解决方案,以应对那里的安全挑战。首先,卢修斯·巴特尔等人相信,美国应当推动该区域国家间加强政治与经济合作,进而促进地区稳定。[42]此外,美国参谋长联席会议建议美国为波斯湾下游国家和科威特制定一项武器政策,并在后者设立一个武官办公室。参谋长联席会议解释说，虽然美国应继续把英国视为该地区的"主要武器供应国"，但它应该"准备好积极考虑向科威特和海湾下游国家有限出售武器，以填补英国没有满足的合理防御需求"。[43]国务院官员认可了这种政策的必要性，但同时警告不要在该地区进行"过度的军备建设"[44]。至于这些酋长国，它们寻求美国在海湾地区发挥更大的作用，希望用一个"强大的保护者"取代另一个。[45]但令这些酋长国极为失望的是，美国区域战略的核心安排是让伊朗和沙特阿拉伯（这些酋长国历来所忌惮的地方大国）代理维护该地区的安全。自艾森豪威尔政府以来，随着英国影响力的逐渐衰退，这一政策正日益同步强化。沃尔特清楚这两个国家在该地区的影响力存在激烈的竞争，他在1968年1月写道："在英国离开后，沙特阿拉伯和伊朗之间的良好关系将是控制局势所必需的。其他选择都不稳定，而且苏联的影响极有可能增加。我们不想取代英国人，也不想让苏联人出现在那里。我们必须依靠（伊朗）国王和（沙特）费萨尔。"[46]因此，约翰逊政府为美国未来十年的中东战略布局奠定了基础，但后来是理查德·尼克松的名字与美国利用代理人捍卫西方在海湾和全球利益的战略联系在了一起，即尼克松主义。[47]

英国在尼克松第一个任期内履行了从海湾撤军的承诺。英国能够在撤军后留下不那么混乱的局面，这是一项了不起的成就，因为有多种因素可能导致不稳定的结果。这些因素包括：（1）伊朗主张其对巴林岛的历史性主权；（2）英国保守党重新掌权，他们曾谴责威尔逊政府的海湾政策，并宣称在当选后要扭转这一政策；（3）保护国之间未来政治关系结构的不确定性。首先，英国变换方式说服伊朗接受巴林独立，1970年，联合国特派团的调查结果显示大多数巴林人愿意独立。其次，1970年6月爱德华·希思（Edward Heath）当选后的保守党政府官员发现，他们无法轻易扭转哈罗德·威尔逊三年前启动的（撤军）进程。英国外交大臣、前首相亚历克·道格拉斯-霍姆以现实主义者的眼光分析了政府的各种选择，并说服希思在停战诸国内部保留军事联系，以及随时待命的英国海军、空军，这将有助于维持该地区的稳定。第三，通过威廉·卢斯（William Luce）这位受人尊敬的波斯湾前政治专员的不懈努力（退休后的他被保守党政府再次召回），英国解决了关于海湾领土的所有悬而未决的政治和防御问题。因此，当英国于1971年12月从该地区撤军时，停战诸国按照英国政府所希望的那样成立了一个政治联盟，即阿拉伯联合酋长国。随后，英国与最初的9个保护国中独立的3个新政体（包括巴林和卡塔尔）签订了友好条约。这些条约规定了军事协商、英国空军领空和部署权利，以及为英国军队提供训练设施。[48]与不光彩地放弃西南委任统治地留下的混乱相比，英国可能会对平静地撤离波斯湾感到欣慰。格伦·鲍尔弗·保罗（Glen Balfour-Paul）的评论很精准："这不是一个英勇的结局，但也不像亚丁那样是一个可怕的结局。"[49]

　　海湾地区的去殖民化要比帝国其他地区晚得多，这主要是由于该地区的石油对英国具有重要的经济意义，而且英国外部的力量也支持英国在该地区的存在。外部力量之一就是酋长国。因为这些地区在规模、人口或发展水平上——更不用说英国的干涉程度——与正式帝国的其他区域不同，它们有着不同的目标和需求，特别是在安全领域。它们对安全的维持完全依赖外部援助。因此，民族主义激发的"推力"将帝国主义代理人赶出亚洲和非洲殖民地，而国防需求的"拉力"则将英国军队留在海湾地区，以击退来自伊朗、沙特阿拉伯和其他国家的威胁。支撑英国在该地区存在的第二个因素是美国。在整个战后时期，尽管英国在中东其他地区的影响力减弱，美国仍然依赖英国来保卫西方在该地区的石油利益。约翰逊政府官员通过言论和行动，展示了他们认为英国在当地的角色十分重要，行动上包括安排美国和国际社会对英镑提供支持。美国官员对威尔逊政府放弃海湾地区的决定深表失望，这表明美国在确保该地区安全方面对英国军队的依赖程度之深。正如本章开头卢修斯·巴特尔的话所表明的那样，至少有一位美国政策制定者主张英国保持其在海湾地区的地位，采用了与石油相关的金融论点，而英国官员也曾经用这种论点来为英国的中东政策辩护。但到了1967年，形势已然完全不同，英国政府无法再从经济或战略角度，为其在海湾地区的部署提供理由。

到20世纪60年代中后期，英国获取中东石油的方式发生了变化，这种转变早在1962年就从政府的一个部门开始了。如第四章所述，财政部次官米尔纳·巴里承认，科威特和其他产油国将继续要求并获得越来越多的石油销售利润份额，进而使英国的国际收支相应受损。他也明白，英国政府无力采取任何措施来影响这一趋势，因为用军事力量来操控从该地区采购石油的条款已不再是一个可选项。通过策动政变和入侵相关国家来保护中东石油利益的时代，在苏伊士运河事件之后一去不复返了，至此，这些行动的不可行性——至少对英国而言——已经非常清晰。由于政治、经济和军事地位被削弱，在世界上那些超级大国有权否决英国政策的地区，英国再也无法强加自己的意志，除非志同道合的国家达成了共识。此外，米尔纳·巴里连同帕特里克·戈登·沃克和其他官员也得出了这样的结论：在海湾地区保留英国军队，以防止未来可能发生的使英国无法获得石油——或石油价格大幅上涨——的事件是不值得的。鉴于政府诉诸军事行动的情况有限，就像部署地面部队能够提供某种战术优势的情况有限一样，英国在海湾地区的存在已变得如同一张过期的保单。

英国违背美国的意愿决定撤离海湾地区，以及这一决定在华盛顿引起的失望，延续了战后英美"特殊关系"中的不和谐模式，这种关系有时看起来远不是那么特殊。正如英国对美元石油的歧视，以及英国政府对伊朗石油工业国有化和苏伊士运河国有化的反应一样，美国官员认为英国的海湾政策以牺牲西方整体利益为代价，狭隘地维护英国的经济利益。冷战在美国的考量中始终占据重要地位。1950年，英国的石油替代政策激怒了美国官员，因为这一政策阻碍了自由贸易资本主义的传播，损害了西方工业化国家及其贸易伙伴的利益，反过来有利于共产主义。同样，华盛顿也对英国1951年的伊朗政策、1956年的埃及政策和1968年的海湾政策感到恼火，因为美国官员担心英国的做法会增强共产主义在该地区的影响力，进而破坏中东的稳定。政府官员辩称，他们推行这些政策是为了防止英国经济进一步恶化，或者说是为了使英国免于经济危机，部分原因是他们认为一个经济疲弱的英国，对于作为冷战战略伙伴的美国来说毫无用处。虽然两国政府都喜欢把自己的政策说成是为了西方的整体利益服务，但伦敦和华盛顿的政策制定确实受到各国自身利益的驱使。尽管如此，英国和美国官员真诚地相信，西方的命运与各自国家的命运息息相关。在他们看来，各自的国家利益和西方更大的整体利益是一致的。

期望落空加剧了战后英美关系中的摩擦，就像朋友之间可能出现最尖锐的分歧一样。二战给英国的物力和财力造成了空前的损失，英国希望美国能够理解它在内外政策上诉诸极端措施来支撑英国经济的必要性，因为这关乎英国的生存。美国依赖英国在遥远的区域遏制共产主义，无非是强化了这种观点。另一方面，美国官员期望英国作为最亲密的盟友，在影响美国利益的重大战略和经济决策上与美国进行协商。美国对英国慷慨的金融援助，确保英帝国在战后继续以一种被接管者的状态存在，而不是得到破产后被清算的下场，也促使华盛顿认为英国应该紧随美国的政策目标。正如一位英国官员在评论战后美国贷款的附带条件时所说的，"谁买单，谁说了算"。当对方的行动未能符合各自多次明确表达的期望时，双方都感到沮丧。归根结底，战后英美关系中的主要问题，源于两国作为世界大国的发展轨迹截然相反。随着美国的崛起和英国的衰落，美国和英国的官员从不同的角度来看待世界和彼此，因此也有着不同的利益。这些利益不可避免地会发生碰撞和冲突。但所有分歧均应该放在更大的背景下看待，即英美在战后广泛目标上的根本一致。

虽然英国从波斯湾撤军（这一决定完全出于英国利益考虑），可能标志着英帝国的中东殖民地正式终结，但英国在该地区的影响核心，即非正式帝国，早在此前就已经解体。想象一下英国衰落的路径，我们可以在时间线上标出一些关键事件：伊朗石油国有化运动（1951年）、签订《关于苏伊士运河基地协定》（1954年）、约旦解雇长期担任阿拉伯军团首领的英国人（1956年）、苏伊士运河危机（1956年）、伊拉克革命（1958年）。就像20世纪五六十年代亚洲和非洲的去殖民化进程一样，这个非正式帝国的消亡可以追溯到第二次世界大战。这场战争促进了此前因英国的拉拢或胁迫而受到阻碍的民族主义运动的发展，同时使英国在经济和政治上受到削弱，再也无力遏制这些运动。在面对伊朗和埃及各自接手对英国经济至关重要的资产——伊朗石油工业和苏伊士运河——期间表现出的民族主义时，英国经济的脆弱性证明其政府已无选择可言。事实上，这两起事件都表明，英国将自己命运的控制权拱手让给了外部力量：不仅让给了伊朗和埃及，还让给了美国，因为在美国官员开始决定西方中东政策框架的时候，英国在资金和石油方面都依赖美国。苏伊士运河危机的溃败暴露了英国在经济和政治上的弱点，进一步激发了阿拉伯民族主义在该地区的发展，标志着英国在该地区非正式影响力的终结。在伊拉克，阿拉伯民族主义同该国的社会动荡及对英国的强烈敌意相结合，引发了血腥革命，摧毁了英国在中东的非正式帝国残余。1958年7月之后，（英国）在约旦的任何残余的影响都微不足道且逐渐减弱，就像恒星爆炸后的残骸一样。

英国战后经济的衰弱破坏了它在中东地区非正式帝国的布局，也阻碍了政府主导获取该地区石油的能力，进而导致恶性循环。值得重申的是，在前面的篇幅中，英国对外国石油依赖的经济后果，其重点并非典型的宏观经济效应。典型宏观经济效应指的是当石油价格上涨时，工业经济体因高昂的经营成本带来的负面影响，即运输成本增加以及导致经济增长放缓或负增长的连锁反应。相反，这里的重点是这种依赖性的金融后果，即对英国国际收支甚至英镑的影响。在注册于英国的公司的助力下，大英帝国能够廉价采购石油并以英镑支付，这对英国的国际收支做出了积极贡献，并使英镑坚挺（这些公司创造的巨额利润也是同类效果）。没有了这些便利，相反的效果就出现了：通货膨胀和利率上升，使本已因油价上涨而出现的破坏性经济后果恶化。石油是英国国际收支中最大的项目，对英国战后的财政状况产生了巨大影响。因为英国的黄金和外汇储备水平经常徘徊在危险边缘

（这是由于英国长期无法实现出超，迫使英国动用储备从国外购买国内生产不了的商品），这种情况尤其明显。

英国在中东的非正式帝国（其中的英伊石油公司既是受益者也是工具），为英国获得有助于平衡国际收支的石油提供了便利：资源丰富、价格便宜，且可以用英镑购买。因此，二战后英国高度重视中东石油。事实证明，英伊石油公司在中东石油中的权益对英国极为有利。但正如本书前两章所述，英国政府和该公司在确保中东石油供应方面的共同利益，并不必然导致英国官方和英伊石油公司政策之间的和谐。对英国政府来说，该地区的石油首先是国家利益所在，对英国的战后经济复苏至关重要，这不仅是因为石油为重建提供了燃料，还因为石油为英国节省了美元，为英镑提供了急需的支持。通过维持英镑强势或防止英镑进一步贬值，中东石油也被证明是工党和保守党政府维持英镑，进而维持英国国际声望和影响力的重要组成部分。但如前文所述，在此期间维持对中东石油的获取特权，也意味着避免苏伊士运河危机之类的事件和1967年第三次中东战争所引发的国际收支灾难。因此，英国在中东影响力减弱的一个重要后果是，限制有关获取该地区石油对英经济的威胁，逐渐超过了英国的能力范围。当英国在中东的非正式帝国强盛时，它获得了可观的经济利益。但是，由于过分依赖帝国红利，当这一体系瓦解时，英国发现自己陷入了岌岌可危的境地。

英镑作为贸易和储备货币的广泛使用也是如此。正如英国财政部官员所指出的，英镑的优先地位使英国能够用本币在全球开展商业活动。此外，英镑所带来的全球经济影响力，也使英国作为世界上大部分国家背后的银行家获得了政治权力。在英镑坚挺时，英镑遍布全球似乎并没有什么不利之处。但当英镑疲软时，尤其是二战之后，其弊端则异常明显。英镑的国际敞口意味着它可能受到多方攻击，大量英镑持有者通常会立即抛售英镑，从而使英国容易陷入金融危机。正如历史经验所示，英镑遭受攻击并不仅仅是因为持有者预期英镑会贬值，也就是说，纯粹出于经济原因。攻击也会出于政治原因，比如苏伊士运河危机和1967年第三次中东战争。讽刺的是，曾经是英国国际影响力主要来源的英镑，实际上已经成为"阿喀琉斯之踵"。

这就提出了20世纪50年代至60年代英科关系的问题。科威特除了是英国重要的英镑石油来源之外，还拥有巨额的英镑资产。事实上，一旦（本土）独立石油公司打破了跨国公司对中东石油的垄断，迎来利润五五分成的时代，英国政府对科威特如何处理其英镑收入的问题的关注，就超过了对英国的石油公司与酋长国签订的特许协议条款的关注。苏伊士运河危机后，英镑的下跌和阿拉伯民族主义的抬头加剧了这种焦虑，给科威特施加了经济和政治压力，迫使其将此前的英镑资产多元化，同时也增加了英国阻止或限制这种资产配置安排的压力。当然，英镑疲软和阿拉伯民族主义蓬勃发展的事实本身削弱了英国的影响力，使之大打折扣。但对英国有利的是，有两股力量阻止了科威特大量抛售英镑资产。首先，任何从英镑资产大量转移到黄金、美元或其他货币的安排，都会威胁到科威特继续持有的英镑资产的价值；其次，科威特的安全依赖于英国。事实上，英国对科威特的战略重要性、该酋长国对英国的经济重要性，以及英国在苏伊士运河危机后的克制意识，三者的结合确保了英科关系在本书所述期间保持稳定。

鉴于两次世界大战带来的巨额债务，以及持续入超的经济，国际英镑在二战后变得就像一个濒临破产的业务。美国注入的现金以及对投资者（储备持有者）如何处置（储备中的英镑）份额施加限制的监管体系（即英帝国范围内的安排）挽救了英镑。因此，工党和保守党政府决心为其续命期间，尽管步履蹒跚，但这个国际英镑"业务"在二战后依然存续。随着时间的推移和政府的更迭，声望和影响力成为英国官员的主要动机，甚至超过了英镑的国际使用为英国带来或被认为会带来的实质利益。话虽如此，战争对英国已经衰退的工业经济的破坏，以及服务行业的持续活力，为保守党继续推动国际英镑业务提供了额外的动力。他们认为伦敦金融城的效能依赖于此。但即使英国官员想要"清算"国际英镑业务，他们如何才能在不对国内经济造成严重破坏的情况下做到这一点呢？在苏伊士运河危机之后，哈罗德·麦克米伦就英镑区的大背景向安东尼·艾登提出了这个问题：

> 我们无法避免作为英镑区银行家而给英镑带来的危害。我们继承了过去持续盈利且稳健的古老家族生意。问题在于，这个业务的负债现在是其资产的四倍。在过去，像库茨银行或考克斯银行这样的企业会被卖给五大［银行］之一。问题是，我不知道谁会收购英镑区的银行系统。我试探过［美国财政部长］乔治·汉弗莱，但他没兴趣。因此，我们要么继续经营下去并承担所有风险，要么将其清盘，1［英镑］［资产］付5个［先令］。[50]

1967年的货币贬值迫使英国逐步结束这一"业务"，而巴塞尔信贷安排作为事实上的破产法庭，使英国得以有序地清算其资产。

本书讲述了连续几届英国政府在二战后为应对英国作为世界大国的衰落所做的努力。在制定外交、殖民地和经济政策时，艾德礼、丘吉尔和艾登政府在一定程度上承认了英国的局限性，同时又不懈地寻求恢复和保持英国的世界大国地位，他们主要通过利用帝国的优势来实现这一目标。无论是工党还是保守党政府，都认为中东石油及英镑的广泛使用，是英帝国提供给英国最重要的利益之一，有助于保持并提升英国的国际影响力。但二战对英国经济、中东地区以及全世界的冲击，最终限制了英国按照官员们的设想，利用该地区石油和英镑的全球影响力的能力。由于战后时代的发展，当艾德礼、丘吉尔和艾登政府试图像英国及其周边世界不曾发生变化那样行事时，他们面临着国家控制能力下降的问题。英国的实力无法匹配其意志，结果，衰落更多地主导了英国政府，而不是相反。只有在麦克米伦和威尔逊时期（主要是因为苏伊士运河的教训）才出现了反转的情况，小到英国对科威特的微妙政策，大到基本有序的去殖民化进程，都说明了这一点。如果说英国在苏伊士运河危机期间的行动代表了"衰落大国的最后一口气"（正如麦克米伦在 1956 年底对杜勒斯所说的那样），那么 1967 年的贬值则意味着这口气的终结。到那时，正如一代英国官员所担心的，中东石油的中断导致英镑不再是一种重要的贸易和储备货币，最终结果就是帝国本身的终结。

跋

　　历史学家对于用过去的视角看待当前事件或用历史类比来分析当下多持谨慎态度。这是正确的：背景很重要。因此，任何历史类比都不可能完美无缺。但只要运用得当，这些类比还是能给人启发的。事实上，美元的衰落、美国对外国石油的依赖，以及美国为保持在中东的影响力所做的努力，与前文所述英国的部分经历十分相似，因此有必要做一个简短的讨论。在理想情况下，可以从那些经历中吸取一些教训。

　　就像19世纪巅峰时期的英镑一样，由于美国制造业和金融服务业在国际上的主导地位，美元自二战以来，一直是全球经济中最主要的贸易和储备货币。但是，就像之前的英国一样，随着竞争对手在全球市场上占据越来越大的份额，美国制造业在世界经济中的份额已经萎缩，尤其是自20世纪70年代以来。在21世纪的头十年里，中国的表现尤为抢眼。曾经在美国国内生产的商品现在要从其他国家进口，在某些情况下，是因为这些商品在低工资经济体中的生产成本更低；而在其他情况下，是因为这些商品的制造质量更好。自1975年以来，由于入超越来越大，美国不得不借用其他国家的储蓄来弥补贸易逆差，这对美元造成了贬值压力。[1] 破纪录的贸易赤字、对放缓的美国经济失去信心，以及2007—2008年美国金融业的内部动荡，都进一步加大了这种压力。但与本书跨度期间英国官员对英镑所做的调整不同，在后布雷顿森林体系的浮动汇率时代，货币贬值是市场行为，恰如20世纪第一个十年美元持续贬值的走势一样。

美元相对于一篮子主要货币（尤其是自1999年以来欧盟的官方货币"欧元"）的名义上的贬值，在2007—2008年引发了广泛的讨论。[2] 美元对欧元的自由落体式贬值始于2001年下半年，在2007—2008年间加速下跌，2008年9月22日美元对欧元贬值2.2%，创下2001年1月以来最大单日跌幅。[3] 此前一周是美国金融业几十年来最糟糕的一周，这使得历史学家尼尔·弗格森投书《华盛顿邮报》，预期"美元作为唯一国际储备货币的时代"可能"即将结束"，并将美元的困境与英镑在二战后的衰落相提并论。[4] 同样，差不多在本书完成前一年，《经济学人》写道："美元的下跌与半个世纪前英镑作为储备货币的衰落有着令人担忧的相似之处。"[5] 与英镑的情况一样，美元也遭到了投机性抛售。据一家头部投资银行称，2007年11月，美元抛售（规模）几乎达到了历史最高点。[6] 的确，市场已经表现出对美元的极度恐慌，中国也呼吁将储备从美元等"弱势"货币中分散出来，并将美元作为储备货币的地位描述为"摇摇欲坠"，仅仅如此就导致了美元暴跌。[7] 中国拥有世界上最多的美元储备，占到约1.9万亿美元外汇储备总额的60%～70%，这一事实无疑导致本已紧张不安的市场反应过度。为了最大限度地降低风险，其他拥有大量美元储备的国家，已经表现出"抛售美元、转投欧元的意愿"，就像英国前殖民地在20世纪60年代处理英镑储备时的做法一样。[8] 一种货币要想配得上储备地位，就必须有很好的储藏价值，美元在20世纪后半叶的大部分时间里就表现出了这一特征。但自2001年以来，美元相对于其他主要货币的汇率急剧下降，这表明美元不再能够像以前那样发挥作用。2010年之后，美元有可能不再是世界首要储备货币，而是与欧元和人民币等其他主要货币共同扮演这一角色，效仿两次世界大战期间英镑的模式。[9]

正如二战后英国对外国石油的依赖损害了英镑一样，美国对外国石油的依赖，也加速了美元的衰落。根据美国的官方统计，2007年，美国进口的原油占消费总量的58%，其中加拿大（18.2%）、墨西哥（11.4%）、沙特阿拉伯（11.0%）、委内瑞拉（10.1%）和尼日利亚（8.4%）是五个最大的供应国。美国近一半的原油进口来自西半球，16%来自波斯湾，包括沙特阿拉伯、巴林、伊拉克、科威特、卡塔尔和阿拉伯联合酋长国。[10] 对美国来说幸运的是，以沙特阿拉伯为首的石油输出国组织（OPEC），在1974年同意只以美元出售石油。* 因此，美国可以用石油生产商购买的美元资产换取原油，从而无须用外汇来支付贸易账户中最大的支出项目。此外，用美元定价石油，要求其他石油进口国持有美元用于交易，增加了对美元的需求并推高了其价值。但美国对外国石油的消费仍然不利于美国的国际收支，这意味着由于美国需要进口其消费的大部分石油，美元仍面临贬值压力。此外，因为OPEC以美元定价其石油销售，这在美元强劲时是一种优势；当美元汇率下跌时，购买同等数量的石油就需要更多美元。这就形成了一个恶性循环：油价上涨增加了美国的贸易赤字，随后又对美

---

* 译者多方查证并同作者确认，并没有这样的约定。另请参阅《石油美元》附录中1974年美国与沙特的联合声明。——译者注

元产生贬值压力。2005年，美国的贸易赤字创下纪录，部分原因是"飙升的能源价格使国家进口石油的账单增加了数十亿美元"[11]。2008年，按通胀调整后的美元计算，石油价格创下历史新高，美国当年7月份的贸易赤字也因此升至16个月以来的新高。[12] 2008年美国金融危机的加剧，导致美元兑欧元汇率在9月份暴跌2.2%，而以美元计价的每桶油价，却创下了16.37美元的单日最大涨幅，这很有可能证明了美元价值与石油价格之间的联系。[13]

美元的疲软使美国经济在面对世界最大产油国时处于脆弱地位。那些将其货币挂钩美元的国家，如海湾国家，已经表现出想要切断这种联系的想法。科威特在2007年就这样做了，将科威特第纳尔与一篮子货币挂钩。其他海湾国家也考虑效仿科威特的做法，因为美元贬值正在向该地区输出通货膨胀。[14] 如果像阿联酋这样的国家决定将其货币与美元脱钩，对美元的需求将会下降。如果石油生产国决定停止以美元销售其原油，石油进口国将转向用欧元或其他货币购买世界上交易量最大的大宗商品之一，那么对美元的需求将进一步减少。伊朗前总统内贾德曾经威胁在销售石油时拒收美元，这不仅是出于经济原因（他称美元是"不名一文的纸"），而且也是出于政治原因，因为伊朗政府长期以来对美国怀有敌意。[15] 在美国另一个"眼中钉"乌戈·查韦斯（Hugo Chavez）的领导下，委内瑞拉可能决定走同样的道路。如果有足够多的产油国选择接受其他货币来销售石油，就会引发一场全面的金融危机，因为美元持有者会因预期美元更大幅度的贬值而抛售美元。[16] 在这种情况下，美国的政策制定者值得借鉴二战后英国官员的做法，后者曾密切关注进口石油与本币价值之间的联系。

与二战后的英国一样，21世纪头十年，美国在中东也面临着一股民族主义潮流，威胁到了美国在当地的石油利益——美国的石油利益被定义为保持石油以稳定的价格流向西方。正如英国官员曾担心泛阿拉伯主义在波斯湾地区的传播一样，美国官员同样对泛伊斯兰主义——流行于伊斯兰世界的政治主张——的广泛吸引力表示关注，特别是在中东国家的政治相关领域。1979 年，美国最亲密的盟友之一伊朗国王被推翻，取而代之的是政教合一的伊朗伊斯兰共和国，这对美国在中东的影响力是一个沉重打击。这与伊拉克总理努里·赛义德的倒台类似，不仅因为它在大多数美国官员中引起震惊，也因为革命后它对前政权的主要支持者产生敌意。但这两个事件之间的一个重要区别是，伊拉克革命爆发时，英国在中东的影响力正急剧下降，而伊朗革命只是削弱了美国在该地区仍然强大的影响力。

不过，伊朗革命预示着美国在未来几年将面临的局面，2001 年的恐怖袭击就是一个典型的例子。正如英国在 1956 年入侵埃及以对抗纳赛尔和泛阿拉伯主义，从而维护英国在中东的影响力一样，美国打击伊拉克也是为了在阿拉伯世界的中心建立一个以西方为主导的政府，从而在一定程度上抵制泛伊斯兰主义。不过，苏伊士运河危机和伊拉克战争的类比到此为止。在打击伊拉克之前，美国更像是第一次世界大战前的英国，一个几乎没有竞争对手的超级大国，或者说，对美国而言，在纯粹的军事实力方面没有竞争对手。但美国可能会像二战结束时的英国那样经济萎缩，且因应对战争所产生的巨额债务而导致货币贬值——这场战争的成本大约为 1 万亿美元，这还不包括持续产生的退役军人护理费用、债务和其他开支。[17] 美国政府可能想效仿 1958 年的艾森豪威尔模式，就像 20 世纪 50 年代的阿拉伯民族主义一样，泛伊斯兰主义：（1）具有不同的形式；（2）不总是与美国利益相悖；以及（3）在某些情况下，可能被接受。[18]

虽然英国在二战后不可能用替代能源取代石油，从而消除或减少依赖外国石油产生的金融风险，但如果美国奉行正确的政策，它将会有更好的选择。2008年夏季，美国对石油需求的急剧下降（与油价创历史新高有关）表明，在转向替代能源之前，美国能够显著减少对外国石油的依赖。当油价下跌时，美国政府可以通过提高联邦汽油税来推动这种趋势——从2008年四季度到2009年初，全球经济衰退导致油价急剧下跌。[19] 实施这一政策将减少未来油价飙升——这种飙升在全球经济反弹、需求激增时必然出现——带来的冲击，尤其是考虑到当前低油价导致投资不足限制了（未来）石油供应。[20] 自1973年第四次中东战争和1979年伊朗革命引发的石油危机在20世纪70年代严重打击美国经济以来，经济学家就一直建议提高汽油税。[21] 提高汽油税将防止美国重蹈20世纪80年代末至90年代的覆辙，当时油价的急剧下跌导致美国摒弃，或至少没有更新福特和卡特政府时期为应对高油价而采取的一些节能措施和做法。当然，美国政府也可以通过税收、补贴和投资政策鼓励发展替代能源，如风能、太阳能和安全的核能。

美国政府还应注意管理美元的下跌，以免像二战后英镑那样陷入一个又一个危机。对美国决策者来说，幸运的是，虽然美元可能与半个世纪前的英镑类似，从顶级货币地位滑落，但美元拥有英镑没有的优势——美国消费者。全球经济间的联系过于紧密，且过于依赖美国对外国商品的消费，因此不能允许世界最大经济体的货币崩溃。美国从2008年开始的深度衰退中恢复过来后，需要找到一种更负责任的消费方式，包括创纪录的政府和家庭债务在内，各项因素已经给21

世纪的美元带来了持续的贬值压力，可能导致未来更高的通货膨胀和利率。自20世纪70年代以来，美国便一直能够通过借入廉价美元来维持一种入不敷出的生活方式，这是其他国家无法享受到的，而美国的借款对象是那些本国经济依赖于向美国出口的国家。外国债权人不会永远维持美国的债务驱动型消费，如果美元继续贬值，当然更不会。因此，美国政府必须与外国政府合作，确保美元汇率软着陆。毕竟，在某个时点，各国央行可能会寻求减少美元储备的损失，并试图在同样担心类似损失的其他央行的抛售潮中抢先行动，从而进一步引发美元抛售、恐慌，最终导致货币危机。[22] 面对20世纪30年代以来最严重的金融危机，全球合作使人们有理由乐观地认为这种结果可能不会发生。

最后，2008年的金融危机可能会削弱纽约的国际金融中心地位，就像一战削弱了1918年之后伦敦的地位一样。通过兜售高风险的抵押贷款支持证券（及其衍生品），华尔街几乎是一手制造了全球信贷危机，这些证券在美国房地产市场崩溃时变得一文不值。换句话说，为了追求更高的利润，雷曼兄弟、贝尔斯登等具有传奇色彩且疏于监管的华尔街投资银行过度冒险，导致最终崩溃，华尔街的声誉也因此受损。可以预见，未来纽约将成为国际金融多极体系中的几个重要中心之一，就像曾经的伦敦一样。[23] 的确，多极化特征很可能是世界的走向，美国、欧盟和中国将争夺市场、资源和政治权力。[24] 需要回答的主要问题是美国如何实现这一目标。从英国的经验中也许可以找到一些答案。

附录

附录1 英国国际收支：经常项目，1946—1967（百万英镑）

项目	1946	1947	1948	1949	1950	1951	1952	1953	1954	1955	1956	1957	1958	1959	1960	1961	1962	1963	1964	1965	1966	1967
1.商品贸易	-101	-358	-152	-137	-54	-692	-272	-244	-210	-315	50	-29	34	-116	-404	-144	-104	-123	-551	-263	-111	-601
2.服务贸易	-274	-197	-64	-43	-4	32	123	123	115	42	26	121	119	118	39	51	50	4	-34	-66	44	157
3.差额	-375	-555	-216	-180	-58	-660	-149	-121	-95	-273	76	92	153	2	-365	-93	-54	-119	-585	-329	-67	-444
4.劳务支付	-20	-19	-20	-20	-21	-21	-22	-25	-27	-27	-30	-32	-34	-37	-35	-35	-37	-38	-33	-34	-39	-39
5.投资收入	88	159	252	234	426	365	265	238	261	175	237	257	303	269	235	259	346	416	420	467	413	411
6.总收入(4+5)	68	140	232	214	405	344	243	213	234	148	207	225	269	232	200	224	309	378	387	433	374	372
7.跨境汇款	166	123	96	29	39	29	169	143	55	43	2	-5	4	—	-6	-9	-14	-37	-62	-66	-89	-117
8.经常项目差额(3+6+7)	-141	-292	112	63	386	-287	263	235	194	-82	285	312	426	234	-171	122	241	222	-260	38	218	-189

数据来源：Paul Dickman, *National Statistics: Economic Trends Annual Supplement, 2000 Edition*, No.26（London：The Stationery Office, 2000），98。

附录 2 英国石油账户交易中的有形和无形贸易情况，1946—1958（单位：百万英镑）[a]

项目	1946	1947	1948	1949	1950	1951	1952	1953	1954	1955	1956	1957	1958
1.有形贸易进口	62.4	97.7	128.5	122.8	149.8	199.2	185.5	200.9	222.9	246.7	258.5	307.9	316
2.有形贸易出口	33.1	43.9	62.3	63.8	48.8	72.1	113.8	140.3	145.7	146.1	187.2	184.2	187.2
3.有形贸易差额（2−1）	−29.3	−53.8	−66.2	−59.0	−101	−127.1	−71.7	−60.6	−77.2	−100.6	−71.3	−123.7	−128.8
4.无形贸易借方[b]	166.9	202.8	278.4	329.3	378.5	559.1	707.5	754.2	813.9	1 030.5	1 262.3	1 371.7	1 360.5
5.无形贸易贷方	169.2	263.9	420.2	464.2	633.6	748.3	858.2	916.7	1 003.7	1 155.6	1 404.0	1 549.0	1 595.0
6.无形贸易差额（5−4）	2.3	61.1	141.8	134.9	255.1	189.2	150.7	162.5	189.8	125.1	141.7	177.3	234.5
7.美元成本	111.5	148.9	155.0	157.8	143.6	269.7	257.2	236.8	178.1	167.7	140.5	199.7	—

数据来源：Bank of England, 1959 年 3 月，NA, POWE 33/1845。

注：
a 我没有找到 1958 年之后的数据；
b "借方"代表了为英国驻外军队所购买的石油。

石油英镑　274

附录3 英国的外汇储备和英镑汇率，1945—1967

年份	外汇储备（百万美元）[a]	汇率（美元/英镑）
1945	2 476	4.00
1946	2 696	4.00
1947	2 079	4.00
1948	1 856	4.00
1949	1 688	3.70
1950	3 300	2.80
1951	2 335	2.80
1952	1 846	2.80
1953	2 518	2.80
1954	2 762	2.80
1955	2 120	2.80
1956	2 133	2.80
1957	2 273	2.80
1958	3 069	2.80
1959	2 736	2.80
1960	3 231	2.80
1961	3 318	2.80
1962	2 806	2.80
1963	949	2.80
1964	827	2.80
1965	1 073	2.80
1966	1 107	2.80
1967	1 123	2.40

数据来源：Dickman, *Economic Trends Annual Supplement*, 229。

注：

a 年末总计。

注释

前言

1. 本书表达的均为我个人的观点，不代表美国国务院的看法。本书完全基于已解密的公开文件。
2. 参见 J. H. Bamberg, *The History of the British Petroleum Company, Volume 2: The Anglo-Iranian Years, 1928–1954* (Cambridge University Press, 1994), illustration 85，456。
3. 参见 Daniel Yergin, *The Prize: The Epic Quest for Oil, Money and Power* (New York: Simon and Schuster, 1991), 463。
4. 诸多历史学家讨论过英国在战后对帝国意志的坚持，参见 John Gallagher, *The Decline, Revival and Fall of the British Empire:The Ford Lectures and Other Essays* (Cambridge University Press, 1982); John Darwin, *Britain and Decolonization: The Retreat from Empire in the Post-War World* (New York: St. Martin's Press, 1988); Wm. Roger Louis and Ronald Robinson, "The Imperialism of Decolonization" in Wm. Roger Louis (ed.), *Ends of British Imperialism: The Scramble for Empire, Suez and Decolonization* (London: I.B. Tauris, 2006), 451–502; 以及 Ronald Hyam, *Britain's Declining Empire: The Road to Decolonisation, 1918–1968* (Cambridge University Press, 2006)。关于中东背景下的这一主题讨论，参见 Wm. Roger Louis, *The British Empire in the Middle East, 1945–1951: Arab Nationalism, the United States, and Postwar Imperialism* (Oxford: Clarendon Press, 1984)。她在经典著作 *Britain's Moment in the Middle East, 1914–1971*, new and revised edition (London: Chatto and Windus, 1981)中提出，英国在第二次世界大战期间遭遇了帝国信心的"衰退"，但因为保护石油贸易和遏制共产主义的需要，在某种程度上重新激发了英国在中东的帝国使命。
5. Susan Strange 认为，英国官员患上了"顶级货币综合征"。她解释说，这是由于这些官员都不愿接受英镑在二战后地位下降的事实。他们错误地认为，维持英镑作为国际储备货币的优势超过了这样做的成本，从而推行了与英镑地位下降不相适应的经济计划。参见 *Sterling and British Policy* (London: Oxford University Press, 1971),43–73。她将这种当时广泛持有的观点描述为"流行的神话",详情可见其著作 *Britain and the Sterling Area: From Devaluation to Convertibility in the 1950s* (London: Routledge, 1994), 1。不论哪个政党执政,二战后英国政府都在努力维持英镑强势地位,关于这一做法有着详细的记录,可以参见以下著作和文章:Andrew Shonfield, *British Economic Policy since the War* (London: Penguin Books, 1958); Frank Longstreth, "The City, Industry and the State" in Colin Crouch (ed.), *State and Economy in Contemporary Capitalism* (London: Croom Helm, 1979); David Sanders, *Losing an Empire, Finding a Role: An Introduction to British Foreign Policy since 1945* (New York: St. Martin's Press, 1989), ch. 7; P. J. Cain and A. G. Hopkins, *British Imperialism, 1688–2000*, second edition (London: Longman, 2002), Part 8; and Philip Williamson, "The City of London and Government in Modern Britain: Debates and Politics" in Ranald Michie and Philip Williamson (eds.), *The British Government and the City of London in the Twentieth Century* (Cambridge University Press, 2004), 5–30。

6. Jim Tomlinson,"Labour Party and the City, 1945–1970" in Michie and Williamson (eds.), *The British Government and the City of London in the Twentieth Century*,183。

7. Scott Newton, "Keynesianism, Sterling Convertibility, and British Reconstruction, 1940–1952" in Michie and Williamson, *The British Government and the City of London in the Twentieth Century*, 269–275。

8. Gerold Krozewski, *Money and the End of Empire: British International Economic Policy and the Colonies, 1947–1958* (Houndmills:Palgrave, 2001)。

9. Tomlinson, "Labour Party and the City, 1945–1970," 187; Diane Kunz, Somewhat Mixed Up Together: Anglo-American Defence and Financial Policy during the 1960s" in Robert D. King and Robin Kilson (eds.), *The Statecraft of British Imperialism: Essays in Honour of Wm. Roger Louis* (London: Frank Cass, 1999), 213–232。英镑在1967年贬值确实为1971年(原文为1973年)美元与黄金脱钩,以及后来整个布雷顿森林体系解体做了铺垫。Saki Dockrill 所著 *Britain's Retreat from East of Suez: The Choice between Europe and the World?* (New York: Palgrave Macmillan, 2002)第216页中写道:"威尔逊决心不贬值(英镑汇率),尤其是因为艾德礼的工党政府在1949年被迫贬值英镑,对英国的国际声望产生了严重后果,前者认为维持英镑既有的平价政策,是维护他作为工党首相声誉的关键。"

10. 英格兰银行在1946年被工党政府国有化之前并不是一个公共机构。在那之后,它才开始执行中央银行的特有职能,其政策与政府的经济议程相符。英格兰银行最初成立是为了筹集资金借给政府,在1946年之前,英格兰银行只是众多股份制银行中的一个,不过它与英国政府保持着紧密关系。在19世纪,其主要职责是确保英镑同黄金之间可兑换。参见 Alec Cairncross, "The Bank of England and the British Economy" in Richard Roberts and David Kynaston (eds.), *The Bank of England: Money, Power and Influence, 1694–1994* (Oxford: Clarendon Press, 1995), 56–82。

11. 英国财政部和英格兰银行联合组成的工作组在一份报告中写道:"英镑是一种国际货币,这给英国带来了重要优势。在伦敦进行的银行、保险和类似的交易,很大程度上是因为英镑的国际性,带来了大量的经常性收入。" "Problems of the Sterling Area," June 25, 1956, National Archives of the United Kingdom (hereafter cited as "NA"), T 236/5362.

12. "Costs and Benefits of the International Role of Sterling and its Reduction," Group on the International Monetary System, IM (69) 31, September 9, 1969, NA, T 312/2305. 我在研究财政部档案时,只找到两份官员对坚持强势英镑政策表示严重怀疑的声明。第一份是副秘书长 R. W. B. Clarke 在 1951 年 11 月的陈述:"在接下来的十年里,英镑不太可能保持强势。英国国际收支问题没有真正的解决方案……如果对这个国家全力解决未来十年的债务(排除国防和消费)问题存疑,那么想要促使英镑作为国际货币并不非常明智……在过去几年里,这一政策背后的推理从来都不是很清晰。"参见"Future of the Sterling Area," Memorandum by Clarke, November 20, 1951, NA, T 236/4611。第二个反思是 D. M. B. Butt 于 1957 年 10 月提出的:"我越想越确信,我们在捍卫英镑作为国际货币地位的双重策略上要么是错误的,要么至少是目光短浅的。"参见 Butt to Rickett, October 31, 1957, NA, T 236/6051。

13. "Problems of the Sterling Area," June 25, 1956, NA, T 236/5362.

14. 就英镑而言,财政部官员 J. A. 福特(J. A. Ford)写道:"英国的外汇储备通常被视为衡量英镑强弱的唯一指标。"参见 "Iraq: Diversification of Currency Cover," September 10, 1957, NA, T 236/4796。

15. 国际收支是一个国家或地区与世界其他国家或地区在一定时期内的经济贸易和金融交易的总账目。经常项目衡量的是向外国居民出售货物和服务与从对方那里购买货物和服务之间的差额,而金融项目是指向外国居民出售资产与从对方那里购买资产之间的差额。

16. 1954 年,英伊石油公司更名为英国石油公司。由于后文几乎所有关于该公司的讨论,都涉及英伊石油公司时期,因此这里没有使用"英国石油公司"这个名称。

17. 壳牌公司的所有权和管理结构相当复杂。当荷兰皇家石油公司和总部位于英国的壳牌运输和贸易公司于 1907 年 1 月 1 日合并时,这两家公司保留了各自的独立身份。它们通过共同拥有的各种运营公司获得收入,但合并后的机构并未成为运营公司。总部位于伦敦的盎格鲁-撒克逊石油公司(Anglo-Saxon Petroleum Company)拥有并运营运输和储存设施,而总部位于海牙的巴达维亚石油公司(BPM)拥有并运营生产设施和炼油厂。石油史学家 Anthony Sampson 将"集团"描述为"拥有一百张不同的面孔",在 20 世纪 70 年代,至少在股份持有方面存在三张面孔,即英国(39%)、美国(19%)和荷兰(18%)。战后,荷兰方面拥有 60% 的管理控制权。详情可参见 Stephen Howarth, *A Century in Oil: The "Shell" Transport and Trading Company, 1897–1997* (London: Weidenfeld and Nicholson, 1997), 75–77; and Anthony Sampson, *The Seven Sisters: The Great Oil Companies and the World They Shaped* (New York: The Viking Press, 1975), 11–12。

18. M. F. G. Scott, *A Study of United Kingdom Imports* (Cambridge University Press, 1963), 33–40.

19. Shonfield, *British Economic Policy since the War*, 153–159. Shonfield 是在指责英镑区抽走英国国内投资的背景下提出这一观点的,认为二战后英镑区继续存在,仅仅是为了巩固英镑的国际地位。Catherine Schenk 在 *Britain and the Sterling Area* 中对这一观点提出了质疑。

20. Cain and Hopkins, *British Imperialism*, 43–53、619–622. 1902 年 Hopkins 在其具有里程碑意义的初版著作 *Imperialism: A Study* (Ann Arbor: University of Michigan Press, 1965) 中首次提出了金融精英对英国外交政策的影响。他认为英国金融阶层在 19 世纪大英帝国的扩张中拥有"最大的实际利益",因此一定是主要的推动力。

21. 不过,值得注意的是,一些大公司,尤其是新兴产业的公司,在 20 世纪 20 年代将总部迁往伦敦,其中包括英伊石油公司、Courtaulds、GEC、GKN、ICI、壳牌、联合利华和维克斯。因此,"顶级实业家"更接近社会和政治中心,比如在伦敦及其周边郡居住,并成为伦敦俱乐部的会员。参见 Michie and Williamson, *The British Government and the City of London in the Twentieth Century*, 89。

22. Henry Roseveare, *The Treasury: The Evolution of a British Institution* (New York: Columbia University Press, 1969), 282.

23. 二战后,财政部和英格兰银行的合作非常密切。根据财政部联合常务次官罗杰·梅金斯(Roger Makins)的说法,"实际上,财政部与英格兰银行之间的关系必然非常紧密……这种关系以及由此产生的相互责任,要求财政部和英格兰银行之间保持密切和持续的联系与合作,而根据我短暂的经验,这一直是两个组织各个层面的惯例"。摘自"Radcliffe Committee: Opening Statement by Sir Roger Makins,"1957 年 9 月, NA, T 236/6050。G. C. Peden 写道:"有充分的理由相信,伦敦金融城会对财政部施加影响。财政大臣的职责包括公共贷款、国债、银行和货币、外汇和国际金融关系。大臣们在经济或金融方面的专业知识不多,通常都是依靠身边的顾问提供建议。""对于大多数会影响到伦敦金融城的事务,都会向英格兰银行专家寻求建议,"他还指出,"财政部官员与伦敦金融城保持着非正式的个人联系。"但他谨慎地指出:"金融城有机会影响政策这一事实,并不能证明其影响力始终占主导地位。"参见"The Treasury and

the City" in Michie and Williamson, *The British Government and the City of London in the Twentieth Century*, 119–120。

24. Ranald Michie, "The City of London and the British Government: The Changing Relationship," Peden, "The Treasury and the City," E. H. H. Green, "The Conservatives and the City," Tomlinson, "Labour Party and the City, 1945–1970," and Catherine R. Schenk, "The New City and the State in the 1960s" in Michie and Williamson, *The British Government and the City of London in the Twentieth Century*.

25. Williamson, "The City of London and Government in Modern Britain," 22.

26. Eric Hobsbawm, *Industry and Empire: An Economic History of Britain since 1750* (London: Weidenfeld and Nicolson, 1968).

27. 关于这些问题的发人深省的讨论，参考 David Landes, *The Wealth and Poverty of Nations: Why Some are so Rich and Some so Poor* (New York: W.W. Norton, 1998), 171–174, 444–446。

28. 有关这一辩论的最佳综述可以参考 Barry Supple, "Fear of Failing: Economic History and the Decline of Britain" in Peter Clarke and Clive Trebilcock (eds.), *Understanding Decline: Perceptions and Realities of British Economic Performance* (Cambridge University Press, 1997)。

29. Edward Ingram, *Britain's Persian Connection, 1798–1828: Prelude to the Great Game in Asia* (Oxford: Clarendon Press, 1992), 23. Monroe, *Britain's Moment in the Middle East*, 13–14.

30. 关于英国在中东非正式帝国的讨论，参见 Louis, *The British Empire in the Middle East*; Glen Balfour-Paul, "Britain's Informal Empire in the Middle East" in Judith Brown and Wm. Roger Louis (eds.), *The Oxford History of the British Empire, Volume IV: The Twentieth Century* (Oxford University Press, 1999), 490–514; and Daniel Silverfarb, *Britain's Informal Empire in the Middle East: A Case Study of Iraq, 1929–1941* (New York: Oxford University Press, 1986)。

31. Louis, *The British Empire in the Middle East*.

32. 引自 Nicholas Owen, "Britain and Decolonization: The Labour Governments and the Middle East" in Michael J. Cohen and Martin Kolinsky (eds.), *Demise of the British Empire in the Middle East: Britain's Responses to Nationalist Movements, 1943–1955* (London: Frank Cass, 1998), 5。

33. Ibid., 10–16; Michael J. Cohen, "The Strategic Role of the Middle East after the War" in Cohen and Kolinsky, *Demise of the British Empire in the Middle East*, 26–28.

34. J. A. Hobson 在其著作 *Imperialism: A Study* 中提到了英帝国主义这一观点。同类观点可参考：Paul Baran, *The Political Economy of Growth* (New York: Monthly Review Press, 1957); André Gunder Frank, *Capitalism and Underdevelopment in South America* (New York: Monthly Review Press, 1967); and Immanuel Wallerstein, *The Capitalist World Economy*

(Cambridge University Press, 1979). A chief critic of this view is D. C. M. Platt in *Finance, Trade, and Politics in British Foreign Policy, 1815–1914* (Oxford: Clarendon Press, 1968)。

35. Krozewski, *Money and the End of Empire*, ch. 9.
36. 参见Frank, *Capitalism and Underdevelopment*。
37. 引自Yergin, *The Prize*, 401。
38. Louis and Robinson, "The Imperialism of Decolonization."
39. 关于1945年以后英美关系的文献资料非常丰富，英美在经济问题和中东政策问题上的冲突有诸多记录。关于涵盖或涉及二战后英美关系的总体概览，参见以下内容：Wm. Roger Louis and Hedley Bull (eds.), *The "Special Relationship": Anglo-American Relations since 1945* (Oxford: Clarendon Press, 1986); Robert M. Hathaway, *Great Britain and the United States: Special Relations since World War II* (Boston: Twayne, 1990); C. J. Bartlett, *"The Special Relationship": A Political History of Anglo-American Relations since 1945* (London: Longman, 1992); D. Cameron Watt, *Succeeding John Bull: America in Britain's Place, 1900–1975* (Cambridge University Press, 1984); Ritchie Ovendale, *Anglo-American Relations in the Twentieth Century* (New York: St. Martin's Press, 1998); and Jonathan Hollowell (ed.), *Twentieth-Century Anglo-American Relations* (Houndmills: Palgrave, 2001)。有关英美关系中的经济问题，可参见：Richard N. Gardner, *Sterling–Dollar Diplomacy: The Origins of the Prospects of Our International Economic Order*, new expanded edition (New York: McGraw-Hill, 1969), which is the classic work; L. S. Pressnell, *External Economic Policy since the War, Volume I: The Post-War Financial Settlement* (London: Her Majesty's Stationery Office, 1986); and Alan P. Dobson, *The Politics of the Anglo-American Economic Special Relationship, 1940–1987* (New York: St. Martin's Press, 1988)。关于二战后英美在中东的关系，可参见：Louis, *The British Empire in the Middle East*; Ritchie Ovendale, *Britain, the United States, and the Transfer of Power in the Middle East, 1945–1962* (London: Leicester University Press, 1996); and Tore T. Petersen, *The Middle East between the Great Powers: Anglo-American Conflict and Cooperation, 1952–1957* (Houndmills: Macmillan, 2000)。
40. 内阁办公室副秘书W. S. Murrie致信首相克莱门特·艾德礼，"有必要考虑帝国的原材料资源并加以开发和利用，以促进国际收支平衡，这一切都要与我们本国工业的发展相协调，并据此确定优先事项"，1947年9月13日，NA, PREM 8/493。Allister Hinds, *Britain's Sterling Colonial Policy and Decolonization, 1939–1958* (Westport: Greenwood Press, 2001), ch. 4; Gallagher, *The Decline, Revival and Fall of the British Empire*; John Darwin covers the literature on this subject in *The End of the British Empire: The Historical Debate* (Oxford: Basil Blackwell, 1992), ch. 3, "Economics and the End of Empire."
41. 英国财政部、燃料和电力部的说明，"Paper for the Working Party on the Treatment of

Oil in the Balance of Payments," TO (55) 2, 1955 年 1 月 28 日, NA, T 277/506。

42. 英国备忘录（Leslie Rowan 准备）: "Sterling Oil-Dollar Oil Problem: Oil in Relation to the UK and Sterling Area Balance of Payments," Memorandum by the United Kingdom, 1950 年 2 月, BP Archive（以下称"BP"）96429。

43. 事实上，国际收支统计数据经常被修订，这有助于解释附录 1 表格中的数据与在这本书中英国官员引用的各种数据之间的差异。

44. 可参见国际收支石油事务工作组文件, NA, T 277/506；财政部说明 RES (57) 2："Ideal Requirements for Balance of Payments Statistics," 1957 年 5 月 22 日, NA, T 230/426；燃料和电力部备忘录："The Oil Balance of Payments," GEN. 295/101, 1950 年 10 月 13 日, 英格兰银行档案 BE/EC 5/258；以及中央统计办公室的 "Oil Balance of Payments Statistics," 1960 年 12 月 5 日, BE/EID 3/340。

45. Clarke 写给 Figgures 的信, 1956 年 9 月 14 日, NA, T 236/4842。

46. 壳牌公司在中东地区的利益是拥有伊拉克石油公司 23.75% 的股份。

47. 英国政府拥有该公司 51% 的股份，该公司在 1945 年生产了 1 683.9 万吨石油。荷兰皇家壳牌公司当年的产量为 2 979.4 万吨。产量数据摘自 *Oil and Petroleum Yearbook, 1945* (London: Walter E. Skinner, 1945), xi–xii。如有涉及，将提及壳牌公司。

48. 尽管如此，就金融问题而言，研究英国政府与壳牌公司、荷兰政府以及该公司拥有广泛市场的美国之间的关系肯定有价值，因为壳牌公司在美国的渠道很多，且其业务为英国增加了大量美元储备。

49. 关于界定国家同社会边界的难度的讨论文献，请参阅 Timothy Mitchell, "The Limits of the State: Beyond Statist Approaches and their Critics," *American Political Science Review*, 85, 1 (1991), 77–96。另见 Stephen Krasner, *Defending the National Interest: Raw Materials Investments and US Foreign Policy* (Princeton University Press, 1978), 该书分析了美国背景下国家与私营企业之间在石油等商品方面的关系。在涉及世界主要跨国石油公司的最佳历史作品中，只有 Bamberg 的 *The History of the British Petroleum Company, Volume II*, 考虑了英镑对英国与英伊石油公司关系的影响，参见第 321–324 页。在 *The Seven Sister* 一书中，Anthony Sampson 提到了英镑与石油的联系，写到英国财政部将石油公司视为"下金蛋的鹅，为国际收支做出了巨大贡献"（第 137 页）。Yergin 在 *The Prize* 一书中关于苏伊士运河危机的部分，提到了英镑与石油之间的联系（第 485 页）。Benjamin Shwadran 在 *The Middle East, Oil and the Great Powers*, 第三版（Jerusalem: Israel Universities Press, 1973）的脚注中提到了这个问题, 541, fn16。

50. 有关这一主题的资料非常丰富。参见：James A. Bill and Wm. Roger Louis, *Musaddiq, Iranian Nationalism, and Oil* (Austin: The University of Texas Press, 1988); Mary Ann Heiss, *Empire and Nationhood: The United States, Great Britain, and Iranian Oil, 1950–1954* (New

York: Columbia University Press, 1997); Mostafa Elm, *Oil, Power, and Principle: Iran's Oil Nationalization and its Aftermath* (Syracuse University Press, 1992); L. P. Elwell-Sutton, *Persian Oil: A Study in Power Politics* (Westport: Greenwood Press, 1975); Louis, *The British Empire in the Middle East*, 第五章第三部分; Bamberg, *The History of the British Petroleum Company, Volume II, Part III*; Steve Marsh, *Anglo-American Relations and Cold War Oil: Crisis in Iran*（New York: Palgrave Macmillan, 2003); 以及 Steve Marsh, *Anglo-American Crude Diplomacy: Multinational Oil and the Iranian Oil Crisis, 1951–1953, Contemporary British History*, 21, 1（2007 年 3 月), 25–53。

51. 学者们此前已经注意到英国政府将伊朗石油与英国国际收支联系起来。参见 *Oil, Power, and Principle*, 99, 105, 128, 323; Heiss, *Empire and Nationhood*, 15, 24, 45; and Louis, *The British Empire in the Middle East*, 670, 688, 740。作者遗憾地说，考虑到他的工作范围，"不可能在更深层次探讨伊朗石油危机"。

52. Diane Kunz in *The Economic Diplomacy of the Suez Crisis* (Chapel Hill: University of North Carolina Press, 1991) and Lewis Johnman in "Defending the Pound: The Economics of the Suez Crisis, 1956" in Anthony Gorst, Lewis Johnman, and W. Scott Lucas (eds.), *Post-war Britain, 1945–64: Themes and Perspectives* (London: Pinter, 1989), 166–188, 都考虑了危机期间英国官员所关注的英镑问题。两位历史学家中，Kunz 更关注美国为改变英国政策而采取的措施，而不是最初促使英国采取行动的经济诱因。尽管 Johnman 将其命名为"捍卫英镑"，但他并没有对这一时期英国政府更广泛的经济目标进行研究。

53. 对苏伊士运河危机和伊朗石油危机感兴趣，希望深入或从多个方面了解这两个主题的读者，可以查阅关于这两个主题的海量文献资源。关于苏伊士运河危机，两个很好的起点是 Wm. Roger Louis and Roger Owen (eds.), *Suez 1956: The Crisis and its Consequences* (Oxford: Clarendon Press, 1989) and Keith Kyle, *Suez* (London: Weidenfeld and Nicolson, 1991)。关于与苏伊士运河危机相关的一系列原始文献，请参阅 Anthony Gorst 同 Lewis Johnman 合编的 *The Suez Crisis* (London: Routledge, 1997)。

54. 英国驻开罗中东办事处主任 Thomas Rapp 爵士在 "Report on Situation in Kuwait" 中告诉英国外交部："总的来说，科威特的问题与海湾其他国家没有什么共同之处，目前的困难尤其如此，原因完全是经济和财政方面的……此外，科威特问题的严重性及其对我们的极端重要性，使科威特有资格得到特别和单独的考虑。" No. 20, June 17, 1953, NA, POWE 33/2081.

55. Krozewski, *Money and the End of Empire*, chs. 8 and 9.

第一章　英美在石油事务和英镑区的冲突

1. BP 66887.

2. *Foreign Relations of the United States* ("*FRUS*"), 1949, Vol. VI, 145.
3. 参见 "Oil in Relation to Foreign Exchange Balances," August 1945, NA, T 236/219 以及 "Working Party on the Dollar Element in Oil," OWP (49) 4, April 28, 1949, BP 66889。
4. "英镑石油"是指英国注册的公司以英镑（定价并接受英镑付款）出售的石油，"美元石油"是指美国注册的公司以美元（定价并接受美元付款）出售的石油。英国政府在二战早期做出了这一区分，当时英国一位财政部官员写道："如果我们要节省必要的美元，来购买军用武器和居民所需的食物等，那么从美国购买的物资应该尽可能转移到不需要用美元支付的国家，这至关重要。"参见 BE/EC4/111。事实上，战争初期，英国政府颁布法令，在英镑区内注册或经营的公司，在英镑区外销售石油只能接受美元支付，无论石油销往哪里。参见 Bolton to Rowe-Dutton, October 16, 1945, NA, T 236/2144。
5. 关于这些谈判的最佳研究，参见 Michael B. Stoff, *Oil, War, and American Security: The Search for a National Policy on Foreign Oil, 1941–1947* (New Haven: Yale University Press, 1980), chs. 5–7。
6. J. H. Bamberg 讨论了英伊石油公司对石油歧视问题的看法，参见 *The History of the British Petroleum Company, Volume II*, 309–315, 321–324。
7. 参见 Bradford Perkins, "Unequal Partners: The Truman Administration and Great Britain" in Louis and Bull, *The "Special Relationship"*, 51。
8. 英国右翼中有一些人对自由贸易不感兴趣，他们"希望以帝国特惠制和英镑区为基础，建立一个战后秩序"。参见 Richard N. Gardner, "Sterling–Dollar Diplomacy in Current Perspective" in Louis and Bull, *The "Special Relationship"*, 187。
9. 很少有学者关注过"英镑石油-美元石油"问题。Horst Menderhausen, "Dollar Shortage and Oil Surplus in 1949–1950," *Essays in International Finance*, No.11, November 1950，这是关于英国"石油替代计划"的一份具有较强技术性和描述性的研究成果，但由于它是在政策实施后不久写成的，因此它的历史学术研究价值打了折扣。Catherine Schenk, "Exchange Controls and Multinational Enterprise: The Sterling–Dollar Oil Controversy in the 1950s," *Business History*, 38, 4 (1996), 21–41，分析了英国政府废除"石油替代计划"之后，更多关注的是外汇管制的有效性以及外汇管制对跨国石油公司的影响。Bamberg, *The History of the British Petroleum Company, Volume II*，只用了几页的篇幅简要进行了考察，而且是在英伊石油公司与英国政府关系的背景下讨论的。David S. Painter, *Oil and the American Century: The Political Economy of US Foreign Oil Policy, 1941–1954* (Baltimore: The Johns Hopkins University Press, 1986), 160–165，间接探讨了"英镑石油-美元石油"争议。最后，因为 Stoff, *Oil, War, and American Security* 深入探讨了二战后的英美石油谈判，它涉及一些"英镑石油-美元石油"问题。但 Stoff 的兴

趣在别处，且该书在"石油替代计划"实施之前就已经写完了。

10. 从 1897 年担任殖民事务大臣的约瑟夫·张伯伦开始，一些英国官员一直希望建立这样一种制度。张伯伦在 1903 年发起关税改革运动后，相关方面的压力更大了。

11. 自治领曾经是英国的殖民地，能够实施自治管理，二战以后，自治领成为英联邦成员国。J. D. B. Miller, *Britain and the Old Dominions* (Baltimore: The Johns Hopkins University Press, 1966)一书对英国与澳大利亚、新西兰、南非和加拿大关系的演变进行了很好的梳理。印度和南罗得西亚（今津巴布韦）也参加了这次会议，英国则代表所有自治领出席。

12. Ian M. Drummond, *Imperial Economic Policy, 1917–1939: Studies in Expansion and Protection* (London: George Allen and Unwin, 1974), chs.5 and 6; Cain and Hopkins, *British Imperialism*, 464–478.

13. Cain and Hopkins, *British Imperialism*, 464–465; Ian M. Drummond, *The Floating Pound and the Sterling Area, 1931–1939* (Cambridge University Press, 1981), 253–254; Drummond, *Imperial Economic Policy*, 279–289.

14. 最终，英镑区的成员将会获得进入伦敦资本市场的特权。关于英镑区的经典著作参见 A. R. Conan, *The Sterling Area* (London: Macmillan, 1952)。想要了解 20 世纪 30 年代英镑区的总体情况，参见 Drummond, *The Floating Pound and the Sterling Area*。对于战后初期货币集团的研究，请参见 Philip W. Bell, *The Sterling Area in the Postwar World: Internal Mechanism and Cohesion, 1946–1952* (Oxford: Clarendon Press, 1956)。Catherine Schenk 在其著作 *Britain and the Sterling Area* 中对 Bell 的论点进行了修正解读。

15. Drummond, *The Floating Pound and the Sterling Area*, 3.

16. 由英国财政部编写并于 1957 年 3 月发送给英格兰银行的"A History of the Sterling Area"，无日期，存档编号 BE/OV 44/10；以及财政部/银行关于英镑区工作组的"Outline History of the Sterling Area"，SAWP (56) 26，1956 年 5 月 29 日，存档编号 BE/OV 44/32。

17. 海外英镑区，有时也被称为其他英镑区（RSA），指的是除英国以外的所有成员。

18. "A History of the Sterling Area," BE/OV 44/10 and "Outline History of the Sterling Area," SAWP (56) 26, May 29, 1956, BE/OV 44/32.

19. 该法案首次也是唯一一次列出了被视为货币集团成员的地区，将其称为"表列领土"（"Scheduled Territories"），从而使英镑区正式化。详情参见"Sterling and the Sterling Area," sent by J. E. Lucas to E. H. Boothroyd on January 11, 1962, NA, T 317/844。

20. 总的来说，在每个账户区域内部，英镑转账是被允许的，不用特别许可。由于双边账户国家常与英镑区保持经常项目顺差，因此对其管制最为严格，它们之间的转账需要得到英格兰银行的批准。双边账户国家与英镑区之间的自动转账是通过双边协议进行的，"双边"因此而得名。可转账账户国家可以彼此之间以及同英镑区成员自由地兑换英镑，但不能与双边国家或美元账户国家兑换英镑。美洲账户区包括了允许将英镑收入兑换为美元，以及将美元兑换为英镑的美元区国家。它们也可以用英镑向可转账账户国家和英镑区成员支付款项。详情参见 Schenk, *Britain and the Sterling Area*, 8–10。

21. Sir Alexander Cairncross, "A British Perspective on Bretton Woods" in Orin Kirshner (ed.), *The Bretton Woods–GATT System: Retrospect and Prospect after Fifty Years* (New York: M. E. Sharpe, 1996), 71.

22. 不太多见的例子如澳大利亚和新西兰的情况，英镑区成员同意降低它们持有的英镑额。详情参见 "A History of the Sterling Area," BE/OV 44/10。在许多年里，这些英镑头寸一直是英国政府内部以及英国和美国政府之间讨论、关注和争论的话题，美国政府认为这些头寸是战后世界贸易和资本自由流动的障碍。它们是否对英国经济造成负担，并在 20 世纪 50 年代导致英镑疲软，这是一个有争议的问题。详情参见 Schenk, *Britain and the Sterling Area*, ch. 2。

23. Cain and Hopkins, *British Imperialism*, 631–632.

24. 关于英美讨论的最佳经典著作仍然是 Gardner, *Sterling–Dollar Diplomacy*。另外参见 L. S. Pressnell, *External Economic Policy since the War*。

25. 为了避免疏远美国，凯恩斯认为与之建立建设性关系对英国的未来至关重要，到了 1944 年，他已放缓语气，同意英镑区应该逐步被淘汰，尽快实现多边主义，但不能进一步损害已经被战争蚕食殆尽的英国国库。对于凯恩斯来说，问题变成了英国何时以及如何转向多边主义，而不是它是否这样做。详情参见 Robert Skidelsky, *John Maynard Keynes, Volume III: Fighting for Britain, 1937–1946* (London: Macmillan, 2000), ch. 9。

26. Gardner, *Sterling–Dollar Diplomacy*, 41–43.

27. 第四条和第五条内容如下："（a）第四，各国将在适当尊重现有义务之条件下，努力促进所有国家，不论大小、战胜国或战败国，平等参与繁荣所需的世界贸易以及获得繁荣所需的原料。（b）第五，它们希望所有国家在经济领域进行最充分的合作，以确保所有国家的劳工标准得到提高、经济得到发展、社会得到保障。"参见 Pressnell, *External Economic Policy since the War*, Appendix 9(a) and (b), 380。

28. Gardner, *Sterling–Dollar Diplomacy*, 42–47.

29. 同上书，第 54–59 页。

30. Barry Eichengreen, *Globalizing Capital: A History of the International Monetary System* (Princeton University Press, 1996), 96.

31. 44 个盟国和相关国家参加了会议。要全面了解布雷顿森林体系的历史和遗产，可以参考 Orin Kirshner (ed.), *The Bretton Woods–GATT System: Retrospect and Prospect after Fifty Years* (New York: M. E. Sharpe, 1996)。另外参见 Armand Van Dormael, *Bretton Woods: Birth of a Monetary System* (New York: Holmes and Meier, 1978)。

32. 可以按 35 美元兑换一盎司黄金。
33. Eichengreen, *Globalizing Capital*, 97.
34. Ibid, 97–98, 113–114.
35. 1943 年 5 月底，英国驻美大使收到了美国国务院的一份备忘录，内容如下："建议英国政府进行讨论，以便就与地下资源开发相关的特许经营权或相关权益达成谅解。"这份题为"Oil Policy: Introductory Note"的文件没有具体日期（但将在 1944 年 4 月 4 日由战时内阁部长级石油委员会讨论），出自 Papers, Agendas, and Minutes of the Meetings of the Ministerial Oil Committee, NA, POWE 33/1491。
36. 加利福尼亚标准石油公司（Socal，现为雪佛龙公司）签署了最初的特许经营权，并组建了加利福尼亚-阿拉伯标准石油公司（Casoc）。1936 年，它联合了得克萨斯公司（后来的德士古石油公司）来提供市场渠道。1944 年，公司更名为阿拉伯-美国石油公司（Aramco，简称"阿美石油公司"），到 1948 年，新泽西标准石油公司（1972 年更名为埃克森公司）和纽约标准石油公司（Socony，1966 年更名为美孚公司）分别购买了该公司 30% 和 10% 的股份。埃克森和美孚在 1998 年合并为埃克森美孚公司，这在一定程度上扭转了 1911 年美国最高法院的判决，该判决拆分了洛克菲勒的标准石油公司。
37. 大约一年后，助理国务卿写信给驻英大使，表示他对"英国想要介入沙特阿拉伯石油资源"的谣言"感到不安"，1944 年 2 月 22 日，*FRUS, 1944, Vol.III*, 101。
38. 美国国务院的经济顾问赫伯特·费斯（Herbert Feis）写道，Casoc 的董事们"本来是去钓鳕鱼，结果捕到了一条鲸鱼"。引自 *The Seven Sisters*, 95。
39. 如前言中所述，英伊石油公司控制了伊朗 100% 的石油产量、科威特一半的产量和伊拉克近四分之一的产量。
40. 一战后，当英国试图阻止 Socony 进入英国托管地巴勒斯坦时，该公司要求美国国务院向英国施压，允许美国企业在托管地探寻石油。这为 1928 年的"红线协议"铺平了道路，该协议为美国参与中东石油开发打开了大门。详情参见 1919 年 3 月 15 日 Cole 写给 Polk 的信，*FRUS, 1919, Vol.II*, 251，以及 Yergin, *The Prize*, 194–206。即便是在二战期间，英国也只允许在英国注册、有英国董事和员工的公司在其波斯湾保护地勘探石油。参见 Stoff, *Oil, War, and American Security*, 130–131。
41. *FRUS, 1944, Vol.V*, 31–32.
42. "Oil Policy: Introductory Note,"未注明日期（但将在 1944 年 4 月 4 日由战时内阁部长级石油委员会讨论），参见 Papers, Agendas, and Minutes of the Meetings of the Ministerial Oil Committee, NA, POWE 33/1491。
43. 在与美代表团的初步技术讨论中，英国代表团"强调了避免多边商品组织首次重大试验即失败的重要性"。"Minutes of a Meeting of the War Cabinet's Ministerial Oil

Committee," MOC (44) 8, May 15, 1944, NA, FO 371/42696。

44. Stoff, *Oil, War, and American Security*, 146–147.
45. No. 172 from Jackson to Fraser, 1945 年 1 月 25 日，BP 70986。
46. No. 583 from Churchill to Roosevelt, 1944 年 2 月 20 日，NA, POWE 33/1495。美国于 1944 年 3 月 7 日宣布了这一消息。
47. "Oil Policy: Introductory Note," 未注明日期（但将在 1944 年 4 月 4 日由战时内阁部长级石油委员会讨论），参见 Papers, Agendas, and Minutes of the Meetings of the Ministerial Oil Committee, NA, POWE 33/1491。
48. Ibid.
49. No. 583 from Churchill to Roosevelt, 1944 年 2 月 20 日，NA, POWE 33/1495。
50. 战时内阁部长级石油委员会在提要部分写道："在任何情况下因屈服于美国的利益，而导致英国在中东所拥有的石油资源减少，都将对我们未来的国际收支产生极具破坏性的影响。"参见 NA, POWE 33/1491。另参见 "Anglo-American Oil Policy: Memorandum Prepared by the Petroleum Division for the Chairman of the Oil Control Board," 1944 年 1 月 27 日，NA, FO 371/42686。
51. Ibid.
52. "Minutes of a Meeting of the War Cabinet's Ministerial Oil Committee Concerning a Draft by Sir William Brown," MOC (44) 3, April 3, 1944, NA, POWE 33/1491.
53. 关于备忘录的内容，参见 *FRUS, 1944, Vol. III*, 112–115; Stoff, *Oil, War, and American Security*, 155–157。
54. *FRUS, 1944, Vol. III*, 112–115.
55. Stoff, *Oil, War, and American Security*, 158–159; "Report to the War Cabinet's Ministerial Oil Committee of the UK Delegation to Washington on their Negotiations," MOC (44) 8, 1944 年 5 月 15 日，NA, FO 371/42696。
56. Ibid.
57. "Draft Report of the War Cabinet's Ministerial Oil Committee," MOC (44) 11, 1944 年 5 月 23 日，NA，FO 371/42696。
58. "Minutes of Joint Session No. VIII of the Anglo-American Exploratory Discussions on Petroleum," 1944 年 4 月 26 日，NA, FO 371/42696。
59. "Minutes of a Meeting of the Ministerial Oil Committee," MOC (44) 6, 1944 年 5 月 16 日，NA, FO 371/42696。
60. "Oil Discussions with the United States Government: Report of the Special Oil Committee," 战时内阁，1944 年 6 月 14 日，WP (44) 313, NA, FO 371/42697; "Note by the Chairman of the War Cabinet's Special Oil Committee," J. A. Anderson, 1944 年 6 月 11 日，NA,

POWE 33/1493。

61. J. A. Anderson 写道："在恢复讨论时，我们的谈判代表应明确，在石油问题上，我方（英国）拥有采取任何符合现行国际协议的财政手段的权利；除任何更广泛的国际安排外，谅解备忘录不会以任何方式，限制我方为实现这一目标而采取行动的自由。"同上，另参见 Stoff, *Oil, War, and American Security*, 172。

62. 写给 Rayner 的未署名信件，1944 年 7 月 11 日，US National Archives and Records Administration ("NARA"), Office of International Trade Policy, Petroleum Division, Subject File, 1943–1949, Box 8, "CCBR Working Papers/Anglo-American Agreements President's Com" folder; "Minute of a Conversation between a Member of Ronald I. Campbell's Staff at the British Embassy," Washington, DC and James C. Sappington of the State Department, 1944 年 8 月 17 日，NA, FO 371/42701; Stoff, *Oil, War, and American Security*, 172–173。

63. 第一条第三款："开发这些资源的目的，应是使两国以及其他爱好和平的国家都能获得充足的石油供应，但必须遵守可能做出的集体安全安排的规定。"*FRUS, 1944, Vol. III*, 113。

64. "Oil Discussions with the United States Government: Report of the Special Oil Committee," WP (44) 313, 1944 年 6 月 14 日，NA, FO 371/42697。

65. "Minutes of the Joint Sub-Committee, Session I, Anglo-American Conversations on Petroleum," 1944 年 7 月 26 日，NA, FO 371/42700。

66. "Minutes of a Conversation between a Member of Ronald I. Campbell's Staff at the British Embassy, Washington, DC and James C. Sappington of the State Department," 1944 年 8 月 17 日，NA, FO 371/42701。

67. Ibid.

68. "Minutes of the Joint Sub-Committee, Session II, Anglo-American Conversations on Petroleum," 1944 年 7 月 27 日，NA, FO 371/42700。

69. "Minutes of the Joint Sub-Committee, Session II, Anglo-American Conversations on Petroleum," 1944 年 7 月 26 日，NA, FO 371/42700。

70. Ibid.

71. "Minutes of the Joint Sub-Committee, Session III, Anglo-American Conversations on Petroleum," 1944 年 7 月 28 日，NA, FO 371/42700。

72. "Minutes of the Joint Sub-Committee, Session IV, Anglo-American Conversations on Petroleum," 1944 年 7 月 31 日，NA, FO 371/42700。

73. 这一点在 Commercial Agreement、Commodity Agreement 的草案以及 Bretton Woods Agreement 中均有体现。参见 "Minutes of the Plenary Session No. III of Anglo-American Conversations on Petroleum," 1944 年 8 月 1 日，NA, FO 371/42701。

74. Stoff, *Oil, War, and American Security*, 170; Campbell to Sargent, 1944 年 8 月 22 日, NA, FO 371/42702。值得注意的是，比弗布鲁克的评论反映了一种态度，他认同英国未来在英镑和石油问题上对美国的态度。

75. 英国驻美大使馆临时代办 Ronald Campbell 在给英国外交部的信中写道："英国代表一致认为，无法通过辩论说服美国人让步。他们态度坚定、行动一致。同他们谈判非常艰难，未来更难。"No. 4136, 1944 年 8 月 2 日, NA, FO 371/42699。

76. "Minutes of the Plenary Session No. III of Anglo-American Conversations on Petroleum," 1944 年 8 月 1 日, NA, FO 371/42701。

77. J. A. Anderson 表示，比弗布鲁克的解决方案与"战时内阁在 8 月 3 日决定向代表团提出的建议非常接近"，并且声明措辞"总体上足够充分"，似乎可以"维护"英国的外汇形势。摘自战时内阁大臣给英国驻美大使馆的一份未注明日期的电报草稿，NA, FO 371/42699。

78. No. 4179 from R. I. Campbell to the Foreign Office, 1944 年 8 月 4 日, NA, FO 371/42699; "Minutes of the Joint Sub-Committee, Session V, Anglo-American Conversations on Petroleum, August 1, 1944," NA, FO 371/42701。

79. 得克萨斯州是美国最有影响力的独立石油生产商聚集地。当地的一位参议员汤姆·康纳利是参议院外交关系委员会的主席。

80. "Minutes of the Anglo-American Conversations on Petroleum, Joint Official Sub-Committee Meeting No. 2," 1945 年 9 月 20 日, NARA, RG 59, Records of the Petroleum Division, Box 20, Records of Committees, 1942–1947。美国政府为满足国内石油工业的需求而做出的修改包括增加了第七条，这实际上对英国有利。该条款保证，协议中的任何内容"不得解释为损害……任何一国政府制定与石油进口有关的任何法律或法规的权利"。英国财政部 Wilfred Eady 认为，这"比旧协定中的措辞，即'相关经济因素'要好"。同上，NA, T 236/1311。另参见"Minutes of Joint Official Sub-Committee Meeting No. 1," 1945 年 9 月 19 日, NA, FO 371/50388。

81. H. Wilkinson 发给议员 Richard Law 的信，包含在 1944 年 12 月 9 日发给外交部的电报中。参见 NA, POWE 33/1499；英国驻美大使馆 Halifax 伯爵致信英国燃料和电力部，编号 1127。1945 年 11 月 9 日, NA, FO 371/50390。

82. Stoff, *Oil, War, American Security*, 194.

83. Ibid., 195–208. 对于跨国石油公司寻求一种新的国际价格结构的评论，这种价格结构不再主要基于墨西哥湾，因为美国"在不远的将来，将不再是国际贸易中的主要石油供应来源"，参见"Record of Discussion of the 'Informal Anglo/US Oil Talks'", 1946 年 11 月 2 日, NA, FO 371/53056。

84. Cairncross, *The British Economy since 1945*, 54–55.

85. 英国和美国在 1945 年 12 月同意了这笔贷款，但美国国会直到次年 7 月才批准。
86. Cairncross 坚持认为，这笔贷款不仅"从商业标准来看是慷慨的"，而且"允许英国以数倍于商业条款可能筹集的规模借款"，参见 *The British Economy since 1945*，53。1945 年日本投降时，美国政府"突然"和"出乎意料"地终止了《租借法案》的援助，这已经让英国官员感到不安。参见 J. C. R. Dow，*The Management of the British Economy, 1945–1960* (Cambridge University Press, 1964)，17。
87. 关于这些谈判的最佳记录可以参考 Gardner, *Sterling-Dollar Diplomacy*, 199–223，另参见 Pressnell, *External Economic Policy since the War*, 262–330。
88. "United Kingdom Financial Position and the World Dollar Shortage," a "Memorandum from the British Embassy in Washington to the State Department", delivered by the British Ambassador, Lord Inverchapel to the Secretary of State, George Marshall, on June 18, 1947, *FRUS, 1947, Vol. III*, 17–24; Gardner, *Sterling–Dollar Diplomacy*, 308.
89. "United Kingdom Financial Position and the World Dollar Shortage," *FRUS, 1947, Vol. III*, 17–24; cott Newton, "Britain, the Sterling Area and European Integration, 1945–50," *The Journal of Imperial and Commonwealth History,* 13, 3 (1985), 163–182; Gardner, *Sterling–Dollar Diplomacy,* 308.
90. Gardner, *Sterling-Dollar Diplomacy*, 309.
91. 数据来自 Annex of a Memorandum from Hugh Dalton, Chancellor of the Exchequer, for the Cabinet Committee on Balance of Payments and Convertibility，CP (47) 227, 1947 年 8 月 5 日，NA, PREM 8/489。
92. Newton, "Britain, the Sterling Area and European Integration, 1945–50," 166; Gardner, *Sterling-Dollar Diplomacy*, 318.
93. "United Kingdom Financial Position and the World Dollar Shortage," *FRUS, 1947, Vol. III*, 17–24.
94. Richard Gardner 认为，1947 年英国的国际收支问题不能完全归咎于美国，英国也应承担一定的责任。参见 Gardner, *Sterling-Dollar Diplomacy*，312–325。早在 1945 年，凯恩斯就坚持认为，对英国来说，"立即"着手一个过渡性计划，以摆脱外汇管制。Memorandum of Conversation, 1945 年 8 月 3 日，*FRUS, 1945, Vol. VI*, 79–87。
95. Newton, "Britain, the Sterling Area and European Integration, 1945–1950," 166.
96. No.195 from the British Embassy in Washington, DC to the Foreign Office，1947 年 8 月 1 日，NA, T 236/2426。
97. 乔治·马歇尔于 1947 年 6 月发表的定调《欧洲复兴计划》的演讲，表明一些美国官员已经认识到，需要以更具创造性的思维，将欧洲从经济困境中解救出来。此外，马歇尔认为美国"必须同意[原文如此]"英国"允许歧视（贸易）的要求"。引自 Dobson,

The Politics of the Anglo-American Economic Special Relationship, 110。

98. Newton, "Britain, the Sterling Area and European Integration, 1945–50," 171–172; Alec Cairncross and Barry Eichengreen, *Sterling in Decline: The Devaluations of 1931, 1949 and 1967* (Oxford: Basil Blackwell, 1983), 114.

99. Douglas Little, *American Orientalism: The United States and the Middle East since 1945* (Chapel Hill: University of North Carolina Press, 2002), 121–123.

100. Ibid., 123.

101. Ibid.

102. "The Pentagon Talks of 1947' between the United States and the United Kingdom Concerning the Middle East and the Eastern Mediterranean," *FRUS, 1947, Vol. V*, 488–626.

103. 美国国务院，未注明日期的备忘录，"The American Paper," *FRUS, 1947, Vol. V*, 575–576；Undated Memorandum on Policy in the Middle East and Eastern Mediterranean by the British Group, *FRUS, 1947*，*Vol. V*, 580–582。

104. 美国国务院，未注明日期的备忘录，"The British and American Positions"，*FRUS, 1947, Vol. V*, 511–521。

105. 美国国务院，未注明日期的备忘录，"The American Paper"。

106. 这是在第二章伊朗石油工业国有化背景下讨论的主题。

107. Undated Memorandum on Policy in the Middle East and Eastern Mediterranean by the British Group, *FRUS, 1947, Vol. V*, 580–582.

108. 美国国务院，未注明日期的备忘录，"The British and American Positions"。

109. Judith Brown, "India" in Brown and Louis, *The Oxford History of the British Empire, Volume IV*, 436.

110. B. R. Tomlinson, *The Political Economy of the Raj: The Economics of Decolonization in India, 1914–1947* (London: Macmillan, 1979).

111. Brown, "India," 439.

112. 同上书，第436页。欧内斯特·贝文是英国官方反对退出印度的代表人物，他的理由是，退出印度可能对包括中东在内的帝国其他地区产生负面影响。参见 Wm. Roger Louis, "The Dissolution of the British Empire" in Brown and Louis, *The Oxford History of the British Empire, Volume IV*, 333–334。

113. Louis, *British Empire in the Middle East*, 15–21.

114. Wm. Roger Louis, "The End of the Palestine Mandate" in Louis, *Ends of British Imperialism*, 419–447; Louis, "The Dissolution of the British Empire," 336.

115. 由英伊石油公司和荷兰皇家壳牌公司各持一半股份的联合精炼公司负责运营该炼油厂。要对影响海法炼油厂的政治环境进行最全面的考察，参见 Uri Bialer, *Oil and the*

Arab-Israeli Conflict, 1948–1963 (New York: St. Martin's Press, 1999)。英国驻埃及亚历山大领事馆的 Chapman Andrews 写信给外交部说："海法炼油厂事关英国、英国的盟国和自由世界的所有朋友的重要利益。这些利益有财务方面的，因为它影响到美元、英镑头寸，也有经济方面的，因为它影响到英国的复兴……" No. 152, 1949 年 9 月 3 日，NA, FO 371/75405。关于这些数字参见燃料和电力部的一份未注明日期的备忘录，"Palestine-British Oil Companies," NA, POWE 33/17 及 "Statement by the United States and United Kingdom Groups" regarding "Discussions on the Haifa Refinery," 1949 年 11 月 17 日，*FRUS, 1949, Vol. VI*, 80–82。

116. 参见 BP 71849，其中有大量文件详细说明了阿以冲突如何限制石油业务；另参见 "Palestine-British Oil Companies," NA, POWE 33/17。

117. 参见 NA, FO 371/75403-9，了解英国说服埃及和伊拉克允许石油运抵海法炼油厂的努力细节。

118. Trevelyan to Burrows, 1949 年 7 月 22 日，NA, FO 371/75404。

119. 关于委内瑞拉选项的讨论，参见 BP 69761。

120. Bialer, *Oil and the Arab-Israeli Conflict*, chs. 8–10.

121. Eakens to Barrow, August 19, 1949, *FRUS, 1949, Vol. VI*, 144–145.

122. Newton, "Britain, the Sterling Area and European Integration, 1945–1950," 173–174.

123. 参见英国财政部常任秘书 E. E. Bridges 的说明，1949 年 7 月 26 日，BE/G1/109；Samuel I. Katz, "Sterling's Recurring Postwar Payments Crises," *The Journal of Political Economy*, 68, 3 (1955), 222–223；Newton, "Britain, the Sterling Area and European Integration, 1945–50," 173–174。

124. 根据 Scott Newton 的说法，"到 6 月 16 日，英国每年流失 6 亿美元的储备，到年底已面临枯竭"。同上书，第 174 页。关于整个事件的完整讨论，参见 Cairncross and Eichengreen, *Sterling in Decline*, 111–155。

125. Cripps to Snyder, 1949 年 12 月 23 日，NA, T 172/2121。

126. 参见英联邦财政部长会议工作组的文件，"Draft Economic Policy Committee Paper", GEN 297/5 (Revise), 1949 年 7 月 7 日，BE/G1/108。

127. 1947 年 12 月 10 日，PC(47) 24，NA, T 236/2133，燃料和电力部大臣提交内阁生产委员会的石油问题备忘录。英国公司对英镑区的供应估值 2.3 亿美元，对第三国的销售估计产生 2.7 亿美元的外币。有关这些数据，参见 "Oil in Relation to the UK and Sterling Area Balance of Payments"，1950 年 2 月，BP 96429。

128. Memorandum on "Oil and Dollars" for the Cabinet Working Party on the Dollar Element in Oil, CP (49) 176, 1949 年 8 月 18 日，NA, POWE 33/1683。

129. Memorandum on "Oil and Dollars" for the Cabinet Working Party on the Dollar Element in

Oil, CP (49) 176, 1949 年 8 月 18 日, NA, POWE 33/1683。

130. "Oil in Relation to the UK and Sterling Area Balance of Payments," 1950 年 2 月, BP 96429。

131. 当然, 美国的其他产业也受到了影响, 但石油最受关注, 因为正如 Paul Nitze 几个月前指出的那样, 石油代表着 "美国最大的对外投资, 其战略利益主要体现在美国公司在中东和加勒比海地区控制着除美国以外世界石油产量的近一半, 并控制着 200 多亿桶原油储量"。他补充说, 美国在中东的战略利益还取决于 "美国石油公司的影响力及其对所参与地区的财富和发展所做的贡献", Nitze 就 "英镑石油-美元石油" 问题致信艾奇逊, 1949 年 5 月 12 日, 1945–1949, RG 59, Decimal File, Box 5955, 841.6363/5–1349。

132. 1949 年 9 月 12 日, *FRUS, 1949, Vol. IV*, 833–839。

133. Painter, *Oil and the American Century*, 162。

134. 在将英国公司 2.6 亿美元的收入计算在内后, 他们当年预计销售的 8 000 万吨石油的净美元支出为 2.75 亿美元。参见 "Tripartite Talks, Sterling Oil-Dollar Oil Problem, Memorandum by the United Kingdom, Oil in Relation to the UK and Sterling Area Balance of Payments," 1950 年 1 月, NARA, RG 59, Decimal File, 1950–1954, Box 4797, 841.2553/10-2750。

135. "Home Refining in the UK: Brief for Minister," 未注明日期, 但可能写于 1947 年 6 月或 7 月, NA, POWE 33/2211。"Chapter VII or the First Report by OEEC on Co-ordination of Oil Refinery Expansion in the OEEC Countries," BP 70340。

136. 关于这些问题的一般讨论, 以及与石油相关的美元外流统计数据, 参见 "Brief on Oil for Washington Talks" for the Cabinet Working Party on the Oil Expansion Programme, GEN. 295/16, 1949 年 8 月 16 日, NA, T 236/2886。

137. "Oil Companies' Acquisition Procedure for UK and Foreign Equipment and Materials," 1948 年 9 月 20 日, NA, T 236/2139。

138. 参见 "Brief on Oil for Washington Talks"。Colin E. Spearing 在给英伊石油公司副董事长 Basil Jackson 的报告中, 表达了公司对政府在该领域施加限制的不满, 1951 年 11 月 9 日, BP 66982。

139. Memorandum on "Oil and Dollars" for the Cabinet Working Party on the Dollar Element in Oil, CP (49) 176, 1949 年 8 月 18 日, NA, POWE 33/1683。

140. Menderhausen, "Dollar Shortage and Oil Surplus," 9。

141. 尽管 Menderhausen 指出, 1949 年英国石油同美国石油的美元成本之间的差距越来越大, 但英国政府从未（无论是私下或是公开声明中）将其列为实施替代政策的理由。参见 "Dollar Shortage and Oil Surplus," 9–10。

142. 日期为 1949 年 9 月 9 日的计划, 附在 Herrow 给 Perkins 的信后面, 参见 NARA, RG 59, Decimal File, 1945–1949, Box 5955, 841.6363/9-1449。

143. 这相当于每天 5 000 桶, 占该公司在波斯湾石油产量的 1/8。

144. Memorandum of Conversation on "Petroleum–Cutback in Dollar Oil Sales to UK First Quarter 1950," 1949 年 12 月 2 日，NARA, RG 59, Decimal File, 1945–1949, Box 5955, 841.6363/12-249。

145. 1950 年代需要替代的美元石油总量为 380 万吨：240 万吨燃料油；75 万吨汽油；50 万吨煤气/柴油；15 万吨煤油。数据来源："Tripartite Talks, Sterling Oil-Dollar Oil Problem, Memorandum by the United Kingdom, Oil in Relation to the UK and Sterling Area Balance of Payments," 1950 年 1 月，NARA, RG 59, Decimal File, 1950–1954, Box 4797, 841.2553/10-2750。

146. 1946 年 10 月 29 日，NARA, RG, 59, Decimal File, 1950–1954, Box 4797, 841.6363/10-2946。

147. "Minutes of a Meeting Held at the Ministry of Fuel and Power," 1949 年 12 月 8 日，NA, POWE 33/1677。

148. No. 5974 to the Foreign Office, 1949 年 12 月 29 日，NA, T 236/2877。

149. Memorandum of Conversation on "Petroleum-Cutback in Dollar Oil Sales to UK First Quarter 1950," 1949 年 12 月 2 日，NARA, RG 59, Decimal File, 1945–1949, Box 5955, 841.6363/12-249。

150. Memorandum of Conversation on "Sterling Dollar Oil," 1949 年 12 月 9 日，NARA, RG 59, Decimal File, 1945–1949, Box 5955, 841.6363/12-949。

151. Memorandum for American Oil Companies, 1949 年 12 月 7 日，NARA, RG 59, Decimal File, 1945–1949, Box 5955, 841.6363/12-249。

152. Holman to Acheson, 1950 年 3 月 19 日，NARA, RG 59, Department of State, Decimal File, 1950–1954, Box 4796, 841.2553/3-1550。

153. Labouisse to the Under Secretary, 1950 年 3 月 24 日，NARA, RG 59, Department of State, Decimal File, 1950–1954, Box 4796, 841.2553/3-1550。

154. Collins to Acheson, 1950 年 5 月 3 日，NARA, RG 59, Decimal File, 1950–1954, Box 4797, 841.2553/5-350。大型跨国石油公司与美国国务院高层的接近方式，与先前它在保护和促进国际业务方面的做法一致，特别是在一战后，英国对美国石油公司在英国托管地的歧视，以及美国政府支持联合国对巴勒斯坦的分治计划时，石油高管们认为这些行动威胁到了公司在阿拉伯国家的特许经营权。

155. No. 91 from Heath Eves to Jackson, 1950 年 1 月 20 日，BP 78132。

156. 美国国家石油委员会（National Petroleum Council）于 1950 年 1 月 26 日采纳石油进口委员会（Committee of Petroleum Imports）的一份报告指出："若英国持续实行其政策，可能迫使美国石油行业将国际石油交易的主导权让渡给英国，这将对美国国内经济和国家安全造成严重损害。委员会认为，美国参与世界石油资源的开发，符合美国及所有国家的利益。"新泽西标准石油公司和加德士石油公司的合作伙伴在委员会中有代表，文件编号 BP 96429。

157. 1950年1月7日，NA, FO 371/82983。
158. "Oil Negotiations in Washington," EPC (50) 15, 1950年1月16日，NA, FO 371/82983; H. E. Snow 的备忘录记录于 1950年1月12日，关于 1950年1月9日在石油部门与壳牌公司的联合会议，文件编号 BP 96429。
159. Ibid.
160. 美国经济合作署提供了用于炼油厂发展的"免费"美元，但这取决于对英国的石油公司提交的扩张计划能否被批准。该机构代表认为，大量英镑石油的出现，表明英国公司过度扩大了炼油能力，如果这些公司使用任何未经 ECA 批准的美元，那么就将受到处罚。
161. "Oil Negotiations in Washington" 和 H. E. Snow 的备忘录。
162. 1950年3月15日，*FRUS, 1950, Vol. V*, 34–35。
163. "US Petroleum Policy and the UK," WGB D-20, 由 Robert Eakens 为英国工作组编写，1949年8月23日，NARA, Office of International Trade Policy, Petroleum Division, Subject File, 1943–1949, Box 2, "Near East Oil" folder。
164. Labouisse to Hare, 1950年3月3日，*FRUS, 1950, Vol. V*, 33–34。
165. Douglas to Acheson, 1949年7月19日，*FRUS, 1949, Vol. IV*, 803–805。
166. Ibid.
167. 国务院关于 "Great Britain" 的政策声明，1948年6月11日，*FRUS, 1948, Vol. III*, 1091–1107。
168. 同上，作者强调了文章中表述的观点。另见 Louis 和 Robinson，"The Imperialism of Decolonization"，对美国政策的转变进行了讨论，包括二战结束时敦促英国放弃殖民地，随着冷战升级而采取更进一步的方法。
169. 例如，在上述 "Memorandum by the United States Government on the Sterling Oil-Dollar Oil Problem" 中，美国官员明确表示，"美国政府可能愿意**暂时**接受对进入英镑区的石油实施一些限制，前提是这些限制可以在支付平衡的基础上得到证明"（黑体为本书作者所加）。
170. Memorandum of Conversation, 1949年12月3日，NARA, RG 59, Decimal File, 1945–1949, Box 5955, 841.6363/9-1449。
171. Victor Butler 给 W. D. Heath Eves 解释，No. 80 from Heath Eves to Jackson, 1949年12月29日，BP 78132。
172. "US Petroleum Policy and the UK," WGB D-20, 由 Robert Eakens 为英国工作组准备，1949年8月23日，NARA, Office of International Trade Policy, Petroleum Division, Subject File, 1943–1949, Box 2, "Near East Oil" folder。
173. Snow to Fraser, 1949年5月18日，BP 96429。

174. No. 389 from Miller to the Foreign Office, 1950 年 2 月 2 日, NA, FO 371/82984; "Appendix, US Companies' Trade in Third Countries and the Sterling Area, Outline of Incentive Scheme," "Tripartite Talks, Sterling Oil-Dollar Oil Problem, Memorandum by the United Kingdom, Oil in Relation to the UK and Sterling Area Balance of Payments," 1950 年 1 月, NARA, RG 59, Decimal File, 1950–1954, Box 4797, 841.2553/10-2750。
175. "Oil Negotiations in Washington," EPC (50) 15, 1950 年 1 月 16 日, NA, FO 371/82983。
176. Draft Minute, 1950 年 9 月 23 日, NA, POWE 33/1683。
177. 在与英国官员会面后，Socony-Vacuum 的主管 Walter Faust 指出，英国财政部"准备让英国政府在不破坏援助的情况下，尽其所能实施'石油替代计划'"。Memorandum of Conversation by Robert Eakens, 1949 年 12 月 13 日, NARA, RG 59, Decimal File, 1945–1949, Box 5955, 841.6363/12-1349。
178. Memorandum of Conversation by the Officer in Charge of United Kingdom and Ireland Affairs, 1950 年 3 月 7 日, *FRUS, 1950, Vol. III*, 638–642。
179. 参见 Cain and Hopkins, *British Imperialism*; Strange, *Sterling and British Policy*; Roseveare, *The Treasury*, ch. 9; Shonfield, *British Economic Policy since the War*。
180. Flett to Brittain and Rowan, 1952 年 1 月 31 日, NA, T 236/5874。
181. Ibid.
182. 1949 年 3 月 18 日, BP 60502。
183. 1949 年 5 月 24 日, BP 96429。
184. Snow to Fraser, 1949 年 7 月 5 日, BP 96429。
185. Heath Eves to Jackson, 1950 年 1 月 12 日, BP 96429。
186. 工作组关于石油扩张计划的会议纪要，GEN.295/46th 会议，1950 年 3 月 22 日, NA, T 236/2885。
187. No. 108 from Heath Eves to Jackson, 1949 年 12 月 12 日, BP 96429。
188. No. 77 from Heath Eves to Jackson, 1949 年 12 月 22 日, BP 78132。
189. T. F. Brenchley 整理的英国外交部的会议纪要：Possibility of US Restrictive Action on Oil Imports, 1950 年 5 月 8 日, NA, FO 371/82987。
190. 1950 年 5 月 2 日, NA, FO 371/82987。
191. Fraser to Fergusson, 1950 年 11 月 13 日, NA, POWE 33/1683。
192. "*Agreement with the Anglo-Persian Oil Company*, Limited, as presented to Parliament by Command of His Majesty, 1914," BP 82347.
193. "The Bradbury Letter 1914" in R. W. Ferrier, *The History of the British Petroleum Company, Volume I: The Developing Years, 1901–1932* (Cambridge University Press, 1982), Appendix 6.1, 645–646.

194. "Working Party on the Dollar Element in Oil: Sub-Committee on 1949/1950 Foreign Sales Programme" 会议纪要，OWP/FS (49) 1, 1949 年 4 月 20 日，BP 66889。关于英伊石油公司同英国政府在 1946—1951 年关系的探讨，参见 The History of the British Petroleum Company, Volume II, 308–328。

195. 1950 年 7 月 25 日，NARA, RG 59, Decimal File, 1950–1954, 841.2553/7-2550。

196. Menderhausen, "Dollar Shortage and Oil Surplus," 32.

197. Menderhausen 对各个公司的协议内容做了一个很好的梳理，参见 "Dollar Shortage and Oil Surplus", 28–32；同 Standard–Vacuum 的协议细节，参见 NA, POWE 33/1674 和 NA, T 236/2879；关于 Caltex 的内容，参见 NA, FO 371/82988 和 BE/EC5/253；关于新泽西标准石油公司和 Socony–Vacuum 的内容，参见 BP 78133。

198. Menderhausen, "Dollar Shortage and Oil Surplus," 28.

199. No. 533 from the Foreign Office to Washington, DC, February 10, 1951, NA, POWE 33/1683.

200. "Memorandum by the United States Government on the Sterling Oil-Dollar Oil Problem," 1950 年 3 月 27 日，附在 Labouisse 写给 Brown、Stinebower 和 Eakens 的信上。NARA, RG 59, Decimal File, Box 4796, 1950–1954, 841.2553/3-2750. 美国官员简要提及贷款协议第 9 节的问题，该节禁止英国和美国相互对"任何产品"实施进口限制。但当英国声称第 9 节"技术上不适用于""石油替代计划"时，他们放弃了这一点，因为该条款允许基于战争和经济破坏所造成的"特殊必要性"实施进口限制。实际上，迪安·艾奇逊在 1947 年 6 月 30 日写信给美国驻英大使馆，表示美国政府"必须将违反协议第 9 节的行为，视为应对紧急情况的临时措施"。参见 No. 4995 from Sir O. Franks to the Foreign Office, 1949 年 10 月 20 日, NA, T 236/2876, Acheson to Embassy, 1949 年 6 月 30 日, FRUS, 1949, Vol. IV, 797–799, 以及 Pressnell, External Economic Policy since the War, 附录 24 的协议副本。

201. 1949 年 4 月 27 日一份未签名的备忘录：The Sterling Dollar Oil Problem, NARA, RG 59, Decimal File, 1945–1949, Box 5955, 841.6363/5-1349。燃料和电力部大臣认为，英国在与第三方国家的谈判中，需要保留强迫它们使用英镑石油而排除美元石油的权利，这是为了"获得购买必需食品所需的外汇"。R. W. Jackling 整理的纪要，1950 年 2 月 1 日, NA, FO 371/82984。

202. Gardner, Sterling-Dollar Diplomacy, 30–31.

203. Cairncross, "A British Perspective on Bretton Woods," 77.

204. Wm. Roger Louis, "American Anti-Colonialism and the Dissolution of the British Empire" in Louis and Bull, The Special Relationship, 262–263.

205. Fraser to Fergusson, 1951 年 2 月 14 日, BP 58806。

206. Fergusson to Fraser, 1951 年 2 月 19 日, BP 58806。

第二章　英镑及英国与伊朗民族主义的对抗

1. 雷金纳德·鲍克爵士（Sir Reginald Bowker）做的纪要："Draft Brief for the British Delegation to the Washington Talks on Persia," 1951 年 4 月 6 日，NA, FO 371/91470。
2. 1951 年 4 月 9 日，英美关于伊朗问题的首次会谈的英国记录，NA，T 236/4425。
3. 关于印度的情况，参见 Tomlinson, *The Political Economy of the Raj*。
4. 伊朗在 1936 年前称"波斯"，伊朗国家更名之后，英波石油公司便更名为英伊石油公司。
5. Ferrier, *The History of the British Petroleum Company, Volume I*, 15–113.
6. Ibid., 158–201; Monroe, *Britain's Moment in the Middle East*, 98–99.
7. Monroe, *Britain's Moment in the Middle East*, 98–99.
8. Bamberg, *The History of the British Petroleum Company, Volume II*, 30–50.
9. Nikki R. Keddie, *Roots of Revolution: An Interpretive History of Modern Iran* (New Haven: Yale University Press, 1981).
10. "Anglo-Persian Financial Agreement: Gold Clause," 无日期和签名，NA, T 236/223。
11. Frances Bostock and Geoffrey Jones (eds.), *Planning and Power in Iran: Ebtehaj and Economic Development under the Shah* (London: Frank Cass, 1989)，对伊朗央行行长和伊朗未来首席经济规划师进行了最详细的描述。
12. 英国财政部记录，由于伊朗是"主要的英镑石油来源"，伊朗政府有着"非常强势"的谈判地位，这使得英国与伊朗达成的货币安排，比与任何其他国家的都要慷慨。参见 Note by the Treasury for the Cabinet Overseas Negotiations Committee, 1949 年 6 月 18 日，NA, T 236/3197 and "Report by the Working Party on Persia," Cabinet Overseas, Negotiations Committee, ON (WP)(49)321, 1949 年 9 月 28 日，NA, T 236/3198。
13. Keddie, *Roots of Revolution*, 113–119.
14. Elm, *Oil, Power, and Principle*, 135, 189.
15. 引自 Elwell-Sutton, *Persian Oil*, 119。
16. 1947 年，英伊石油公司净收入为 3 000 万英镑，预期 1948 年的收入将翻一番。参见 No.334 from the Foreign Office to Tehran, 1949 年 4 月 27 日，NA, T 236/2817。
17. Elm, *Oil, Power, and Principle*, 52.
18. 同上书，第 5 页；Bamberg, *The History of the British Petroleum Company, Volume II*, 387–389.
19. 1948 年 8 月 9 日，BP 8334。
20. Eady to Sir H. Wilson Smith, 1948 年 10 月 26 日；Memorandum by Eady, 1948 年 10 月 27 日，NA, T 236/1337。
21. 给 Bevin 的信，未注明日期，但很可能写于 1949 年 3 月，NA, T 236/2817。

22. Berthoud to Sir Orme Sargent, 1948 年 8 月 27 日，NA, FO 371/68731。
23. Berthoud to Wright, a "Record of Conversation with Mr. Emami, Persian Government Delegate to Anglo-Iranian Oil Company," 1949 年 4 月 8 日，NA, T 236/2817。
24. 1949 年 1 月 25 日，NA, FO 371/75495。
25. 1949 年 2 月 18 日，NA, T 236/2817。
26. 1949 年 3 月 29 日，NA, T 236/2817。
27. 引自 Louis, *The British Empire in the Middle East*, 56–57。
28. "Record of a meeting in the Foreign Office on the 19th May with the Anglo-Iranian Oil Company," NA, T 236/2817。Berthoud 相信即便是 250 万～300 万英镑都已经太高了。
29. Bamberg, *The History of the British Petroleum Company, Volume II*, 398.
30. Elm, *Oil, Power, and Principle*, 55.
31. Louis, *The British Empire in the Middle East*, 646.
32. Manucher Farmanfarmaian and Roxane Farmanfarmaian, *Memoirs of a Persian Prince* (New York: Random House, 1997), 210.
33. Bevin to Cripps, 1949 年 2 月 18 日，NA, T 236/2817。
34. 引自 Elm, *Oil, Power, and Principle*, 55。
35. Farmanfarmaian and Farmanfarmaian, *Memoirs of a Persian Prince*, 218.
36. "Press Extracts No, 370," 1949 年 5 月 30 日，NA, T 236/2818。
37. "Company's Activities in Persia during the Last Fifty Years" 的记录，未注明日期，选自 Neville Gass 档案，1951 年 1 月—1951 年 12 月，BP 9233。
38. Foreign Office Minute, 1949 年 4 月 21 日，NA, FO 371/75496。
39. No. 334，1949 年 4 月 27 日，NA, T 236/2817。
40. 引自 "Company's Activities in Persia during the Last Fifty Years" 的一份记录，BP 9223。
41. W. D. Heath Eves 在近东会议上对一个问题的回复，Princeton University, 1951 年 6 月 2 日，regarding AIOC policy in Iran, BP 66237。
42. Foreign Office Minute by D. P. Reilly, 1951 年 1 月 18 日，NA, FO 371/91244。
43. Shepherd to Furlonge, 1951 年 6 月 5 日，FO 371/91545; Le Rougetel to Attlee, 1949 年 8 月 1 日，NA, T 236/2818。
44. Farmanfarmaian and Farmanfarmaian, *Memoirs of a Persian Prince*, 214.
45. Ervand Abrahamian, *Iran between Two Revolutions* (Princeton University Press, 1982), 240–261.
46. Yergin, *The Prize*, 451.
47. Abrahamian, *Iran between Two Revolutions*, 241.
48. Abrahamian, *Iran between Two Revolutions*, 263.

49. Elm, *Oil, Power, and Principle*, 70–71; Bamberg, *History of the British Petroleum Company, Volume II*, 404–405.

50. Elm, *Oil, Power, and Principle*, 70–71; Bamberg, *History of the British Petroleum Company, Volume II*, 266.

51. Dean Acheson, *Present at the Creation: My Years in the State Department* (New York: W. W. Norton & Company, 1969), 503.

52. Steve Marsh 提出了一种观点，尽管我认为他可能有些夸大其词，他认为英国官员战略性地利用了政府与公司之间的不干预关系，在处理与伊朗和美国的事务时将其转化为优势。参见"Anglo-American Crude Diplomacy," 35–36。这种解释使他在 *Anglo-American Relations and Cold War Oil* 中主张，英伊石油公司应为英国处理石油危机的不当负主要责任的"传统说法"是错误的，而英国政府比当时所承认的要大得多（第4页）。他认为，将英伊石油公司作为伊朗败局主要责任方的观点过于简单化了。

53. Minute by Wright, 1950 年 10 月 23 日, NA, FO 371/82376。

54. Ibid.; Louis, *British Empire in the Middle East*, 642–647。路易斯将弗雷泽的顺从态度，归因于他期待在沙特阿拉伯达成五五分成协议，这是对他一反常态的态度转变最合理的解释，第 646 页。

55. Ibid., 650。

56. Record of Meeting at the Treasury, 1951 年 1 月 13 日, NA, FO 371/91522 and NA, T 236/2820。

57. Rudd to Reilly and Butler, 1951 年 1 月 4 日, NA, T 236/2820。

58. Louis, *British Empire in the Middle East*, 656。

59. Record of Meeting at the Treasury, NA, T 236/2820。

60. Rudd to Reilly and Butler, NA, T 236/2820。

61. 1951 年 3 月 15 日, NA, T 236/2821。

62. 1951 年 3 月 15 日, NA, T 236/2821。

63. Statement by P. E. Ramsbotham, 1950 年 11 月 22 日, 给财政部 Young 的一份副本, NA, FO 371/82377。

64. Bridges to the AIOC, 1951 年 4 月 12 日, NA, T 236/5879。

65. "Record of a Meeting held in the Foreign Office," 1951 年 3 月 20 日, NA, FO 371/91525。

66. Bamberg, *History of the British Petroleum Company, Volume II*, 422–430。

67. Yergin, *The Prize*, 459–462。

68. "Memorandum by the British Delegation," 1951 年 8 月 11 日, NA, FO 371/91583。

69. Yergin, *The Prize*, 459–462。

70. Louis, *British Empire in the Middle East*, 681。

71. M. F. G. Scott, "The Balance of Payments Crises" 收录于 G. D. N. Worswick 和 P. H. Ady 合编的 *The British Economy in the Nineteen-Fifties* (Oxford: Clarendon Press, 1962), 205,213。
72. Cairncross, *The British Economy since 1945*, 101.
73. Scott, "The Balance of Payments Crises," 207.
74. Peter Burnham, *Remaking the Postwar World Economy: Robot and British Policy in the 1950s* (New York, Palgrave Macmillan, 2003), 14.
75. Cairncross, *The British Economy since 1945*, 99–104.
76. Katz, "Sterling's Recurring Postwar Payments Crises," 220–221; Scott, "The Balance of Payments Crises," 213.
77. Butler to MacEntee, 1951 年 12 月 14 日, NA, T 172/2122。
78. Cabinet Conclusions, CM 57 (52), 1952 年 5 月 29 日, NA, CAB 128/25。
79. Note of Meeting at Treasury, 1951 年 10 月 3 日, NA, POWE 33/1676。年底，当英伊石油公司提供了更准确的原油和产品替代成本时，这一金额减少到 6 500 万英镑。
80. HM Treasury, *United Kingdom Balance of Payments, 1946–1957* (London: Her Majesty's Stationery Office, 1959), 16; "Balance of Payments: Brief for Chancellor's Visit," August 28, 1951, BE G1/120.最近汇编的那个时期的数据，显示了一个不么黯淡的情况。参见附录 1。
81. "Persian Oil and the Balance of Payments," 1951 年 6 月 9 日, BP 100738, Anglo-American meeting at the Foreign Office, 1951 年 4 月 2 日, NA, FO 371/91470。
82. No. 1612 from the Foreign Office to Washington, 1951 年 3 月 31 日, NA, FO 371/91470。
83. "Persia-Instructions to Negotiators," 未注明日期，但很可能写于 1951 年 5 月或 6 月, BP 100738。
84. 科威特在替代伊朗原油方面发挥作用所带来的一个后果是石油工业的发展速度超过了预期，并迅速为该国带来了巨额的英镑收入。
85. 日期为 1952 年 6 月 4 日, 未签字备忘录, BP 118974。
86. Reilly to Serpell, 1951 年 5 月 3 日, NA, T 236/3899。
87. Meeting at the Treasury, 1954 年 2 月 24 日, NA, T 236/3900。
88. 有关当时石油的美元成本急剧上升的数据，请参见附录 2。
89. 日期为 1952 年 6 月 4 日, 未签字备忘录, BP 118974。
90. Spearing to Butler, "AIOC Refinery-Aden: Works Scheme Case," 1952 年 3 月 14 日, NA, POWE 33/1981. 参见 BP 69123, 可查阅英伊石油公司巴兹尔·杰克逊同维克托·巴特勒关于这个问题的通信。
91. "The Persian Oil Negotiations," 1951 年 4 月 25 日, NA, T 236/4427。
92. 1951 年 5 月 25 日, BP 100738。

93. Persia (Official) Committee, PO (52) 3, 1952 年 1 月 25 日, NA, CAB 134/1147。

94. Shepherd to Furlonge, 1951 年 6 月 5 日, NA, FO 371/91545。

95. Bamberg 写道:"对公司而言……运营的效率和经济性是一个根本问题,公司不愿屈从于伊朗政府对就业的严格规定。"参见 *The History of the British Petroleum Company, Volume II*, 360。在雇佣伊朗人担任管理职位方面,1948 年 1 月被英伊石油公司任命为阿巴丹炼油厂劳工事务助理总经理的 Mustafa Fateh 是一个例外。

96. 1951 年 5 月 24 日,马丁·弗莱特写信给外交部的 R. J. 鲍克:"如果[伊朗人]是理性的,那么说服他们下面两点并不困难,一是将控制权掌握在英国手中符合他们的最大利益,也符合我们的最大利益;二是试图自己经营如此重要和复杂的工业,将意味着伊朗整个经济的毁灭。"参见 NA, FO 371/91540。

97. 关于这一时期英国对伊朗态度的控诉,参见 Richard Cottam's *Nationalism in Iran* (University of Pittsburgh Press, 1964), 273。另参见 James Bill 与 Wm. Roger Louis 合编的 *Musaddiq, Iranian Nationalism, and Oil*(Austin: University of Texas Press, 1988)第 239 页收录的 Wm. Roger Louis 的文章,"Musaddiq and the Dilemmas of British Imperialism"。

98. No.1580 from Shepherd to the Foreign Office, 1951 年 10 月 23 日, NA, T 236/4443。

99. "The Cost of Proceeding Beyond a 50/50 Split of Profits with Concessionary Countries," POWP (51) 17, 1951 年 6 月 14 日, BP 100738。

100. Gass to Snow, 1951 年 6 月 6 日, BP 66900。

101. Reilly to Serpell, 1951 年 9 月 24 日, NA, T 236/4440。

102. Armstrong to Shuckburgh, 1952 年 12 月 18 日, NA, FO 371/98704。

103. 未签字的外交部会议纪要, 1951 年 11 月 6 日, NA, FO 371/91612。

104. "Some Notes on the Persian Oil Dispute and its Implications," Foreign Office Minute, 1951 年 10 月 23 日, FO 371/91611。

105. First meeting of Anglo-American talks on Iran at the State Department, 1951 年 4 月 9 日, NA, T 236/4425。

106. "Balance of Payments Aspects of the American Proposals," 未注明日期也未签字的备忘录(很可能是 1951 年 11 月), NA, T 236/4443。

107. James A. Bill, *The Eagle and the Lion: The Tragedy of American–Iranian Relations* (New Haven: Yale University Press, 1988), 16–17。

108. Ibid., ch.1. 另参见 Mark Hamilton Lytle, *The Origins of the Iranian–American Alliance, 1941–1953* (New York: Holmes and Meier, 1987), ch.7。

109. Francis J. Gavin, "Politics, Power, and US Policy in Iran, 1950–1953," *Journal of Cold War Studies* 1, 1 (1999), 65. 关于伊朗人民党最全面的讨论,参见 *Iran between Two Revolutions*, ch. 6。

110. Lytle, *The Origins of the Iranian–American Alliance*, chs. 9–10.
111. Irvine H. Anderson 详细介绍了沙特阿拉伯的五五分成原则，参见 "The American Oil Industry and the Fifty–Fifty Agreement of 1950" in Bill and Louis, *Musaddiq, Iranian Nationalism, and Oil*, 145–163。
112. 有关租金和五五分成原则对石油工业影响的分析，参见 Yergin, *The Prize*, ch. 22。
113. George McGhee, *Envoy to the Middle World* (New York: Harper and Row, 1983), 335.
114. Wm. Roger Louis, *Imperialism at Bay: The United States and the Decolonization of the British Empire, 1941–1945* (New York: Oxford University Press, 1978).
115. Acheson, *Present at the Creation*, 265; W. W. Rostow, *The Stages of Economic Growth: A Non-Communist Manifesto*, third edition (Cambridge University Press, 1990).
116. Hare to Rusk, 1949 年 12 月 19 日, Annex 1, "Statement by the United States and the United Kingdom Groups," Introductory Discussions, 1949 年 11 月 14 日, *FRUS, 1949, Vol. VI*, 61–64。
117. No. 332 from the British Delegation at the United Nations to the Foreign Office, 1951 年 10 月 12 日, NA, T 236/4442。
118. No. 2302 from Franks to the Foreign Office, 1951 年 7 月 25 日, NA, FO 371/91568。
119. 同上。
120. Memorandum of conversation on discussions with Anglo-Iranian officials by Richard Funkhouser, 1950 年 1 月 24 日, *FRUS, 1950, Vol. V*, 15。
121. 1950 年 9 月 14 日, *FRUS, 1950, Vol. V*, 97–99。
122. Noonan to Nuttall, 1950 年 8 月 22 日, NA, FO 371/82375。
123. Memorandum by E. W. Noonan on the Anglo-Iranian Oil Company, 1950 年 11 月 15 日, NA, FO 371/82377。
124. 英国外交部一位官员评论说："我们和中东的英国石油公司都没有被警告或咨询过。" 参见 Louis, *The British Empire in the Middle East*, 597。
125. Crocker to the Department of State, 1951 年 3 月 29 日, *FRUS, 1951, Vol. V*, 292–293。
126. Agreed Conclusions and Recommendations of the Conference of Middle East Chiefs of Mission, Istanbul, 1951 年 2 月 14 日至 21 日, *FRUS, 1951, Vol. V*, 50–76。
127. Grady to Acheson, 1950 年 10 月 31 日, *FRUS, 1950, Vol. V*, 612–613。
128. McGhee, *Envoy to the Middle World*, 325.
129. "Persia — Instructions to Negotiators" (second draft), 未注明日期（但很可能是 1951 年 5 月底或者 6 月初），BP 100738。
130. Jackson to Heath Eves, 1951 年 3 月 21 日, BP 66255。
131. Franks to Strang, 1951 年 4 月 21 日, NA, FO 371/91529。

132. Foreign Office Minute, Strang to Morrison, 1951 年 4 月 3 日, NA, FO 371/91621。
133. Flett to Brittain, 1951 年 3 月 6 日, NA, T 236/3451。
134. Foreign Office Minute by Makins, 1951 年 6 月 1 日, F0371/91542; Foreign Office Minute by Strang, 1951 年 6 月 4 日, NA, FO 371/91541。
135. Jackson to Wylie, 1951 年 9 月 4 日, BP 87230。
136. Strang to Bridges, 1951 年 10 月 21 日, NA, FO 371/91607; Minutes of a meeting held in Sir Edward Bridges room, 1951 年 10 月 23 日, NA, FO 371/91607。
137. 他的评论指向 Nuttall 写给 Flett 的信, 1951 年 10 月 17 日, NA, FO 371/91621。
138. Acheson to the State Department, 1951 年 11 月 10 日, *FRUS, 1951, Vol. V,* 278–281。
139. "United States Views on Questions Raised During Discussions with the British on Iran," Burrows to the Foreign Office's Eastern Department, 1951 年 4 月 19 日, NA, FO 371/91471。
140. No. 1628 from Middleton to the Foreign Office, 1951 年 11 月 6 日, NA, T 236/4444。
141. Minute of a meeting in Washington, 1952 年 2 月 1 日, NA, FO 371/98608。
142. Persia (Official) Committee: Comments on the State Department's Views of the Persian Oil Problem, PO (52) 3, 1952 年 1 月 25 日, NA, CAB 134/1147。
143. "Meeting between British and American Representatives at the State Department," Memorandum by Roundtree, 1952 年 1 月 9 日, *FRUS, 1952-1954, Vol. VI,* 821–823。
144. Butler to Bowker, 1951 年 2 月 13 日, NA, T 236/2821。
145. Minutes of a meeting at the State Department, 1952 年 2 月 11 日, NA, FO 371/98608。
146. Ramsbotham to Brook, 1953 年 5 月 22 日, NA, POWE 33/2087。
147. No. 520 from the Foreign Office to Franks, 1952 年 1 月 26 日, NA, FO 371/98634。
148. George Middleton 写信给外交部东方司, 称主要分歧在于对伊朗民族主义作为政治因素的重要性的不同评估, 1951 年 11 月 19 日, NA, FO 371/91472。
149. No. 1233116 from Washington to the Foreign Office, 1951 年 9 月 26 日, NA, T 236/4441。
150. Lover to Eisenhower, 1952 年 1 月 24 日, *FRUS, 1952–1954, 56. VI,* 859–861。
151. British Delegation to the Foreign Office, 1951 年 10 月 12 日, NA, T 236/4442。
152. No. 1755 from Strang to Washington, 1951 年 4 月 28 日, NA, FO 371/91528。
153. Jackson 访问美国的说明, 1949 年 11 月 2 日, BP 16987。
154. Shepherd to Furlonge, 1951 年 5 月 14 日, NA, FO 371/91535。
155. Furlonge to Stevens, 1957 年 1 月 24 日, NA, FO 371/127087。
156. 引自 McGhee, *Envoy to the Middle World,* 331。
157. Middleton to Bowker, 1952 年 9 月 1 日, NA, FO 371/98697。
158. Gavin, "Politics, Power, and US Policy in Iran, 1950–1953," 62–74。

159. "Persia-Instructions to Negotiators" Persian Oil Working Party Papers, 未注明日期（可能是 5 月底或 6 月初），BP 100738。
160. No. 2898 from Bevin to Acheson, NA, FO 371/91555.
161. 比如，参见 "Anglo/US Talks on Persia in Washington（III）," 1951 年 4 月 13 日，BP 100557 和 No.1079 from Franks to the Foreign Office, 1951 年 4 月 10 日，NA, FO 371/91470。
162. Webb to the US Embassy in Britain, 1951 年 10 月 30 日，*FRUS, 1952–1954, Vol. X,* 249–255。
163. 外交部外交大臣办公室会议纪要，1951 年 11 月 1 日，NA, FO 371/91608。
164. Ibid.
165. Ibid.
166. "Draft Study by the National Security Council," 1951 年 12 月 27 日，*FRUS, 1951, Vol. V,* 257–264。
167. "Memorandum Prepared by the Policy Planning Staff," 1952 年 5 月 21 日，*FRUS, 1952–1954, Vol. IX,* 232–233。
168. Memorandum of Conversation, 1952 年 8 月 8 日，*FRUS, 1952–1954, Vol. IX,* 262–263。
169. Oliver Franks 向外交部报告称，美国国务院"仍然认为摩萨台的政府极不受欢迎，他们对于能否与他谈判表示强烈怀疑。他们也同意我们的看法，认为他的政权无法有效阻止共产主义的渗透，但他们现在担心，任何变化都可能会使情况恶化"。1952 年 1 月 21 日，NA, FO 371/98684。
170. Heiss, *Empire and Nationhood*, ch. 6.
171. Louis, "Musaddiq and the Dilemmas of British Imperialism," 242.
172. Gavin, "Politics, Power, and US Policy in Iran," 74–76.
173. 这无疑是一次联合行动。Wm. Roger Louis 讨论了英国在策划阶段的大量参与行动，参见 "Musaddiq and the Dilemmas of British Imperialism," 253–255, Donald N. Wilbur 博士在撰写的中央情报局机密政变史 "Overthrow of Premier Mossadeq of Iran, Nov. 1952–Aug. 1953"（CS Historical Paper No. 208）中证实了这一点，该文章撰写于 1954 年 3 月，发表于 1969 年 10 月，《纽约时报》于 2000 年 4 月 16 日做了报道。
174. Gavin, "Politics, Power, and US Policy in Iran," 79–80.
175. Foreign Office Minute by Belgrave, 1953 年 12 月 22 日，NA, FO 371/110046。
176. No. 172 from Jackson to Fraser, 1945 年 1 月 25 日，BP 70986。
177. Working Party on the Oil Expansion Programme, 1980 年 10 月 24 日会议，GEN.295/67th, NA, T 236/2885。
178. Hopwood to Fraser, 1954 年 3 月 2 日，NA, FO 371/110048。
179. 1954 年 2 月 24 日财政部会议，NA, T 236/3900。
180. 燃料和电力部石油工作组的会议备忘录，POWP (51) 24–30, 1951 年 10 月 30 日，NA,

T 236/2827。

181. Mostafa Elm 在 *Oil, Power and Principle* 一书第 323 页中指出，英国坚持要求财团用英镑向伊朗支付，"以迫使伊朗从英镑地区进口物品，即使这些物品的价格没有竞争力"。这里提供的文件表明，英镑回流只能部分解释为什么英国坚持用英镑支付。

182. 1951 年英国财政部记录，英伊石油公司"必须用英镑进行交易，以帮助维护英镑在国际贸易中的地位"，Memorandum for "Lord Privy Seal's Mission to Persia," 未注明日期（很可能是 7 月），NA, T 236/4437。

183. Telegram No. 54, 1947 年 8 月 16 日, BE/OV 44/16。

184. No. 2925 from the Foreign Office to Washington and Tehran, 1954 年 6 月 23 日, NA, T 236/4701。

185. 财团中的美国公司包括：新泽西标准石油公司、纽约标准石油公司、加利福尼亚标准石油公司、海湾公司和得克萨斯公司。荷兰皇家壳牌公司和法国石油公司也参与其中。

186. No. 281 from Makins to the Foreign Office, 未注明日期（很可能是 1954 年 6 月中），NA, T 236/4700。

187. Armstrong's note for the record, 1954 年 4 月 21 日, NA, T 236/4699。

188. "Persia: Currency Arrangements," discussing proposals set out in OME (54) 9, 1954 年 3 月 9 日, NA, T 236/4699。

189. "Persian Oil Settlement: US Companies' Currency Problems," 1954 年 3 月 25 日财政部会议纪要，NA, T 236/3901。

190. "Persian Oil Settlement: Effect on the Balance of Payments," Appendix I, "Factors affecting Balance of Payments Result," 1954 年 3 月 6 日, NA, T 236/3900; Raeburn to Armstrong, 1954 年 6 月 19 日, NA, T 236/3902。

191. Armstrong's note for the record, 1954 年 4 月 21 日, NA, T 236/4699。

192. Catherine R. Schenk 在 "Exchange Controls and Multinational Enterprise" 中探讨了这个问题。

193. No. 474 from Makins to the Foreign Office, 1954 年 3 月 22 日, FO 371/110049; Makins's record of conversation with Eugene Black, 1951 年 12 月 13 日, FO 371/91617; Foreign Office Minute by Dixon, 1953 年 5 月 15 日, NA, FO 371/104616。

194. Schenk, "Exchange Controls and Multinational Enterprise," 31–32.

195. No, 378 from the Foreign Office to Stevens, 1954 年 4 月 20 日, NA, FO 371/110061。

196. No. 366 from Stevens to the Foreign Office, 1954 年 4 月 23 日, NA, FO 371/110061。

197. Potter to Armstrong, 1953 年 12 月 17 日, NA, T 236/3900。

198. 1954 年 5 月 11 日外交部会议纪要, NA, FO 371/110062。

199. 参见 "Notes on Possible Oil Settlement" 的 "Payments in Sterling" 部分："伊朗人将强

烈抵制任何似乎使他们在美元和其他外汇供应方面依赖伦敦意志的安排。"1954 年 3 月 6 日，BP 79661。

200. "Notes of a Second Meeting Held on 17 April, 1954 at the White Palace," BP 94788.
201. No. 398 from Stevens to the Foreign Office, 1954 年 4 月 27 日，NA, FO 371/110061。
202. "Notes of Fourth Meeting Held on 22nd April, 1954," BP 94788.
203. "Notes of Seventh Meeting Held on 28th April, 1954"及"Notes of Eighth Meeting Held on 2 May, 1954," BP 94788。
204. No. 291 from Makins to the Foreign Office，1954 年 6 月 28 日，NA, T 236/4701。
205. No. 1462 from Makins to the Foreign Office, 1954 年 7 月 13 日，NA, T 236/4701。
206. No. 291 from Makins to the Foreign Office, 1954 年 6 月 28 日，NA, T 236/4701 及 Makins to Humphrey, 1954 年 7 月 3 日，NA, FO 371/110009。
207. Playfair to Petch, 1954 年 7 月 13 日及 Playfair to Petch, 7 月 14 日，两者均见 T 236/4701。
208. No. 2907 from the Foreign Office to Washington, 1954 年 6 月 22 日，NA, FO 371/110009。
209. Playfair to Rowan, 1954 年 6 月 23 日，NA, FO 371/110009。
210. No. 348 from Washington to London, 1954 年 3 月 17 日，BP 79661。
211. No. 349 from Washington to London, 1954 年 3 月 17 日，BP 79661。
212. No. 449 from Makins to the Foreign Office, 1954 年 3 月 17 日，NA, PREM 11/726。
213. No. 1152 from the Foreign Office to Washington, 1954 年 3 月 25 日，NA, PREM 11/726。
214. Bamberg, *The History of the British Petroleum Company, Volume II*, 507–509.
215. No. 845 from the Foreign Office to Tehran, 1954 年 8 月 3 日，NA, FO 371/110070。
216. Bamberg, *History of the British Petroleum Company, Volume II*, 510–511.
217. Ibid.
218. Scott, "The Balance of Payments Crises," 218.
219. Minute by Ramsbotham, 1952 年 12 月 29 日，以及 Potter to Norris, 1952 年 12 月 19 日，均见于 NA, FO 371/99168。
220. Kahn to France and Gilbert, 1955 年 10 月 14 日，NA, T 234/266。
221. Mitchell to Kahn and Rickett, 1955 年 8 月 16 日，NA, T 236/4602。
222. "Balance of Payments Prospects in 1955," 1954 年 11 月 9 日，NA, T 229/826。
223. Cabinet Conclusions, CM 57 (52), 1952 年 5 月 29 日，NA, CAB 128/25。
224. Fergusson 对 Bridges 的"Note for Record"的评论，1949 年 2 月 8 日，NA，T 236/4748。
225. Ramsbotham 对"Some Observations on the Anglo-Iranian Experience: Indicate Policies to Lessen Possibility of Repetition"的评论，1952 年 3 月 13 日，NA，FO 371/98709。
226. "The Persian Oil Negotiations," 1951 年 4 月 25 日，NA, T 236/4427。

第三章　苏伊士运河危机：一次失败的英镑救援行动

1. No. 1437 from the Foreign Office to Cairo,关于柯克帕特里克与埃及驻英大使的会晤，1956 年 5 月 25 日，NA, FO 371/118863。

2. "Cabinet Conclusions", CM 64 (56), 1956 年 9 月 12 日，NA, CAB 128/30。

3. 中东每年生产 1.8 亿吨石油，其中 1.18 亿吨运往苏伊士运河以西，7 500 万吨通过运河运输，4 300 万吨通过管道运输。参见 "Financial Consequences to the United Kingdom of the Oil Operation: Case for Dollar Aid," Rickett to Bridges and Petch, 1956 年 9 月 19 日，NA, T 236/4842。

4. 英国在苏伊士运河公司中持有 44% 的股权。

5. 阿拉伯国家联盟（简称"阿拉伯联盟"）酝酿于 1944 年，直到 1945 年 3 月才正式成立，它在某种程度上受到了英国的启发，即希望阿拉伯国家能够基于二战期间英国帮助实现的经济整合而发展出政治联合。没有哪个使命比阻止在巴勒斯坦建立一个犹太国家更能统一所有成员国的。阿拉伯联盟的创始成员国包括埃及、约旦、伊拉克、叙利亚、黎巴嫩、沙特阿拉伯和也门。

6. Foreign Office Minute by Bowker, 1951 年 4 月 6 日，NA，FO 371/91470。

7. "Cabinet Conclusions", CM 60 (51), 1956 年 9 月 27 日，NA, CAB 128/20。

8. "ROBOT" 以该计划的倡导者莱斯利·罗恩（Leslie Rowan, "RO"）、1948—1957 年英格兰银行执行董事乔治·博尔顿（George Bolton, "BO"）和财政部海外金融司副司长奥托·克拉克（Otto Clarke, "OT"）的名字命名。

9. 关于两项提议的详细描述，参见 1952 年 8 月 30 日一组官员备忘录的 PEC(52) 18 "Steps Towards Convertibility"，英联邦经济会议内阁筹备委员会，NA, T 236/3369。另参见 Schenk, *Britain and the Sterling Area*, 114–124, 以及 2003 年出版的 Burnham, *Remaking the Postwar World Economy*。Burnham 认为，"ROBOT 行动"不仅仅是"银行实现英镑可兑换的计划"，更是"在对外领域迈出了大胆的、近乎革命性的一步，（通过废除固定汇率制、国际货币基金组织和欧洲支付联盟）改变了国际政治经济"（第 2 页）。他接着写道："这是一次突破战后限制、重塑世界经济的尝试，目的是遏制英国在经济和政治上的相对衰落。"（第 5 页）他最后认为，从根本上说，"ROBOT 行动"关乎英国资本主义的未来走向，也意味着全球资本主义的未来走向（第 17 页）。

10. John Fforde, *The Bank of England and Public Policy, 1941–1958* (Cambridge University Press, 1992), 526.

11. Catherine R. Schenk, "Finance and Empire: Confusions and Complexities: A Note," *The International History Review*, 18, 4, (1996), 869–872.

12. Schenk, *Britain and the Sterling Area*, 124–126.

13. 一年后的苏伊士运河危机期间，澳大利亚向英格兰银行出售了价值 2 000 万英镑的黄金，以加强英镑区的中央储备。参见 Harold Macmillan, *Riding the Storm, 1956–1959* (London: Harper&Row, 1971), 117。

14. 从管理的角度看，英国仍将对美元区实行外汇管制，但在实践中，允许在美元区和可转账账户区之间转账。财政部也将继续监管三个区域之间的资本交易。参见 Fforde, *The Bank of England and Public Policy*, 505。

15. 参见 Fforde, *The Bank of England and Public Policy*, 126–128。另参见 Dow, *The Management of the British Economy*, 85–86。

16. Scott, "The Balance of Payments Crises," 219–220.

17. "Draft Conclusions," Sterling Area Working Party, 1956 年 6 月 6 日，NA, T 236/4303。

18. "Problems of the Sterling Area: Report by a Working Party of the Treasury and the Bank of England," 1956 年 6 月 25 日，NA, T 236/4304。

19. "Balance of Payments Prospects," Note by the Chancellor of the Exchequer, CP (56)55, 2 月 27 日，NA, PREM 11/1324。

20. "Overseas Investment Policy," a Paper by the Treasury, 1956 年 7 月 25 日，NA, FO 371/120 799。

21. "Economic Effects of the Middle East Crisis," Draft Passage for a speech by Macmillan, amended on 1956 年 9 月 11 日，NA, T 236/5649。

22. "The Future of the United Kingdom in World Affairs," Policy Review of the Cabinet Office, PR (56) 3, 1956 年 6 月 1 日，NA, CAB 134/1315。

23. Ibid.

24. "United States Objectives and Policies with Respect to the Near East," 1954 年 7 月 23 日，*FRUS, 1952–1954, Vol. IX*, 525–532。

25. "United States Objectives and Policies with Respect to the Near East," 1954 年 7 月 23 日，*FRUS, 1952–1954, Vol. IX*, 525–532 页"; National Intelligence Estimate," 1954 年 6 月 22 日，*FRUS, 1952–1954, Vol. IX*, 516–519 页。

26. "United States Objectives and Policies with Respect to the Near East," 1954 年 7 月 23 日，*FRUS, 1952–1954, Vol. IX*, 525–532。

27. Ibid.

28. Ibid.

29. "Paper Approved by the Chiefs of Mission Conference at Istanbul, May 11–14," 1954 年 5 月 14 日，*FRUS, 1952–1954, Vol. IX*, 506–512。

30. Shuckburgh to Kirkpatrick，1956 年 2 月 22 日，NA, FO 371/118861。

31. "Memorandum of Discussion at the 247th Meeting of the National Security Council, 1955 年 5 月 5 日，*FRUS, 1955–1957, Vol. XII*, 54–55。

32. "NIE 30-55," 1955 年 6 月 21 日，*FRUS, 1955–1957, Vol. XII*, 77–89。
33. "Memorandum of a Telephone Conversation Between the President and the Secretary of State, Washington, 1956 年 4 月 7 日上午 9 点," *FRUS, 1955–1957, Vol. XII*, 270。
34. Ovendale 在 *Britain, the United States and the Transfer of Power in the Middle East* 的第五章探讨了《巴格达条约》背景下英美在中东问题上的关系。
35. Brief for Shuckburgh for talks in Washington, 1956 年 1 月 7 日, NA, FO 371/118861；M. E. Yapp, *The Near East since the First World War* (London: Longman, 1991), 405–406.
36. Ali E. Hillal Dessouki 详细描述了纳赛尔外交政策的演变过程，证明了纳赛尔作为反西方革命者的大众形象过于简单化。参见 "Nasser and the struggle for Independence" in Wm. Roger Louis and Roger Owen (eds.), *Suez 1956: The Crisis and its Consequences* (Oxford: Clarendon Press, 1989), 34–37。
37. Wm. Roger Louis and Roger Owen (eds.), *Suez 1956: The Crisis and its Consequences* (Oxford: Clarendon Press, 1989),36.
38. Robert Stephens, *Nasser: A Political Biography* (New York: Simon and Schuster, 1971), 158.
39. 参见 Bassam Tibi, *Arab Nationalism: A Critical Enquiry*, second edition, edited and translated by Marion Farouk Sluglett and Peter Sluglett (New York: St. Martin's Press, 1990), ch.6。
40. 引自 Stephens, *Nasser: A Political Biography*, 183。
41. Kyle, *Suez*, 62–78; Mohammed Heikal, *Cutting the Lion's Tail: Suez through Egyptian Eyes* (London: Andr'e Deutsch, 1986), 71–83.
42. "Cabinet Discussion of the Aswan Dam Project, October 20, 1955," Document 2.3 in Gorst and Johnman, *The Suez Crisis*, 40–41.
43. Kyle, *Suez*, 77.
44. "High Aswan Dam," Memorandum by the Foreign Office, ME (0) (56) 35, June 12, 1956, NA, CAB 134/1298.
45. Hoover to Dulles, October 29, 1955, *FRUS, 1955–1957, Vol. XIV*, 677–679.
46. 根据国际复兴开发银行（今世界银行）的估计。
47. Kyle, *Suez*, 82–99.
48. Ibid.
49. "High Aswan Dam," Memorandum by the Foreign Office, ME (0) (56) 35, 1956 年 6 月 12 日，NA, CAB 134/1298。
50. Ibid.
51. Kyle, *Suez*, 127–134; Heikal, *Cutting the Lion's Tail*, 112–129.
52. Heikal, *Cutting the Lion's Tail*, 112–129.
53. "Memorandum of a Conversation, 11 Downing Street, London," 1956 年 8 月 1 日, *FRUS,*

1955–1957, XVI, 108–109。

54. 英格兰银行执行董事 George Bolton 写道："我认为埃及政府造成的局势危及英国和英联邦的生存，并对英镑构成极大的威胁。" "Sterling and the Suez Canal Situation," Memorandum by Sir George Bolton, 1956 年 8 月 1 日，BE/G 1/124。

55. Ibid. 类似对话也可参见 "Memorandum of a Conversation between Prime Minister Eden and Secretary of State Dulles, 10 Downing Street, London," 1956 年 8 月 1 日，*FRUS, 1955–1957, XVI*, 98–99。

56. Eisenhower to Eden, in No. 1839 from Makins to the Foreign Office, 1956 年 9 月 8 日，NA, FO 800/740。

57. "Memorandum of a Conference with the President, White House, Washington," 1956 年 7 月 31 日，*FRUS, 1955–1957, Vol. XVI*, 62–68。

58. Ibid.

59. Shuckburgh to Kirkpatrick, 1956 年 2 月 22 日，NA, FO 371/118861。

60. 在使用武力的问题上，英国政府内部并没有达成完全一致。关于不同意见，参见 Kyle, *Suez*, 200–206。

61. "Suez Canal: Financial and Economic Measures: Draft Memorandum for Tripartite Discussion," ME (O) (SC) (56) 24, 1956 年 8 月 27 日，NA, CAB 134/1302。

62. Economic Committee (Washington), EC (W) (56) 26th Meeting, 1956 年 9 月 21 日，NA, CAB 134/1218。

63. No. 315 from the CRO to the High Commissioners in Canada, Australia, New Zealand, South Africa, India, Pakistan, Ceylon, and the Federation of Rhodesia and Nyasaland, 1956 年 8 月 2 日，NA, T 236/4635。

64. Treasury Memorandum by Moberly, 未注明日期 (外交部于 1956 年 10 月 1 日收到)，NA, FO 371/118948。

65. "Effect on Egypt of Current Financial Measures of 27th July," ME (O) (EM) (56) 7, 1956 年 10 月 8 日，NA, CAB 134/1300。

66. Treasury Memorandum by Moberly, 未注明日期 (外交部于 1956 年 10 月 1 日收到)，NA, FO 371/118948。

67. Rickett to Maude, 1956 年 8 月 16 日，NA, T 236/4635。

68. Treasury Memorandum by Moberly, 未注明日期 (外交部于 1956 年 10 月 1 日收到)，NA, FO 371/118948。

69. 该条约即《君士坦丁堡公约》，旨在保护军舰穿越苏伊士运河的自由通行权。同时，该公约还剥夺了埃及管理本国领土范围内航运的大部分权利，使运河永远国际化，甚至在 1968 年苏伊士运河公司特许权结束后也是如此。参见 D. A. Farnie, *East and West*

of Suez: The Suez Canal in History, 1854–1956 (Oxford: Clarendon Press, 1969), 336–342。

70. Kyle, *Suez*, 192–199, 219–222。
71. 引自 Heikal, *Cutting the Lion's Tail*, 151；关于 Heikals 对 Nasser 同 Menzies 的讨论，参见 148–153。
72. 麦克米伦认为，埃及每年能收到 1 500 万至 1 600 万英镑。参见"Possible Future Action", Memorandum by the Chancellor of the Exchequer, Cabinet Egypt Committee, EC (56) 41, 1956 年 9 月 5 日, NA, CAB 134/1217。麦克米伦在其回忆录里写道，埃及收入占运河收入的 35%。参见 *Riding the Storm, 1956–1959*, 109。
73. Farnie, *East and West of Suez*, 528。
74. Kyle, *Suez*, 249–250。
75. 杜勒斯最初称其为"苏伊士运河用户合作协会"（Cooperative Association of Suez Canal Users，简称"CASU"），但由于"CASU"在葡萄牙语中意涉淫秽而改名。参见 Selwyn Lloyd, *Suez 1956: A Personal Account*（London：Jonathan Cape，1978），145。
76. 哈罗德·麦克米伦认为"建立这个用户组织是最终使用武力的一个步骤，它本身并不能解决问题。运河能否在这样的安排下有效运作，十分令人怀疑"。参见 Cabinet Conclusion, CM 64 (56), 1956 年 9 月 12 日, NA, CAB 128/30, 及 Kyle, *Suez*, 223–224。
77. 关于英美目标冲突的最佳讨论，参见 Robert R. Bowie, "Eisenhower, Dulles, and the Suez Crisis" in Louis and Owen, *Suez 1956*, 189–214。
78. Heikal, *Cutting the Lion's Tail*, 169。
79. Lloyd, *Suez 1956*, 168–169。
80. 参见 Bowie, "Eisenhower, Dulles, and the Suez Crisis"，可以更好地理解杜勒斯的角色。
81. Foreign Office Minute by Walmsley, 1956 年 7 月 24 日, NA, FO 371/120812。
82. Lloyd, *Suez 1956*, 159。
83. Lloyd, *Suez 1956*, 160。
84. Foreign Office Minute, 1956 年 10 月 5 日, NA, FO 371/119153。
85. 引自 Heikal, *Cutting the Lion's Tail*, 151。
86. Economic Committee (Washington), BC (W) (56) 26th Meeting, 1956 年 9 月 21 日, NA, CAB 134/1218。这种付款的延迟或滞后是国际贸易效应中"提前和延期"的一种。还有一种即"提前"，指出口商在英镑贬值之前立即支付给英镑区的需求。
87. Macmillan to Eden, 1956 年 8 月 29 日, NA, PREM 11/2235。
88. British Use of the Suez Canal: Note by Officials", Part I, "The Extent to Which We Rely on the Canal," Cabinet Committee on the Suez Canal, CM (57) 70, 1957 年 3 月 19 日, NA, PREM 11/2012。
89. "The Egypt Crisis and the British Economy," Memorandum by the Chancellor of the

Exchequer, 1956 年 8 月 27 日, NA, PREM 11/1135。

90. 这一数据包括从西半球增加供应的 3.03 亿美元、中东石油销售损失的 1.1 亿美元、增租美元油轮的 1.12 亿美元, 以及因减少向英国销售中东石油而节省的 1 000 万美元。参见 "Financial Consequences to the United Kingdom of the Oil Operation: Case for Dollar Aid," Rickett to Bridges and Petch, 1956 年 9 月 19 日, NA, T 236/4842。

91. 爱德华·布里奇斯在给哈罗德·麦克米伦的信中写道: "已经很明显, 即使[苏伊士]会议圆满结束, 我们的国际收支以及我们的黄金和美元储备在未来一个月左右也会承受相当大的压力。但是, 如果会议没有明确的结论, 谈判拖延一段时间, 我们的国际收支状况可能会受到更大的压力。" 1956 年 8 月 8 日, NA T 236/4188。

92. Rowan to Macmillan, 1956 年 9 月 21 日, NA, T 236/4188。

93. "Possible Action if the Drain Continued," Rickett to Bridges, 1956 年 9 月 29 日, NA, T 236/4188。

94. "The Foreign Exchange Market," Memorandum by George Bolton, NA, T 236/4189。

95. Parsons to Bolton and the Governor, 1955 年 8 月 11 日, BB/G1/99。1967 年英镑贬值证实了帕森斯关于英镑作为国际储备货币地位的判断是正确的。

96. Economic Committee (Washington), EC (W) (56) 26th Meeting, 1950 年 9 月 21 日, NA, CAB 134/1218。

97. Rowan to Macmillan, 1956 年 9 月 21 日, NA, T 236/4188。

98. Anthony Eden, *Full Circle: The Memoirs of Anthony Eden* (Cambridge: The Riverside Press, 1960), 588.

99. Lloyd, *Suez 1956*, 194, 190.

100. Macmillan, *Riding the Storm*, 130, 149.

101. Eden, *Full Circle*, 576.

102. Lloyd, *Suez 1956*, 192–193.

103. Macmillan, *Riding the Storm*, 131–132.

104. Eden, *Full Circle*, 578–579. 值得注意的是, 正如麦克米伦在 *Riding the Storm*(第 131 页)中指出的那样, 1956 年 8 月, 反对党工党领袖 Hugh Gaitskell 将纳赛尔比作墨索里尼和希特勒。

105. Bridges to Macmillan, 1956 年 9 月 7 日, NA, T 236/4188。

106. Rampton to Armstrong, 1956 年 4 月 12 日, NA, T 236/4841。

107. "Economic and Financial Measures in the Event of War with Egypt," 莱斯利·罗恩提交的未注明日期的备忘录, 附在一封日期为 1956 年 9 月 11 日的信后面, NA, T 236/4188。

108. 引自 Alistair Horne, *Macmillan, 1894–1956: Volume I of the Official Biography* (London: Macmillan, 1988), 418。

109. Lewis Johnman 在 "Defending the Pound: The Economics of the Suez Crisis, 1956" 中指出，很少有人看到了财政部的文件。据他说，安东尼·艾登的私人秘书盖伊·米勒德负责处理首相关于苏伊士运河的文书工作，他说："我不确定艾登是否看到了财政部的警告。我没有看到。麦克米伦看到了这些警告，但他是鹰派。"这表明麦克米伦阻止了将这些警告送到首相的办公室。

110. Horne, *Macmillan*, 420–422. 另见 Macmillan to Eden, 1956 年 9 月 26 日, NA, PREM 11/1102。

111. Macmillan, *Riding the Storm*, 135；Horne, *Macmillan*, 422. 梅金斯的评论来自对霍恩的采访。

112. Macmillan to Eden, 1956 年 9 月 26 日, NA, PREM 11/1102；引自 Kunz, *The Economic Diplomacy of the Suez Crisis*, 104–105。

113. Macmillan, *Riding the Storm*, 137–138。

114. 引自 Horne, *Macmillan*, 434。

115. Eden, *Full Circle*, 551。

116. 关于麦克米伦与艾森豪威尔的谈话，Alistair Horne 写道："麦克米伦这位内阁强人对这次关键会议的描述，对当时刚刚从巴黎回来、头脑发热的艾登产生了影响，法国人在巴黎已给后者施加了最大的压力，要求立即采取行动，（谈话内容的）影响毫不夸张；麦克米伦在返回伦敦时的亲口转述进一步强化了这一点。" *Macmillan*, 422.

117. 艾森豪威尔说，他"对麦克米伦一直评价很高"，称他是一个"正直、优秀的人"，是二战期间与他一起服役的"英国人中最杰出的人"。Memorandum of a Conference with the President, 1956 年 11 月 20 日, *FRUS, 1955–1957, Vol. XVI*, 1166–1169。

118. 艾登对杜勒斯在苏伊士运河国有化不久后发表的一句话非常关注，即"必须找到一种方法，让纳赛尔吐出他试图吞下的东西"。David Dutton, *Anthony Eden: A Life and Reputation* (London: Arnold, 1997), 390–391；Horne, *Macmillan*, 423–424。Robert R. Bowie 指责英国和法国选择性地听取了美国国务卿有利于他们的态度，Bowie 认为杜勒斯发表这些意见是为了说服他们继续站在美国一边。参见"Eisenhower, Dulles, and the Suez Crisis"。有关英国人对杜勒斯的看法的分析，参见 Richard H. Immerman (ed.), *John Foster Dulles and the Diplomacy of the Cold War* (Princeton University Press, 1990) 中收录的 Wm. Roger Louis, "Dulles, Suez, and the British"。另见 Fred I. Greenstein, *The Hidden-Hand Presidency: Eisenhower as Leader* (New York: Basic Books, 1982), 该书纠正了关于艾森豪威尔让杜勒斯主导美国外交政策的误解。

119. 艾森豪威尔在 9 月的第二周给安东尼·艾登的信中写道："在目前情况下对埃及使用武力，其后果可能比导致阿拉伯人支持纳赛尔更为严重。这可能会在两国之间造成严重的误解，我必须坦率地说，在这个国家（美国）还没有形成支持这种行动的公众舆论。"1956 年 9 月 8 日, NA, FO 800/740。

120. 梅金斯说，"绝对没有人想见我……我不明白为什么。塞尔温不想见我，安东尼不想见我，甚至哈罗德也不想"。他回忆说，当麦克米伦在10月28日英国入侵舰队出发后终于同意见他时，"我告诉他苏伊士运河会对英美关系造成什么影响，我想这确实给了他一个下马威"。引自 Horne, *Macmillan*, 431, 434。这位前大使毫不怀疑，如果他当时仍在职位上，他肯定会辞职。毕竟，他几乎在两个月前就写信给外交部："在华盛顿看来，尝试没有美国的全面道义和物质支持而［在埃及采取军事行动］很容易导致灾难……单独采取军事干预的政策，显然会对［英美关系］造成重大打击。" No. 1849, 1956年9月9日，NA, FO 800/740。

121. Macmillan, *Riding the Storm*, 157.

122. Kunz, *The Economic Diplomacy of the Suez Crisis*; Johnman, "Defending the Pound: the Economics of the Suez Crisis, 1956"; Edmund Dell, *The Chancellors: A History of the Chancellors of the Exchequer, 1945–1990* (London: Harper Collins, 1996). 麦克米伦最尖锐的批评者之一 Kunz 尤为如此。她写道，财政大臣的"自满情绪……似乎令人费解，或许甚至有损声誉"（108 页）。

123. "Economic and Financial Measures in the Event of War with Egypt," Leslie Rowan 未注明日期的备忘录，附于 1956 年 9 月 11 日的一封信后，NA, I 236/4188。IMF 成员国需要以黄金和本国货币支付其组织认购金（也称份额），其中 25% 为黄金，75% 为本国货币。如果成员国的储备受到威胁，它可以无条件提取黄金额度，即基金持有的成员国货币与份额之间的差额。成员国还可以按季度信贷额度提取份额，IMF 对第一次提取的要求相对宽松，只要求成员国承诺在合理时间内努力解决财政困境的诱因。更多的份额提取都是在备用安排下进行的，这是一种在特定时间内（通常为 12 个月）提供的信贷额度，前提是成员国将奉行宏观经济政策，最好能达到商定的绩效目标。英国的总额度为 13 亿美元。

124. Rowan to Makins, 1956 年 10 月 26 日，NA, T 236/4188。巧合的是，科博尔德在不可能知道入侵埃及计划的情况下，于行动开始前三天发表了这一声明。

125. Note for the Record by Leslie Rowan, 1956 年 10 月 31 日，NA, T 236/4188。

126. Johnman, "Defending the Pound," 179.

127. Kunz, *The Economic Diplomacy of the Suez Crisis*, 107. 自苏伊士运河危机以来，政界人士和其他人一直在提出这样的指责。

128. 引自 Horne, *Macmillan*, 415。

129. Cabinet, Confidential Annex, CM (56) 63rd Conclusions, 1956 年 9 月 6 日，NA, PREM 11/1100。

130. 英国外交部常务副次官伊冯·柯克帕特里克在给罗杰·梅金斯的信中写道："如果我们一两年内无法获得中东石油，我们的黄金储备就会消失。如果我们的黄金储备消失，英镑区就会瓦解……"引自 Horne, *Macmillan*, 416。

131. "Memorandum for the Record by the Secretary of State," 1956 年 12 月 12 日, *FRUS, 1955–1957, Vol. XXVII*, 677–678。

132. 在 *Macmillan: A Study in Ambiguity* 一书中（第 122 页），Anthony Sampson 也反驳了麦克米伦的马基雅维利式看法。他写道："麦克米伦显然完全被苏伊士运河事件牵制，他与艾登有着同样的防御想法。他当然认为这次行动是一场赌博，但他坚信，如果英国什么都不做，危险同样巨大。苏伊士运河战争的实际结果不可能被任何人预测到，因为当时的局势混乱，充满了情绪和误判。"

133. Cobbold to Macmillan, 1956 年 10 月 17 日, NA, T 236/4188。

134. 引自 Kyle, *Suez*, 361。

135. 1956 年 11 月 3 日的《经济学人》写道："这是一场赌徒的豪赌，首相不仅拿自己的政治前途和政府的前途冒险，更重要的是，拿其国家在世界上的地位、利益和声誉冒险。"抗议者走上伦敦街头，最终在政府办公室附近的特拉法加广场组织了一场大规模示威；Rickett to Rowan, 1956 年 11 月 2 日, NA, T 236/4188。

136. *The Economist*, November 10, 1956; Farnie, *East and West of Suez*, 729; Yergin, *The Prize*, 490。

137. Note of a meeting at 11 Downing Street, 1956 年 11 月 7 日, and Makins to Macmillan, 1956 年 11 月 9 日, both NA, T 236/4189。

138. Horne, *Macmillan*, 440. Diane Kunz 认为，麦克米伦断言英镑抛售主要发生在 11 月初的纽约的说法没有任何证据；在 11 月 20 日之前，财政部或英国央行也没有人提到纽约是麻烦的源头。参见 *The Economic Diplomacy of the Suez Crisis*, 132。

139. Lloyd, *Suez*, 209。

140. Eden, *Full Circle*, 624。

141. 麦克米伦写道："许多评论家和历史学家，无论是当时还是现在，都给出了许多不同的、有时相互矛盾的、不准确的理由，这些理由促使政府做出如此严重的决定……我经常受到指责，因为我既是在中东采取强硬行动的热心支持者之一，又是在这项政策遇到严重阻碍时迅速支持撤军的人之一。"*Riding the Storm*, 163。

142. Kunz, *The Economic Diplomacy of the Suez Crisis*, 132–133。

143. Macmillan, *Riding the Storm*, 163–166。

144. Horne, *Macmillan*, 443。

145. Lloyd, *Suez 1956*, 210–211。

146. 艾森豪威尔的恼怒不只是做做样子。他希望缓和冷战紧张局势的愿望是真诚的，他和他的顾问们认为，英法的行动可能会升级为与苏联的更大冲突。有关艾森豪威尔在第二任期间努力实现与苏联缓和关系的讨论，参见 Robert A. Divine, *Eisenhower and the*

Cold War (New York: Oxford University Press, 1981)。

147. Memorandum of Conversation, Department of State, 1956 年 10 月 30 日，*FRUS, 1955–1957, Vol. XVI*, 875–877。

148. Memorandum of a Conference with the President, White House, 1956 年 10 月 30 日，*FRUS, 1955–1957, Vol. XVI*, 851–855。

149. 关于苏伊士运河事件，艾森豪威尔给安东尼·艾登写信称："我必须说，对于一个几乎肯定会激怒整个阿拉伯世界的计划，我很难看到任何好的最终结果。" 1956 年 10 月 30 日，*FRUS, 1955–1957, Vol. XVI*, 874–875。

150. Kunz, *The Economic Diplomacy of the Suez Crisis*，是迄今为止关于这个主题最全面的著作。

151. Foreign Office Minute by Wright, 1956 年 11 月 11 日，NA，FO 371/120833；No.819 from the British Delegation in Paris to the Foreign Office, 1956 年 11 月 21 日，NA，FO 371/120834; *The Economist*, 1956 年 11 月 10 日，524。

152. Memorandum of a Conference with the President, 1956 年 10 月 30 日，*FRUS, 1955–1957, Vol. XVI*, 873–874。

153. No. 2273 from Caccia to the Foreign Office, 1956 年 11 月 8 日，NA，T 236/4189。C. F. 科博尔德在给麦克米伦和梅金斯的信中写道："如果在 IMF 理事会讨论中没有美国的支持，或者只有不冷不热的支持，那将是最不幸的。这将影响未来对 IMF 的求助，可能很容易损害而不是恢复信心。我们去提取黄金份额的情况也是如此，即便提取时不会有什么反对意见。" 1956 年 11 月 16 日，NA，T 235/4189。

154. No. 2272 from Caccia to the Foreign Office, 1956 年 11 月 8 日，NA，T 236/4189。

155. 英国政府的美元证券投资组合的总市值约为 8.5 亿美元，其中包括壳牌公司、新泽西标准石油公司、印第安纳标准石油公司、通用汽车公司、伊士曼柯达公司和阿美拉达公司的股票。参见 Rowan to Macmillan, 1956 年 11 月 13 日，NA，T 236/4189。

156. The Chancellor's Parliamentary Statement on "Gold and Dollar Reserves and Economic Situation," 1956 年 12 月 4 日，NA，T 234/79 及 Makins to Macmillan, 1956 年 11 月 30 日，NA，T 236/4190。

157. Cabinet Conclusions, CM 95 (56), 1956 年 12 月 1 日，NA，CAB 128/30。在欠美国和加拿大的 1.755 亿美元中，1.038 亿美元为利息，7 170 万美元为本金。《经济学人》引用了 EPU 的偿还金额数据，5 000 万美元用于解决英国 11 月的赤字，向 EPU 债权人的定期月度支付为 300 万美元（1956 年 12 月 8 日，第 902 页）。我不清楚麦克米伦和梅金斯是如何得出 7 000 多万数据的，但很明显他们在文件中将 1.755 亿美元四舍五入为 1.8 亿美元。

158. Makins to Macmillan, 1956 年 11 月 30 日，NA，T 236/4190。战后储备的最高值是 1950

年 6 月朝鲜战争初级产品繁荣时期的 38.67 亿美元；自 1949 年贬值（英镑）以来储备的最低值是 1952 年 4 月伊朗石油国有化运动时期的 16.62 亿美元。《经济学人》1956 年 12 月 8 日，第 902 页。

159. Makins to Macmillan, 1956 年 11 月 22 日 及 Makins to Macmillan, 1956 年 11 月 21 日, NA, T 236/4190。

160. Cabinet Conclusions, CM 85 (56), 1956 年 11 月 20 日，NA, CAB 120/30。LewIs Johnman 写道，麦克米伦在入侵之前的 10 月 26 日在内阁会议上做的这一陈述，这是一个严重的错误，因为 Johnman 是在讨论入侵埃及的决定而不是撤军决定的背景下提到财政大臣的评论的。参见 "Defending the Pound," 172–173, 不幸的是，同样的错误参见 Keith Kyle's *Suez*, 335。

161. Harold Wilson's statement before the House of Commons, 1956 年 12 月 4 日，NA, T 236/4309/1。

162. Memorandum by George Bolton, 1956 年 11 月 7 日，及 Makins to Macmillan, 1956 年 11 月 9 日，均出自 NA, T 236/4189。

163. Makins to Macmillan, 1956 年 11 月 9 日，梅金斯和科博尔德在 1956 年 11 月 19 日的谈话记录，均出自 NA, T 236/4189。

164. Rowan to Makins, 1956 年 11 月 28 日, NA, T 236/4190。罗恩还指出，如果英国让英镑贬值，其他非美元区国家可能不会像 1949 年那样"跟随英镑贬值"，这将导致英国进口商品更加昂贵，推高物价和工资，从而造成通胀问题，使情况变得更糟而不是更好。

165. France to Rowan, 1956 年 11 月 20 日, NA, T 236/4189。

166. 1956 年 12 月 3 日，英法联军宣布撤军。

167. No. 2335 from Caccia to the Foreign Office, 1956 年 11 月 23 日, NA, T 236/4190。

168. No. 2347 from Caccia to the Foreign Office, 1956 年 11 月 26 日, No. 2396 from Caccia to the Foreign Office, 1956 年 12 月 3 日, NA, T 236/4190。

169. No. 2396 from Caccia to the Foreign Office, 1956 年 12 月 3 日, NA, T 236/4190。

170. 1956 年 12 月 8 日，第 851 页。

171. Parliamentary Debates (Hansard), Fifth Series, Vol. 51, House of Commons, Official Report, Second Session of the Forty-First Parliament, Session 1956-7 Comprising Period from 26th November to 7th December, 1956, 1052.

172. *The Economist*, 1956 年 12 月 15 日, 987–988, 及 1956 年 12 月 22 日，第 1072 页。

173. *The Economist*, 1957 年 5 月 4 日。

174. 1956 年 11 月 30 日，美国政府发表了一份新闻稿，宣布艾森豪威尔总统批准内政部长授权 15 家美国石油公司协调努力，以帮助缓解西欧的石油供应问题。参见 No. 2383 from Caccia to the Foreign Office, 1956 年 11 月 30 日, NA, FO 371/120836。

175. James Bamberg, *British Petroleum and Global Oil, 1950–1975* (Cambridge University Press, 2000), 92–96; Yergin, *The Prize*, 493–494; Statement by the Minister of Fuel and Power on Oil Supplies, 1956 年 11 月 20 日, NA, POWE 17/88。

176. Kyle, *Suez*, 543–546; Bamberg, *British Petroleum and Global Oil*, 96–99。

177. Rowan to Rickett, 1957 年 2 月 4 日, NA, T 236/4355。

178. Rowan to Makins, 1957 年 2 月 15 日, NA, T 236/4355。

179. 完整数据参见附录 2。

180. "Suez Emergency-Dollar Costs," 未签名也未注明日期的备忘录（很可能是 1956 年 8 月中旬准备的）, NA, T 236/4841 及 "Middle East Crisis:Oil," memorandum by J. H. Rampton, 1956 年 11 月 6 日, NA, T 236/5648。

181. Oil Account Transaction Tables, United Kingdom Balance of Payments, NA, POWE 33/1845。

182. *The Economist*, 1957 年 6 月 29 日, 第 1179 页。

183. Oil Account Transaction Tables, United Kingdom Balance of Payments, NA, POWE 33/1845。

184. Krozewski, *Money and the End of Empire*, 195。

185. Krozewski, *Money and the End of Empire*, 195。

186. C. F. 科博尔德告诉麦克米伦的话应该翻译为："无论苏伊士可能对经济产生的长期影响如何，它肯定已经立即暴露了一些我们长期以来都意识到的弱点，这些弱点不仅在国内，在国外也为公众所见。" 1956 年 12 月 20 日, BE/G 1/99。

187. Wm. Roger Louis, "Public Enemy Number One: Britain and the United Nations in the Aftermath of Suez" in Louis, *Ends of British Imperialism*, 695–697.

188. Hyam, *Britain's Declining Empire*, 239。

189. Hyam, *Britain's Declining Empire*, 239–240, 244。

190. C. F. Cobbold to Macmillan, 1956 年 12 月 20 日, BE/G 1/99。

191. Editorial Note, *FRUS, 1955–1957, Vol. XII*, 437–439。

192. "Notes on Presidential-Bipartisan Congressional Leadership Meeting," *FRUS, 1955–1957, Vol. XII*, 432–437。

193. Macmillan to Eden, 1956 年 2 月 8 日, NA, PREM 11/1324；"Diary Entry by the President," 1957 年 3 月 21 日, *FRUS, 1955–1957, Vol. XXVII*, 718–719。

194. Ibid。

195. Memorandum of a Conversation, Mid-Ocean Club, Bermuda, 1957 年 3 月 21 日, *FRUS, 1955–1957, Vol. XXVII*, 712–718。

196. "Anglo-American Discussions on Middle East Policy," OME (57) 27 (Revise), 1957 年 4 月 12 日, NA, CAB 134/2339。Ray Takeyh 探讨了艾森豪威尔主义下英国在中东的角色，称其为"美国努力让英国重新融入地区政治秩序"。*The Origins of the Eisenhower Doctrine:*

The US, Britain, and Nasser's Egypt, 1953–1957 (New York: St. Martin's Press, 2000), xvi–xvii.

197. Minutes of the Second Plenary Meeting of the Bermuda Conference, BC(P), 1957 年 3 月 21 日第二次会议, NA, PREM 11/1838。

198. Minutes of the Second Plenary Meeting of the Bermuda Conference, BC(P), 1957 年 3 月 21 日第二次会议, NA, PREM 11/1838。

第四章　科威特的石油顺差：对英镑的利与弊

1. "Instructions Given to Burrows, on His Appointment as Political Resident in the Persian Gulf," 1953 年 7 月 25 日, NA, FO 371/104272。
2. Memorandum on "Kuwait Investment Policy," 1961 年 5 月 17 日, NA, T 236/6527。
3. 英国更喜欢将这些酋长国称为"与英国有特殊条约关系的国家"。1949 年，英国政府正式将它们指定为"保护国"（Protected States），这在法律上与"保护地"（Protectorate）不同，"保护地"是指英国在阿拉伯半岛南部的三个属地中的两个（不包括亚丁殖民地）。根据 Glen Balfour-Paul 的说法，"保护地与保护国的区别在于，虽然两者（不像殖民地）名义上保持独立，但在'保护地'中，英国保留了为其'和平、秩序和良好治理'制定法律的权力，而在'保护国'中则承认后者的主权，宗主国获得的任何权力都必须通过条约获得"。参见 *The End of Empire in the Middle East: Britain's Relinquishment of Power in Her Last Three Arab Dependencies* (Cambridge University Press, 1991), 102。
4. Rosemarie Said Zahlan, *The Making of the Modern Gulf States: Kuwait, Bahrain, Qatar, The United Arab Emirates and Oman* (London: Unwin Hyman, 1989), 12. 另一个酋长国卡塔尔于 1916 年沦为英国的"保护国"，是该群体中管理最为松散的国家。最终，波斯湾的石油、二战后的地缘政治以及印度的独立，导致对酋长国的管理权从英属印度转移到了英国外交部。外交部向每个领地派遣了政治代办，而这些代办又受驻巴林的政治专员监督。参见 Robert J. Blyth, "Britain versus India in the Persian Gulf: The Struggle for Political Control, c.1928–48," *The Journal of Imperial and Commonwealth History*, 28, 1 (2000), 90–111。
5. 科威特是本章的重点，这里不包括其他酋长国，包括巴林、卡塔尔、阿布扎比、迪拜等产油地区。巴林的资源消耗相对较快，因此它从未像其他国家那样积累财富。
6. Rosemarie Said Zahlan 写道："科威特是萨巴赫，萨巴赫是科威特。"这句话在科威特经常听到，指的是统治家族是"现代国家不可分割的一部分"。该国的石油收入也是如此。参见 *The Making of the Modern Gulf States*, 79。
7. 在 19 世纪，当英属印度政府管理着这些保护地，且它们与印度之间存在互补贸易时，印度卢比开始在波斯湾地区使用。科威特后来采用了自己的货币，这种货币与英镑挂钩。参见 Cocker to Ashe, November 8, 1949, NA, T 236/5188。

8. 在 1958 年，这些余额总计达到 2.6 亿英镑，约占当时海外英镑区（RSA）28.38 亿英镑总额的 10%。随着 RSA 余额的减少，科威特持有的份额占 RSA 总的余额的比例逐渐提高。参见 "The Persian Gulf States and the Sterling Area: Note by the Treasury", 1959 年 11 月 10 日, NA, T 236/5181, 以及 Schenk, *Britain and the Sterling Area*, 53。

9. J. H. B. Tew, "Policies Aimed at Improving the Balance of Payments" in F. T. Blackaby (ed.), *British Economic Policy, 1960–1974* (Cambridge University Press, 1978), 304. 财政部和英格兰银行于 1932 年在英格兰银行成立了汇率平准账户，并存入大量英镑和外汇，英格兰银行利用这些资金在国际市场上买卖外汇来稳定英镑价值。一般来说，账户中的黄金和美元总额反映了整个英镑区的外汇头寸情况。参见 "Draft Paper by the Treasury on the Sterling Area", 1957 年 3 月交予英格兰银行, BE/OV 44/10。

10. 在 1957 年的百慕大会议上，约翰·福斯特·杜勒斯表示，"重要的是，英国应该在科威特拥有更多的权力"，以防"沙特阿拉伯和伊拉克出现问题", Minutes of Second Plenary Meeting, BC (P), 1957 年 3 月 21 日, NA, PREM 11/1838。Miriam Joyce 在 *Kuwait 1945–1996: An Anglo-American Perspective* (London: Frank Cass, 1998) 中以英美关系为背景讨论了科威特问题。当然，这并不意味着英国和美国在波斯湾问题上没有分歧，只是这种分歧没有像伊朗和苏伊士运河问题，或涉及英镑与中东石油之间关系的冲突那样激烈。这种分歧的一个例子是 20 世纪 50 年代中期英美关于布赖米绿洲的争端，该争端涉及阿曼和沙特阿拉伯（分别是英国和美国的势力范围）之间关于潜在富油领土管辖权的冲突。在 "Anglo-American Rivalry in the Middle East: The Struggle for the Buraimi Oasis, 1952–1957"〔收录于 *The International History Review*, 14, 1 (1992), 71–91〕一文中，Tore Tingvold Petersen 认为，英美在绿洲问题上的争端，构成了英美在中东争夺势力范围的更大竞争的一个重要方面。尽管他的观点有些夸张，但事实上，绿洲争端确实超出了英美间的一般争执。关于 20 世纪 60 年代中后期中东背景下英美关系的讨论，参见 Tore Tingvold Petersen 的 "Crossing the Rubicon? Britain's Withdrawal from the Middle East, 1964–1968: A Bibliographical Review", *International History Review*, 22, 2 (2000), 318–340。

11. 1951 年 8 月 13 日达成了一项协议，并于 1952 年 2 月 3 日签署。

12. "The Problem in Kuwait and a Suggested Solution"，未签名也未注明日期（很可能是 1951 年 3 月或 4 月）的财政部备忘录, NA, T 236/5865。

13. Bamberg, *The History of the British Petroleum Company, Volume II*, 334–344。

14. 财政部估计，为了履行科威特石油公司在新特许协议下的义务，它将不得不在 1952 年从印度购买价值 6 000 万英镑的卢比。参见 Bancroft to Reilly, 1951 年 9 月 29 日, NA, T 236/5866。

15. "Oil Production and Negotiations in the Persian Gulf", C. M. Rose 的备忘录, 1952 年 2 月 4 日, NA, POWE 33/1969。

16. 科威特可以按照优惠汇率用英镑兑换美元,然后在美国购买美元证券,接着在伦敦市场上将这些证券溢价卖给英镑区换回英镑。这种做法被英国当局容忍,因为后者认为,"合理比例的差价,似乎是保持科威特留在英镑区的并不过分的代价"。1957 年,当这一差价对英国储备的代价变得过高时,财政部关闭了这个"科威特后门"。关于"科威特后门"的信息,参见 "Hong Kong and Kuwait", SAWP (56) 11, March 1, 1956, OV 44/31, "Kuwait Gap Closed," *The Economist*, July 13, 1957, and Simon Smith, *Kuwait, 1950–1965: Britain, the al-Sabah, and Oil* (Oxford University Press, 1999), 75–77。关于发展中经济体平行外汇市场重要性的分析,参见 Catherine R. Schenk, "Closing the Hong Kong Gap: The Hong Kong Free Dollar Market in the 1950s," *The Economic History Review*, 47, 2 (1994), 335–353。

17. 设立中立区是为了保护沙漠游牧部落的放牧权;"Oil Production and Negotiations in the Persian Gulf", C. M. Rose 的备忘录, 1952 年 2 月 4 日, NA, POWE 33/1969, 及财政部会议纪要 "Sterling Balances of Kuwait", NA, T 236/4293。由于波斯湾保护地被豁免,不用向中央池贡献美元,因此英镑区没有从美国独立石油公司向科威特支付的美元中获得任何好处。参见 "Note on the Sterling Area", Reilly to Burrows, 1956 年 1 月 30 日, NA, T 236/3932。

18. "Note on the Sterling Area," Reilly to Burrows, 1956 年 1 月 30 日, NA, I 236/3932。

19. 英国政府在 1951 年 11 月 26 日给阿卜杜拉酋长的一封信中正式确定了这一安排。参见财政部 1960 年 6 月 22 日纪要 "Exchange Control in Kuwait" 及 C. M. Rose 1952 年 2 月 4 日备忘录 "Oil Production and Negotiations in the Persian Gulf", 二者出处均为 NA, POWE 33/1969。

20. Mackay to Milner-Barry, 1960 年 5 月 20 日, NA, T 317/118。

21. 1952 年 1 月 17 日在外交部举行的讨论波斯湾货币的会议记录的附件,参见 "Proposed New Currency in the Persian Gulf," NA, T 236/4286。

22. US Office of Naval Petroleum and Oil Shale Reserves, *Twentieth Century Petroleum Statistics*, 37th edition (Dallas: DeGolyer and MacNaughton, 1981) 及 Stephen Hemsley Longrigg, *Oil in the Middle East: Its Discovery and Development*, third edition (London: Oxford University Press, 1968), 223–224。

23. Smith, *Kuwait, 1950–1965*, 16。

24. Donaldson to Hay, 1947 年 10 月 27 日, NA, FO 371/61446; Loombe to Playfair, 1948 年 12 月 22 日, NA, T 236/4152。

25. "An Account of Kuwait's Sudden Access to Wealth, of Her Majesty's Government's Rela-

tions with Kuwait and of the Present Problems in Kuwait," Annex B, Ross to Serpell, 1953 年 6 月 8 日, NA, POWE 33/1927。

26. "Anglo-American Discussions on Middle East Policy," Brief by the committee, OME (57) 27 (Revise), 1957 年 4 月 12 日, NA, CAB 134/2339。

27. Jill Crystal, *Oil and Politics in the Gulf: Rulers and Merchants in Kuwait and Qatar* (Cambridge University Press, 1990), 66–68.

28. Smith, *Kuwait, 1950–1965*, 19, 25.

29. 对于阿卜杜拉为何接受这些顾问，Smith 和 Crystal 意见不一。Smith 认为很难确定酋长的动机，但推测他"最初的拖延和后来的接受"可以"归因于他需要让萨巴赫家族接受英国人参与科威特的内部管理"。他并不支持 Crystal 的论点，即阿卜杜拉接受英国顾问是为了增强自己的相对实力，因为家族成员在科威特政府中的参与度越来越高，他们的权力也越来越大。参见 Smith, *Kuwait, 1950–1965*, 19, 24 和 Crystal, *Oil and Politics in the Gulf*, 68。这一决定最终似乎与统治者希望启动实质性经济发展计划有关。

30. "Her Majesty's Government's Position in and Policy towards Kuwait," Foreign Office paper, 1953 年 4 月 15 日, NA, POWE 33/1927。

31. Ibid.

32. "An Account of Kuwait's Sudden Access to Wealth, of Her Majesty's Government's Relations with Kuwait and of the Present Problems in Kuwait," Annexe B, Ross to Serpell, 1953 年 6 月 8 日, NA, POWE 33/1927。

33. 英国政府最终提升了科威特政治代办的地位，赋予他代表英国政府发言的权力，并增加了工作人员的人数。科威特对英镑地区造成"最严重损害"的可能性已然太大，英国政府不能让调节英科关系的外交机制保持不变。参见"Instructions Given to Burrows, on his Appointment as Political Resident in the Persian Gulf", 1953 年 7 月 25 日, NA, FO 371/104272。

34. 1953 年 4 月 16 日外交部召开的一场会议的记录 "Persian Gulf: Kuwait", NA, POWE 33/1927。

35. Hay to Furlonge, 1951 年 11 月 13 日, NA, FO 371/91300。

36. Draft Foreign Office paper on "Her Majesty's Government's Position in and Policy towards Kuwait", 1953 年 4 月 15 日, NA, POWE 33/1927。

37. Clarke to Hedley-Miller, 1951 年 4 月 19 日, NA, T 236/4286。

38. D. R. Serpell 于 1952 年 3 月 1 日做的备忘录："Administration of Finance in Kuwait", POWE 33/1927。

39. 外交部 1953 年 4 月 15 日报告，"Her Majesty's Government's Position in and Policy towards Kuwait", NA, POWE 33/1927。

40. 1953 年 7 月 14 日 Waterlow 的简报初稿，"Investment of Kuwaits Surplus Oil Royalties," NA, FO 371/104341。
41. 外交部 1953 年 4 月 15 日的报告，"Her Majesty's Government's Position in and Policy towards Kuwait," NA, POWE 33/1927。
42. David Landes, *Bankers and Pashas: International Finance and Economic Imperialism in Egypt* (Cambridge, MA: Harvard University Press, 1958).
43. Memorandum by Loombe, 1953 年 2 月 10 日，NA, POWE 33/1926。
44. 这五家公司是：Richard Costain、Holland、Hannen and Cubitt、John Howard、C. and D. William Press 以及 Taylor Woodrow。
45. 温斯顿·丘吉尔与阿卜杜拉会晤的简报中写道："如果，看起来很可能，这些阿拉伯公司是叙利亚或黎巴嫩的，除了英国贸易的损失之外，还会对英镑区造成伤害，因为科威特的英镑转移到叙利亚和黎巴嫩将给我们造成非常严重的国际收支问题。""An Account of Kuwait's Sudden Access to Wealth, of Her Majesty's Government's Relations with Kuwait and of the Present Problems in Kuwait," Annexe B, Ross to Serpell, 1953 年 6 月 8 日，NA, POWE 33/1927。
46. "Her Majesty's Government's Position in and Policy towards Kuwait," Foreign Office paper, 1953 年 4 月 15 日，NA, POWE 33/1927。
47. Crystal, *Oil and Politics in the Gulf*, 68–69.
48. "Her Majesty's Government's Position in and Policy towards Kuwait," Foreign Office paper, April 15, 1953, NA, POWE 33/1927.
49. 外交部的看法不同："我们在波斯湾国家的特殊地位，加上它们的蒙昧和原始特征，长期以来使我们能够对内部事务施加相当大的影响，而统治者一直寻求我们的建议。因此，我们可以说是获得了干预的传统权利。"同上。
50. Pelly to Greenhill, 1953 年 10 月 4 日，NA, FO 371/104330。
51. "Her Majesty's Government's Position in and Policy towards Kuwait," Foreign Office Paper, 1953 年 4 月 15 日，NA, POWE 33/1927，另见 Fry to Burrows, 1953 年 10 月 8 日，NA, FO 371/104330。
52. Pelly to Greenhill, 1953 年 10 月 4 日，NA, FO 371/104330。
53. "An Account of Kuwait's Sudden Access to Wealth, of Her Majesty's Government's Relations with Kuwait and of the Present Problems in Kuwait," Annexe B, Ross to Serpell, 1953 年 6 月 8 日，NA, POWE 33/1927。
54. 梅金斯写给外交部的信中说："向努里·赛义德解释英镑区的运作已经够困难了，但我无法向您充分描述向阿卜杜拉·塞利姆解释这一点的难度。" No. 24 from Pelly to the Foreign Office, following from Makins, 1952 年 2 月 21 日，NA, POWE 33/1926。

55. 这家中型银行最初名为波斯帝国银行（Imperial Bank of Persia），从 1889 年成立到 1940 年，大部分业务都在伊朗开展。1935 年更名为伊朗英国银行（British Bank of Iran），1949 年更名为英伊中东银行（British Bank of Iran and the Middle East），1952 年在伊朗石油国有化的紧张局势下，最终更名为英国中东银行（BBME）。英国中东银行成为中东银行业的"主力军"，部分原因是它将现代银行业务引入了波斯湾保护国。从 1941 年到 1952 年，它是科威特第一家也是唯一一家银行，最终于 1960 年成为汇丰银行集团的成员。参见 Geoffrey Jones, *Banking and Empire in Iran: The History of the British Bank of the Middle East*, 2 volumes (Cambridge University Press, 1986 and 1987)。

56. Makins to Eden, 1952 年 2 月 22 日, NA, POWE 33/1926。

57. No. 24 from Pelly to the Foreign Office, following from Makins, 1952 年 2 月 21 日，及 No. 25 from Pelly to the Foreign Office, following from Makins, 1952 年 2 月 21 日，均出自 NA, POWE 33/1926。

58. No.25, Pelly to the Foreign Office, 1952 年 2 月 21 日, NA, POWE 33/1926。

59. Smith, *Kuwait, 1950–1965*, 43.

60. "Sterling Balances of Kuwait," Note by the Treasury, 1956 年 10 月 17 日, NA, T 236/4293。

61. Ibid.

62. Bell to Riches, 1957 年 2 月 28 日, NA, CAB 134/2339。

63. 阿卜杜拉和佩里签署的组建科威特投资委员会的正式文件，1953 年 2 月 23 日，Document II, NA, FO 371/104340。

64. "General Directive from His Highness Shaikh Sir Abdulla Al-Salem Al-Sabah, KCMG, CIE, to the Investment Board," 1953 年 2 月 23 日, Document III, NA, FO 371/104340。需要注意的是，科威特投资委员会对科威特的美元收入没有管辖权。这些收入最初由纽约国民城市银行处理，后来由大通曼哈顿银行处理。参见 "The Economy of Kuwait, 1950–1968," FCO Research Department, October 1969, NA, FCO 51/93。

65. Rose to Serpell, 1952 年 1 月 28 日, NA, POWE 33/1926。

66. Serpell to Flett, 1952 年 1 月 29 日, NA, T 236/4287；Serpell to Rose, 1952 年 1 月 23 日, NA, POWE 33/1969。

67. Memorandum of conversation by Ross, 1952 年 3 月 17 日, NA, T 236/4287。

68. "The Oil Revenues of Kuwait," by H. S. Lambert, 1955 年 5 月 18 日, NA, T 236/5871。

69. 到 1954 年底，波斯湾保护地英镑结余达到 7 000 万英镑，1955 年底达到 1.358 亿英镑，快到 1956 年底时大约 1.572 亿英镑。虽然没有科威特单独的结余数据，但可以肯定，这个酋长国的余额占了总额的大部分。参见 "Sterling Balances of Kuwait," Note by the Treasury, 1956 年 10 月 17 日, NA, T 236/4293。

70. "Economic Survey, 1959," Economic Survey Working Party, NA, CAB 134/1909。

71. 1958 年时该比例为 28%，1952 年时为 18%。参见 P. L. Cottrell, "The Bank of England in its International Setting, 1918–1972," 收录于 Richard Roberts and David Kynaston (eds.), *The Bank of England: Money, Power and Influence, 1694–1994* (Oxford: Clarendon Press, 1995), 130。

72. 从 1948 年到 1958 年，美国在全球货币储备中的份额从 2/3 下降到 1/2。参见 Eichengreen, *Globalizing Capital*, 113–114。

73. Eichengreen, *Globalizing Capital*, 106–113.

74. Krozewski, *Money and the End of Empire*.

75. Ibid., 205–206.

76. Darwin 所著 *The End of the British Empire* 虽然已有近二十年历史，但仍然提供了对主要论点的最佳综述。参见 Darwin, *Britain and Decolonization*; Hyam, *Britain's Declining Empire*; Louis, "The Dissolution of the British Empire"; Louis, "Suez and Decolonization: Scrambling out of Africa and Asia," 收录于 Wm. Roger Louis (ed.), *Ends of British Imperialism: The Scramble for Empire, Suez and Decolonization* (London: I. B. Tauris, 2006), 1–31; Louis and Robinson, "The Imperialism of Decolonization"。J. D. B. Miller, *Survey of Commonwealth Affairs: Problems of Expansion and Attrition, 1953–1969* (London: Oxford University Press, 1974) 讨论了在英联邦演变背景下的去殖民化问题。

77. Hyam, *Britain's Declining Empire*, 403. Hyman 强调了大都市政策制定者的作用，而忽视了殖民地民族主义者的影响，这一点在这个问题上有内在逻辑。他将焦点放在这里是正确的，因为归根结底，伦敦的官员决定了如何以及何时解体帝国。

78. Darwin, *The End of the British Empire*, 118–120.

79. 这是 Hyam 在 *Britain's Declining Empire* 中的基本论点。

80. *Britain's Declining Empire*, 408–410.

81. 1950 年，英属马来亚获得了当年英镑区 12.85 亿美元收入中的 3.5 亿美元(毛收入)。Karl Hark, *Defence and Decolonisation in Southeast Asia: Britain, Malaya and Singapore, 1941–1968* (Richmond: Cursor Press, 2001), 23.

82. Schenk, *Britain and the Sterling Area*, 19.

83. Ibid., 18.

84. Krozewski, Money and the End of Empire, 198.

85. "The Sterling Area Working Party's Report: Origin of the Inquiry," 1956 年 6 月 25 日最终报告，BE/OV 44/33。申克认为，仅凭英镑储备"永远不足以满足殖民地发展的愿望，因此很明显，即使在独立后，这些殖民地也将继续依赖国际投资者"。参见"Finance and Empire: Confusions and Complexities: A Note"，第 870 页。尽管如此，英国财政部和英格兰银行的官员仍然担心这些储备因发展目的而被消耗，事实确实如此。

86. 该委员会成立于1955年底,"因为[英镑区]内部出现了压力,需要进行一次新的审查"。参见"The Sterling Area Working Party's Report: Origin of the Inquiry," 1956年6月25日最终报告, BE/OV 44/33。

87. "The Sterling Area Working Party's Report,"附在Cobbold 1956年7月12日给财政部的说明后, NA, T 236/4303。

88. Schenk, *Britain and the Sterling Area*, 25, 42; "Minutes of the Sixth Meeting of the Cabinet Official Committee on the Middle East," ME (0) (56), 1956年6月11日, NA, CAB 134/1297; "Problems of the Sterling Area," SAWP (56) 24, 1956年5月4日, BE/OV 44/32。

89. 埃及的英镑头寸在1945年达到3.9亿英镑,并在1947年达到峰值4.7亿英镑。参见Rodney Wilson, "Economic Aspects of Arab Nationalism",收录于Michael J. Cohen and Martin Kolinsky (eds.), *Demise of the British Empire in the Middle East: Britain's Responses to Nationalist Movements, 1943–1955* (London: Frank Cass, 1998), 67–68。

90. "Minutes of the Sixth Meeting of the Cabinet Official Committee on the Middle East," ME (0) (56), 1956年6月11日, NA, CAB 134/1297。

91. "Development and the Sterling Balances," Minute by D. S. Laskey, NA, FO 371/120829.

92. "Sterling Balances–IV: General Conclusions to Parts I to III," SAWP (56) 17, 1956年3月26日, NA, T 236/3933。

93. "Draft Conclusions," 1956年6月6日, NA, T 236/4303。

94. "Minutes of the Sixth Meeting of the Cabinet Official Committee on the Middle East," ME (0) (56), 1956年6月11日, NA, CAB 134/1297。

95. "Minutes of the 28th Meeting of the Cabinet Official Committee on the Middle East," ME (0) (56), 1956年11月1日, NA, CAB 134/1297; "Sterling Balances of Kuwait," Note by the Treasury, 1956年10月17日, NA, T 236/4293。

96. "Sterling Balances of Kuwait," Note by the Treasury, 1956年10月17日, NA, T 236/4293。

97. Ibid.

98. Ibid.

99. "Minutes of the Sixth Meeting of the Cabinet Official Committee on the Middle East," ME (0) (56), 1956年6月11日, NA, CAB 134/1297。

100. "Minutes of the 28th Meeting of the Cabinet Official Committee on the Middle East," ME (0) (56), 1956年11月1日, NA, CAB 134/1297。

101. "Sterling Balances of Kuwait," Note by the Treasury, 1956年10月17日, NA, T 236/4293。

102. "Minutes of the 19th Meeting of the Cabinet Official Committee on the Middle East," OME (57), 1957年5月23日, NA, CAB 134/2338。

103. "Minutes of the Seventh Meeting of the Cabinet Official Committee on the Middle East,"

ME (0) (56), 1956 年 6 月 13 日, NA, CAB 134/1297。

104. 在财政部的一次会议上，一位官员说，"对阿拉伯项目的投资"是"过去经常讨论的想法，但由于统治者坚持安全和流动性，最终不了了之"。参见 the Minutes of a meeting regarding "Kuwait Investment Policy", 1960 年 5 月 5 日, NA, T 236/6314。

105. "Sterling Balances of Kuwait," Note by the Treasury, 1956 年 10 月 17 日, NA, T 236/4293。

106. My emphasis, "Minutes of the Sixth Meeting of the Cabinet Official Committee On the Middle East," ME (0) (56), 1956 年 6 月 11 日, NA, CAB 134/1297。

107. Ibid.

108. "Development and the Sterling Balances," Minute by D. S. Laskey, NA, FO 371/120829.

109. Joyce, *Kuwait 1945–1996*, 32–33.

110. 涉及 1956 年 7 月 31 日至 8 月 26 日科威特第 8 号日记的机密附件，A. K. Rothnie, 1956 年 8 月 27 日, NA, FO 371/120551。

111. 科威特第 11 号日记的机密附件，从 10 月 28 日至 11 月 28 日，科威特政治代办 G. W. Bell, 1956 年 11 月 28 日, NA, FO 371/120551。

112. 包含在 Southwell 给 Riches 的信件中, 1956 年 10 月 2 日, NA, FO 371/120551。

113. Burrows to Bell, 1957 年 1 月 3 日, NA, FO 371/126917。

114. 涉及 1956 年 7 月 31 日至 8 月 26 日科威特第 8 号日记的机密附件，A. K. Rothnie, 1956 年 8 月 27 日, NA, FO 371/120551。

115. 咖啡店被毁，112 人送医院，其中 100 人门诊，12 人住院。涉及 1956 年 7 月 31 日至 8 月 26 日科威特第 8 号日记的机密附件，A. K. Rothnie, 1956 年 8 月 27 日, NA, FO 371/120551。

116. 科威特第 11 号日记的机密附件，从 10 月 28 日至 11 月 28 日，科威特政治代办 G. W. Bell, 1956 年 11 月 28 日, NA, FO 371/120551。

117. 同上。开罗的无线电广播在海湾地区进行反英宣传。

118. Burrows to Bell, 1957 年 1 月 3 日, NA, FO 371/126917, and Burrows to Lloyd, 1957 年 1 月 24 日, NA, FO 371/126915。

119. Burrows to Lloyd, 1957 年 1 月 24 日。

120. John Darwin, *Britain, Egypt, and the Middle East* (New York: St. Martin's Press, 1981); Abrahamian, *Iran between Two Revolutions*, 第二、三章。对于英国在埃及政治发展中所扮演的角色，一个有用的（尽管是辉格式的）解释，参见 John Marlowe, *Anglo-Egyptian Relations, 1800–1956*, second edition (London: Frank Cass, 1965), chs.9–13。

121. "The Fifty/Fifty Principle in Oil Agreements," Note by the Treasury, 1958 年 9 月 23 日, NA, T 236/5645。

122. "Oil Aspects of Future Overseas Policy," 1959 年 9 月 25 日, NA, T 236/5640。

123. Yergin, *The Prize*, 503–508. 20 世纪 40 年代末，J. Paul Getty 的 Pacific Western 和 Aminoil 这两家独立的美国石油公司，分别与沙特阿拉伯和科威特谈判达成在中立区探采石油的协议，条件优于五五分成，但它们的业务规模无法与阿美石油公司或其他大型跨国公司相比。参见 Yergin, *The Prize*, 437–445。

124. *The Times* (London) and the *Financial Times*, 1958 年 10 月 13 日，NA, T 236/4606。

125. 1956 年，在 2.75 亿英镑的盈余中，石油贡献了 1.42 亿英镑；1957 年，在 2.73 亿英镑的盈余中，石油贡献了 1.84 亿英镑；1958 年，在 4.85 亿英镑的盈余中，石油贡献了 2.54 亿英镑。参见 Hedley-Miller to Taylor, 1958 年 8 月 8 日，NA, T 236/5645。

126. Taylor to Legh, 1958 年 8 月 20 日，NA, T 236/5645。

127. Peter（未署名）to Rowan, 1958 年 7 月 27 日，NA, T 236/5645。

128. Hanna Batatu, *The Old Social Classes and the Revolutionary Movements of Iraq: A Study of Iraq's Old Landed and Commercial Classes and of its Communists, Ba'thists, and Free Officers* (Princeton University Press, 1989) 是研究这一时期伊拉克政治运动社会方面的经典著作。关于革命的各种观点，参见 Robert A Fernea and Wm. Roger Louis (eds.), *The Iraqi Revolution of 1958: The Old Social Classes Revisited* (London: I. B. Tauris, 1991)。Marion Farouk-Sluglett and Peter Sluglett, *Iraq since 1958: From Revolution to Dictatorship* (London: I. B. Tauris, 1990)，讨论了革命后几十年的政治影响。

129. Wm. Roger Louis, "The British and the Origins of the Iraqi Revolution" in Fernea and Louis, *The Iraqi Revolution of 1958*.

130. Ibid.

131. Salim Yaqub, *Containing Arab Nationalism: The Eisenhower Doctrine and the Middle East* (Chapel Hill: University of North Carolina Press, 2004), 219–224, 第 224 页引用了艾森豪威尔的话。

132. Ibid., 226–246.

133. Ibid., ch. 8.

134. National Security Council Report, "NSC 5820/1," *FRUS, 1958–1960, Vol. XII*, 187–199.

135. Ibid.

136. National Security Council Report, "NSC 6011," *FRUS, 1958–1960, Vol. XII*, 262–273.

137. National Security Council Report, "NSC 6010," *FRUS, 1958–1960, Vol. XII*, 680–688.

138. Little, *American Orientalism*, 136–137.

139. Bamberg, *British Petroleum and Global Oil, 1950–1975*, 163–171.

140. Yergin, *The Prize*, 535.

141. "Unofficial Translation of an Explanatory Note' about Iraq's Withdrawal from the Sterling Area Issued by the Ministry of Finance," 1959 年 6 月 23 日，BE/OV 23/25。

142. "Iraq and the Sterling Area," Note by the Treasury, Cabinet Official Committee on the Middle East, OME (58) 58, 1958 年 12 月 19 日, NA, CAB 134/2343; Ford to Johnston, 1958 年 9 月 22 日, BE/OV 23/24。即使在革命之前，财政部的 Michael Johnston 就担心伊拉克退出英镑区"将会是对英镑声誉和英国在世界范围内威望的打击"。Chadwick to Johnston, 1957 年 4 月 12 日, NA, T 236/4796。

143. Note by the Overseas Department, 1959 年 7 月 13 日, BE/OV 23/25。

144. Loombe to Stevens, Parsons, and the Governors, 1959 年 6 月 25 日, BE/OV 23/25; Loombe 曾于 1941—1945 年任职于伊拉克财政部。

145. 同上。

146. Southwell to Walmsley, 1958 年 9 月 15 日, NA, FO 371/132532。

147. 同上。

148. Foreign Office Minute by Riches, NA, FO 371/132547.

149. Ibid.

150. Halford to Lloyd, 1959 年 8 月 13 日, NA, FO 371/140084。

151. 例如，政治处商务办公室的 S. J. Aspen 建议，伦敦贸易委员会接受科威特参与阿拉伯国家对以色列的抵制是"长期存在的事实"。他感叹，对于那些因此被列入黑名单或受到威胁的英国公司，"无法给出太多帮助"。Aspden to O'Brien, 1958 年 2 月 10 日, NA, FO 371/132810。

152. Halford to Lloyd, 1959 年 6 月 11 日, NA, FO 371/140083。

153. "Text of Her Majesty's Government's Letter of Assurance," 1958 年 10 月 23 日, NA, FO 371/132547。

154. No. 10 from Halford to the Foreign Office, 1959 年 1 月 5 日, NA, FO 371/140118。

155. No. 184 from the Foreign Office to Bahrain, 1959 年 1 月 30, NA, FO 371/140118。另参见 "International Status of Kuwait," Draft Cabinet Paper by Walmsley, 1959 年 1 月 28 日, NA, FO 371/140104。

156. "Kuwait: International Relations," Foreign Office Minute by King, 1959 年 2 月 17 日, NA, FO 371/140119。酋长国在两年后加入阿拉伯国家联盟，也即获得独立后不久。

157. Richmond to Beaumont, 1960 年 5 月 24 日, NA, FO 371/148997。

158. 在苏伊士运河危机期间，年轻的民族主义者、萨巴赫家族成员也加入了批评的行列。但在当时，英国财政部并没有发现这类迹象，即批评受到英国影响的科威特投资委员会"影响了统治者"。参见 "Sterling Balances of Kuwait," Note by the Treasury, 1956 年 10 月 17 日, NA, T 236/4293。

159. "The Persian Gulf States and the Sterling Area," Note by the Treasury, 1959 年 11 月 10 日, NA, T 236/5181。

160. "The Persian Gulf States and the Sterling Area," Note by the Treasury, 1959 年 11 月 10 日, NA, T 236/5181。

161. "Exchange Control in Kuwait," Note by the Treasury, 1960 年 6 月 22 日, and Mackay to Milner-Barry, 1960 年 5 月 20 日, 均参见 NA, T 317/118。

162. Mackay to Milner-Barry, 1960 年 5 月 20 日。

163. Richmond to Beaumont, 1960 年 5 月 10 日, NA, FO 371/148997。政治处最终批准了科威特政府的两项转账提议，分别是 50 万英镑用于购买阿拉伯银行的股份和 250 万英镑用于在瑞士的投资。参见 Lucas to Mackay, 1960 年 5 月 4 日, NA, T 236/6314。

164. Lucas to Mackay, 1960 年 5 月 4 日, NA, T 236/6314。

165. Cranston to Beaumont, 1961 年 5 月 21 日, NA, FO 371/156860 and Lucas to Mackay, 1961 年 2 月 8 日, NA, T 236/6315。

166. "A Note on Some of the Sabah Family," by M. S. Berthoud, 1965 年 12 月 1 日; Lucas to Sharp, 1965 年 9 月 16 日, NA, T 317/685。

167. Beaumont to Richmond, 1960 年 5 月 4 日, NA, T 317/685。

168. "Kuwait: Shaikh Jabir," Note by the Treasury, 1965 年 9 月 20 日, NA, T 317/844; Beaumont to Richmond, 1960 年 5 月 4 日, NA, T 236/6314。

169. 科威特第纳尔的发行准备为 50% 黄金、40% 英镑和 10% 美元。在一年前考虑新货币时，Fakhri Shehab 说，正是"担心兑换自由可能受到限制或货币贬值"，科威特才希望"以其他货币或黄金，特别是后者，作为支持货币发行的主体"。此外，"其他国家正在……提供有吸引力的条件，"Shehab 继续说，"科威特人希望能够根据自己的最佳利益自由投资。"参见 Richmond to Beaumont, 1960 年 5 月 10 日, NA, FO 371/14897。

170. "Kuwait Investment Policy," Treasury Memorandum by Lucas, 1961 年 5 月 17 日, NA, T 236/6527。至少有一位英国官员 J. C. B. Richmond 对贾比尔有清醒的认识："我认为，酋长的态度……不如统治者那样重视与英国的关系，这是可以理解的。他更年轻，接触的国际人士更多，而且作为财政部直接负责科威特金融的部门负责人，他一定会很自然地认为，他应该把科威特的钱用在对国家最有利的地方。这并不意味着他反英，也不意味着在英镑保持稳健的前提下，计划大幅度地背离与英镑的长期联系。"参见 Richmond to Beaumont, 1960 年 5 月 10 日, NA, FO 371/148997。

171. Cranston to Mackay, 1962 年 7 月 10 日, NA, T 317/119。

172. Cranston to Mackay, 1962 年 7 月 10 日, NA, T 317/119。

173. Lucas to Clowser, 1962 年 7 月 18 日, NA, T 317/119。

174. Luce to the Earl of Home, 1961 年 11 月 22 日, NA, FO 371/156670。

175. 1961 年 6 月 19 日英国与科威特往来函件中的（d）条规定了这一保证，废除了 1899 年的条约，并同意科威特独立。参见 NA, FO 371/162893。

176. *FRUS, 1961–1963, Vol. XVII*, 168.
177. 1961 年 6 月 29 日, Ibid., 171–172。
178. Editorial Note, Ibid., 172.
179. Joyce, *Kuwait 1945–1996*, 102–106; Sluglett and Sluglett, *Iraq since 1958*, 82; Smith, *Kuwait 1950–1965*, 117–121.
180. Home to Rusk, 1961 年 7 月 2 日, *FRUS, 1961–1963, Vol. XVII*, 176–177。
181. Editorial Note, Ibid., 178.
182. Luce to Stevens, 1961 年 7 月 16 日, NA, CAB 134/2345。
183. 同上。
184. Telegram from the Department of State to the Embassy in the United Kingdom, 1961 年 7 月 12 日, *FRUS, 1961–1963, Vol. XVII*, 184–185。
185. Strong to Talbot, 1961 年 7 月 24 日, *FRUS, 1961–1963, Vol. XVII*, 197–199。
186. 同上。
187. Little, *American Orientalism*, 137.
188. Telegram from the Embassy in Iraq to the Department of State, 1961 年 12 月 28 日, *FRUS, 1961–1963, Vol. XVII*, 374–375。
189. 同上。
190. Komer to Bundy, 1961 年 12 月 29 日, *FRUS, 1961–1963, Vol. XVII*, 378–380。
191. Little, *American Orientalism*, 136–137.
192. Richmond to Home, 1962 年 1 月 4 日, NA, FO 371/162879。
193. 同上。
194. Cranston to Walmsley, 1961 年 9 月 3 日, NA, FO 371/156865。
195. Cranston to Mackay, 1961 年 7 月 16 日, NA, FO 371/156860。
196. "Minutes of a Meeting Held in the Treasury on 5th May, 1960," NA, T 236/6314.
197. Cranston to Walmsley, 1961 年 9 月 3 日, 1961, NA, FO 371/156865。
198. Fakhri Shehab 在一年半之前向英国官员提出了一个类似的想法，他告诉 Roger Stevens，萨巴赫家族可能会因为将所有投资集中在英国而危及自己的地位。他鼓励英国人说服阿卜杜拉在五年内为阿拉伯国家的商业项目设立 1 000 万英镑的投资。这些项目的提案将由一个权威机构审查，这个机构可能是国际性的，也可能由科威特国家设立，而不是无条件地给予资金。参考 Beaumont to Richmond, 1960 年 5 月 4 日, NA, T 236/6314。关于 KFAED 与阿拉伯经济发展关系的最详细研究是 Soliman Demir, *The Kuwait Fund and the Political Economy of Arab Regional Development* (New York: Praeger, 1976). 另参见 Ahmed A. Ahmed, "Kuwait Public Commercial Investments in Arab Countries," *Middle Eastern Studies*, 31, 2 (1995), 293–306。

199. Minute by the Treasury, 1963 年 4 月 11 日，NA, T 317/323；"Kuwait Fund for Arab Economic Development: First Annual Report, 1962–1963" in NA, T 317/517。

200. Sharp to Owen, 1964 年 1 月 10 日，NA, T 317/517。

201. 例如，在 1970—1971 年，约旦同巴勒斯坦解放组织发生武装冲突时，KFAED 暂停了对约旦的援助。参见 Demit, *The Kuwait Fund and the Political Economy of Arab Regional Development*, 21–22。

202. "The Economy of Kuwait, 1950–1968," FCO Research Department, 1969 年 10 月，NA, FCO 51/93。

203. Mackay to Milner-Barry, 1962 年 5 月 8 日，NA, T 317/121。

204. "Brief for Mr. Anderson's Visit to the Chancellor," by Mackay, 1962 年 5 月 9 日，以及 the minutes of a meeting regarding "Kuwait: Investment," 1962 年 5 月 9 日，均参见 NA, T 317/121。

205. "Note of Mr. Robert Anderson's Interview with the Chancellor of the Exchequer," by Mackay, 1962 年 5 月 15 日，NA, T 317/121。

206. Mackay to Milner-Barry, 1962 年 7 月 16 日，NA, T 317/121。

207. Milner-Barry to Rickett, 1962 年 6 月 22 日，NA, T 317/121；Richmond to Walmsley, 1962 年 6 月 30 日，NA, T 317/122。

208. Lucas to Sharp, 1962 年 11 月 5 日，NA, T 317/322。英国财政部官员还对国际复兴开发银行（IBRD）的科威特考察团表示担忧，他们担心这次对科威特内部金融和经济管理的调查，可能会波及酋长国英镑结余的投资。然而，科威特剩余英镑的投资最终并未被列入国际复兴开发银行的议程。参见 "Submission to the Lord Privy Seal from Milner-Barry,"未注明日期 (很可能是 1960 年 11 月)，及 Mackay to Milner-Barry, 1961 年 2 月 5 日，NA, T 236/6315。

209. 截至 1962 年底，科威特持有的美元总额为 1.5 亿美元左右。参见 "Kuwait,"（未署名）1962 年 12 月 19 日，NA, T 317/322。

210. "The Economy of Kuwait, 1950–1968," FCO Research Department, 1969 年 10 月，NA, FCO 51/93。

211. Lucas to Sharp, 1963 年 1 月 29 日，NA, FCO 51/93。

212. Stevens to Rickett, 1960 年 7 月 28 日，NA, T 236/6914。

213. Record of conversation between Beaumont and Kemp, 1960 年 8 月 12 日，NA, T 236/6315.

214. "Kuwait Investment Policy," Note for the record by J. E. Lucas, 1961 年 5 月 5 日，NA, T 236/6527。

215. Mackay to Milner-Barry, 1961 年 5 月 17 日，NA, T 236/6527。

216. Lucas to Sharp, 1963 年 1 月 25 日，NA, T 317/322。

217. Mackay to Milner-Barry, 1961 年 5 月 17 日, NA, T 236/6527; No. 84 from the Foreign Office to Kuwait, 1962 年 1 月 19 日, and Cranston's record of conversation with Lord Piercy, 1962 年 1 月 31 日, 均出自 NA, T 317/120。

218. 英国外交部表示:"我们非常关注 [科威特投资委员会 (KIB)] 完全由英国人组成的批评,以及由此造成的似乎与科威特隔离的表象。现在科威特已被认为是一个完全独立的国家,且已独立一段时间了,它可能会受到不公正的批评,因为它允许国家的大部分储备由一个完全由英国人组成的机构管理。这样的批评既不符合科威特的利益,也不符合英国政府的利益。因此,如果科威特政府愿意通过任命一个科威特人来扩大 KIB 的成员,英国政府将会热烈欢迎这一举措。"参见 No. 84 from the Foreign Office to Kuwait, 1962 年 1 月 19 日, NA, T 317/120。

219. Lucas to Sharp, 1963 年 1 月 25 日, NA, T 317/322, Walmsley to Richmond, 1962 年 5 月 1 日, NA, T 317/121, and Mackay to Milner-Barry, 1962 年 4 月 18 日, NA, T 317/120。

220. Mackay to Milner-Barry, 1962 年 4 月 18 日, NA, T 317/120。

221. "Kuwait: Background," Annex B, 1966 年 6 月 22 日, attached to Fogarty to Figgures, 1966 年 6 月 23 日, NA, T 317/844。

222. 其他成员包括德意志银行总裁 Hermann Abs、瑞士银行董事长 Samuel Schweizer 以及瑞典工业家 Marcus Wallenberg,后者同时担任 Asea、L. M. Ericsson、SAS 和 Atlas Copco 的董事长。参见 Richmond to the Earl of Home, 1963 年 6 月 19 日, NA, T 317/324 以及 Lucas to Sharp, 1963 年 1 月 29 日, NA, T 317/322。

223. Mackay to Milner-Barry, 1962 年 4 月 18 日, NA, T 317/120; Lucas to Sharp, 1963 年 1 月 29 日, NA, T 317/322。

224. "Anglo-American Co-operation in the Middle East: Economic Development," OME(57) 14 (Revise), 1957 年 3 月 13 日, NA, CAB 134/2339。

225. Sir Alec Cairncross, *Managing the British Economy in the 1960s: A Treasury Perspective* (London: Macmillan, 1996), 18.

226. 参见 Strange, *Sterling and British Policy*, 第 4 章详细讨论了英国与其他工业化国家相比的海外投资倾向。

227. Cairncross and Eichengreen, *Sterling in Decline*, 19, 157. 1964 年,科威特石油公司 (KOC) 与科威特政府达成了一项协议,同意基于当年赚取的利润向政府支付所得税,而不是像以前那样基于前一年的利润。结果是,在 1964—1966 年的三年过渡期间, KOC 每年额外获得 5 000 万英镑。参见 Lucas to Sharp, 1964 年 5 月 19 日, NA, T 317/683。

228. "The Balance of Payments," Foreign Office Minute by C. O'Neill, 1966 年 7 月 6 日, NA, FO 371/189661。

229. Cairncross and Eichengreen, *Sterling in Decline*, 19, 157. 在 20 世纪 50 年代,英国经济年

均增长率为 2.7%，美国为 3.2%，西欧为 4.4%。参见 Eichengreen, *Globalising Capital*, 第 125 页。一些学者将英国经济增长缓慢的原因归结为英国过度依赖与帝国的贸易，而不是在西欧、日本和美国这些更具活力的市场上竞争，这一点还存在争议。Susan Strange 在 *Sterling and British Policy* 一书中写道："英国出口商既受到英镑市场的歧视性外汇管制，也受到英国的歧视性资本管制，两者都导致其选择熟悉的殖民地市场。"Catherine Schenk 在 *Britain and the Sterling Area* 一书的第 3 章驳斥了这一论断。

230. Eichengreen, *Globalizing Capital*, 126–127. Alec Cairncross 爵士在 *Managing the British Economy in the 1960s* 一书（第 8–11 页）中，对 20 世纪 60 年代关于"停停–走走"和英国经济增长乏力的争议进行了详细的分析。Cairncross and Eichengreen, *Sterling in Decline*, 19, 157.

231. Eichengreen, *Globalising Capital*, 127.

232. Cairncross, *Managing the British Economy in the 1960s*, 128–130.

233. Tew, "Policies Aimed at Improving the Balance of Payments," 304. 参见 *Eichengreen, Globalizing Capital*, 第 126 页的图展示了英镑在 1961—1971 年的贬值幅度。

234. Airgram from the Embassy in the United Kingdom to the Department of State, 1963 年 5 月 31 日，*FRUS, 1961–1963, Vol. XVIII*, 559–561。

235. 同上。

236. "Minute of UK-US Discussion on International Oil Problems," 1963 年 6 月 14 日，*FRUS, 1961–1963, Vol. XVIII*, 631–634。

237. 同上。

238. 参见 Walmsley to Richmond, 1962 年 3 月 7 日，NA, T 317/844; "Note of a Discussion with Khalid Jaffar, Kuwaiti Ambassador in London," by C. E. Loombe, 1964 年 9 月 8 日，NA, T 317/683; "Note of the Governor's Conversation with the Kuwaiti Ambassador," by M. H. P., 1966 年 8 月 19 日，NA, T 318/127; 及 No. 697 from Crawford to the Foreign Office, 1966 年 10 月 21 日，NA, T 317/1003。

239. "Note of a Discussion with Khalid Jaffar, Kuwaiti Ambassador in London," by C. E. Loombe, 1964 年 9 月 8 日，NA, T 317/683; Cromer to Rickett, 1965 年 3 月 9 日，NA, T 317/684; "Note for the Record" by J. E. Lucas, 1965 年 4 月 14 日。

240. Fogarty to Lucas, 1966 年 2 月 4 日，NA, T 317/843。

241. Jackson to Steward, 1966 年 1 月 7 日，NA, FO 371/185395; Fogarty to Lucas, NA, T 317/843; "The Economy of Kuwait, 1950–1968," FCO Research Department, 1969 年 10 月，NA, FCO 51/93. C. E. Loombe of the Bank of England described Sheikh Jabir "and his colleagues" as "extremely interest conscious," Note by Loombe, 1965 年 5 月 8 日，NA, T 317/684。

242. "Why This Man Could Make the City TREMBLE," Patrick Sergeant, *The Daily Mail*,1965 年 11 月 25 日, NA, T 317/685。

243. Bell to Workman, 1966 年 11 月 18 日, NA, T 318/203。

244. Lucas to Sharp, 1965 年 9 月 16 日, NA, T 317/685。

245. 有关分析用于稳定英国国际收支平衡的各种措施, 参见 Tew, "Policies Aimed at Improving the Balance of Payments"。

246. 有关殖民政策委员会对帝国如何评估英国金融价值的内容, 参见 Tony Hopkins, "Macmillan's Audit of Empire, 1957" in Clarke and Trebilcock, *Understanding Decline*, 234–259。

247. 国防开支中的 3 000 万～4 000 万英镑, 覆盖了每年投入亚丁军事基地和海湾地区的 1 300 万英镑, 东非的 1 000 万英镑, 以及塞浦路斯与利比亚的 2 000 万英镑中的 "一部分"。参见 "Kuwait and Middle East Oil," Minute by Lloyd, 1961 年 8 月 2 日, NA, PREM 11/3452。

248. Lloyd to Macmillan, 1961 年 8 月 2 日, NA, T 236/6719。Alexander Frederick Douglas-Home, the secretary of state for foreign affairs, agreed with Lloyd's assessment。参见 Home to Macmillan, 1961 年 8 月 4 日, NA, T 236/6719。

249. Milner-Barry to Rickett, 1961 年 7 月 31 日, NA, T 236/6719。

250. Ibid.

251. Milner-Barry to Peck, 1962 年 10 月 12 日, NA, T 317/122。

252. Ryrie to Goldman, 1966 年 8 月 24 日, NA, T 312/1703。

253. Goldman to Lavelle, 1966 年 8 月 24 日, NA, T 312/1703。

254. Tew, "Policies Aimed at Improving the Balance of Payments," 321.

255. Ibid., 292.

256. Jackson to Stewart, 1966 年 5 月 6 日, NA, FO 371/185396。

257. Diane Kunz 的 "Somewhat Mixed Up Together': Anglo-American Defence and Financial Policy during the 1960s", 收录于 Robert D. King and Robin Kilson (eds.), *The Statecraft of British Imperialism: Essays in Honour of Wm. Roger Louis* (London: Frank Cass 1999) 213–232, 很好地探讨了英美关系的战略经济问题。关于中东方面, 参见 Tore Tingvold Petersen, *The Decline of the Anglo-American Middle East, 1961–1969: A Willing Retreat* (Brighron:Sussex Academic Press, 2006), 第四章和第七章; 尽管我根本不同意他的结论, 即 "威尔逊和工党一直都有意结束英国的海外承诺, 原因在于意识形态", 并且 "英国经济状况不佳, 只是加速撤回进程的额外诱因", 第 2 页。

258. Memorandum of Conversation, *FRUS, 1964–1968, Vol. XII*, 475–479.

259. Ibid.

260. Memorandum of Conversation, 1965 年 6 月 30 日, *FRUS, 1964–1968, Vol. XII*, 493–

496.

261. 引自 Little, *American Orientalism*, 139。
262. Ibid.
263. CIA Intelligence Memorandum, 1965 年 6 月 7 日，引自 Petersen, *The Decline of the Anglo-American Middle East*, 113。
264. Petersen, *The Decline of the Anglo-American Middle East*, 113.
265. Memorandum Prepared by the Executive Secretary of the Department of State, "Visit of Prime Minister Wilson," 未注明日期, *FRUS, 1964–1968, Vol. XII*, 510–512。
266. Memorandum of Conversation, 1966 年 1 月 27 日, *FRUS, 1964–1968, Vol. XII*, 516–528。在 1966 年 2 月 4 日于华盛顿举行的一次会议上，英国外交部 Roger Allen 爵士和其他官员提供了英国在海湾地区"保持军力"的详细计划。参见 *FRUS, 1964–1968, Vol. XXI*, 162–165。
267. Intelligence Memorandum, "The Security Situation in Aden," 1965 年 6 月 9 日, *FRUS, 1964–1968, Vol. XXI*, 143–145。备忘录继续写道："亚丁基地主要用于保护波斯湾地区的石油资源，它是英国在阿拉伯半岛及整个印度洋地区维护利益的重要军事驻地；同时，亚丁还是英国的全球防御体系中的一个重要组成部分。目前，亚丁是全球最大、最繁忙的英国皇家空军基地，也是继新加坡之后，英国在海外的最大军事基地群。从商业战略的角度看，亚丁是世界上最大的加油港，在英联邦所有港口中排名第三。"
268. Memorandum of Conversation, 1966 年 1 月 27 日, *FRUS, 1964–1968, Vol. XXI*, 516–528。
269. Ibid.
270. Memorandum of Conversation, 1965 年 6 月 30 日, *FRUS, 1964–1968, Vol. XXI*, 493–496。
271. Memorandum from Bundy to Johnson, 1965 年 9 月 10 日, *FRUS, 1964–1968, Vol. XXI*, 506–509。
272. Barr to Johnson, 1965 年 9 月 10 日, *FRUS, 1964–1968, Vol. XXI*, 505–506。
273. Fowler to Johnson, 1966 年 7 月 18 日, *FRUS, 1964–1968, Vol. XXI*, 539–543。
274. Ibid.
275. Ball to Johnson, 1966 年 7 月 22 日, *FRUS, 1964–1968, Vol. XXI*, 545–555。
276. Ibid.
277. 1966 年 6 月 20 日, *FRUS, 1964–1968, Vol. XXI*, 520–521。
278. Memorandum of Conversation, 1966 年 6 月 21 日, *FRUS, 1964–1968, Vol. XXI*, 527–530。
279. *FRUS, 1964–1968, Vol. XXII*, 287–288.
280. Little, *American Orientalism*, 140–141.
281. Ibid.
282. 1967 年 10 月 2 日, *FRUS, 1964–1968, Vol. XXI*, 227。

283. National Intelligence Estimate, 1967 年 5 月 18 日, *FRUS, 1964–1968, Vol. XXI*, 206–208。

尾声　1967 年英镑贬值及帝国的终结

1. *FRUS, 1964–1968, Vol. XII*, 618–624.
2. Briefing Memorandum for Rusk, January 9, 1968, *FRUS, 1964–1968, Vol. XXI*, 256–258.
3. "Text of Baghdad Oil Resolutions," NA, FCO 54/54.
4. Yergin, *The Prize*, 555; "The Closure of the Suez Canal: The Effect on Britain's Oil Operations," Memorandum by the Foreign and Commonwealth Office, June 12, 1969, NA, T 317/1362.
5. Keir Thorpe, "The Forgotten Shortage: Britain's Handling of the 1967 Oil Embargo," *Contemporary British History*, 21, 2 (2007), 203–204. 他将石油危机描述为"英国与中东关系变化中的一个重要里程碑"。
6. Bamberg, *British Petroleum and Global Oil, 1950–1975*, 170. 通过苏伊士运河运输波斯湾石油的成本为每吨 33 先令, 而绕行好望角路线的成本为每吨 134 先令, 参见 "The Closure of the Suez Canal and Oil," 1967 年 8 月 17 日, NA, T 317/1362。
7. "The Closure of the Suez Canal: The Effect on Britain's Oil Operations," Memorandum by the Foreign and Commonwealth Office, 1969 年 6 月 12 日, NA, T 317/1362。
8. "United Kingdom Balance of Payments in the Fourth Quarter and Year 1967," Central Statistical Office, 1968 年 3 月 13 日, NA, FCO 48/176。
9. Morse to Rickett, 1967 年 7 月 2 日, NA, T 318/128。科威特兑换了 1.06 亿英镑, 利比亚兑换了 6 700 万英镑, 伊拉克兑换了 2 800 万英镑, 埃及兑换了 1 700 万英镑, 其他国家兑换了 1 800 万英镑。参见 Lavelle to Cheminant, 1967 年 9 月 21 日, NA, T 318/128。
10. 另外 1 亿英镑被认为存在于其他国家的英镑账户中, 主要是日本。参见 Lavelle to Cheminant, 1967 年 9 月 21 日。
11. "United Kingdom Balance of Payments in the Fourth Quarter and Year 1967," Central Statistical Office, 1968 年 3 月 13 日, NA, FCO 48/176, 以及 Cairncross and Bichengreen, *Sterling in Decline*, 187–188。
12. Copeman to Hubback, 1967 年 10 月 19 日, NA, T 312/2304。
13. "Costs and Benefits of the International Role of Sterling and its Reduction," Group on the International Monetary System, IM (69) 31, 1969 年 9 月 9 日, NA, T 312/2305。关于这一话题的更多讨论, 参见 Cain and Hopkins, *British Imperialism*, 640–644, 以及 Schenk, "The New City and the State in the 1960s"。
14. Henry Fowler 指出, 英国 "正在损失大量的外汇储备, 原因不仅是因为对英镑普遍缺乏信心, 还因为许多国家正开始多样化储备货币, 这迫使英国意识到英镑作为储备货币的地位将不再持久"。"Summary Notes of the 587th Meeting of the National Security

Council,"1968 年 6 月 5 日,*FRUS, 1964–1968, Vol. XII*, 624–627。

15. Barber to Wilson, 1970 年 10 月 30 日,NA, PREM 15/329。这些协议以国际清算银行（BIS）所在城市的名字命名。BIS 是全球中央银行的协调机构,英国通过该机构建立了新的英镑区框架。

16. "Summary Notes of the 587th Meeting of the National Security Council," 1968 年 6 月 5 日,*FRUS, 1964–1968, Vol. XII*, 624–627。

17. 这是一份未注明日期的美国国务院备忘录,附加在 Walsh 于 1968 年 6 月 1 日给 Smith 的便签上,备忘录是为 1968 年 6 月 5 日计划举行的美国国家安全委员会（NSC）会议而准备的。*FRUS, 1964–1968, Vol. XII*, 618–624。

18. *Public Papers of the Presidents of the United States, Lyndon B. Johnson: Containing the Public Messages, Speeches, and Statements of the President, 1968–69 (in two books), Book I–January 1 to June 30, 1968* (Washington: United States Government Printing Office, 1970), 1.

19. Rostow to Johnson, 1967 年 11 月 13 日。参见 *FRUS, 1964–1968, Vol. VIII*, 437。

20. 有关布雷顿森林体系崩溃的描述,参见 Andrew Shonfield (ed.), *International Economic Relations of the Western World, 1959–1971, Part 1: Politics and Trade* (London: Oxford University Press, 1976), 第三章。英镑自 1972 年 6 月开始自由浮动。

21. Fowler to Johnson, 1965 年 8 月 6 日。参见 *FRUS, 1964–1968, Vol. XII*, 503–505。

22. Balfour-Paul, *The End of Empire in the Middle East*, 122–125. Saki Dockrill 指出,威尔逊政府早在 1967 年 7 月就已经决定从新加坡和马来西亚的基地撤出英国军队,他因此认为,11 月的货币贬值仅仅是加快了一个已经在进行中的过程。参见 *Britain's Retreat from East of Suez*, 211–212。她的观点是恰当的,但不管怎么讲,正是 20 世纪 60 年代持续的国际收支问题导致了英国最初做出撤军的决定。

23. No. 57 from Roberts to the Foreign Office, 1968 年 2 月 5 日,FCO 8/42。

24. "Defence Cuts: The Danger of Diversification," Draft brief by W. S. Ryrie for the chancellor, 1968 年 1 月 10 日, T 312/1949。

25. Memorandum of Conversation, *FRUS, 1964–1968, Vol. XII*, 603–608.

26. 1968 年 1 月 11 日,*FRUS, 1964–1968, Vol. XII*, 608–609。

27. *FRUS, 1964–1968, Vol. XII*, 609–610.

28. 引自 Little,*American Orientalism*, 142。

29. 1967 年 4 月 21 日,*FRUS, 1964–1968, Vol. XII*, 566–568。

30. Battle to Rusk, 1968 年 1 月 9 日,*FRUS, 1964–1968, Vol. XXI*, 256–258。

31. Battle to Rusk, 1967 年 11 月 20 日,*FRUS, 1964–1968, Vol. XXI*, 244–245。

32. Ball to Fowler, 1965 年 7 月 28 日,*FRUS, 1964–1968, Vol. VIII*, 175–177。

33. *FRUS, 1964–1968, Vol. XII*, 566–568。

34. 1967 年 7 月 13 日，*FRUS, 1964–1968, Vol. XII*, 575–578。
35. *FRUS, 1964–1968, Vol. XII*, 611–614。
36. Memorandum of Conversation, 1968 年 3 月 6 日，*FRUS, 1964–1968, Vol. XXXIV*, 401–404。
37. 1968 年 2 月 3 日，*FRUS, 1964–1968, Vol. XXI*, 277–278。
38. Message from Johnson to Wilson, 1968 年 1 月 15 日，*FRUS, 1964–1968, Vol. XII*, 609–611。
39. 国务院准备的一份背景文件，"Visit of British Prime Minister Wilson," 1968 年 2 月 2 日，*FRUS, 1964–1968, Vol. XXI*, 274–275。
40. 国务院准备的一份文件，无日期，*FRUS, 1964–1968, Vol. XII*, 618–624。
41. 由国务院发出的针对特定驻外机构的电报，1968 年 2 月 12 日，*FRUS, 1964–1968, Vol. XXI*, 279。
42. Information Memorandum from Battle to Rusk, 1968 年 2 月 22 日，*FRUS, 1964–1968, Vol. XXI*, 281–283；同注释 39、40。
43. Memorandum from the Joint Chiefs of Staff to McNamara, 1968 年 6 月 19 日，*FRUS, 1964–1968, Vol. XII*, 298–299。
44. Information Memorandum from Battle to Rusk, 1968 年 2 月 22 日，*FRUS, 1964–1968: Vol. XII*, 281–283。
45. Ibid.
46. Action Memorandum from Rostow to Johnson, 1968 年 1 月 31 日，*FRUS, 1964–1968, Vol. XII*, 268–269。
47. Little, *American Orientalism*, 143–145。
48. Balfour-Paul, *The End of Empire in the Middle East*, 126–136；Wm. Roger Louis, "The Withdrawal from the Gulf" 收录于 Louis 的 *Ends of British Imperialism*, 877–903。
49. Balfour-Paul, *The End of Empire in the Middle East*, 135。
50. Macmillan to Eden, 1956 年 12 月 31 日，NA, PREM 11/1826。

跋

1. "US Trade Deficit Sets Record, With China and Oil the Causes," *New York Times*, February 11, 2006.
2. 比如 *The Economist* asks, "How long will the dollar remain the world's premier currency?", November 29, 2007。
3. "Free Fall," Economist.com, 2008 年 3 月 16 日。自 2002 年至 2007 年，美元对一篮子货币贬值了 23%，*The Economist*, 2007 年 11 月 29 日；*Washington Post*, 2008 年 9 月 23 日。
4. "Rough Week, But America's Era Goes On," *Washington Post*, 2008 年 9 月 21 日。
5. *The Economist*, 2007 年 11 月 29 日。

6. Ibid.
7. "Ready for a Rout?" *The Economist*, 2007 年 11 月 8 日。
8. *New York Times*, 2007 年 1 月 2 日。
9. 根据国际货币基金组织的数据，2008 年美元几乎占国际外汇储备的三分之二，参见 "The Resilient Dollar," *The Economist*, 2008 年 10 月 2 日；"Losing Faith in the Greenback," *The Economist*, 2007 年 11 月 29 日。Barry Eichengreen 和 Marc Flandreau 令人信服地指出，市场有空间同时容纳一种以上的主要储备货币。他们研究发现，早在 20 世纪 20 年代中期，美元就在央行储备中超过了英镑（与之前的看法相反），然后在 30 年代落后于英镑，二战后再次夺回主导地位。参见 "The Rise and Fall of the Dollar, or When did the Dollar Replace Sterling as the Leading International Currency?" (National Bureau of Economic Research, Working Paper No. 14154, 2008 年 7 月）。
10. Energy Information Administration, Official Energy Statistics from the US Government, http://tonto.cia.doe.gov/energy_in_brief/foreign_oil_dependence.
11. "US Trade Deficit Sets Record, With China and Oil the Causes," *New York Times*, 2006 年 2 月 11 日。
12. "Trade Deficit Rose to 16-Month High in July as Oil Prices Hit a Record," *New York Times*, 2008 年 9 月 12 日。
13. "Currency's Dive Points to Further Pain," *Washington Post*, 2008 年 9 月 23 日。
14. "Time to Break Free," *The Economist*, 2007 年 11 月 22 日。
15. "Losing Faith in the Greenback," *The Economist*, 2007 年 11 月 29 日。
16. 网络上有一个阴谋论者社区认为，美国入侵伊拉克是因为萨达姆·侯赛因决定用欧元而非美元结算伊拉克出口的石油。该社区认为，这一举措有可能导致国际石油产业向欧元转移，并破坏美元在世界经济中的霸权。参见 William R. Clark, *Petrodollar Warfare: Oil, Iraq and the Future of the Dollar* (British Columbia: New Society, 2005)，第 5 章。尽管美国应认真对待国际石油贸易用非美元货币结算带来的金融威胁，但在所有与这场冲突相关的美国政府文件公开之前，这个问题是否被布什政府在发动伊拉克战争时考虑到，还无从准确判断。
17. 根据 Joseph E. Stiglitz 和 Linda J. Bilmes 的判断，总成本可能达到 3 万亿美元，*The Three Trillion Dollar War: The True Cost of the Iraq Conflict*（New York：W. W. Norton, 2008）。
18. 参见 Yaqub, *Containing Arab Nationalism*。
19. 在 2008 年 7 月达到 147 美元/桶的峰值后，油价于 2009 年 1 月下跌至 34 美元/桶左右。
20. "Well Prepared," *The Economist*, 2008 年 11 月 6 日；"Oil Closes Below $50, Lowest Price since May 2005," *New York Times*, 2008 年 11 月 21 日；"Down it Goes," *The Economist*, 2008 年 12 月 2 日。

21. 1971 年，后来出任美国驻沙特大使的 James Akins 向尼克松政府推荐了这一政策。参见 Robert D. Kaplan, *The Arabists: The Romance of an American Elite* (New York: Free Press, 1993), 173。
22. "Losing Faith in the Greenback," *The Economist,* 2007 年 11 月 29 日。
23. "America and the New Financial World," *Wall Street Journal*, 2008 年 10 月 6 日。
24. 关于这一讨论，参见 Parag Khanna, *The Second World: Empires and Influence in the New Global Order* (New York: Random House, 2008)。

参考文献

公共档案

BANK OF ENGLAND ARCHIVE, LONDON

G1 Governor's files

Economic Intelligence Department
EID3 Balance of Payments Estimates

Exchange Control Department
EC4 Defence (Finance) Regulations: Files
EC5 Exchange Control Act: Files

Overseas Department
OV 23 Iraq
OV 44 Sterling and Sterling Area Policy

BP ARCHIVE, UNIVERSITY OF WARWICK, COVENTRY

NATIONAL ARCHIVES OF THE UNITED KINGDOM, KEW

Cabinet Office
CAB 128 Minutes
CAB 134 Miscellaneous Committees: Minutes and Papers

Foreign and Commonwealth Office
FCO 48 Commonwealth Office: Aid Department and Commonwealth Financial Policy Department
FCO 51 Foreign and Commonwealth Office and Predecessors: Research Department
FCO 54 Foreign Office: Oil Department

Foreign Office
FO 371 Political Departments: General Correspondence
FO 800 Private Offices: Various Ministers' and Officials' Papers

Ministry of Fuel and Power
POWE 17   Mines Department and Successor: Coal Division: Emergency Services, Correspondence and Papers
POWE 33   Petroleum Division

Prime Minister's Office
PREM 8   Correspondence and Papers, 1945–1951
PREM 11   Correspondence and Papers, 1951–1964

Treasury Office
T 172   Chancellor of the Exchequer's Office: Miscellaneous Papers
T 229   Central Economic Planning Staff, and Treasury, Central Economic Planning Section
T 234   Home and Overseas Planning Staff Division
T 236   Overseas Finance Division
T 312   Overseas Finance and Co-ordination Division and Finance (International Monetary) Division
T 317   Finance: Overseas Development Divisions
T 318   Finance (Statistics) Division and Finance (Balance of Payments) Division

NATIONAL ARCHIVES AND RECORDS ADMINISTRATION, WASHINGTON, DC

Decimal Files

Record Group 59. Records of the Department of State

Records of the Petroleum Division

公开的政府文件

Dickman, Paul (ed.). *National Statistics: Economic Trends Annual Supplement, 2000 Edition*, No. 26 (London: The Stationery Office, 2000).
Glover, Stephen and Edward Parker. "Invisible Earnings: The UK's Hidden Strength: HM Treasury Occasional Paper 7." London: HM Treasury, 1996.
Gorst, Anthony and Lewis Johnman (eds.). *The Suez Crisis*. London: Routledge, 1997.
HM Treasury. *United Kingdom Balance of Payments, 1946–1957* (London: Her Majesty's Stationery Office, 1959).
Johnson, Lyndon B. *Public Papers of the Presidents of the United States, Lyndon B. Johnson: Containing the Public Messages, Speeches, and Statements of the President, 1968–69 (in two books), Book I – January 1 to June 30, 1968*. Washington: United States Government Printing Office, 1970.

Parliamentary Debates (*Hansard*), Fifth Series, Vol. 51, House of Commons, Official Report, Second Session of the Forty-First Parliament, Session 1956–7 Comprising period from 26th November to 7th December, 1956.

US Department of State. *Papers Related to the Foreign Relations of the United States, 1919, Vol. II.* Washington: United States Government Printing Office, 1934.

Foreign Relations of the United States, Diplomatic Papers, 1944, Vol. III: The British Commonwealth and Europe. Washington: United States Government Printing Office, 1965.

Foreign Relations of the United States, Diplomatic Papers, 1944, Vol. V: The Near East, South Asia, Africa, and the Far East. Washington: United States Government Printing Office, 1965.

Foreign Relations of the United States, Diplomatic Papers, 1945, Vol. VI: The British Commonwealth; the Far East. Washington: United States Government Printing Office, 1969.

Foreign Relations of the United States, 1947, Vol. III: The British Commonwealth; Europe. Washington: United States Government Printing Office, 1972.

Foreign Relations of the United States, 1947, Vol. V: The Near East and Africa. Washington: United States Government Printing Office, 1972.

Foreign Relations of the United States, 1948, Vol. III: Western Europe. Washington: United States Government Printing Office, 1974.

Foreign Relations of the United States, 1949, Vol. IV: Western Europe. Washington: United States Government Printing Office, 1975.

Foreign Relations of the United States, 1949, Vol. VI: The Near East, South Asia, and Africa. Washington: United States Government Printing Office, 1977.

Foreign Relations of the United States, 1950, Vol. III: Western Europe. Washington: United States Government Printing Office, 1977.

Foreign Relations of the United States, 1950, Vol. V: The Near East, South Asia, and Africa. Washington: United States Government Printing Office, 1978.

Foreign Relations of the United States, 1951, Vol. V: The Near East and Africa. Washington: United States Government Printing Office, 1982.

Foreign Relations of the United States, 1952–1954, Vol. VI: Western Europe and Canada (in two parts). Washington: United States Government Printing Office, 1986.

Foreign Relations of the United States, 1952–1954, Vol. IX: The Near and Middle East (in two parts). Washington: United States Government Printing Office, 1986.

Foreign Relations of the United States, 1952–1954, Vol. X: Iran, 1951–1954. Washington: United States Government Printing Office, 1989.

Foreign Relations of the United States, 1955–1957, Vol. XII: Near East Region; Iran; Iraq. Washington: United States Government Printing Office, 1992.

Foreign Relations of the United States, 1955–1957, Vol. XIV: Arab-Israeli Dispute, 1955. Washington: United States Government Printing Office, 1989.

Foreign Relations of the United States, 1955–1957, Vol. XV: Arab-Israeli Dispute, January 1–July 26, 1956. Washington: United States Government Printing Office, 1989.

Foreign Relations of the United States, 1955–1957, Vol. XVI: Suez Crisis, July 26– December 31, 1956. Washington: United States Government Printing Office, 1990.

Foreign Relations of the United States, 1955–1957, Vol. XXVII: Western Europe and Canada. Washington: United States Government Printing Office, 1992.

Foreign Relations of the United States, 1958–1960, Vol. XII: Near East Region; Iraq; Iran; Arabian Peninsula. Washington: United States Government Printing Office, 1993.

Foreign Relations of the United States, 1961–1963, Vol. XVII: Near East, 1961–1962. Washington: United States Government Printing Office, 1995.

Foreign Relations of the United States, 1961–1963, Vol. XVIII: Near East, 1962–1963. Washington: United States Government Printing Office, 1995.

Foreign Relations of the United States, 1964–1968, Vol. VIII: International Monetary and Trade Policy. Washington: United States Government Printing Office, 1998.

Foreign Relations of the United States, 1964–1968, Vol. XII: Western Europe. Washington: United States Government Printing Office, 2001.

Foreign Relations of the United States, 1964–1968, Vol. XXI: Near East Region; Arab Peninsula. Washington: United States Government Printing Office, 2000.

Foreign Relations of the United States, 1964–1968, Vol. XXII: Iran, Washington: United States Government Printing Office, 1999.

US Office of Naval Petroleum and Oil Shale Reserves. *Twentieth Century Petroleum Statistics*, 37th edition. Dallas: DeGolyer and MacNaughton, 1981.

报纸和期刊

Financial Times

The (London) *Times*

New York Times

Wall Street Journal

Washington Post

回忆录及二手信息

Abadi, Jacob. *Britain's Withdrawal from the Middle East: The Economic and Strategic Imperatives.* Princeton: The Kingston Press, 1982.

Abrahamian, Ervand. *Iran between Two Revolutions.* Princeton University Press, 1982.

Acheson, Dean. *Present at the Creation: My Years in the State Department.* New York: W. W. Norton and Company, 1969.

Ahmed A. Ahmed. "Kuwait Public Commercial Investments in Arab Countries," *Middle Eastern Studies*, 31, 2 (1995), 293–306.

Al-Sabah, Y. S. F. *The Oil Economy of Kuwait*. London: Kegan Paul International, 1980.

Anderson, Irvine. *Aramco, the United States, and Saudi Arabia: A Study of the Dynamics of Foreign Oil Policy, 1933–1950*. Princeton University Press, 1981.

Ashton, Nigel John. *Eisenhower, Macmillan and the Problem of Nasser: Anglo-American Relations and Arab Nationalism, 1955–59*. New York: St. Martin's Press, 1996.

Assiri, Abdul-Reda. *Kuwait's Foreign Policy: City-State in World Politics*. Boulder: Westview Press, 1990.

Balfour-Paul, Glen. *The End of Empire in the Middle East: Britain's Relinquishment of Power in Her Last Three Arab Dependencies*. Cambridge University Press, 1991.

"Britain's Informal Empire in the Middle East" in Judith Brown and Wm. Roger Louis (eds.), *The Oxford History of the British Empire, Volume IV: The Twentieth Century*. Oxford University Press, 1999, 490–514.

Bamberg, J. H. *British Petroleum and Global Oil, 1950–1975*. Cambridge University Press, 2000.

The History of the British Petroleum Company, Volume II: The Anglo-Iranian Years, 1928–1954. Cambridge University Press, 1994.

Baran, Paul. *The Political Economy of Growth*. New York: Monthly Review Press, 1957.

Bartlett, C. J. *"The Special Relationship": A Political History of Anglo-American Relations since 1945*. London: Longman, 1992.

Batatu, Hanna. *The Old Social Classes and the Revolutionary Movements of Iraq: A Study of Iraq's Old Landed and Commercial Classes and of its Communists, Ba'thists, and Free Officers*. Princeton University Press, 1989.

Bell, Philip W. *The Sterling Area in the Postwar World: Internal Mechanism and Cohesion, 1946–1952*. Oxford: Clarendon Press, 1956.

Beloff, Max. *The Future of British Foreign Policy*. London: Secker and Warburg, 1969.

Bialer, Uri. *Oil and the Arab-Israeli Conflict, 1948–1963*. New York: St. Martin's Press, 1999.

Bill, James A. *The Eagle and the Lion: The Tragedy of American–Iranian Relations*. New Haven: Yale University Press, 1988.

Blyth, Robert J. "Britain versus India in the Persian Gulf: The Struggle for Political Control, c.1928–48," *The Journal of Imperial and Commonwealth History*, 28, 1 (2000), 90–111.

Bostock, Frances and Geoffrey Jones (eds.). *Planning and Power in Iran: Ebtehaj and Economic Development under the Shah*. London: Frank Cass, 1989.

Bowie, Robert R., "Eisenhower, Dulles, and the Suez Crisis" in Wm. Roger Louis and Roger Owen (eds.), *Suez 1956: The Crisis and its Consequences*. Oxford: Clarendon Press, 1989, 189–214.

Brown, Judith. "India" in Judith M. Brown and Wm. Roger Louis (eds.), *The Oxford History of the British Empire, Volume IV: The Twentieth Century*. Oxford University Press, 1999, 421–446.

Burnham, Peter. *Remaking the Postwar World Economy: Robot and British Policy in the 1950s*. New York: Palgrave Macmillan, 2003.
Cain, P. J. and A. G. Hopkins. *British Imperialism, 1688–2000*, second edition. London: Longman, 2002.
Cairncross, Sir Alec. "The Bank of England and the British Economy" in Richard Roberts and David Kynaston (eds.), *The Bank of England: Money, Power and Influence, 1694–1994*. Oxford: Clarendon Press, 1995, 56–82.
 The British Economy since 1945: Economic Policy and Performance, 1945–1990. Oxford: Blackwell, 1992.
 "A British Perspective on Bretton Woods" in Orin Kirshner (ed.), *The Bretton Woods–GATT System: Retrospect and Prospect after Fifty Years*. New York: M. E. Sharpe, 1996, 70–81.
 Managing the British Economy in the 1960s: A Treasury Perspective. London: Macmillan, 1996.
 Years of Recovery: British Economic Policy, 1945–1951. London: Methuen, 1985.
Cairncross, Sir Alec and Barry Eichengreen, *Sterling in Decline: The Devaluations of 1931, 1949 and 1967*. Oxford: Basil Blackwell, 1983.
Cassis, Youssef. "Financial Elites Revisited" in Ranald Michie and Philip Williamson (eds.), *The British Government and the City of London in the Twentieth Century*. Cambridge University Press, 2004, 76–95.
Chapman, Richard A. *The Treasury in Public Policy-Making*. London: Routledge, 1997.
Childs, David. *Britain since 1945: A Political History*, third edition. London: Routledge, 1997.
Clark, William R. *Petrodollar Warfare: Oil, Iraq and the Future of the Dollar*. British Columbia: New Society, 2005.
Cohen, Michael J. "The Strategic Role of the Middle East after the War" in Michael J. Cohen and Martin Kolinsky (eds.), *Demise of the British Empire in the Middle East: Britain's Responses to Nationalist Movements, 1943–1955*. London: Frank Cass, 1998, 23–37.
Conan, A. R. *The Sterling Area*. London: Macmillan, 1952.
Cooper, Richard N. *The International Monetary System*. Cambridge: MIT Press, 1987.
Cottam, Richard. *Nationalism in Iran*. University of Pittsburgh Press, 1964.
Cottrell, P. L. "The Bank of England in its International Setting, 1918–1972" in Richard Roberts and David Kynaston (eds.), *The Bank of England: Money, Power and Influence, 1694–1994*. Oxford: Clarendon Press, 1995, 83–139.
Crafts, N. F. R. and N. W. C. Woodward (eds.). *The British Economy since 1945*. Oxford: Clarendon Press, 1991.
Crystal, Jill. *Oil and Politics in the Gulf: Rulers and Merchants in Kuwait and Qatar*. Cambridge University Press, 1990.
Darwin, John. *Britain and Decolonization: The Retreat from Empire in the Post-War World*. New York: St. Martin's Press, 1988.
 Britain, Egypt, and the Middle East. New York: St. Martin's Press, 1981.
 The End of the British Empire: The Historical Debate. Oxford: Basil Blackwell, 1991.

De Macedo, Jorge Braga, Barry Eichengreen, and Jaime Reis (eds.). *Currency Convertibility: The Gold Standard and Beyond*. London: Routledge, 1996.

Dell, Edmund. *The Chancellors: A History of the Chancellors of the Exchequer, 1945–1990*. London: HarperCollins, 1996.

Demir, Soliman. *The Kuwait Fund and the Political Economy of Arab Regional Development*. New York: Praeger, 1976.

Dessouki, Ali E. Hillal. "Nasser and the Struggle for Independence" in Wm. Roger Louis and Roger Owen (eds.), *Suez 1956: The Crisis and its Consequences*. Oxford: Clarendon Press, 1989, 31–41.

Divine, Robert A. *Eisenhower and the Cold War*. New York: Oxford University Press, 1981.

Dobson, Alan P. *The Politics of the Anglo-American Economic Special Relationship, 1940–1987*. New York: St. Martin's Press, 1988.

Dockrill, Saki. *Britain's Retreat from East of Suez: The Choice between Europe and the World?* New York: Palgrave Macmillan, 2002.

Dow, J. C. R. *The Management of the British Economy, 1945–60*. Cambridge University Press, 1964.

Drummond, Ian M. *The Floating Pound and the Sterling Area, 1931–1939*. Cambridge University Press, 1981.

Imperial Economic Policy, 1917–1939: Studies in Expansion and Protection. London: George Allen and Unwin, 1974.

Dutton, David. *Anthony Eden: A Life and Reputation*. London: Arnold, 1997.

Eden, Anthony. *Full Circle: The Memoirs of Anthony Eden*. Cambridge, UK: The Riverside Press, 1960.

Eichengreen, Barry. *Globalizing Capital: A History of the International Monetary System*. Princeton University Press, 1996.

El Mallakh. *Kuwait: Trade and Investment*. Boulder: Westview Press, 1979.

Elm, Mostafa. *Oil, Power, and Principle: Iran's Oil Nationalization and its Aftermath*. Syracuse University Press, 1992.

Elwell-Sutton, L. P. *Persian Oil: A Study in Power Politics*. Westport: Greenwood Press, 1975.

Farmanfarmaian, Manucher and Roxane Farmanfarmaian. *Memoirs of a Persian Prince*. New York: Random House, 1997.

Farnie, D. A. *East and West of Suez: The Suez Canal in History: 1854–1956*. Oxford: Clarendon Press, 1969.

Farouk-Sluglett, Marion and Peter Sluglett. *Iraq since 1958: From Revolution to Dictatorship*. London: I. B. Tauris, 1990.

Ferrier, R. W. *The History of the British Petroleum Company, Volume I: The Developing Years, 1901–1932*. Cambridge University Press, 1982.

Fforde, John. *The Bank of England and Public Policy, 1941–1958*. Cambridge University Press, 1992.

Frank, André Gunder. *Capitalism and Underdevelopment in South America*. New York: Monthly Review Press, 1967.

Gardner, Richard N. *Sterling–Dollar Diplomacy: The Origins and the Prospects of our International Economic Order*, new expanded edition. New York: McGraw-Hill, 1969.

"Sterling–Dollar Diplomacy in Current Perspective" in Wm. Roger Louis and Hedley Bull (eds.), *The Special Relationship: Anglo-American Relations since 1945*. Oxford: Clarendon Press, 1986, 185–200.

Gavin, Francis J. "The Gold Battles within the Cold War: American Monetary Policy and the Defense of Europe, 1960–1963," *Diplomatic History*, 26, 1 (2002), 61–94.

Gold, Dollars, and Power: The Politics of International Monetary Relations, 1958–1971. Chapel Hill: University of North Carolina Press, 2004.

"Politics, Power, and US Policy in Iran, 1950–1953," *Journal of Cold War Studies*, 1, 1 (1999), 56–90.

Green, E. H. H. "The Conservatives and the City" in Ranald Michie and Philip Williamson (eds.), *The British Government and the City of London in the Twentieth Century*. Cambridge University Press, 2004, 153–173.

Greenstein, Fred I. *The Hidden-Hand Presidency: Eisenhower as Leader*. New York: Basic Books, 1982.

Hack, Karl. *Defence and Decolonisation in Southeast Asia: Britain, Malaya and Singapore, 1941–1968*. Richmond: Curzon Press, 2001.

Hathaway, Robert M. *Great Britain and the United States: Special Relations since World War II*. Boston: Twayne, 1990.

Heikal, Mohammed. *Cutting the Lion's Tail: Suez through Egyptian Eyes*. London: André Deutsch, 1986.

Heiss, Mary Ann. *Empire and Nationhood: The United States, Great Britain, and Iranian Oil, 1950–1954*. New York: Columbia University Press, 1997.

Hinds, Allister. *Britain's Sterling Colonial Policy and Decolonization, 1939–1958*. Westport: Greenwood Press, 2001.

Hobsbawm, Eric. *Industry and Empire: An Economic History of Britain since 1750*. London: Weidenfeld and Nicolson, 1968.

Hobson, J. A. *Imperialism: A Study*. Ann Arbor: University of Michigan Press, 1965.

Hollowell, Jonathan (ed.). *Twentieth-Century Anglo-American Relations*. Houndmills: Palgrave, 2001.

Holtfrerich, Carl-Ludwig (ed.). *Interactions in the World Economy: Perspectives from International Economic History*. New York: New York University Press, 1989.

Hopkins, Tony. "Macmillan's Audit of Empire, 1957" in Peter Clarke and Clive Trebilcock (eds.), *Understanding Decline: Perceptions and Realities of British Economic Performance*. Cambridge University Press, 1997, 234–260.

Hopwood, Derek (ed.). *The Arabian Peninsula: Society and Politics*. London: George Allen and Unwin, 1972.

Horne, Alistair. *Macmillan, 1894–1956: Volume I of the Official Biography*. London: Macmillan, 1988.

Howarth, Stephen. *A Century in Oil: The "Shell" Transport and Trading Company, 1897–1997*. London: Weidenfeld and Nicholson, 1997.

Hyam, Ronald. *Britain's Declining Empire: The Road to Decolonisation, 1918–1968*. Cambridge University Press, 2006.

Ingram, Edward. *Britain's Persian Connection, 1798–1828: Prelude to the Great Game in Asia*. Oxford: Clarendon Press, 1992.

Johnman, Lewis. "Defending the Pound: The Economics of the Suez Crisis, 1956" in Anthony Gorst, Lewis Johnman, and W. Scott Lucas (eds.), *Postwar Britain, 1945–64: Themes and Perspectives*. London: Pinter, 1989, 166–188.
Jones, Geoffrey. *Banking and Empire in Iran: The History of the British Bank of the Middle East*, 2 volumes. Cambridge University Press, 1986 and 1987.
Joyce, Miriam. *Kuwait, 1945–1996: An Anglo-American Perspective*. London: Frank Cass, 1998.
    "Preserving the Sheikhdom: London, Washington, Iraq and Kuwait, 1958–1961," *Middle Eastern Studies*, 31, 2 (1995), 281–292.
Kaplan, Robert D. *The Arabists: The Romance of an American Elite*. New York: Free Press, 1993.
Katz, Samuel I. "Sterling Instability and the Postwar Sterling System," *Review of Economics and Statistics*, 31, 1 (1954), 81–87.
    "Sterling's Recurring Postwar Payments Crises," *The Journal of Political Economy*, 68, 3 (1955), 216–226.
Keddie, Nikki R. *Roots of Revolution: An Interpretive History of Modern Iran*. New Haven: Yale University Press, 1981.
Kegley, Charles W. Jr. and Pat McGowan. *The Political Economy of Foreign Policy Behavior*. Beverly Hills: Sage, 1981.
Kelly, J. B. *Arabia, the Gulf and the West*. New York: Basic Books, 1980.
Kenen, Peter B. *British Monetary Policy and the Balance of Payments, 1951–1957*. Cambridge, MA: Harvard University Press, 1967.
Khanna, Parag. *The Second World: Empires and Influence in the New Global Order*. New York: Random House, 2008.
Khouja, M. W. and P. G. Sadler. *The Economy of Kuwait: Development and Role in International Finance*. London: Macmillan, 1979.
Kindleberger, Charles. *The World in Depression, 1929–1939*, revised and enlarged edition. Berkeley: University of California Press, 1986.
Kingston, Paul W. T. *Britain and the Politics of Modernization in the Modern Middle East, 1945–1958*. New York: Cambridge University Press, 1996.
Kirshner, Orin (ed.). *The Bretton Woods–GATT System: Retrospect and Prospect after Fifty Years*. New York: M. E. Sharpe, 1996.
Krozewski, Gerold. "Finance and Empire: The Dilemma Facing Great Britain in the 1950s," *International History Review*, 18, 1 (1996), 48–69.
    Money and the End of Empire: British International Economic Policy and the Colonies, 1947–1958. Houndmills: Palgrave, 2001.
    "Sterling, the 'Minor Territories,' and the End of Formal Empire, 1939–1958," *Economic History Review*, 46, 2 (1993), 239–265.
Kunz, Diane B. *The Economic Diplomacy of the Suez Crisis*. Chapel Hill: University of North Carolina Press, 1991.
    "'Somewhat Mixed Up Together': Anglo-American Defence and Financial Policy during the 1960s" in Robert D. King and Robin Kilson (eds.), *The Statecraft of British Imperialism: Essays in Honour of Wm. Roger Louis*. London: Frank Cass, 1999, 213–232.
Kyle, Keith. *Suez*. London: Weidenfeld and Nicolson, 1991.
Kynaston, David. *The City of London, Volume IV: A Club No More, 1945–2000*. London: Chatto and Windus, 2001.

Landes, David. *Bankers and Pashas: International Finance and Economic Imperialism in Egypt*. Cambridge, MA: Harvard University Press, 1958.
The Wealth and Poverty of Nations: Why Some are so Rich and Some so Poor. New York: W.W. Norton, 1998.
Little, Douglas. *American Orientalism: The United States and the Middle East since 1945*. Chapel Hill: University of North Carolina Press, 2002.
Lloyd, Selwyn. *Suez 1956: A Personal Account*. London: Jonathan Cape, 1978.
Longrigg, Stephen Hemsley. *Oil in the Middle East: Its Discovery and Development*, third edition. London: Oxford University Press, 1968.
Longstreth, Frank. "The City, Industry, and the State" in Colin Crouch (ed.), *State and Economy in Contemporary Capitalism*. London: Croom Helm, 1979, 157–190.
Louis, Wm. Roger. "American Anti-Colonialism and the Dissolution of the British Empire" in Wm. Roger Louis and Hedley Bull (eds.), *The Special Relationship: Anglo-American Relations since 1945*. Oxford: Clarendon Press, 1986, 261–284.
The British Empire in the Middle East, 1945–1951: Arab Nationalism, the United States, and Postwar Imperialism. Oxford: Clarendon Press, 1984.
"The British and the Origins of the Iraqi Revolution" in Robert Fernea and Wm. Roger Louis (eds.), *The Iraqi Revolution of 1958: The Old Social Classes Revisited*. London: I. B. Tauris, 1991, 31–61.
"The Dissolution of the British Empire" in Judith M. Brown and Wm. Roger Louis (eds.), *The Oxford History of the British Empire, Volume IV: The Twentieth Century*. Oxford University Press, 1999, 329–356.
"Dulles, Suez, and the British" in Richard H. Immerman (ed.), *John Foster Dulles and the Diplomacy of the Cold War*. Princeton University Press, 1990, 133–158.
"The End of the Palestine Mandate" in Wm. Roger Louis (ed.), *Ends of British Imperialism: The Scramble for Empire, Suez and Decolonization*. London: I. B. Tauris, 2006, 419–447.
Imperialism at Bay: The United States and the Decolonization of the British Empire, 1941–1945. New York: Oxford University Press, 1978.
Imperialism: The Robinson and Gallagher Controversy. New York: New Viewpoints, 1976.
"Musaddiq and the Dilemmas of British Imperialism" in James Bill and Wm. Roger Louis (eds.), *Musaddiq, Iranian Nationalism, and Oil*. Austin: University of Texas Press, 1988, 228–260.
"Public Enemy Number One: Britain and the United Nations in the Aftermath of Suez" in Wm. Roger Louis (ed.), *Ends of British Imperialism: The Scramble for Empire, Suez and Decolonization*. London: I. B. Tauris, 2006, 689–724.
"The Withdrawal from the Gulf" in Wm. Roger Louis (ed.), *Ends of British Imperialism: The Scramble for Empire, Suez and Decolonization*. London: I. B. Tauris, 2006, 877–903.
Louis, Wm. Roger and Ronald Robinson. "The Imperialism of Decolonization" in Wm. Roger Louis (ed.), *Ends of British Imperialism: The Scramble for Empire, Suez and Decolonization*. London: I. B. Tauris, 2006, 451–502.
Lytle, Mark Hamilton. *The Origins of the Iranian–American Alliance, 1941–1953*. New York: Holmes and Meier, 1987.

Macmillan, Harold. *Riding the Storm, 1956–1959*. London: Harper and Row, 1971.

McGhee, George. *Envoy to the Middle World: Adventures in Diplomacy*. New York: Harper and Row, 1983.

Mansergh, Nicholas. *The Commonwealth Experience*, second edition. London: Macmillan, 1982.

Marlowe, John. *Anglo-Egyptian Relations, 1800–1956*. London: Frank Cass, 1965.

Marsh, Steve. "Anglo-American Crude Diplomacy: Multinational Oil and the Iranian Oil Crisis, 1951–53." *Contemporary British History*, 21, 1 (2007), 25–53.

Anglo-American Relations and Cold War Oil: Crisis in Iran. New York: Palgrave Macmillan, 2003.

Menderhausen, Horst. "Dollar Shortage and Oil Surplus in 1949–1950," *Essays in International Finance*, No. 11, 1950.

Michie, Ranald. "The City of London and the British Government: The Changing Relationship" in Ranald Michie and Philip Williamson (eds.), *The British Government and the City of London in the Twentieth Century*. Cambridge University Press, 2004, 31–55.

Miller, J. D. B. *Britain and the Old Dominions*. Baltimore: The Johns Hopkins University Press, 1966.

Survey of Commonwealth Affairs: Problems of Expansion and Attrition, 1953–1969. London: Oxford University Press, 1974.

Monroe, Elizabeth. *Britain's Moment in the Middle East, 1914–1971*. London: Chatto and Windus, 1981.

Newton, Scott. "Britain, the Sterling Area and European Integration, 1945–50," *The Journal of Imperial and Commonwealth History*, 13, 3 (1985), 163–182.

Oren, Michael B. *Six Days of War: June 1967 and the Making of the Modern Middle East*. Oxford University Press, 2002.

Ovendale, Ritchie. *Anglo-American Relations in the Twentieth Century*. New York: St. Martin's Press, 1998.

Britain, the United States and the Transfer of Power in the Middle East, 1945–1962. London: Leicester University Press, 1996.

Owen, Nicholas. "Britain and Decolonization: The Labour Governments and the Middle East" in Michael J. Cohen and Martin Kolinsky (eds.), *Demise of the British Empire in the Middle East: Britain's Responses to Nationalist Movements, 1943–1955*. London: Frank Cass, 1998, 3–22.

Painter, David S. *Oil and the American Century: The Political Economy of US Foreign Oil Policy, 1941–1954*. Baltimore: The Johns Hopkins University Press, 1986.

Peden, G. C. "The Treasury and the City" in Ranald Michie and Philip Williamson (eds.), *The British Government and the City of London in the Twentieth Century*. Cambridge University Press, 2004, 117–134.

Perkins, Bradford. "Unequal Partners: The Truman Administration and Great Britain" in Roger Louis and Hedley Bull (eds.), *The "Special Relationship": Anglo-American Relations since 1945*. Oxford: Clarendon Press, 1986, 43–64.

Petersen, Tore Tingvold. "Anglo-American Rivalry in the Middle East: The Struggle for the Buraimi Oasis, 1952–1957," *The International History Review*, 14, 1 (1992), 71–91.

"Crossing the Rubicon? Britain's Withdrawal from the Middle East, 1964–1968: A Bibliographical Review," *The International History Review*, 22, 2 (2000), 318–340.

The Decline of the Anglo-American Middle East, 1961–1969: A Willing Retreat. Brighton: Sussex Academic Press, 2006.

The Middle East between the Great Powers: Anglo-American Conflict and Cooperation, 1952–1957. Houndmills: Macmillan, 2000.

Phillips, Kevin. *Bad Money: Reckless Finance, Failed Politics, and the Global Crisis of American Capitalism*. New York: Penguin, 2008.

Platt, D. C. M. *Finance, Trade, and Politics in British Foreign Policy, 1815–1914*. Oxford: Clarendon Press, 1968.

Pressnell, L. S. *External Economic Policy since the War, Volume I: The Post-War Financial Settlement*. London: Her Majesty's Stationery Office, 1986.

Pridham, B. R. (ed.). *The Arab Gulf and the Arab World*. London: Croom Helm, 1988.

Roseveare, Henry. *The Treasury: The Evolution of a British Institution*. New York: Columbia University Press, 1969.

Rostow, W. W. *The Stages of Economic Growth: A Non-Communist Manifesto*, third edition. Cambridge University Press, 1990.

Rotter, Andrew J. *The Path to Vietnam: Origins of the American Commitment to Southeast Asia*. Ithaca: Cornell University Press, 1987.

Said, Edward W. *Orientalism*. New York: Vintage Books, 1978.

Sampson, Anthony. *The Seven Sisters: The Great Oil Companies and the World They Shaped*. New York: The Viking Press, 1975.

Sanders, David. *Losing an Empire, Finding a Role: An Introduction to British Foreign Policy since 1945*. New York: St. Martin's Press, 1989.

Schenk, Catherine R. *Britain and the Sterling Area: From Devaluation to Convertibility in the 1950s*. London: Routledge, 1994.

"Closing the Hong Kong Gap: The Hong Kong Free Dollar Market in the 1950s," *The Economic History Review*, 47, 2 (1994), 335–353.

"Exchange Controls and Multinational Enterprise: The Sterling–Dollar Oil Controversy in the 1950s," *Business History*, 38, 4 (1996), 21–41.

"Finance and Empire: Confusions and Complexities: A Note," *The International History Review*, 18, 4 (1996), 868–872.

"The New City and the State in the 1960s" in Ranald Michie and Philip Williamson (eds.), *The British Government and the City of London in the Twentieth Century*. Cambridge University Press, 2004, 322–339.

"The Origins of a Central Bank in Malaya and the Transition to Independence, 1954–1959," *Journal of Imperial and Commonwealth History*, 21, 2 (1993), 409–431.

Scott, M. F. G. "The Balance of Payments Crises" in G. D. N. Worswick and P. H. Ady (eds.), *The British Economy in the Nineteen-Fifties*. Oxford: Clarendon Press, 1962, 205–230.

A Study of United Kingdom Imports. Cambridge University Press, 1963.

Shonfield, Andrew. *British Economic Policy since the War*. London: Penguin, 1958.
  (ed.). *International Economic Relations of the Western World, 1959–1971, Part 1: Politics and Trade*. London. Oxford University Press, 1976.
Shwadran, Benjamin. *The Middle East, Oil, and the Great Powers*, third edition. New York: Wiley, 1974.
Silverfarb, Daniel. *Britain's Informal Empire in the Middle East: A Case Study of Iraq, 1929–1941*. New York: Oxford University Press, 1986.
Skidelsky, Robert. *John Maynard Keynes, Volume III: Fighting for Britain, 1937–1946*. London: Macmillan, 2000.
Smith, Charles D. *Palestine and the Arab-Israeli Conflict*, second edition. New York: St. Martin's Press, 1992.
Smith, Michael, Steve Smith, and Brian White (eds.), *British Foreign Policy: Tradition, Change, and Transformation*. London: Unwin Hyman, 1988.
Smith, Simon. *Kuwait, 1950–1965: Britain, the al-Sabah, and Oil*. Oxford University Press, 1999.
Stephens, Robert. *Nasser: A Political Biography*. New York: Simon and Schuster, 1971.
Stiglitz, Joseph E. and Linda J. Bilmes. *The Three Trillion Dollar War: The True Cost of the Iraq Conflict*. New York: W. W. Norton, 2008.
Stoff, Michael. *Oil, War, and American Security: The Search for a National Policy on Foreign Oil, 1941–1947*. New Haven: Yale University Press, 1980.
Strange, Susan. *Sterling and British Policy: A Political Study of an International Currency in Decline*. London: Oxford University Press, 1971.
Supple, Barry. "Fear of Failing: Economic History and the Decline of Britain" in Peter Clarke and Clive Trebilcock (eds.), *Understanding Decline: Perceptions and Realities of British Economic Performance*. Cambridge University Press, 1997, 9–29.
Takeyh, Ray. *The Origins of the Eisenhower Doctrine: The US, Britain, and Nasser's Egypt, 1953–1957*. New York: St. Martin's Press, 2000.
Tew, J. H. B. "Policies Aimed at Improving the Balance of Payments" in F. T. Blackaby (ed.), *British Economic Policy, 1960–74*. Cambridge University Press, 1978, 304–358.
Thorpe, Keir. "The Forgotten Shortage: Britain's Handling of the 1967 Oil Embargo," *Contemporary British History*, 21, 2 (2007), 201–222.
Tibi, Bassam. *Arab Nationalism: A Critical Enquiry*, second edition, edited and translated by Marion Farouk Sluglett and Peter Sluglett. New York: St. Martin's Press, 1990.
Tomlinson, B. R. "Imperialism and After: The Economy of the Empire on the Periphery" in Judith M. Brown and Wm. Roger Louis (eds.), *The Oxford History of the British Empire, Volume IV: The Twentieth Century*. Oxford University Press, 1999, 357–378.
  The Political Economy of the Raj, 1914–1947: The Economics of Decolonization in India. London: Macmillan, 1979.
Tomlinson, Jim. "Labour Party and the City, 1945–1970" in Ranald Michie and Philip Williamson (eds.), *The British Government and the City of London in the Twentieth Century*. Cambridge University Press, 2004, 174–192.

Van Dormael, Armand. *Bretton Woods: Birth of a Monetary System.* New York: Holmes and Meier, 1978.
Wallerstein, Immanuel. *The Capitalist World Economy.* Cambridge University Press, 1979.
Watt, D. Cameron. *Succeeding John Bull: America in Britain's Place, 1900–1975.* Cambridge University Press, 1984.
Williamson, Philip. "The City of London and Government in Modern Britain: Debates and Politics" in Ranald Michie and Philip Williamson (eds.), *The British Government and the City of London in the Twentieth Century.* Cambridge University Press, 2004, 5–30.
Wilson, Harold. *The Labour Government, 1964–1970: A Personal Record.* London: Weidenfeld and Nicolson, 1971.
Wilson, Keith M. (ed.). *Imperialism and Nationalism in the Middle East: The Anglo-Egyptian Experience, 1882–1982.* London: Mansell, 1983.
Wilson, Rodney. "Economic Aspects of Arab Nationalism" in Michael J. Cohen and Martin Kolinsky (eds.), *Demise of the British Empire in the Middle East: Britain's Responses to Nationalist Movements, 1943–1955.* London: Frank Cass, 1998, 64–78.
Winks, Robin W. (ed.). *The Oxford History of the British Empire, Volume V: Historiography.* Oxford University Press, 1999.
Yapp, M. E. *The Near East since the First World War.* London: Longman, 1991.
Yaqub, Salim. *Containing Arab Nationalism: The Eisenhower Doctrine and the Middle East.* Chapel Hill: University of North Carolina Press, 2004.
Yergin, Daniel. *The Prize: The Epic Quest for Oil, Money, and Power.* New York: Simon and Schuster, 1991.
Zahlan, Rosemarie Said. *The Making of the Modern Gulf States: Kuwait, Bahrain, Qatar, The United Arab Emirates and Oman.* London: Unwin Hyman, 1989.
Zupnik, Elliot. *Britain's Postwar Dollar Problem.* New York: Columbia University Press, 1957.

致谢

本书是许多人多年无私支持的结果,对我个人以及对这个项目都是如此。首先,我要感谢我的母亲、父亲、祖母格特鲁德(Gertrude)和已故的祖父杰伊(Jay),当我的学术追求并不一定会让我从A点顺理成章地走到B点时,他们对我的坚定支持是巨大的力量源泉。我非常感激史蒂夫·萨默斯(Steve Sommers)、英格丽德·多雷尔-菲茨帕特里克(Ingrid Dorer-Fitzpatrick)和马克·格尔马诺(Mark Germano),这些充满活力、才华横溢的老师激发并培育了我对历史领域的早期兴趣。我还想感谢卡尔·佩特里(Carl Petry),他启发我打开了通向中东研究的大门,以及拉希德·哈立迪(Rashid Khalidi),他帮助我发展和完善了我对现代中东的认识。

如果没有许多人和机构的帮助,本书的研究工作就无法完成。受益于得克萨斯大学奥斯汀分校研究生院、历史系和英国研究项目的慷慨资助,我得以前往相关档案馆进行研究。英国国家档案馆工作人员的帮助尤其重要,我多次访问位于基尤的档案馆,真是收获不少。我想感谢位于伦敦金融城的英格兰银行档案馆的亨利·吉勒特(Henry Gillett)和萨拉·米勒德(Sarah Millard),以及华威大学BP档案馆的迈克尔·加森(Michael Gasson)和维基·斯特雷奇(Vicki

Stretch），感谢他们尽力将相关记录呈现在我面前。特别感谢BP档案馆的贝唐·托马斯（Bethan Thomas），以及位于华盛顿特区的国家档案和记录管理局的工作人员。

本书几易其稿，其间，我有幸得到了许多宝贵的意见、建议和鼓励。当然，如有错误，责任全在我本人。我非常感谢吉米·麦克威廉斯（Jimmy McWilliams）和马克·劳伦斯（Mark Lawrence）在我撰写各章时给出的建议。感谢马克、托尼·霍普金斯（Tony Hopkins）和米夏埃尔·施托夫（Michael Stoff），正是他们出色的建议促使我把论文变成了这本书。感谢布拉德·科尔曼（Brad Coleman）对前言的建议，以及艾哈迈德·拉希姆（Ahmed al-Rahim）、阿尔·伍德（Al Wood）和约翰·威金（John Wiecking）对尾声的建议。弗兰克·加文（Frank Gavin）对本书的信任和哈菲兹·法马扬（Hafez Farmayan）支持我对伊朗石油国有化运动提出新观点，给了我更多的动力，同时感谢康尼·迈耶（Conny Mayer）和纳比勒·扈利（Nabeel Khoury）让我在刚开始新工作不久后抽出关键时间，以便对手稿进行最后的修订。剑桥大学出版社的迈克尔·沃森（Michael Watson）、海伦·沃特豪斯（Helen Waterhouse）、克里斯托弗·希尔斯（Christopher Hills）和罗西娜·迪马尔佐（Rosina Di Marzo）为本书的出版付出了艰辛的努力，在此表达我由衷的感激。我还要感谢本书文字编辑卡罗尔·费林哈姆·韦布（Carol Fellingham Webb）的出色工作，以及剑桥大学出版社的读者们对书稿进行的微调。

罗杰·路易斯（Roger Louis）自始至终对本书的贡献最多。自我从研究生三年级开始构思这个课题时起，直到手稿进入最后阶段，他一直是关键的反馈者和不知疲倦的鼓励者。他阅读了几版修改稿，并在我信心不足时推动我出版。最重要的是，他告诉我成为一名学者、教师和导师意味着什么。我对他的感激难以言表。

这本书献给帕特里·西蒙（Patri Simon），她不仅阅读了每个章节并给出评论，而且在我完成本书的时候，投入了双倍精力照顾我们蹒跚学步的孩子（索尔，请原谅我偶尔的不耐烦）。实际上，在我心烦意乱、有时过度专注于修改时，是她让我们的家庭保持完整。无论过去还是现在，她都是我的支柱，对此我永远心存感激。

译后记

2024年3月30日，当我把石油美元三部曲的最后一本《石油英镑》译文发给中信出版集团的编辑后，我的大女儿如释重负——"你这两年可算是折腾完了"。我算了一下时间，对她说："不到两年，但一年半多的时间，也确实超出我的预期了。"

2022年下半年，我着手翻译这三本书时，不时收到朋友转发过来"人民币对美元未来两三年升破'5'甚至更高"的言论；当年年底至2023年5月，全世界又风行"去美元化""布雷顿森林体系3.0"的言论。到我完成三本译稿时，这些言论大多销声匿迹。2023年年中至2024年年中，美元的走势与这些预期截然相反，其强势给大部分经济体（货币）都带来了巨大的压力。当然，可以说这是短期趋势，美元只是强弩之末，但我相信读完石油美元三部曲，你会对美元的地位有新的认知。

时下，各界、学术领域、各个群体中不乏对美元同石油的关系以及"美元霸权"的误解，并产生了深远的影响。2024年4月，我就看到一位资深金融学者在一个学术会议直播现场谈及"美国通过战争打压欧元、美元绑定石油"等话题，这样的认知难免失之偏颇。

阴谋论强势货币地位，配合以故事，很容易被人接受。这样的思维基础是钱、货币及货币的全球地位是可以被单方面设计和决定的。《石油英镑》里英国政府和英镑的经历说明事实并非如此，即便是曾经的全球帝国——英国；《石油央行》则从国际货币的接受者角度，展示了一个乙方的立场和选择及其影响力；《石油美元》记录了落后经济体（不分信仰）对钱的渴求，以及美元对重塑战后中东格局所发挥的作用，尤其是时下的中东乱势，美元在其中的角色，即为"霸权"所在——影响力。自然，当美元某一天走下坡时，美国单方面努力也是徒劳的。但在可见的未来，这一天仍遥不可及。

我对"石油美元"问题的关注，始于2008年全球金融危机（见《时运变迁：世界货币、美国地位与人民币的未来》译后记），其间一直在寻找能够全面阐述这一问题的出版物。美国国会早期的相关讨论虽然翔实，但难免是一面之词。这三本书的组合，从不同参与者（英国、沙特和美国）的角度，给出了一段货币切换（英镑、美元和中东货币）的简史；几位作者的国别、身份和参考资料，使得叙事更显客观。

《时运变迁：世界货币、美国地位与人民币的未来》被国内大学列为延伸读物，据说也被相关部门研读。石油美元三部曲是"时运变迁"系列的重要构成，解释了一系列事件的背景，是真实世界的普及性读物，胜过各种臆想。

认知错误，于个人是损失钱财、错失机会；于企业，则不乏存亡；于国家，则至少是误判、折腾。在这一领域，要避免在现实中被教育，须多寻历史、杜绝盲从。

感谢中信出版集团的黄静副总编辑和李婕婷编辑，时下的当口，出版这类图书需要勇气，多谢你们帮我联系到两本书的作者；感谢中信出版图书发行集团的沈家乐总经理，尤其是中信出版集团的潘岳副总经理。你们的帮助，使我得以将大约十年前酝酿的"时运变迁"系列图书（《时运变迁：世界货币、美国地位与人民币的未来》《管理美元：广场协议和人民币的天命》《通胀螺旋——中国货币经济全面崩溃的十年：1939—1949》《石油英镑》《石油央行》《石油美元》）的出版变成现实。在科技日益发达、数字存储不确定性却在增加的今天，纸质书籍给出了可靠的真实感。

读好书，免于无知。

于杰

2024 年 5 月